解码AI版权

中国版权协会　编

人工智能时代版权的挑战与应对

中国人民大学出版社
·北京·

编者的话

20世纪50年代，英国数学家阿兰·图灵提出了"图灵测试"，这是人工智能的开端。经过了70多年漫长的研发和使用阶段，2022年11月30日，美国开放人工智能研究中心推出了通用语言大模型ChatGPT－3。仅仅过了三个多月，2023年3月14日，美国开放人工智能研究中心就又推出了通用语言大模型ChatGPT－4。在国内，2023年3月16日，百度率先推出了语言大模型——文心一言。2023年8月17日，抖音集团推出了语言大模型——豆包……人工智能进入了爆发式发展阶段。

如果说，从图灵测试到ChatGPT－3的发布是一个缓慢的过程，那这仅仅是相对于这两年人工智能爆发式的发展而言的，或者说这仅仅是相对于生命个体而言的。就人类历史发展的进程而言，从图灵测试到现在70多年的时间，在历史长河中只是一个短暂的片段。

人工智能的爆发式发展，将会给人类带来什么？这是一个需要哲学和社会学来思考的问题。

面对现实，我们需要思考的是与我们当下工作和生活息息相关的问题。

就版权领域而言，生成式人工智能对版权领域带来的问题挑战和发展机遇，就是版权领域（包括版权的研究、教学与所有相关的权利人和使用者）现在面对的最大问题。

在这一点上，国家版权局具有前瞻意识，在2022年委托中国版权协会就生成式人工智能所涉及的版权问题以及当前在国内相关企业中的应用开展调研。调研的对象既有版权领域的教授、学者，也有国内的大型互联网企业。与此同时，中国版权协会于 2023 年至 2024 年 4 月，在远集坊就生成式人工智能的版权问题举办了三期专题研讨和论坛，并举办了一期关于生成式人工智能在文化领域的应用情况的行业分享活动。

本书是在这样的基础和背景下组稿形成的。需要说明的是，人工智能生成的内容，涉及的范围主要是版权领域，包括文字、图片、音乐和视频等。但是，人工智能生成的内容，并不仅仅是版权能够全部涵盖的，还涉及专利、商标、商业秘密等，以及数据的使用（数据中承载的信息和知识，不仅涉及版权，还涉及其他）。而本书仅在版权范围内讨论和介绍所涉及的法律问题、学术问题、应用问题。

本书得到了吴汉东、王利明、张新宝、张平、王迁、张今、丛立先、朱开鑫等国内多位著名学者、教授的大力支持。本书收入了 17 篇文章并附上中国版权协会《2023 新技术（生成式人工智能）在版权领域的应用报告》，反映了当前国内在版权领域研究生成式人工智能的最高水准与最新进展，也为人工智能的立法、司法、学术研究、教学与应用提供了权威的可资借鉴的观点与分析。

从广泛意义讲，人工智能是新一轮的技术革命，抓住机遇，迎接挑战，推动高质量发展，是中国式现代化的本质要求。

2015 年，李克强总理在政府工作报告中提出"互联网＋"行动计划。时过 9 年，李强总理在 2024 年的政府工作报告中提出了"人工智能＋"行动。这体现了在党中央和国家层面，对人工智能发展的前瞻性思考和战略性布局。

本书希望能够为版权所涉及的文化企业、互联网企业以及教学和研究单位在"人工智能＋"的行动中先行一步，提供认识和实践方面可资借鉴的帮助。

2024 年 8 月 27 日

目　录

附　　录

后　　记 / 397

论人工智能生成内容的可版权性：
实务、法理与制度*

吴汉东**

导　言

2023 年被称为生成式人工智能的突破之年。2022 年 11 月，美国人工智能研究公司 OpenAI 发布大型语言处理和文本生成系统 ChatGPT－3，并在短短两个月内，创造了互联网历史上用户数增长最快纪录。自 2023 年 3 月百度推出"文心一言"之后，阿里、科大讯飞、商汤等企业相继开发了对标 ChatGPT 的产品。生成式人工智能已然成为全球科技革命的热点。以 ChatGPT 为代表的人工智能系统是一种"通过学习大规模数据集生成新的原创内容的新型人工智能"[1]，即利用先进的算法、复杂的模型和规则，通过大规模数据集中学习，创造出文本、图片、声音、视频和代码等多种类型的内容。人工智能的技术迭变对人类生活、生产工作和社会交往方式带来深刻影响，不仅会在教育和研究等多个领域引发颠覆性变革，而且对知识产权法律秩序建构提出了新的时代要求。

生成式人工智能作用于人类智力创造活动之中，其智能生成物无论是技术方案的"反映"（reflection）——发明，还是思想内容的"表达"（expression）——作品[2]，概为机器智能模拟人类智慧所创造的智

* 国家社会科学基金重大项目"支持全面创新的知识产权制度体系构建研究"（23 & ZD161）阶段性成果。中南财经政法大学知识产权研究中心李安博士为本文研究提供了司法判例文本，在此表示感谢。

** 吴汉东，中南财经政法大学知识产权研究中心文澜资深教授。

① Forum Agenda & Frontiers Science News, *Top 10 Emerging Technologies of* 2023, World Economic Forum（26 June 2023）, https：//cn.weforum.org/publications/top-10-emerging-technologies-of-2023/.

② 吴汉东. 人工智能生成发明的专利法之问. 当代法学，2019（4）；人工智能生成作品的著作权法之问. 中外法学，2020（3）.

力成果。生成式人工智能在文学艺术领域的出现，标志着计算机从辅助创作跨入人机"合作创作"，甚至机器相对"自主创作"成为可能。人工智能的生成内容，现已有音乐、诗歌、画作、摄影、设计图等，具有文学艺术作品的外观特征，无一不是著作权法所指向的调整对象。人工智能生成作品是否等同于人类智力创作作品，人工智能自动生成内容能否得到现行著作权法有效涵摄，涉及"作品独创性—作者主体性"的认定，即"作品（客体）—作者（主体）"的底层逻辑问题。

一、实务分析：如何看待人工智能生成物著作权裁判的实然状态

面向生成式人工智能的崭新时代，著作权法须对"最为宝贵的人的创造性思想"以及"最为普遍的人工智能的独创性表达"作出制度回应，否则其适用价值将不可避免地被消解。[①] 围绕着人工智能生成物的可版权性以及智能机器的作者主体性这一核心问题，国内外著作权领域的学者已经进行了众多讨论。整体而言，域外学者较多倾向于在法律解释与立法层面否定人工智能作品的著作权，而我国学者则对人工智能作品的可版权性持更为开放的立场，主张对该类作品提供某种形式的著作权保护。[②] 与此同时，国内外司法机关和行政主管部门对人工智能作品的可版权性问题作出了裁决立场有别的处理。

（一）美国版权实践

美国版权局（The United States Copyright Office，USCO）对人工智能作品先后四次作出拒绝版权注册登记的处理决定：（1）"黎明的曙光（*Zarya of the Dawn*）版权注册案"。该案作品系短幅漫画书，自然人作者使用人工智能作画工具生成图像，随后再进行编排和文字叙述组合。版权局秉持"不支持无人类作者的作品注册版权"这一原则，认定作

---

① 司晓. 奇点来临：ChatGPT 时代的著作权法走向何处：兼回应相关论点. 探索与争鸣，2023（5）.

② 就中外代表性文献目录，已有学者作出梳理. 丁晓东. 著作权的解构与重构：人工智能作品法律保护的法理反思. 法制与社会发展，2023（5）.

者仅对文字叙述和视觉要素的编排享有版权，可以注册；而对机器生成的图像，不能进行版权作品登记。该决定的理由是：作者通过关键词提示的方式生成图像的过程并非创造过程。人工智能作画工具的使用者无法预先知悉图像内容，其提示本身不会指向特定的创作结果，因此机器生成的图像不是最后体现作者"控制力"的图像。由此，该使用者不是图像内容背后的"主导者、决策者"①（master mind）。该案作出最终决定后，美国版权局发布"包含人工智能生成材料的作品"的《版权登记指南》，强调了如下要点：第一，版权法保护限于人类创造力的产物，法律规定的作者不包括非人类；第二，借助人工智能生产的作品，如果包含有人类作者"创造性的构思"，可以支持其版权主张；第三，版权登记申请人有义务披露提交注册的作品包含人工智能生成内容，并说明人类作者对作品的贡献。②（2）"《天堂的最近入口》（A Recent Entrance to Paradise）版权注册案"。涉案画作被版权注册申请人描述为"由在智能机器上运行的算法自主创作生成"。版权注册申请人为自然人泰勒，作品作者为"创意机器"。版权局审查员及版权局审查委员会认为，该作品作者不具备人类作者身份，其作品"没有来自人类作者的任何创作性贡献"③。此后，基于本案提起的行政诉讼也未能获得法院的支持。法院判决认为，"作者身份"表明版权法保护人类创造的法律要义，"纯粹的机器生成内容"不在版权法的调整范围。④（3）"空间歌剧

---

① United States Copyright Office, Re: *Zarya of the Dawn* (*Registration # VAu*001480196) (21 February, 2023), http://www.copyright.gov/docs/zarya-of-the-dawn.pdf.

② United States Copyright Office, *Copyright Registration Guidance: Works Containing Material Generated by Artificial Intelligence*, Federal Register, Vol. 88（No. 51）, pp. 16190−16194（2023）.

③ Copyright Review Board of US Copyright Office, *Re: Second Request for Reconsideration for Refusal to Register A Recent Entrance to Paradise*（*Correspondence ID 1−3ZPC6C3; SR # 1−7100387071*）, Copyright gov.（14 February 2022）, http://www.copyright.gov/rulings-filings/review-board/docs/a-recent-entrance-to-paradise.pdf.

④ Thaler v. Perlmutter, Civil Action No. 22−1564（BAH）（August 18, 2023）, http://caselaw.findlaw.com/court/us-crt-dis-col/11491694.html.

院（Theatre D'opera Spatial）版权注册案"。涉案画作系 AI 生成的作品，其真正的"创作者"是一个名为 Midjourney 的智能软件。版权局审查委员会强调了美国版权注册登记的一贯立场，受版权保护的作品必须符合"作者原创作品"的要件，其中不包括非人类创作的内容；关于披露人工智能生成材料的要求，其缘由在于主管部门对"人类作者身份"的事实认定，而不是对"创作工具的效用"的价值判断；申请人对人工智能生成材料的修改具有"转换性"，可以获得版权保护，但应将智能生成部分与人类作者创作贡献作出区分。① （4）"日落照片（Suryast）版权注册案"。涉案照片系安基特·萨尼（Ankit Sahni）使用 AI 软件"RAGHAV"制作而成。萨尼将自摄的"日落"照片输入该软件，然后以凡·高画作《星空》的副本作为"风格"输入，并选择一个"决定风格转移量的可变成值"，从而生成日落照片。萨尼以其与"RAGHAV"软件作为共同作者提出版权注册申请。美国版权局认为无法将人类作者创作与人工智能生成作品分开，遂以缺乏人类作者为由，拒绝该作者注册。在后来的复审评议报告中，版权局强调萨尼对"RAGHAV"生成照片的控制，认定该软件将萨尼的照片演绎成凡·高的风格，是基于人工智能的操作方式和图像数据训练的结果，不是萨尼的具体创作贡献。②

　　美国著作权法实践是以人类作者为中心来确定版权保护对象的。从这一基点出发，人类的智力活动才能成为"创作"，人类的智力成果才能视为"作品"。2023 年《版权登记指南》表达了如下执法立场：对含

---

① Copyright Review Board of US Copyright Office, *Re: Second Request for Reconsideration for Refusal to Register Théâtre D'opéra Spatial* (*SR # 1 - 11743923581; Correspondence ID: 1 - 5T5320R*), (September 5, 2023), http://www.copyright.gov/ rulings-filings/review-board/docs/Theatre-Dopera-Spatial. pdf.

② Copyright Review Board of US Copyright Office, *Re: Second Request for Reconsideration for Refusal to Register SURYAST* (*SR # 1 - 11016599571; Correspondence ID: 1 - 5PR2XKJ*) (December 11, 2023), http://copyright.gov/rulings-filings/ review-board/docs/SURYAST. pdf.

有人工智能生成材料的作品，版权局是否接受注册申请的标准，关键在于该作品是简单"机械复制"的结果，还是作者"自己独创的内心构想，并赋予其可见形式"的产物。如果"作品的传统作者元素"完全由机器生成，人类作者并没有对机器生成材料进行"最终的创造性控制"，版权局将不予注册。① 早在 2011 年"猿猴自拍案"中，美国版权局就强调只有人类的作品才受保护。对自然力、动物、植物产生的作品，版权局不会予以登记；对机器产生的作品，没有任何创造性的输入或没有人类作者的干预而通过自动或随机运作的机器方法产生的作品，版权局也不会登记。美国法院支持上述立场，认定"著作权法上的作者只能是人类"②。美国联邦最高法院宣称：著作权法所保护的作者必须是"人"（person 或 individuals），著作权是"人类对基于其天然禀赋或智慧所创作的作品而享有的专属权利"③。从上述案例，我们可以总结美国著作权行政执法和司法观点的基本要义：强调作品是人类作者的创作成果。作者身份是认定文学艺术作品包括人工智能生成作品可版权性的起点和归属④；对人类作者操作人工智能所生成的内容是否授予版权，关键在于其"智力投入"是否控制了作品的"表达"，并"实际形成"了作者身份的"元素"；对人工智能生成内容是否提供版权保护，须结合个案分析，其中自然人个人创作的部分可以授予版权，而人工智能生成部分则不在版权保护范围之内。由此可以认为，美国著作权法实践一般不支持人工智能作品具有可版权性。

（二）中国著作权法实践

中国司法实践对人工智能作品提供有条件的著作权保护。近年来，

---

① United States Copyright Office, *Copyright Registration Guidance: Works Containing Material Generated by Artificial Intelligence*, Federal Register, Vol. 88 （No. 51）, pp. 16192 – 16193 （2023）.

② Naruto v. Slater, 888 F. 3d 418 （9th Cir. April 23, 2018）.

③ Burrow-Giles Lithographic Co. v. Sarony, 111 U. S. 53, 58 （1884）.

④ 张新宝. 新宝看法（一百三十九）借助人工智能工具生成图片的著作权保护探讨：下. 微信公众号"教授加".

一系列判决对相关法律难题的解决作出了有益的探索。（1）"菲林律师事务所诉百度公司著作权侵权案"。该案是中国首例涉计算机软件创作的著作权纠纷案。涉案文章《影视娱乐行业司法大数据分析报告——电影卷·北京篇》，系原告选定相应关键词，对"威科先行库"的数据进行搜索、筛选，并采用"可视化"功能自动生成的分析报告。法院判决阐明了人工智能作品可版权性规则：生成内容符合文字作品的形式要求，具有一定的独创性，但并非著作权作品的充分条件；根据民法主体规范，自然人创造完成应是著作权作品的必要条件。就本案而言，法院认为计算机软件生产内容不构成作品，但其凝结了软件研发者和使用者的投入，应赋予软件研发者和使用者一定的权益保护。关于软件智能生成的内容，判决界分为赋权作品与非作品：相关图表、数据来源于"威科先行库"的检索结果，无独创性；但文字内容部分并非"可视化"自动生成，由原告独立创作完成，构成受保护的文字作品。① （2）"腾讯公司诉盈讯公司侵害著作权及不正当竞争案"。该案在中国首次提出人工智能生成作品独创性的判定步骤。涉案财经报道文章，系原告组织创作人员使用腾讯写作机器人（Dreamwriter）智能写作助手完成。法院判决主旨在于认定涉案文章是否满足独创性要件，从而提出"两步判断法"的裁判思路：其一，从涉案文章是否独立创作、外在表现上是否与已有作品存在一定程度的差异，以及是否具备最低程度的创造性等角度进行分析判断；其二，从涉案文章的生产过程是否体现了创作者的个性化选择、判断及技巧等因素进行分析判断。在具体认定相关人员的行为是否属于著作权法定义上的创作行为时，应当考虑该行为是否具有智力活动属性，以及该行为与作品的特定表现形式是否直接联系。法院判决认为，涉案文章具有特定的外在表现形式，源于创作者个性化的选择和

① "菲林律师事务所诉百度公司著作权侵权案"，北京互联网法院（2018）京 0419 民初 239 号民事判决书、北京知识产权法院（2019）京 73 民终 2030 号民事判决书。二审维持一审判决。

安排，并由 Dreamwriter 软件在技术上生成，上述表现形式和生成过程均满足著作权法对文字作品的保护条件。在"两步判断法"的分析中，法院认定涉案文章是由原告组织的包括编辑团队、产品团队和技术团队在内的主创团队利用人工智能软件完成，得以体现原告发布股评综述类文章的需求和意图的法人作品，应受著作权保护。① （3）"魔珐公司诉四海公司侵害著作权及不正当竞争纠纷案"。该案系中国首例虚拟数字人视频著作权纠纷案。涉案视频系原告基于其开发的虚拟数字人 Ada 进行商业化场景应用而制作的视听作品和美术作品。该案判决的意义在于对视频创作主体的认定及相关权利归属的判断。视频中虚拟人的"创作"可以在表演过程中产生文本、图像、音频内容等，实际上是基于深度学习算法而生成的内容。在该视频创作过程中，虚拟数字人所做的"表演"，本质上是对真人表演的数字投射，是对"中之人"② 现实表演到虚拟形象可视化、具象化的再现或重构。在本案中，制作人即原告进行设计、提供文案内容、制作视频；"中之人"即幕后的表演者以声音、动作、表情等进行演绎。法院判决认定，该作品的作者和表演者不是数字虚拟人，其权利应归属于作为自然人的软件开发者和表演者。③ （4）"李某诉刘某侵害信息网络传播权案"。该案被称为中国首例人工智能生成图片著作权纠纷案。涉案图片系原告使用开源软件 Stable Diffusion（一款文本、图像的生成式智能模型），通过输入提示词，包括增加提示词、修改随机种子等方式生成。法院判决根据《著作权法》第 3

---

① "深圳市腾讯计算机系统有限公司与上海盈讯科技有限公司侵害著作权及不正当竞争纠纷案"，深圳市南山区人民法院（2019）粤 0305 民初 14010 号民事判决书。最高人民法院发布 2020 年中国法院 50 件典型知识产权案例，该案入选。

② "中之人"是当前网络流行词，字面意为"里面的人"，通常指称非真人角色背后的扮演者或表演素材提供者。在虚拟偶像运营中，"中之人"多为形成虚拟偶像的个性化特征而为以声音、现场即兴表演、人物性格设定与策划等提供支持的专业人员。

③ "魔珐公司诉四海公司侵害著作权及不正当竞争纠纷案"，杭州互联网法院（2022）浙 0192 民初 9983 号民事判决书、杭州市中级人民法院（2023）浙 01 民终 4722 号民事判决书。二审维持一审判决。

条规定，将著作权客体要件解构为如下要素：是否属于文学、艺术和科学领域，是否具有独创性，是否属于智力成果。法院认为，涉案图片从外观来看，与通常人们见到的照片、绘画无异，属于艺术领域范畴，且具有一定的表现形式。本案的关键问题在于对智力成果要件的认定：从构思涉案图片始，到最终选定涉案图片止，原告进行了一定的智力投入，包括设计人物的呈现方式、选择提示词、安排提示词的顺序、设置相关参数、选定符合预期的图片，具备了"智力成果"的要件。法院判决主张：作品应当体现自然人的智力投入。现阶段生成式人工智能模型不具备自由意志，不是法律上的主体；但人们利用人工智能模型生成图片，在本质上是人利用工具进行创作，即整个创作过程中进行智力投入的是人而非人工智能模型。①

中国没有美国那样"登记—审核"的版权注册制度，在权利自动取得的情形下，有关人工智能生成作品著作权纠纷概由法院处理。近年来，系列案件的处理，不仅是司法实践对人工智能时代著作权问题的积极回应，还带动了法学界关于人工智能生成内容与著作权保护之间关系的广泛讨论。上述代表性案件形成了如下裁判立场和审理思路：一是以现行《著作权法》规定为依据，即围绕作品定义条款进行作品基本内涵的解读，在"一定表现形式"不存争议的情况下，以"独创性"和"智力成果"两要件为重点进行释法，为人工智能作品可版权性认定奠定法律基石。二是以人类作者的必要智力投入为中心。对此，不同法院在把握尺度上存在差异："菲林诉百度案"判决认为，无论智能软件本身还是软件研发者、使用者，都不能成为人工智能作品的作者，因此此类作品不能构成著作权法上的作品。而后多个判决则认为，软件自动生成的作品含有自然人进行选择、安排的智力投入的，可以视为可版权性

① "'AI 文生图'著作权案——李某与刘某侵害著作权纠纷案"，北京互联网法院（2023）京 0491 民初 11279 号民事判决书。

作品。可以认为，中国法院对人工智能生成作品采取了有条件保护的司法原则。

（三）对法律实践的评析

中美著作权法实践对人工智能生成作品可版权性的认定差异，并不能简单地区分为"保护"与"不保护"的对立立场。需要指出的是，两国判决、裁决的基本观点其实有相通之处：一是强调人类作者的著作权主体地位，作品的独创性认定与人类作者的主体性元素具有直接的关联性；二是坚持主客体二分原则，认定人工智能具有创作工具的基本属性，智能机器不可能取得著作权主体资格。两国裁判的主要区别在于人与智能机器之间关系的分析：中国司法实践主张，只要人类作者有"一定的智力投入"或具"个性化的表达"，就有可能将人工智能作品认定为"智力成果"，即在人类作者中心主义的原则基础上采取了一种较为开放的司法立场；而美国版权法实践，从版权法保护人类创作物的主旨出发，强调人类作者对人工智能生成物"充分的控制"，须在创作意图、创作过程和创作结果等方面表现出作者身份元素，其实际结果是：排除了人工智能生成作品的可版权性。

上述案例、判例的实证分析，描述了 ChatGPT 出现前后人工智能生成作品的著作权问题的实际解决路径。司法与行政执法机关大抵遵循一个规范性的指导思想，运用相关的技术、方法和规则去处理案件，这是一种以实在法为依据而开展的教义学解决方法。如何化解独创性标准与传统人格理论的紧张关系，如何重构作品独创性与作者主体性的相互联系，如何解读人类作者与机器作者的创作合意，以及如何重塑事实作者、拟制作者与著作权人的主体构成等，已有判决对上述问题多有涉及，具有促进法律续造、推动法学研究的重要意义。但是，司法裁判对现行法律制度没有也不可能作出变革性回应，其主要任务依然是释法、用法，而不是变法、创法。对于法律实务部门而言，需要以当下有效法律秩序的合理性确信为前提，对相关案件采取一种经验描述、逻辑建构和规则适用的裁判方法①，这是必要和可行的。应该看到，生成式人工智能的出现对著作权法领域的影响是全方位和深层次的。与法律实务工作者有别，法学研究工作者在进行著作权法教义学分析的同时，更应进行法理学的反思②，即回答人工智能时代著作权法律活动应该是什么以及人工智能生成作品著作权问题应该怎样解决。这里涉及价值判断、制度选择的应然性分析，笔者试在下文进行探讨。

二、法理反思：如何构建人工智能生成物可版权性的应然理论

在生成式人工智能时代，著作权法面临的最大挑战，即是"作品"（机器生成）独创性和"作者"（机器身份）主体性的问题。上述两个问题具有极强的关联性，在法理上涉及主客体二分法的基本问题。在民法理论中，主体（人）与客体（物）是民法上的两大基本制度；而在著作权法中，作者与作品是为主客体的法律构造。民法学家认为，人与物之间有着严格的类分，凡是人以外的不具有精神、意思的生物概属于物，是为权利指向的对象。但是在现代民法中，主客体之间这种不可逾越的鸿沟正在发生动摇。③ 对于著作权法而言，主客体之间则呈现另外一种景象：人工智能生成作品能否视为著作权客体，关键在于其"独创性要件"成立须具有主体的作者身份因素；而著作权人资格的确立，又必须说明作者对人工智能作品的"独创性表达"作出实质性贡献。人工智能作品的可版权性以及其权利的可归属性，是我们需要讨论的重要问题。

---

① 吴汉东. 关于《著作权法》"作品"条款的法教义学解读. 版权理论与实务，2021 (1).

② 苏力认为，"法教义学的最大弱点不是不适用，而是不长知识，无法以简单的统一规则系统解说复杂问题；其中还隐含了对语词和概念的迷恋，一种柏拉图主义倾向"。苏力. 中国法学研究格局的流变. 法商研究，2014 (5).

③ 诸如动物的"物格"（法律主体资格）问题、人工授精卵的法律地位问题，在民法学界乃至环境法学界展开过广泛的讨论。梁慧星. 从近代民法到现代民法：二十世纪民法回顾. 中外法学，1997 (2)；杨立新，朱呈义. 动物法律人格之否定：兼论动物之法律"物格". 法学研究，2004 (5).

（一）作品属性与独创性要件之疑

"作品"作为著作权法的核心概念，是著作权客体制度构建的基石，也是创造者、传播者权利取得的源头。如前所述，在我国著作权法关于作品的定义条款中，其基本内涵包括两个方面：一是强调作品须为"文学、艺术和科学领域内"的"智力成果"，界定了著作权客体范围即思想表达；二是规定作品须"具有独创性并能以一定形式表现"，描述了作品可版权性要件即独创性（实质要件）和可再现性（形式要件）。

思想表达又称为思想表现形式，是著作权理论中的逻辑概念。一般而言，作者的创作活动可以概分为思想内容和思想表达：前者存在于作者大脑之中，是思想活动过程中的认识、观点和方法的概称，与作品所具有的思想内涵有关；后者外化于作者大脑之外，是主观思想内容得以客观化的外在表达，即是作品创作完成的最终形态。其实，每一部作品皆是思想内容与思想表达的有机共同体，但著作权法保护对象限于其中的思想表达形式，这即是著作权法理论中的"思想/表述二分法"，从而划分了作品中"不受保护的要素"和"受保护的要素"[1]。思想表达即外在呈现为一种可为他人认知的作品，包括文字作品、音乐作品、绘画作品、图形作品等。人工智能生成与人类作者创作有类似之处，诸如数据的存储、分析和机器学习，是为技术思想的运动过程；而作为智能生成物输出的作品，则可能是符合人类审美需求的思想表达，在作品类型及其外观方面已难与人类作品区别开来。因此，人工智能生成作品能否成为著作权法的保护对象，主要聚焦作品可版权性的核心要件即独创性要素的判断。

独创性又称为原创性，意指作品所具有的独立构思的创造属性。立法文件对这一原则的规范内容并未作出说明。从语义学范畴而言，独创

---

[1]　Paul Goldstein, *Goldstein on Copyright*, Third Edition, Wolters Kluwer, 2020, p. 52.

性应包括"独"与"创"两个方面，即作品的"独立性"和作品的"创造性"①：一是"独立完成"，即作品乃作者独立创作完成。根据世界知识产权组织的权威解释："作品是作者自己的创作，完全不是或基本上不是从另一作品抄袭来的。"② 独立完成是对创作主体自身独立性的说明，但实质上是作为比较性标准，用以识别在创作作品与已有作品之间的差异性。这意味着作品是作者独立创作而成，而不是复制或抄袭的结果。二是"智力原创"，即作品须来自作者的创作性活动。在独创性的教义解读中，"独立完成"强调两部作品之间的比较关系，即作品须为作者完成的独立性；而"智力原则"指明作品承载思想表达的创新力，是对作品作为人类智力成果的本质性要求。个性表达即创作主体的人格性表现，强调作品是人类作者智力劳动的成果。③

独创性理论将客体即作品与主体即作者紧密地联系在一起，或者说，通过对作者的规定来涵摄作品的要义，基于"作品—创作—作者"的逻辑联系建立了主客体一体化的独创性认定标准。在我国著作权法中，有关独创性认定的规范适用，涉及以下相关条款："作品"，即"文学、艺术和科学领域内具有独创性并能以一定形式表现的智力成果"（《著作权法》第 3 条）；"创作"，即"直接产生文学、艺术和科学作品的智力活动"（《著作权法实施条例》第 3 条）；"作者"，即"创作作品的自然人"（《著作权法》第 11 条）。由此可见，现行著作权法是以人类作者主体为中心、以人格主义要素为基点的独创性认定规范体系。在大数据和算法时代，人工智能（机器作者）通过增强算法对海量数据进行统计分析和数学建模，学习和模仿人类思维模式（算法创作），最终生成具有作品样态的表达文本（智能作品），这与前述的

---

① 董炳和. 作品独创性初探. 烟台大学学报（哲学社会科学版），1996（3）.

② 世界知识产权组织编著. 知识产权纵横谈. 张寅虎，等译. 北京：世界知识出版社，1992：21.

③ 骆电，胡梦云. 作品独创性对著作权司法的影响. 人民司法，2010（21）.

"作者—创作—作品"的独创性理论体系存在背离之处：

其一，"算法创作"改变了人类智力创造活动中的传统创作形式。[①]"独立完成"不再是人类创作那样完全的独自性、绝对的自主性，人工智能生成的结果，不一定就是人类作者所控制的，更多呈现一种随机性和或然性。

其二，"机器作者"突破了"作者＝自然人"的人类中心主义假定。[②] 生成式人工智能表现了类人化的创作能力，在人工智能与人类智慧具有相似性的情景下，可能从辅助创作工具转变为与人类作者合作的创作机器或者机器作者。我们似应重新认识机器人与自然人在著作权领域的关系（下文将详述）。

其三，"智能作品"疏离了"个性表达"中经典性人格要素。人工智能作品是一种"理性的计算""情感的计算"的结果，虽然其间也内在地蕴含着人类作者的个性，即综合理念上价值选择（直接表现）和具体表达方面的特定追求（间接表现）。[③] 但总体来说，人工智能自身不具备自然人所特有的自由意志和实践目的，其人格性特征是机器对人类思维的学习和模仿，或者说人类对机器智能的赋予。可以认为，以"人格价值观"为基础所构建的独创性标准，是"人类中心主义"的产物，具有作品的意志性[④]与作者的主体性[⑤]之要义。这是传统作品与智能作品的区别所在。上述情形表明，有必要在法理上对独创性理论进行重构，包括对个性表达中的人格要素作出新的解读，建立独创性认定中

---

① 徐小奔. 论算法创作物的可版权性与著作权归属. 东方法学，2021（3）.

② 有学者将人工智能时代称为"后人类时代"，有关主体性的一些基本假定发生了意义重大的转变. 凯瑟琳·海勒. 我们何以成为后人类：文学、信息科学和控制论中的虚拟身体. 刘宇清，译. 北京：北京大学出版社，2017：4.

③ 徐小奔. 人工智能"创作"的人格要素. 求索，2019（6）.

④ 康德认为，作品是人格的反映，作品本质上是作者的意志. 李秋零. 康德著作全集：1781 年之后的论文：第 8 卷. 北京：中国人民大学出版社，2010：85－86.

⑤ 黑格尔认为，诸如学问、知识、艺术等是一种内部的精神的东西，作品在本质上表现了作者个人的独特性，是作者自身精神和技术才能的产物. 黑格尔. 法哲学原理. 范扬，张企泰，译. 北京：商务印书馆，1961：59－85.

主客体相对分离的评价标准。

（二）作者身份认定及权利归属之困

"作者"作为著作权主体制度的核心概念，是明确权利承受资格即著作权归属的依据。"作者—作品"在著作权法中具有"主体—客体"的逻辑联系；同时，"作者—著作权人"也构成了主体制度的当然内容。根据《著作权法》第 11 条的规定，"著作权属于作者"；"创作作品的自然人是作者"；"法人或者非法人组织主持，代表法人或者非法人组织意志创作，并由法人或者非法人组织承担责任的作品，法人或者非法人组织视为作者"。该条是主体规范，包括作者的权利主体资格、自然人作者（事实作者）、法人作者（拟制作者）等基本内容。

作者是著作权的基本主体和原始主体，是"第一著作权人"。"第一著作权人"的英文表达是"Initial Owners"、"Original Owners"或"First Owners"，意为著作权的"原始所有人"、"最初所有人"或"第一著作权人"。其立法意义在于：当一部作品创作完成时，依照法律规定即产生著作权，首先享有该作品著作权的人应是作者，而权利首先属于作者。在著作权主体制度中，有两类作者：一类是自然人作者。这是从事创作活动的事实作者，也是完成了个性表达作品的当然作者。作者即创作作品的自然人，是作者身份认定的一般原则。其要点包括：以人格要素为基础（具有作者主体性和创作意志性之特征），以创作行为为要件（表现为从思想内容即"说什么"到思想表达即"怎么说"的过程），以自然人为评价对象（自然人是作者身份认定和权利归属认定的中心）。[①] 另一类是法人作者。这是在特定条件下被视为作者的情形，即基于法律规定所拟制的作者——"法人作者"。在著作权领域，"拟制作者"表现了法人主体的一般特征：是为自然人的集合体；同时具备"法人作品"的作者主体资格，即由法人主持（以法人名义创作并发

---

① 吴汉东. 知识产权法. 北京：法律出版社，2021：177.

表）、代表法人意志（依赖自然人创作但与其个人感受无涉）、由法人承担责任（责任能力是法人人格的重要构成）。①

　　生成式人工智能的出现，对传统的著作权法律主体理论带来挑战。首先是作者概念问题。"自然人即作者"的作者观是"人类中心主义"的产物。人工智能从辅助创作到"算法创作"的跨越，不仅是对传统创作方式的突破，而且带来智能机器是人还是机器的争议。"算法创作"在技术原理上表现为一系列的数据挖掘、分析和运算，以模仿甚至可能取代人类智力创造活动。人工智能不具有人类作者的心性和灵性，但表现出类人化的思想表达能力、创作能力。生成式人工智能不仅丰富了"后人类时代"的精神生产活动，而且由于其高效、便捷的智能优势有可能产生巨大的商业价值。在机器介入创作成为常态的未来，法律对人工智能有条件、有限定地承认"机器作者"身份②，似有必要且可能。其次是"机器作者"与人类作者的关系。人工智能从"创作机器"到"机器创作"，是根据人工智能与智力创造之间的频谱关系所作的区分。学者根据智能机器在最终智力创造成果（发明和作品）中的贡献力程度，将人工智能的功用分为辅助生成、合作生成和独立生成。后两者即涉生成式人工智能的主体性问题。"人机交互、人机协同、人机共生"，这是对当下以至未来人机关系的新的认知。未来学家称 21 世纪将是一个机器人科学家与人类科学家并存的时代③，同样，我们可以看到这也是一个机器作者与人类作者共创的时代。在著作权领域，无论人工智能是与人类作者合作生成作品，还是其相对独立完成作品，我们在作

---

① 吴汉东. 知识产权法. 北京：法律出版社，2021：178.

② 有学者主张赋予人工智能以有限人格。杨立新认为，智能机器人有"人工类人格"，但它不是严格意义上的民事主体。杨立新. 人工类人格：智能机器人的民法地位：兼论智能机器人致人损害的民事责任. 求是学刊，2018（4）.

③ 英国学者 Erica Fraser 列举了智能机器独立生成发明的三个实例，即基因编程、人工神经网络、机器人科学家。后者是"一种将人工智能算法与物理实验室机器人技术相结合，用以自主进行科学实验的超级计算机系统"。Erica Fraser, *Computers as Inventors-Legal and Policy Implications of Artificial Intelligence on Patent Law*, Scripted, Vol. 13（Issue 3），pp. 316－317（2016）.

品中都可以看到人类智力劳动的贡献，后者在人工智能生成物中发挥了目标制定（创作意图）、输入数据（创作素材）和表达样态选定（创作结果）的作用。总的说来，"人机合一"是对人类作者与机器作者共创作品的样态描述和表象概括。这种作品是"智能版权"时代合作作品的特殊类型，"机器作者"类人化的智力创作，既蕴含着反映人类作者创作意图的"合意"，又表现了接受人类作者指引的"共创"。最后是"机器作者"的权利主体资格问题。"机器作者"的身份来源，难以在现有的著作权主体理论中得到圆满的解释。我们看到，机器作者具有事实作者的一般特征，人工智能在算法创作中表现出相当的自主性，自我思考、自我生成的创作能力似与人类作者无异。类人化的创作行为是一种事实行为，因此，机器作者类似于通过创作事实而成为主体的自然人作者。根据科学家的预测，基于人工智能可进化性、高效率和精确化的发展趋势，未来时代的智能机器人有可能独立自主进行智力创造活动，由此产生独立生成的发明和作品。① 因此，重构著作权法作者理论，探讨机器作者身份问题是有意义的。当然，这一理论假设有待在未来法中得到认可。未来法可能赋予机器作者以拟制作者的一般资格。机器作者身份的取得并非表明人工智能独立于自然人，所谓法律拟制即以实定法解释论为基础，运用拟制的法律技术，将特定情形的人工智能认定为法律主体。② 这一主张在著作权领域可被界定为"拟制作者"，即类似于自然人作者以外的法人作者。③ 但是智能机器作为拟制作者，没有完全独立的意思能力，更没有真正的思维能力。④ 综上所述，我们可以承认

---

① 关于人工智能技术发展的三个阶段，特别是人工智能系统自主开发技术改进自己的相关论述，参见王瀚. 欧美人工智能专利保护比较研究. 华东理工大学学报（社会科学版），2018（1）。

② 陈吉栋. 论机器人的法律人格：基于法释义学的讨论. 上海大学学报（社会科学版），2018（3）.

③ 熊琦. 人工智能生成内容的著作权认定. 知识产权，2017（3）；吕炳斌. 面向人工智能时代的著作权法拟制作者理论重构. 南京社会科学，2023（10）.

④ 骁克. 论人工智能法律主体的法哲学基础. 政治与法律，2021（4）.

机器人的作者身份，但不必赋予其著作权人资格，从而实行创作主体与权利主体界分。在民法主体理论中，凡是权利的主体必为意思的主体。机器作者不能成为著作权人，关键在于其民事能力的缺失，即以自己的名义去理性并实际地享有权利、履行义务和承担责任。正如美国学者所言，版权法赋予作品以专有权利，从而激励作者产生创作动因，践行立法宗旨的权利人只能是自然人和法人，而不是机器人。①

（三）"作品—作者"著作权理论框架之变

面对人工智能技术迭变，著作权法理论需要反思和重构，其思想成果既要对或然世界的智能机器表达进行理论解读，更要为未来时代法律制度变革准备思想资料。生成式人工智能"作品独创性—作者主体性"之问，在法理学层面首先涉及的问题即是"后人类时代"法价值取向的变化。"理论是灰色的"，但会因应科技之变、时代之变而充满活力。

变化一，"后人类时代"的"人类作者中心主义"。自近代以降，"人类中心主义"是为人类摆脱上帝权威而确立人为中心的思想主张。但进入"后人类时代"以来，人类在自然界乃至社会活动中的唯一性主体地位受到挑战，其独霸主体资格的假定正在被改写。② 在专利权领域，智能机器可以独立从事智力创造活动，俨然成为未来时代的"发明人"③；在著作权领域，机器作者的出现势必对人类作者的中心地位产生冲击。承认非人类创作主体的意义，在于消除"人类作者中心主义"在生成式人工智能时代的不适应。机器作者的主体性假定，没有也不可能颠覆人类在智力创作领域的主导地位。我们应该看到"机器作者"的局限性和狭隘性，其智能创作拘泥于精神生产活动的有限领域，数据偏差和算法偏见也会影响其思想表达的结果。因此，机器作者并不等同

---

① Pamela Samuelson, *Allocating Ownership Rights in Computer-Generated Works*, University of Pittsburgh Law Review, Vol. 47：4, p. 1199 (1986).

② 於兴中. 后人类时代的社会理论与科技乌托邦. 探索与争鸣，2018 （4）.

③ 曹建峰，祝林华. 人工智能对专利制度的影响初探. 中国发明与专利，2018 （6）.

于具有独立人格、自由表达能力的人类作者，更多的是电子流水线上的"生产者""制作者"。

变化二，"智能作品"生成中的"读者中心主义"。根据人工智能的技术原理，智能作品的产生过程大抵为"数据驱动—算法创作"，即通过分析用户数据、发现、引导和实现"智能作品"的消费需求（包括创意方向、表达类型、传播路径等）；通过算法学习，在计算中生成内容，形成符合用户需求的表达文本。"智能作品"的生产及应用离不开用户即读者的介入与参与，由此使"智能作品"与人类作者的关联相对疏离，同时又突出人类读者的中心地位，以至于美国学者声称"读者的参与（人类阅读）构成了当代著作权法的核心"①。"读者中心主义"不仅意味着用户参与作品的评价与感受，还表现为用户参与作品的创作和生成。从网络平台上的"用户创作内容"（Uesr-generated content），到"人工智能生成内容"（AI-generated content），呈现出普通大众广泛参与文学艺术创造的社会图景。可以认为，新的传播技术特别是人工智能技术推动着"创作平权时代"的到来。②"读者中心主义"在著作权领域的重要意义，在于解构了作者与作品的内在关联性。具言之，作品独创性判断不以揭示作者身份为前提，"智能作品"的思想表达及其人格内涵，以社会公众的评价为依据。

在上述法律价值取向的指引下，我们有必要遵循一定的原则立场，调适"作品独创性—作者主体性"的理论框架。

一是人工智能作品独创性的限缩解释原则。独创性是判断作品可版权性的客观标准，其基本内涵应聚焦"作者独立完成"（是为作者独自

---

① James Grimmelmann, *Copyright for Literate Robots*, Iowa Law Review, Vol. 101 （Issue 2）, p. 658 （2016）.

② *Open Letter*: *Artists Using Generative AI Demand Seat at Table From US Congress*, Creative Commons （September 29, 2023）, https：//creativecommons. org/about/policy-advocacy-copyright-reform/open-letter-artists- using-generative-ai-demand-seat-at-table-from-us-congress/.

创作或使用工具创作不限）和"必要创作高度"（是智力投入还是"额头冒汗"不论）。限缩独创性的解释范围，凡作者的思想、身份、创作过程等因素，不是作品可版权性的依据。① 但是，独创性原则应具有人类智力劳动的要义，即人类作者对人工智能作品作出的"必要安排"（不必是创作全过程安排）和"实质贡献"（不要求作出主要贡献）。

二是"人机合成创作"中的人本主义原则。作者主体性是作品独创性认定的重要因素。有学者主张，"作品来源"和"最低程度的创造性"都体现了"人的主体性特征"，可以此作为人工智能生成物可版权性认定的"人本逻辑"②。笔者进一步认为，在生成式人工智能的场景中，作品可版权性要求有人类作者的介入，但同时不可能排除智能机器参与创作，或者说借助人工智能进行创作。智力创作领域中的人机共存、人机合作将成为未来世界新的社会特征。"机器作者"之说，是对生成式人工智能的实然状态描述，是一种修正"人类作者中心主义"的理论假定。在建立人类作者与机器作者的"二元创作主体结构"的时候，我们仍应秉持"以人为本"的著作权法立场，不能随意偏离人的主体性原则。③

三是权利主体资格认定中的意思能力原则。在民法理论中，意思能力是民事主体能够判断自己的行为性质和后果并作出真实意思表示的能力④，包括认识力、预期力和表现力。从意思能力原则出发，我们对人工智能似可建立"创作者—权利人"相分离的"二元主体结构"。具言

---

① 李伟民. 人工智能智力成果在著作权法的正确定性：与王迁教授商榷. 东方法学，2018（3）.

② 王国柱. 人工智能生成物可版权性判定中的人本逻辑. 华东师范大学学报（哲学社会科学版），2023（1）.

③ 人本主义是知识产权法的崇高价值。人本主义是 21 世纪的人文主义，是以人为本位、以权利为本位的价值观念，人本主义的要义是呈现人的全面发展。著作权制度关于"激励作品创作、促进知识传播"的二元立法宗旨即体现了人本主义思想。吴汉东. 知识产权法价值的中国语境解读. 中国法学，2013（4）.

④ 吴汉东，陈小君. 民法学. 北京：法律出版社，2013：62.

之，根据创作活动即事实行为的原理，人工智能可以作为机器作者；而依照行使权利、履行义务即法律行为的属性，人工智能不能成为智能作品的著作权人。概言之，凡权利的主体须为意思的主体，著作权人应是自然人或自然人的集合体。鼓励作品创作的著作权法宗旨，不会因为机器作者或是人类作者的身份而有所改变，但对著作权法激励创作的功能作出反应的，只能是具有意思能力的著作权人。2017 年，欧洲议会通过的《机器人民事法规则》确立了一条重要原则：人工智能无论如何发展，最终要受到法律规制的依然是人（无论是自然人还是法人），而不是任何机器或装置。① 总的说来，二元主体的机构理论不仅削弱了作者与作品的联系，也削弱了作者与著作权人的联系。② 直言之，在未来的著作权制度中，自然人并不等同于作者，而作者并不当然是著作权人。

三、制度构想：如何对"作品—作者"著作权规范体系进行法律再造

知识产权制度依托科技革命而生，基于科技革命而变。在法律制度创新和科技创新相互依存、相互促进的过程中，相对于科技的不断迭变和发展，法律规则具有滞后性。"我们既需要敬畏技术的革新力和创造力，也需要尊重法律的保障性和引导性。"③ 对此，日本学者中山信弘提出警示：让法律领先于事实，特别是技术，而以应有的姿态进行引导是困难的。由于难以正确地判断社会发展方向，法律如果先行往往产生朝着错误方向引导的危险。同时，他也表示期望：应注意至少要努力在最低限度上，不使法律成为多媒体改变的阻碍。④ 在生成式人工智能面

---

① 孙远钊. 控制与便利如何权衡？：人工智能法律规制的挑战. 微信公众号"知识产权家".
② 徐小奔. 论算法创作物的可版权性与著作权归属. 东方法学，2021（3）.
③ 丛立先. 人工智能生成内容的可版权性与版权归属. 中国出版，2019（1）.
④ 中山信弘. 多媒体与著作权. 张玉瑞，译. 北京：专利文献出版社，1997：116–117.

前，著作权法既不能熟视无睹，对新的创作方式和生成作品无动于衷，同时也不能贸然变革，颠覆著作权法"作品—作者"的规范体系。笔者认为，在不根本改变既有基本制度的前提下，应该而且可以对相关法律规范进行补充和完善。

关于人工智能生成作品可版权性的法律构造，立法者往往持审慎的立场。尽管欧美国家的法学家、法律家展开了激烈的争论，其中也不乏有益的建议，但在立法层面并未产生实际的成果。美国版权立法对人工智能作品著作权问题未作回应，其法律变动和规范调整主要来自法院判例和主管部门规章，即对纯粹机器生成作品拒绝提供版权保护。[①] 就其他国家立法动向而言，大抵有两种情形：一种是援用已有著作权法规定，扩大法律适用范围，将"机器作品"纳入受保护对象。英国 1998 年《版权、设计和专利法案》第 9 条第 3 款规定了"计算机生成作品"，由对该作品进行"必要安排"（the arrangements necessary）之人享有版权。在英国版权法传统中，"必要安排"认定的基础是"实质性贡献原则"。到目前为止，引用该项条款的唯一案例仅涉及计算机手机游戏截图。但从立法本意来说，"计算机生成作品"可以包括人工智能生成作品，英国知识产权局在"人工智能与知识产权"的征求意见书中声称：在既有的法律框架下，人工智能生成内容可以受到版权保护。因此目前虽然不会对既有的法律进行修改，但是会在国际层面保持沟通，并且在需要的时候进行法律修改，替换或者取缔保护条款。[②] 另一种是拟定专门法案，界定人工智能发明与作品的"独立智力创造标准"，为机器作品提供著作权保护。2017 年，欧洲议会法律事务委员会

---

①　薛铁成. 综述与评鉴：人工智能创作作品的现状及法律保护路径初探. 中国海洋大学学报（社会科学版），2019（5）.

②　UK Intellectual Property Office, *Artificial Intelligence and Intellectual Property*：*Copyright and Patents*：*Goverment Response to Consultation*（June 28，2022），https：//www. gov. uk/government/consultations/artificial-intelligence-and-ip-copyright-and-patents/outcome/artificial-intelligence-and-intellectual-property-copyright-and-patents-government-response-to-consultation.

提交《关于机器人的建议报告》，特别强调"对计算机或机器人创作的可确认著作权作品，需要制定相关'独立智力创造标准'，以便认定作品著作权归属"①。这一建议未被采纳。2020 年，欧洲议会发布《关于人工技术发展的知识产权决议》，强调在人工智能作为作者创作工具的情形下，当前的知识产权框架仍能适用，但是智能机器自主创作的作品可能没有资格获得版权保护，以遵守与自然人相关的独创性原则。② 上述情况表明，各国著作权领域并无有关人工智能生成作品的专门立法，更多是对现有著作权规范进行扩张解释，以增强法律的适应张力和调整弹性。

从长远来看，著作权法终须保持与时俱进的时代进步性，但不必建立一套独立于著作权法之外的规则体系，也无须对既有著作权法进行体系化改造，而应对现有制度进行适度调适，以解决人工智能作品的可版权性问题。概括说来，著作权法修改应坚持以人为本原则，以人与人之间的关系为调整对象，就下列问题展开：对人工智能生成作品提供有限保护，对人工智能参与创作事实予以有条件的确认，对作者身份与权利主体的关系进行有例外的调控。

（一）人工智能作品的客体规范

在著作权法客体规范体系中，"作品条款"包括作品定义条款、作品类型条款、作品特别条款和作品除外条款等规定，涉及作品的基本内涵、构成要件、主要例示类型、特别表现形式，以及非作品"表达"

---

① Committee on Legal Affairs, *Report with Recommendations to the Commission on Civil Law Rules on Roboties* [2015/2103 (INL)], European Parliament (Jan. 27, 2017), https：//www. europarl. europa. eu/doceo/document/A - 8 - 2017 - 0005_ EN. html.

② European Parliament Resolution of 20 October 2020 on Intellectual Property Rights for the Development of Artificial Intelligence Technologies [2020/2015 (*INI*)], *https：//www. europarl. europa. eu/doceo/document/TA-9 - 2020 - 0277_ EN. html*

与非保护"作品"等内容。① 现就有关问题分述如下。

1. 作品定义条款

著作权法关于何谓作品的定义性规范，其核心内涵就是独创性标准。立法文件对此多有规定，但并未给出具体说明。因此，该问题的症结不在于立法创设，为人工智能生成作品作出专门规定，而应着眼于法律解释，为新类型作品预留适用空间。最高人民法院《关于审理著作权民事纠纷案件适用法律若干问题的解释》（法释〔2020〕19 号）第 15 条认为，作品具有独创性并享有独立著作权，其条件是"作品的表达系独立完成并且有创作性"。由此可以认为，独创性要义在于创作的独立性和原创性，即前已述及的"独立完成"和"智力原创"。笔者认为，对"有人类介入的机器作品"与人类自身创作的作品应持相同尺度，无须对前者另立严苛标准。人工智能生成内容呈现了人类心智活动的"无机化"并表现了人类思想表达的"随机性"，即可以认为其是具独创性的"个性表达"。具言之，独创性内涵不应该以创作者身份为必要，"机器作品"与他者作品不构成"实质性相似"（实质标准），并基于以人类读者为基础的"一般社会公众"认可（评价标准），即可作为著作权作品看待。在未来时代，人工智能提供信息内容将会成为常态，"机器作品"将在更大程度上由智能系统自主完成，但是只要该作品有人类介入，著作权法对此就不能简单地采取排斥的立场。

2. 作品类型条款

著作权法按照一定标准对作品类型作出规定，是为作品的主要类别或者说规范类别。该项条款的功能在于：明确著作权客体所涉的作品范畴，将不同领域的不同作品类型化，有助于"找法用法"，正确适用法律规范；同时，指明著作权客体类型与相关权能之间的关系，基于不同

---

① 吴汉东. 关于《著作权法》"作品"条款的法教义学解读. 版权理论与实践，2021 (1).

的作品类型而产生不同的利用方式，法律由此赋予不同的财产权项。在著作权立法体例中，各国大抵采取"例示主义"方法，即列举作品类型+"兜底"其他作品说明。该一条款在列举文字作品、口述作品、音乐作品、戏剧作品、舞蹈作品、美术作品、摄影作品、视听作品、图形作品等之后，特别规定"符合作品特征的其他智力成果"。这一开放式条款，可以解决作品类型列举不全的弊端，涵摄新技术下可能出现的新作品类型。生成式人工智能已经广泛应用于文学艺术领域，目前主要集中在音乐、电影、诗歌、绘画、摄影、图形设计以及新闻报道等方面。机器作品在作品外观及类型上与人类作品无异，无妨对标适用一般作品类型条款，当然也可以适用"兜底条款"，由法律对其作出专门规定，或者由司法机关根据"作品定义条款"作出裁判认定。

3. 作品特别条款

作品特别条款泛指著作权法例示规定的"其他作品"，涉及非规范行使的客体类型。在我国著作权法中，即指"民间文学艺术作品"①、"计算机软件"② 以及"符合作品特征的其他智力成果"。人工智能生成作品应为"特殊作品"，在著作权法的作品规范中可设立人工智能作品的专门条款，其条款细则包括特殊作品定义、独创性判断标准、自然人作者介入认定、创作类型及其权利归属等。

（二）人工智能创作的主体规范

著作权法的主体规范，与著作权原始取得有关。我国著作权法在"著作权归属"项下规定了"作者"条款，主要包括作者身份认定条款、自然人作者条款、拟制作者条款和作者认定的证明条款，其规范内容涉及作者主体与权利主体的关系、作者身份确认的实质标准与形式标

---

① 《著作权法》第 6 条规定："民间文学艺术作品的著作权保护办法由国务院另行规定。"
② 《著作权法》第 64 条规定："计算机软件、信息网络传播权的保护办法由国务院另行规定。"

准、作者的主要类型。现就有关问题分述如下。

1. 作者身份条款

著作权法关于作者规定有两个要义：一是作者身份基于创作而生（作者认定的实质标准），二是著作权属于作者（原始权利主体确认）。因此，著作权法建立了"创作—作者—著作权人"的逻辑框架。根据民法关于法律事实的规定①，创作行为属于事实行为，对著作权原始取得具有重要意义。② "作者"是著作权的基本主体和原始主体，一般作品的权利归属均是如此，这是"创作主义原则"在主体规范体系中的具体表现。但作者（无论是自然人作者还是法人作者）并不完全等同于著作权人，著作权法在诸如视听作品、职务作品、委托作品等特殊作品类型中，即规定了著作权全部或者部分不归属于作者的情形。③ 人工智能生成作品应为一种特殊作品，在智能机器自主创作并成为"拟制作者"情形下，其著作权主体应是自然人或法人。

2. 自然人作者条款

在著作权主体制度中，自然人是从事创作活动的事实作者。作者身份是智力创作这一事实行为的结果，具言之，无论是作者认定的一般原则（以自然人为作者），还是法律"视为"作者的特别规定（以法人为作者），真正创作作品或者事实完成创作的人只能是自然人。但在人工智能时代，机器创作作品是一种客观样态，可能被"视为"作者，因此有必要对"自然人作者条款"进行改造。在承认"拟制作者"的同时，仍须强调人类作者要素的存在，即自然人对该作品的必要介入。机器作者与人类作者共存，是人工智能作品生成的创作主体构成，也是该

---

① 《民法典》第 129 条规定："民事权利可以依据民事法律行为、事实行为、法律规定的事件或者法律规定的其他方式取得。"

② 美国学者认为，创造性活动是权利产生的"源泉"（source），而法律（国家机关确权）是权利能力产生的"根据"。L. Ray Patterson & Stanley W. Lindberg, *The Nature of Copyright: A Law of User's Right*, The University of Georgia Press, 1991, p. 2.

③ 《著作权法》第 17 条、第 18 条、第 19 条。

作品可版权性的重要条件。

3. 拟制作者条款

著作权法中的法人作者，即是基于法律规定的"拟制作者"。根据民事主体制度，法人组织具有一种"拟制人格"，即以自己的名义所表现的共同意志和团体人格，因此，成为著作权法规定的"拟制作者"。英国、美国、日本和我国的立法大抵有此类规定。随着信息技术的发展，新的作品形态如计算机软件、电子数据库等交由法人组织，由其投入人力、物力，并承担法定责任。在这种情况下，将法人"视为"作者是适宜的。未来立法似可扩大拟制作者条款的适用范围，将生成式人工智能"视为"作者，这是对智能创作事实的一种法律确认。在拟制作者那里，机器作者与法人作者有着重大区别，即前者并不能凭借作者身份取得著作权主体资格。

4. 作者身份推定和证明条款

在著作权法中，作者身份的推定和证明包括两个方面的规范内容：一是认定规则，即在作品上署名，且在该作品上有相应的权利；二是除外规则，如有相反证明，则不以署名作者认定（作者认定的形式标准）。对于一件具体作品而言，作者是谁以及确认谁是真正的作者，各国著作权法大抵采用"推定"方法：一般情况下，作品的署名人即为创作人；但存有"相反证明"的例外，署名人并不都表示其为"作者"。这就是说，该条关于署名"推定"或"视为"作者的表述，具有"不确定但又可处于保存地位"的法律效果。① 作者身份推定，涉及权利归属认定，须以相关证据证明为必要。在著作权"自动取得原则"的指引下，作品版权登记是证明权利归属的"初步证据"。未来法似可建立人工智能生成作品著作权登记制度，其申请材料包括人工智能作品

---

① 吴汉东，曹新明，等. 西方诸国著作权制度研究. 北京：中国政法大学出版社，1998：78-79.

样品、人工智能作品原创性证明、开发者或使用者对人工智能作品介入的证明、自然人或法人的身份证明、人工智能的类型和性能说明等。人工智能作品著作权登记，具有表彰作品独创性和作者主体性的初始证明意义，但不是完全确定的，第三人可以提出相反证明，且在发生争议时可以诉诸法院解决。

（三）人工智能生成作品著作权的本体规范

"作品—作者"的主客体规范建构，其目标指向是确定著作权归属，即作品的可版权性和作者的著作权主体地位问题。人工智能生成作品的著作权本体规范涉及以下相应条款。

（1）特殊作品类型条款。特殊作品的著作权归属，根据法律直接规定确认（如职务作品、视听作品等），或是依照当事人的合同约定确认（如委托作品），因而存在创作主体与权利主体不尽一致的情形。人工智能生成作品不能作为一般作品而依作者身份确定权利归属，因此当为特殊类型作品，须由法律特别规定权利为谁享有。学者曾提出如下方案：一是"法人作品说"。法人作品是由法人主持，以法人名义创作并发表的作品。正是基于法人作品（客体）的事实存在，才产生了法人作者（主体）的法律拟制。有学者认为，人工智能生成内容可由独创性标准事实认定，亦可借鉴"法人作品"制度来确定权利归属。[1] 司法实践中亦有将人工智能作品适用法人作品规则的判例。[2] "法人作品说"的主要问题是：第一，人工智能生成作品并不一定是由法人组织主持和创作的，在一些时候，还存在自然人利用人工智能创作作品的情形；第二，该学说并未回答法人作品背后谁是该作品生成的事实作者，创作活动中的人机关系难以用法人作品规则进行调整。二是"雇佣作品说"。

---

[1]　熊琦. 人工智能生成内容的著作权认定. 知识产权，2017（3）.

[2]　"深圳市腾讯计算机系统有限公司诉上海盈讯科技有限公司侵害著作权及不正当竞争纠纷案"，深圳市南山区人民法院（2019 年）粤 0305 民初 14010 号民事判决书.

雇佣作品通常是指员工在雇佣关系存续期间和受雇佣工作范围内为雇主创作的作品。在我国著作权法中，该类作品被称为职务作品。与前述法人作品不同，职务（雇佣）作品中，自然人作者（雇员）始终保有其作者身份，根据不同情形，由作者所在单位（雇主）享有不同范围的著作权。美国学者认为，雇佣作品表明，该类作品存在"事实上的作者"（雇员）和"法律上的作者"（雇主）。似可借鉴美国版权法，将人工智能作品视为雇佣作品，让雇主成为著作权人。[①] 但美国联邦最高法院的判决并未采纳上述主张，否认将人工智能作品纳入雇佣作品的范畴，排除了将机器视为雇员的可能性。[②] "雇佣作品说"旨在确定人工智能作品的著作权归属，并未触及"雇员"作者（拟制作者）是否保有作者身份这一前置性问题。此外还有"演绎作品说"和"委托作品说"：前者将人工智能创作视为一种演绎行为，其智能作品符合邻接权客体特征，采取了以智能机器所有者为核心的权利构造[③]；后者将人与机器的关系比拟为委托人与受托人的关系，智能机器设计者提出了创作意图和创作实体，因而享有该作品的著作权。[④] 上述两种学说的重点在于分配著作权的归属，未能说明人工智能在创作中的地位，以及创作主体与权利主体分离的理由。

　　鉴于上述情况，笔者建议拟定新的合作作品条款。合作作品一般是两人以上共同创作完成的作品。在生成式人工智能的语境中，合作作品可指为人类作者（法律作者、事实作者）与机器作者（拟制作者、事实作者）共同创作完成的作品。该合作作品属于共同作品，即创作成果无法分割的整体作品。其规范构造的意义在于：一是强调人类作者对作

①　丁晓东. 著作权的解构与重构：人工智能作品法律保护的法理反思. 法制与社会发展，2023（5）：112.

②　Community for Creative Non-Violence v. Reid，490 U. S. 730，741（1989）.

③　易继明. 人工智能创作物是作品吗？. 法律科学，2017（5）.

④　徐小奔. 论算法创作物的可版权性与著作权归属. 东方法学，2021（3）.

品创作的实质介入，由此合作作品与雇佣作品、委托作品有别。二是承认机器作者"自主创作"的事实，由此合作作品与法人作者、演绎作者不同。三是建立创作主体与权利主体的"二元结构"，其权利分配可采取创作者（自然人或法人）权属模式或投资者（自然人或法人）权属模式。

（2）人类必要介入条款。人工智能作品著作权保护的规范设计，必须把握以下原则和方法：强调智能作品中人类作者的主体性元素。人工智能生成作品，寓意着机器参与创作，目的在于增强人类智力创造活力、丰富人类精神生产方式，而不应是完全摆脱人类、绝对替代人类的失控行为。

其一，确认人类作者对智能作品的介入方式和程度。在人机合作共创作品的情形下，人类作者介入的方式包括设定"创作意图"、选择"创作方案"、确定"创作成果"等。所谓"介入"并不是全过程的，但应是必要的，为此学者提出过"实质贡献论"和"创新过程控制论"的认定标准。"实质贡献论"是英国版权法关于"计算机生成作品"著作权认定的基础。具有功能主义价值的"贡献论"，意在摆脱"智能机器—创作工具"的窠臼，以人类智慧或人工智能对创造性表达的贡献度作为创作作品可版权性的基础。我国学者强调谁贡献多谁享有权利，并分析了不同主体不同贡献度的应用场景。① 笔者认为，人类作者对智能作品的介入，强调的是实质贡献，但不应解读为主要贡献。在法哲学范畴中，"实质"是一种本质性认识，表达了一个对象或事物成为其所是的原因和基础。人工智能生成内容符合可版权性的根本在于，须有人类作者决定该作品本质属性的贡献，这在不同类型作品中有不同表现。"创新过程控制论"的基本逻辑是"谁控制，谁有权，谁负责"。这一

---

① 丁文杰. 通用人工智能视野下著作权法的逻辑回归：从"工具论"到"贡献论". 东方法学，2023（5）.

控制并不需要对独创性表达的形成进行直接干预，只需要对从创作启动到作品完成的整体过程进行控制。① "控制论" 强调了人类学者在人工智能作品中的地位，主张机器创作乃是人类控制下的创新过程；在著作权分配方面，"创新控制论" 亦是对 "投资保护论" 的突破和超越。但是，人类对智能作品的介入，不必是整个过程的控制，这在作品生成事实上不可能，在法律认定上也无必要。在创作意图发动、创作过程指引、创作成果选择等方面，只要人类作者进行了必要的干预，达到决定该作品基本属性的后果，即可认为实现了 "控制"。因此，人类作者是否实现了控制应根据作品的类别特征采取分类认定，结合人机合作创作的不同应用场景实行个案认定。

其二，设定著作权人关于智能作品的标示义务和举证责任。作为著作权人的自然人和法人，在发布和传播其人工智能生成作品时，有义务注明 "人工智能生成作品" 或 "AIGC" 的标记。记号标示不具备权利公示的法律效力，但可能产生对潜在侵权行为的 "事先告知" 的作用。更为重要的是，记号标示有助于加强生成式人工智能服务领域的专门管理，有利于消费者和使用者对人工智能生成作品的识别。此外，在人工智能作品权益发生纠纷时，著作权人应承担举证责任，对人机合作事实、人在作品中的实质贡献等作出说明。

总的来说，人工智能生成作品著作权条款的核心规范内容包括：（1）独创性标准，即强调创作的独立性和原创性，不以自然人人格为基础，但须有人类作者对人工智能作品的介入。（2）作者身份认定。在人机合作的情景下，承认拟制作者即人工智能的创作主体身份，以及与人类作者共同创作作品即合作作品的创作事实。（3）人的主体要素构成。确认人对作品的必要介入，即达到决定作品本质属性的贡献程

---

① 吕炳斌.面向人工智能时代的著作权法拟制作者理论重构.南京社会科学，2023（10）.

度。（4）著作权归属。根据"创作主义"或"投资主义"原则，将著作权分配给有意思能力和责任能力的自然人或法人。

结　语

人工智能技术总在不断改写时代篇章，我们或许真的看到"未来已来，将至即至"。行文至此，科技世界又发生一件大事：2024 年 2 月，美国人工智能研究公司 OpenAI 对外发布视频生成大模型——Sora。该模型仅需提交简要的文字指令，就可生成场景逼真、细节丰富、光影考究、动作流畅的视频。OpenAI 公司宣称，Sora 不仅是视频生成工具，而且是一个物理世界模拟器，旨在为真实世界建模。从 ChatGPT 到 Sora，人工智能技术展示了惊人的迭代变速。这不仅预示着内容生成方式和生产速度的惊人变革，同时使人工智能生成物的权利认定及其分配问题解决变得更加迫切和复杂。无论如何，我们需要正视科学的力量，充分认识人工智能对著作权制度的深刻影响；同时，保持制度的理性，坚守激励创新、规避风险的法治理想。总结司法实践、进行法理反思、探索法律重构，对于知识产权界而言是一个长期任务和必要过程。

生成式人工智能侵权的法律应对[*]

王利明[**]

我们已经进入了人工智能时代,人工智能是未来新一轮科技革命和产业变革的核心力量,具有"大模型 + 大数据"特征的生成式人工智能,以庞大的数据为参数,具有更出色的生成能力,其用途极为广泛,且具有惊人的应用价值。ChatGPT 产生以后,就引发了全世界的广泛关注,被媒体称为"有史以来向公众发布的最佳人工智能聊天机器人"。比尔·盖茨认为,它是一项革命性的技术,其出现的重要性不亚于互联网和个人电脑的诞生。[①] 如同瓦特发明蒸汽机是工业革命时代的标志,ChatGPT 的诞生也有可能成为人工智能时代的里程碑。技术的变革总是在法律世界中引发新的机遇与挑战,我们应当积极拥抱这一技术变革,同时应当对这一技术变革引发的法律问题作出积极应对。就生成式人工智能而言,其产生的最大挑战就是潜在的侵权纠纷,如何在法律上进行应对,是值得探讨的重要话题。

一、侵害何种权利:侵权客体的界定

现代社会是风险社会,而生成式人工智能的发展和广泛运用,必然伴随"人工智能风险"[②]。在各种可能产生的风险中,一个受到普遍关注的风险是因为生成式人工智能产生虚假信息等而可能出现的侵权风险。ChatGPT 一经出现,就引发了截然不同的观点。有的观点反对生成

---

[*] 本文为中国人民大学重大项目"民法典新规则研究"(批准号22XNLG01)的研究成果。

[**] 王利明,中国人民大学法学院教授、中国人民大学民商事法律科学研究中心研究员。

① Bill Gates, The Age of AI has Begun (January 5, 2023), https://zhuanlan.zhihu.com/p/616522624.

② 季卫东,赵泽睿. 人工智能伦理的程序保障. 数字法治,2023 (1).

式人工智能的发展和普遍应用，其主要的理由是 ChatGPT 将会带来大量的侵权问题，甚至因为大量虚假信息的制造和传播，可能引发严重的社会问题。但是，正如硬币有正面反面一样，生成式人工智能也可以给人类社会带来大量的便利和好处，我们应当充分利用这些便利和好处。至于潜在的侵权问题和其他社会问题，则应当未雨绸缪地予以化解和解决。

首先应当看到，人工智能侵权具有自身的特殊性：一方面，人工智能侵权不同于一般的产品侵权。生成式人工智能不会对用户的生命权、身体权或者健康权造成严重损害，也不会给用户造成重大财产损失，因此与传统侵权法中的产品责任不同。这就决定了人工智能引发的风险可以被控制在一定限度内。同时，不宜直接套用产品责任的有关规定解决人工智能引发的侵权纠纷。另一方面，人工智能侵权也不完全等同于传统的网络侵权。生成式人工智能虽然可以制造虚假信息，生成虚假图片，甚至由于现有技术的缺陷、训练数据的不可靠性导致产品出现"幻觉（Hallucination）"，因而可能公然地"胡说八道"，但是，这些虚假信息还是需要借助用户或者其他主体的传播才有可能影响社会公众。因此，生成式人工智能产生的内容并不直接地具备公开性，其内容主要是向特定的用户提供的，只要用户不进行广泛传播，那么生成式人工智能生成的内容不会发生扩散，因此不会产生大规模的侵权现象。在这个意义上，生成式人工智能不同于传统的网络侵权。

生成式人工智能的重要特征体现在它的侵权客体上。与传统的侵权行为不同的是，ChatGPT 引发的侵权行为，主要是侵害人格权行为和侵害知识产权行为。

（一）侵害人格权行为

以 ChatGPT 为代表的人工智能，给人格权的保护带来了新的挑战。具体而言，ChatGPT 的出现，不仅会引发针对各类人格权的侵权行为，还带来了新的侵权形式，导致侵权类型的多样化。

第一，侵害隐私和个人信息。生成式人工智能可能引发大规模隐私或者个人信息泄露问题。大型生成式人工智能需要大量数据作为参数，而 AI 产品的提供者在训练 AI 产品时违规收集大量的个人信息，或者运用大量没有合法来源的信息训练 AI 产品，这就可能形成一些侵害隐私和个人信息的新形式。有研究发现，不法行为人有可能通过攻击大规模语言模型，提取出训练数据中的隐私敏感信息。如果像生成式人工智能这样的大规模语言模型，训练的数据中包含了隐私敏感信息，那么不法行为人就有可能通过攻击模型，来获得这些信息，从而发生隐私的泄露。而且，该研究还发现，语言模型规模越大，越容易受到攻击。还有研究指出，即使训练数据中没有某个人的个人信息，像 ChatGPT 这样的语言模型也有可能被用来推测他人的特征，如个人的性别、种族、性取向、年龄等，从而发生对隐私和个人信息的侵害。生成式人工智能在输出信息时，也可能非法利用他人的个人信息回答用户的提问，从而导致个人信息、隐私的泄露。[①]

第二，侵害名誉权。大型生成式人工智能模型主要依赖消化人类文本输入生成输出产品，如文本、图像、音频、视频等，一旦这些输出的信息是虚假的，就有可能导致对他人名誉权的侵害。ChatGPT 也会带来一些侵害名誉权的新形式。生成式人工智能的出现，导致虚假信息的大量生成和传播。[②] OpenAI 公司首席执行官山姆·阿尔特曼在接受采访中说，"我特别担心这些人工智能被用于大规模制造虚假信息"[③]。例如，生成式人工智能如 ChatGPT 的"臆造"现象，可能会导致 ChatGPT 在回答问题时，编造他人涉嫌性骚扰、某人与他人非法同居等消息，对他

---

① 王若冰.论生成式 AI 侵权中服务提供者过错的认定：以"现有技术水平"为标准.比较法研究，2023（5）：30.

② Betül Çolak, Legal Issues of Deepfakes（June 2，2023），https：//www.internetjustsociety.org/legal-issues-of-deepfakes.

③ 加雷卡尔·巴加什里.别小看人工智能带来的政治风险.陈欣，译.环球时报，2023-05-19.

人名誉造成损害。生成式人工智能还可能自动生成虚假图片、音频、视频，不仅可以"以假乱真"，还能够"无中生有"，导致对他人名誉、隐私等人格权益的侵害①，生成式人工智能自动生成的包含虚假信息的图片、视频、声音，已经达到了以假乱真的程度，甚至生成式人工智能都难以辨别其生成的图片等是真实拍摄的还是自动生成的。如果在这些虚假信息产生之后，不法行为人利用这些信息传播，受众就很容易受到影响，造成对他人名誉等人格权益的重大侵害。

第三，侵害肖像权。因为生成式人工智能可以自动生成图片、视频，随着生成式人工智能的发展，其比深度伪造更加难以辨别，所以，利用生成式人工智能自动生成的图像，比深度伪造造成的损害后果更加严重，其不仅会侵害个人的肖像权，甚至可能通过图片、视频扭曲个人的形象，特别是当生成的图片涉嫌性骚扰、猥亵、非法同居等虚假信息时，将会造成对他人的名誉权、隐私权等权益的严重侵害。

第四，侵害死者人格利益。生成式人工智能的技术超越深度伪造，可以将死者的图像和声音汇集在一起，生成虚假的信息。例如，在自然人去世后，他人可以利用 ChatGPT 生成具有死者风格的文字，用来生成一些歧视、偏见、仇恨言论或者其他有毒害（toxic）的言论，事实上构成对死者人格尊严的侵害。又如，侵权人还可以利用生成式人工智能来模仿死者的口吻与死者近亲属进行交流，实施侵权，这样的行为也可能导致对死者人格利益的侵害。

（二）侵害知识产权行为

在生成式人工智能的训练和运行过程中，主要有两个环节可能会发生侵害著作权的行为。第一，在训练生成式人工智能的环节，需要使用大量的数据，这些数据当中可能存在他人享有著作权的作品。如果生成式人工智能使用这些数据的时候未经著作权人授权，有可能会侵害著作

---

① 李婧文，李雅文．深度合成技术应用与风险应对．网络与信息安全学报，2023（2）．

权。第二，在生成式人工智能生成内容的环节，生成的结果也可能会侵害他人的著作权。其生成的结果，如果使用了受著作权保护的作品或作品片段，或者构成对作品的演绎，就会落入著作权的控制范围。例如，在 ChatGPT 问世后，有人就利用它生成了受著作权保护的书籍的缩略版，用以帮助他人快速阅读书籍，由于此种行为会构成对原书的市场替代，很难构成合理使用，因此有可能会被认定为侵害著作权的行为。另外，有人利用 ChatGPT 生成特定作者风格的作品，这种行为是否会侵害著作权，或者侵害其他的权益，值得研究。笔者认为，如果行为人没有利用他人享有著作权的作品生成类似风格的作品，原则上不应当构成对他人著作权的侵害。

同时，生成式人工智能也可能侵害商标权。如果未经授权许可，在生成式图片中使用他人的商标，并将其作为某种广告宣传或者产品装潢，引发消费者的混淆，这就可能构成对商标权的侵害。

（三）其他风险

除生成式人工智能产品自身存在固有缺陷外，服务提供者也有可能会利用生成式人工智能实施侵权行为。例如，服务提供者有可能会利用包含个人信息或者享有著作权的数据来训练 ChatGPT 的模型；或者会通过操纵数据、参数、模型来影响输出结果，进而影响用户的行为和选择，对用户的利益造成损害。这是因为，生成式人工智能输出的信息，是受到训练所用的大量数据和语料的影响的，当这些数据和语料中包含着一些不正当的价值判断时，用户将会受到这些不正当价值的影响，从而潜移默化地改变其行为和选择。随着生成式人工智能运用的场景越来越广泛，由此造成的风险和侵权类型将会呈现逐渐扩大的趋势。

二、谁构成侵权：侵权主体的界定

生成式人工智能侵权的类型较为复杂，具体包括：第一，服务提供者可能未经同意，大量收集了涉及他人隐私、个人信息以及商业秘密等的数据用于训练。第二，用户使用生成式人工智能的产品时，采取故意引诱等方式使生成式人工智能产生虚假信息，并且对虚假信息进行传播。第三，服务提供者开发的生成式人工智能生成各种虚假信息，或者生成具有侵权性质的文字、图片、视频等。因此，在生成式人工智能侵权中，责任主体具有复杂性和多元性，因而有必要区分不同场景，明确不同主体的责任。

《民法典》第1194条规定了网络用户和网络服务提供者的责任。不同主体利用网络侵害他人权益，应当承担侵权责任。严格地说，生成式人工智能的运营商与网络服务提供者存在一定的差异，具体而言：网络服务提供者的责任仅限于在网络空间中为用户提供访问、复制或者传播信息的服务时产生的责任，但是生成式人工智能并不一定要在网络空间中运行。一方面，只要可以访问生成式人工智能的模型，就可以使用该生成式人工智能的产品，因此在商业实践中可能存在不依赖网络运行的"离线版本"的ChatGPT。另一方面，生成式人工智能生成的信息，是向用户个人提供的，而非向不特定公众提供的，因此这些信息只有用户个人知悉，不为他人所知悉。基于以上两个原因，生成式人工智能产生的侵权信息，不同于用户在网络空间中传播的侵权信息。但是，在生成式人工智能提供信息之后，用户利用其所生成的信息在网络空间中进行散播，此时，用户也是利用网络服务进行侵权，因此与《民法典》第1194条的规定具有相似之处，从而引发了是否适用网络侵权的避风港规则的问题。

对生成式人工智能同样如此。不同主体都有可能利用生成式人工智能侵害他人权益，都需要承担相应的侵权责任，因此在设计规则时，不能只考虑服务提供者单方面的责任。利用生成式人工智能侵权的情形多样，较为复杂。例如，在生成式人工智能的训练过程中，服务提供者对生成式人工智能输出的虚假信息，主观上可能是故意，也可能是过失，例如，有可能会非法利用他人的个人信息，从而构成对他人个人信息的侵权；利用算法有意生成虚假信息，但也可能是生成式人工智能基于自身固有的缺陷而产生的虚假信息，对用户而言，其主观过错也可能各不相同，其可能是故意诱导生成式人工智能产品输出虚假信息，也可能是因过失实施相关行为。

在责任主体方面，生成式人工智能引发侵权的情形，有可能会涉及多个责任主体，应当根据责任主体的过错程度，确定其相应的责任，具体而言，主要会涉及服务提供者和用户这两类责任主体。

（一）服务提供者的责任

对于服务提供者利用生成式人工智能实施侵权，可以分为两种类型。一种类型是服务提供者通过积极作为的方式实施侵权，例如，服务提供者在训练生成式人工智能时故意利用了他人的个人信息。另一种类型则是服务提供者通过不作为的方式实施侵权。例如，未采取合理措施，导致系统出现漏洞或者被黑客攻击，发生数据泄露。再如，在运行中发现、用户举报的不符合要求的生成内容时，未在合理期限内采取内容过滤、模型优化训练等措施。也有研究表明，从问答系统开发者的角度，可以利用信息检索系统提供外部知识、有意识地提高模型的召回能力、在处理复杂问题前识别其复杂性并对其进行分解，从而在一定程度上可以避免出现幻觉现象。[①] 但如果服务提供者对此完全放任不管，则可能会导致损害的进一步扩大。随着生成式人工智能的数据规模越来越大，如果数据的真实性和客观性难以保证，则生成虚假信息的可能性会越大。

对服务提供者还可以进行另一种分类，即非法处理、泄露个人信息的责任与其他侵权责任。非法处理、泄露个人信息包括如下类型：第一，没有满足知情同意的要求，因此不符合《个人信息保护法》第 13

---

① Zheng, Shen, et al.. *Why Does ChatGPT Fall Short in Providing Truthful Answers？*. arrive preprint arXiv：2304. 10513v2（2023）.

条第 1 款第 1 项所要求的取得个人同意。例如，非法爬取个人信息作为参数用于训练。第二，对已公开的个人信息进行不正当的利用，超越了合理范围的使用，违反了《个人信息保护法》第 27 条的规定。例如，服务提供者将网上的公开信息进行大范围的收集，最终生成虚假信息、图片和声音等，超越了处理公开个人信息的合理范围。第三，服务提供者可能因为没有承担安全保障义务而导致个人信息发生大规模泄露，或者被黑客攻击也可能发生个人信息泄露的问题。在这些情况下，网络服务提供者其实是一个个人信息处理者，其违反了个人信息处理者应当承担的相关义务，因此构成对个人信息权益的侵害，其应当承担的是个人信息处理者的责任。

非法处理、泄露个人信息不同于其他的一般侵权，表现在：首先，从法律依据来看，此种侵权适用的是《民法典》关于个人信息侵权的规定。其次，非法处理、泄露个人信息所应当承担的侵害个人信息责任，应当是推定过错责任（《个人信息保护法》第 69 条）。过错推定也称过失推定，它是指行为人因过错侵害他人民事权益，依法应推定行为人具有过错，如果行为人不能证明自己没有过错，则应当承担侵权责任。《个人信息保护法》第 69 条第 1 款规定："处理个人信息侵害个人信息权益造成损害，个人信息处理者不能证明自己没有过错的，应当承担损害赔偿等侵权责任。"之所以采取此种归责原则，很大程度上是因为在实践中，受害人举证困难已经成为个人信息保护所面临的一大困境，采用过错推定原则有利于减轻受害人的举证负担，强化个人信息处理者的举证义务，从而对受害人提供有效的救济。最后，依据《民法典》和《个人信息保护法》的规定，个人信息侵权责任存在特殊的救济机制，包括查阅复制权、更正补充权和删除权等，在服务提供者作为个人信息处理者的场景中，用户还可以向这些服务提供者主张个人在个人信息处理活动中的权利。

（二）用户责任

用户可能会利用生成式人工智能来生成虚假信息，此类行为也是发生生成式人工智能侵权的重要原因。有研究指出：从用户的角度，如果其能够尽可能地提供背景信息、提供尽可能具体的外部知识、将复杂问题分解成子问题，则有助于避免出现"臆想"现象①；但是如果用户在与生成式人工智能交流中，采取故意诱导的方式（如有意增加某一单词出现的频率，调整该单词在句子中的位置或者给出与该单词具有关联性的单词），或者故意指责某人存在性骚扰等行为，要求生成式人工智能生成图片或引导生成式人工智能生成其想要的答案，甚至误导其生成虚假信息②，这些行为本身表明用户是具有过错的。例如，用户在提问时要求生成式人工智能生成某人涉嫌性骚扰的新闻，就要承担相应的侵权责任。实际上这种情形就属于用户利用生成式人工智能实施侵权行为，如果该情形满足一般侵权行为的构成要件，那么用户就应当承担一般侵权责任。

用户责任据以产生的另一种典型行为是，用户利用生成式人工智能制作虚假信息，随后用户又将该虚假信息进行广泛传播。特别是在生成式人工智能生成有关他人性骚扰、非法同居等信息的情形下，用户对这些信息进行非法传播，以假乱真，将会严重侵害当事人的名誉权等人格权益。在这种情况下，由于生成式人工智能的服务提供者没有实施侵权行为，该生成式人工智能只是作为被用户不当利用的工具，因此该服务提供者无须承担侵权责任，用户应当承担全部的侵权责任。

三、如何承担责任：侵权责任的认定

面对生成式人工智能引发的侵权问题，法律上应当如何去应对？首

---

① Zheng, Shen, et al.. *Why Does ChatGPT Fall Short in Providing Truthful Answers？*. arXiv preprint arXiv：2304. 10513v2（2023）.

② 舒洪水，彭鹏. ChatGPT 场景下虚假信息的法律风险与对策. 新疆师范大学学报（哲学社会科学版），2023（5）.

先，在价值取向方面，面对像生成式人工智能这样的新技术带来的问题，民法上应当秉持鼓励创新、预防风险的价值取向。具体到侵权责任制度的价值取向，应当更加强调侵权责任制度的预防功能，而非制裁功能。也就是说，侵权责任制度的设计应当更加重视引导服务提供者和用户正确的行为，预防损害的发生，而非一味地加重侵权责任，进而影响企业创新的积极性。有一种观点认为，生成式人工智能服务提供者应当对生成式人工智能产品的预训练数据、优化训练数据来源的合法性负责，保证数据的真实性、准确性、客观性、多样性。此种观点值得商榷。诚然，如果确实能够保障数据的真实、准确、客观、多样，对于防范虚假信息可以起到很好的作用，但现有的技术很难达到这一目的，因此，将防范虚假信息作为一种倡导性的行为是有意义的，但是作为一种严格的法定义务，要求在生成式人工智能服务提供者违反该义务时对其科以侵权责任，未免过于严苛。如此可能不利于鼓励技术创新。

（一）归责原则主要适用过错责任原则

如前所述，在服务提供者大规模采集个人信息的情况下，应当根据《民法典》和《个人信息保护法》的规定承担过错推定的责任，对此没有争议。笔者认为，对其他的侵权行为，仍然应当采取过错责任，这主要是因为《民法典》第 1165 条第 1 款确立的一般侵权责任①，适用于一般侵权，如果在法律没有特别规定的情形下，原则上应当适用过错责任，尤其是就生成式人工智能引发侵权形态（除了侵害个人信息权益）而言，其与一般侵权没有本质差异，理应适用过错责任。通过过错责任，在用户和服务提供者均有过错的情况下，可以利用过错进行分担，也有利于准确地认定各方主体的责任。

但是，对于在生成式人工智能产品的固有缺陷致人损害的情形下，采取何种归责原则，存在争议。一种观点认为，生成式人工智能产品的

---

①　该款规定："行为人因过错侵害他人民事权益造成损害的，应当承担侵权责任。"

固有缺陷致人损害，就应当由产品的制造者承担责任，不考虑其是否存在过错，应当适用严格责任原则。①。另一种观点认为，仅仅是生成式人工智能产品的固有缺陷致人损害，还难以确定服务提供者存在过错，必须考虑这种固有缺陷是如何产生的，是不是现有技术难以克服的障碍，服务提供者是否尽到了最大的努力。对此类情形，仍然应当采用过错责任归责原则。由于生成式人工智能引发的损害往往由多方面原因导致，各方均应采取合理注意义务避免损害发生。因此，生成式人工智能设计者、生成式人工智能使用者都应当采取适当注意义务，否则就应承担责任。② 在欧盟关于人工智能产品的规则中，将人工智能产品按照风险分为不可接受的、高风险的、有限风险的和最小风险四类，对于不可接受的风险产品禁止使用③，对高风险的产品运营商承担严格责任。④

《民法典》侵权责任编对于一般侵权行为采取过错责任原则，适用《民法典》第 1165 条第 1 款。对生成式人工智能侵权适用过错责任原则的重要理由在于：

第一，我们不能把生成式人工智能等同于一般的产品，也不能适用产品责任的归责原则，即不能将无过错责任原则简单地适用于生成式人工智能的侵权。生成式人工智能产品虽然属于一种产品，但它与一般产品仍然存在本质的区别。毕竟以 ChatGPT 为代表的生产式人工智能只是一个大型语言模型，其主要是提供信息内容服务，不会像一般产品因为自身的固有缺陷产生对他人生命、健康、财产安全的威胁。虽然诸如自

---

① Ariat Lior, *AI strict Liability Vis-à-vis AI Monopolization*, 22 Columbia Science and Technology Law Review 90, 92 (2020).

② Miriam Buiten & Alexandre de Streel & Martin Peitz, *The law and economics of AI liability*, 48 computer law & secu- rity review 1, 13 (2023).

③ Nello Cristianini, EU approves draft law to regulate AI – here's how it will work, The conversation (Jun. 14, 2023), https://theconversation. com/eu-approves-draft-law-to-regulate-ai-heres-how-it-will-work-205672.

④ Wagner G, *Liability for Artificial Intelligence：A Proposal of the European Parliament*. SSRN 3886294, 2021.

动驾驶汽车、医疗机器人等人工智能应用产品可能直接涉及生命、健康等重大利益，但以 ChatGPT 为代表的生成式人工智能一般不涉及这一类利益，其主要是为人们提供一般性的信息服务。即使解答有关的医疗、问诊等问题，其也只是提供一种参考方案，具体是否采用，应当由使用者自己判断，除非是在解答比较少直接涉及生命、健康等重大利益的医疗问题等特定场景下。因此，法律没有必要针对生成式人工智能的固有缺陷导致的损害科以无过错责任。

第二，生成式人工智能的固有缺陷可能会导致各种风险，但仍然可以采取各种方式来降低这种风险。它不像有些产品一样，产生的风险会直接作用于人并产生损害。例如，即便由于生成式人工智能的固有缺陷生成了虚假信息，这些虚假信息并不会立即直接导致损害，而且在生成以后，可以通过标识等方法降低其导致损害的风险。国家互联网信息办公室等部门颁布的《生成式人工智能服务管理暂行办法》第 12 条规定："提供者应当按照《互联网信息服务深度合成管理规定》对图片、视频等生成内容进行标识。"加注标识是生成式人工智能服务提供者应当负有的义务，通过加注标识，可以有效防止生成式人工智能产生的虚假信息的传播，以及因虚假信息所产生的大量的侵权后果。

第三，依照鼓励创新的价值取向，适用过错责任原则更有利于人工智能技术的创新和发展。目前，生成式人工智能存在现有技术无法完全解决的固有缺陷，例如，人工智能自身的设计缺陷使其产生各种"臆想（Hallucination）"，即会导致生成式人工智能经常一本正经地胡说八道，甚至编造出各种虚假信息。目前还没有研究表明，现有技术可以完全解决大型语言模型的"臆想"问题。[1] 如果适用无过错责任原则，一旦像 ChatGPT 这样的生成式人工智能产品因为固有缺陷致人损害，服务提供

---

① 王若冰. 论生成式 AI 侵权中服务提供者过错的认定：以"现有技术水平"为标准. 比较法研究，2023（5）：30.

者就要承担侵权责任，会导致服务提供者不敢轻易再将生成式人工智能产品投放市场。这会影响到相关技术的创新和发展。生成式人工智能产品致人损害的情形非常多样化，可能需要针对不同的情形予以不同的规制。适用过错责任，可以针对生成式人工智能产品固有缺陷致人损害的不同情形，设定不同的过错标准，有利于更有针对性地规制服务提供者的行为。例如，在人们向 ChatGPT 咨询医疗问题的情形下，服务提供者应当有更高的注意义务，采取一定的干预措施避免幻觉答案的出现，或者以明显的方式提醒用户，其提供的答案并不能代替医生的专业意见。

第四，生成式人工智能侵权主体是多元的，需要根据情形具体分析各方主体的过错，分别确定其应当承担的侵权责任。生成式人工智能产品出现虚假信息，在有些情形下主要是用户的责任。例如，用户可能会诱导生成式人工智能生成虚假信息。在这种情形下，不能认为如果服务提供者发现不了这些虚假信息，就需要承担侵权责任。相反，由于这些虚假信息可能是用户有意或者无意利用生成式人工智能生成的，用户应当有义务防止其传播，并通知服务提供者。如果服务提供者在收到通知后没有采取必要措施，导致损害扩大，那么其才有可能构成过错，需要承担相应的责任。另外，也要考虑因虚假信息构成侵权的服务提供者是否尽到了现有技术条件下最大的注意义务。

（二）应类推适用通知规则

通知规则也称为"通知—删除"规则或避风港原则，它是指在网络用户利用网络服务者提供的网络实施侵权行为时，权利人有权通知网络服务提供者采取删除、屏蔽、断开链接等措施，网络服务提供者接到通知应当及时将该通知转送相关网络用户，或者采取必要措施。只有在受害人通知网络服务提供者，要求采取必要措施以后，网络服务提供者才有义务采取必要措施以避免损害的扩大。关于在生成式人工智能产品因散布虚假信息对他人造成损害的情形下，是否应当适用通知规则，在比较法上存在激烈争议。有观点认为，ChatGPT 等生成式人工智能所产生的内容，并不是第三方所形成的，而是自行生成的，无论其输出的是基于训练数据而产生的数据，还是基于用户输入而产生的数据，本质上都是其自行输出的数据，因此造成的损害应当由服务提供者负责。此种观点主张，在美国现行法上，对 ChatGPT 等生成式人工智能很难适用避风港规则，也不应适用避风港规则。①

应当看到，反对对 ChatGPT 等生成式人工智能直接适用通知规则的主要理由是，人工智能生成的侵权信息并非由"网络用户利用网络服务实施侵权行为"，而是人工智能自己生成的，因此在构成要件上不满足《民法典》第 1195 条所规定的"通知—删除"规则。尽管如此，笔者认为，利用生成式人工智能实施侵权与利用网络实施侵权在性质上具有"评价重心"的相似性②，因此，人工智能生成虚假信息的侵权行为应当类推适用通知规则，具体而言：

第一，人工智能服务提供者无法一一审查人工智能生成的信息。无论是用户还是服务提供者利用生成式人工智能或者网络，都是将其作为一种侵权的工具。通知规则设立的一个原因，是网络平台上存在着海量的信息，AI 服务提供者无法对此一一进行审查，难以保证不会出现侵害他人权益的信息。同样地，在生成式人工智能平台上，每天都在生成大量的信息，AI 服务提供者也无法去逐一审查。人工智能产品出现虚假信息，对此并不是服务提供者所能完全避免和控制的。一方面，人工智能产品力图模仿人，但其设计仍然存在固有缺陷，不可能完全具备人类的推理能力。③ 另一方面，生成式人工智能作为一项新技术，本身存在着不成熟的地方，以目前的技术难以完全避免一些漏洞。因此，其提供给

---

① Hasala Ariyaratne, *ChatGPT and Intermediary Liability-Why Section 230 Does Not and Should Not Protect Generative Algorithms*, SSRN: https://ssrn.com/abstract=4422583.

② 卡尔·拉伦茨. 法学方法论. 黄家镇，译. 北京：商务印书馆，2020：479.

③ Cristiano Lima, *AI chatbots won't enjoy tech's legal shield*, Section 230 authors say, WASH. POST（Mar. 17, 2023），https://www.washingtonpost.com/politics/2023/03/17/ai-chat-bots-wont-en-joy-techs-legal-shield-section-230-au-thors-say/.

人们的答案可能并不可靠。如果有人根据生成式人工智能臆造的答案来行事，就会存在风险，甚至可能会产生一定的损害（例如，按照生成式人工智能提供的医疗方案治病就会给自己造成损害），因此，需要权利人和用户在运行和使用的过程中发现涉及侵权的信息，并通知服务提供者，不能因为在生成式人工智能平台上出现了涉及侵权的信息，就要服务提供者承担侵权责任。[①] 一旦虚假信息构成诽谤等，人工智能产品的制造者就要承担侵权责任，这实际上对其过于苛刻。

第二，人工智能服务提供者根据用户的通知删除侵权信息的成本较低。尽管人工智能服务提供者无法对人工智能生成的信息进行事前审查，但是在用户发现人工智能生成信息构成侵权并且通知人工智能服务提供者进行删除或者采取其他必要措施时，人工智能服务提供者可以以一种相对较低的成本删除相关信息。通过这一方式，人工智能服务提供者可以以较低的成本防范侵权行为发生的风险，符合"防范成本最低的主体承担责任的原则"或"最便宜的成本规避者（cheapest cost avoider theory）"理论。[②] 在这个意义上，倘若人工智能服务提供者在收到用户的通知后仍然不删除，那么其就对侵权信息的传播存在过错，应当承担过错责任。就此而言，人工智能服务提供者所要承担的侵权责任，实质上类似于《民法典》第1195条所规定的"通知—删除"规则。

综上所述，由于人工智能服务提供者难以对人工智能生成的信息进行实时审查，且根据用户的通知进行删除成本较低，因此对人工智能服务提供者也应当类推适用《民法典》第1195条规定的"通知—删除"规则。用户在使用中一旦发现虚假信息，应当及时提出，人工智能服务

---

① 王若冰. 论生成式 AI 侵权中服务提供者过错的认定：以"现有技术水平"为标准. 比较法研究，2023（5）：30.

② 按照"最便宜的成本规避者"理论，根据不同主体对事故成本防范所应当支付的费用，确定谁将对事故成本负责，是符合效率的。Guido Calabresi, *Concerning Cause and the Law of Torts: An Essay for Harry Kalven, Jr.*, 43 U. CHI. L. REV. 69, 84（1975）.

提供者在收到通知后应当及时删除该虚假信息。如果其未能在合理期限内删除相关的虚假信息，则其应当依法承担相应的侵权责任。如果人工智能服务提供者已经尽到了足够的注意义务，可以认定其不存在过错，不需要就任何内容引发的侵权承担侵权责任。该规则充分考虑了技术发展的现状，对服务提供者较为宽容，既有利于激励创新，也能在一定程度上督促服务提供者尽到足够的注意义务。

（三）禁止深度合成、侵害他人合法权益

所谓深度合成（Deepfake），是指利用深度学习、虚拟现实等生成合成类算法制作文本、图像、音频、视频、虚拟场景等网络信息的技术，通常是利用信息技术手段深度伪造他人肖像、声音等，深度合成本身并不为法律所禁止，但如果利用信息技术手段伪造方式形成高度逼真且难以甄别的图像、声音、视频，侵害他人的肖像等人格权，则为法律所禁止。① 从比较法来看，欧盟委员会曾经制定并发布《应对线上虚假信息：欧洲方案》《反虚假信息行为准则》等文件；美国国会曾经提出《2018 年恶意伪造禁令法案》，将利用深度合成技术制作不实信息纳入虚假信息打击范围，防范虚假信息的生成和传播。② 在我国《民法典》第 1019 条规定："任何组织或者个人不得以丑化、污损，或者利用信息技术手段伪造等方式侵害他人的肖像权。"这就从侵害人格权益层面对深度伪造行为进行了规范。需要指出的是，《民法典》第 1019 条将该类侵权规定在肖像权中，但现在涉及深度合成的侵权行为早已不限于肖像，从实践来看，已经出现了模仿他人声音、动作、文字的行为，可能涉及不同的人格权益乃至著作权，因此有必要扩张解释《民法典》的上述规定，将其适用到深度合成的各类行为。

---

① 曹建峰. 深度伪造技术的法律挑战及应对. 信息安全与通信保密，2019（10）.

② Durach F. *Tackling disinformation*，*EU regulation of the digital space*. Romanian Journal of European Affairs，Vol（20）：1，pp. 10－11（2020）.

利用深度合成、侵害他人合法权益，主要是一种侵害人格权益的行为。作为大模型＋大数据的人工智能不仅可以广泛收集大量的声音进行训练，还可以利用收集的声音数据模仿、自动生成或者将某人的声音与其形体、动作结合起来，AI 可以模仿任何人、说任何话。[①] 一旦滥用深度合成技术，可能会导致非常严重的损害后果。而随着生成式人工智能的发展，其自动生成的图片、视频等比深度合成技术所生成的更加逼真，使得深度合成变得更加容易和逼真。更可怕的是，其生成的虚假图片连生成式人工智能自身也辨别不了。[②] 此种侵权行为不仅会侵害他人人格权，深度合成的虚假的图片、视频、音频等，或者伪造的某人从事某种活动的视频，会造成以假乱真的后果，甚至会使受害人蒙受"不白之冤"。为了预防采用生成式人工智能技术进行深度合成导致的侵权，应当要求服务提供者承担如下法定义务：一是要求服务提供者在训练生成式人工智能时，尽量避免大规模收集人脸、语音等个人敏感信息，《互联网信息服务深度合成管理规定》第 14 条第 2 款规定："深度合成服务提供者和技术支持者提供人脸、人声等生物识别信息编辑功能的，应当提示深度合成服务使用者依法告知被编辑的个人，并取得其单独同意。"因此，如果不得不使用这一类信息，应当取得权利人的同意，并尽量对个人信息进行脱敏化处理。二是要求服务提供者要采取各种技术措施避免信息的大规模泄露，切实保障个人信息安全。三是要求服务提供者采取技术措施添加不影响用户使用的标识，提醒用户该内容是由人工智能生成的，以防止人工智能生成的虚假信息广泛传播。[③] 从比较法上看，美国国会提出《2018 年恶意伪造禁令法案》等，要求人工智能

[①] 罗亦丹 . 四句之内难分真伪 AI 孙燕姿之后 AI 歌手站到台前？. 新京报，2023－06－22.

[②] 沈知涵 . AI 画得太逼真，以至于连 AI 自己都认不出来了 . ［2023－03－01］. https：//mp. weixin. qq. com/s？＿＿biz＝MTg1MjI3M-zY2MQ.

[③] 张雨亭 . 明星脸带货、虚假小作文，AI 生成内容监管走到哪一步了？. 南方都市报，2023－06－05.

生成的虚假内容中应当包含嵌入的数字水印、清楚标识更改的音频或视频内容。在现有内容治理手段基础上，明确规定了通过添加技术"标识"的方式，帮助用户有效识别人工智能生成内容。[①] 我国《互联网信息服务深度合成管理规定》第 17 条规定，深度合成服务提供者提供某些深度合成服务，可能导致公众混淆或者误认的，应当在生成或者编辑的信息内容的合理位置、区域进行显著标识，向公众提示深度合成情况。深度合成服务提供者提供本条规定之外的深度合成服务的，应当提供显著标识功能，并提示深度合成服务使用者可以进行显著标识。这些规定有利于减少违法信息和虚假信息传播、避免用户的混淆或误认。由于这些义务属于法定义务，如果违反这些义务造成损害，就有可能构成侵权。

（四）服务提供者对个人信息的安全保障义务

由于生成式人工智能的参数规模和数据规模日益庞大，其面临的数据安全风险也越来越大，而且一旦发生数据泄露造成损害，就会形成民法上所说的大规模侵权。为了防止这种大规模侵权，首先要重视风险的预防和防范。

在生成式人工智能的训练和服务提供过程中，人工智能服务提供者往往也会处理个人信息，例如在训练过程中可能使用含有个人信息的数据，在服务提供过程中可能收集用户主动输入的个人信息，此时该人工智能服务提供者也将构成个人信息保护法意义上的个人信息处理者，其应当承担个人信息处理者应当承担的义务与责任。《生成式人工智能服务管理暂行办法》第 7 条专门规定人工智能服务提供者作为个人信息的处理者，应当遵循《个人信息保护法》规定的原则和规则。因此，人工智能服务提供者应当承担以下义务与责任：

[①]　JESSICA S, WOODROW H. *The upside of deep fakes*, Maryland Law Review, Vol（78）：4，pp. 960－966（2019）.

第一，人工智能服务提供者原则上应当取得个人同意才能处理个人信息，除非符合《个人信息保护法》规定的不需要取得个人同意的情形。对此，《生成式人工智能服务管理暂行办法》第 7 条规定："生成式人工智能服务提供者（以下称提供者）应当依法开展预训练、优化训练等训练数据处理活动，遵守以下规定：……（三）涉及个人信息的，应当取得个人同意或者符合法律、行政法规规定的其他情形；……"在实践中，人工智能服务提供者可能通过爬取互联网上公开的个人信息，对 AI 模型进行训练。根据《个人信息保护法》第 27 条的规定，个人信息处理者可以在合理范围内对公开的个人信息进行处理，不需要取得个人同意。[①] 在这个意义上，实践中人工智能服务提供者在合理范围内对公开的个人信息进行处理，原则上不构成对个人信息权益的侵害。但是，《个人信息保护法》第 27 条还进一步规定，个人可以明确拒绝个人信息处理者对公开的个人信息进行处理，因此，当个人向人工智能服务提供者提出明确拒绝时，人工智能服务提供者不得继续处理个人信息。此外，该条还进一步规定，对个人信息的处理若是对个人权益造成重大影响，应当取得个人同意方可处理公开的个人信息。根据这一规定，若是使用公开的个人信息训练人工智能模型将会对个人权益造成重大影响，那么人工智能服务提供者也应当取得同意后才能处理公开的个人信息。

第二，人工智能服务提供者应该采取必要措施，保障个人信息的安全。人工智能服务提供者是否负有对个人信息和隐私的安全保障义务？对此，存在争议，笔者认为，人工智能服务提供者大量收集他人的人脸信息、语音信息进行训练，可能导致信息泄露，或者大量自动生成各种虚假信息，因此，应当就人工智能的训练过程和服务过程分别加以讨论，具体而言：首先，在训练阶段，人工智能服务提供者对数据进行处

---

① 程啸，王苑．个人信息保护法教程．北京：中国人民大学出版社，2023：91.

理时，应当对敏感个人信息采取必要的安全保障措施，应当尽快建立数据分类分级保护制度。人工智能服务提供者在训练时应当尽量保证所收集的数据的质量。《互联网信息服务深度合成管理规定》第14条第1款规定要求深度合成服务提供者和技术支持者应当加强训练数据管理，这也可以适用于生成式人工智能。其次，在提供服务的阶段，人工智能服务提供者对用户的输入信息和使用记录承担保护义务，不得非法留存能够推断出用户身份的输入信息，不得根据用户输入信息和使用情况进行画像，不得向他人提供用户输入的信息。法律法规另有规定的，从其规定。最后，在人工智能服务提供者保存用户输入信息和生成式人工智能的输出信息期间，这些信息存储于人工智能服务提供者的服务器和数据库中，第三人可能侵入这些系统，造成用户个人信息的泄露。在这个意义上，人工智能服务提供者也应当对个人信息承担安全保障义务，采取各种技术措施防止个人信息的大规模泄露。当前，不法行为人特别是有组织的网络犯罪行为人实施网络攻击、大规模窃取个人信息和隐私，成为网络安全包括人工智能技术安全的重大威胁。有效应对黑客攻击、保障个人信息的安全，是人工智能服务提供者应该承担的重要义务。①

（五）确定侵权责任的承担方式

我国《民法典》侵权责任编规定的侵权责任的承担方式主要是损害赔偿，此外《民法典》还规定了停止侵害、排除妨碍和消除危险请求权等绝对权请求权。但是，这种民事责任是否可以适用到人工智能，仍然是一个值得探讨的话题。

一方面，人工智能服务提供者作为民事主体，若是实施侵权行为，应当适用侵权责任法的一般责任形式，包括损害赔偿请求权和停止侵害、排除妨碍、消除危险等绝对权请求权。人工智能服务提供者的侵权

---

① 马俊. 业内大咖谈 AI 时代"数字安全"格局. 环球时报，2023－08－10（8）.

责任承担方式，类似于网络服务提供者的承担方式，应当适用《民法典》第 1194 条以下网络服务提供者的相关责任。用户利用 AI 制造虚假信息，并对该虚假信息进行传播，那么用户应当承担独立的侵权责任，至于人工智能服务提供者则不需要承担责任。用户以及用户进一步传播虚假信息所使用的网络服务提供者的责任，按照传统侵权法的规则处理即可。至于人工智能服务提供者收集个人信息所涉及的侵权责任，则依据《民法典》和《个人信息保护法》的相关规定进行处理，例如人工智能服务提供者不当处理个人信息，个人信息泄露造成的损失等，均可以适用损害赔偿责任，且《个人信息保护法》第 69 条第 2 款还规定了获利损害的规则。但是，倘若一个人工智能存在固有缺陷，总是生成可能构成侵权的虚假信息，则此时该人工智能的服务提供者应当如何承担责任就成了问题。在这种情况下，应当采取停止侵害、排除妨碍和消除危险的请求权进行解决。这种方式，既有利于维护民事主体的合法权益，也有利于鼓励人工智能技术的发展。

另一方面，人工智能服务提供者作为个人信息处理者，还应当承担《个人信息保护法》《民法典》所规定的个人信息处理者应当承担的民事责任。首先，人工智能服务提供者侵害个人信息权益造成损害的，应当适用《个人信息保护法》第 69 条第 1 款规定的过错推定责任，而非适用一般过错责任。其次，在人工智能服务提供者处理个人信息期间，个人还可以向人工智能服务提供者主张《个人信息保护法》第四章所规定的"个人在个人信息处理活动中的权利"，包括查阅复制权、可携带权、更正补充权、删除权和解释说明权。

结　语

生成式人工智能对侵权提出了新的挑战，但是仔细分析侵权的主体、客体和责任承担，可以发现生成式人工智能引发的侵权纠纷没有完全超出《民法典》和《个人信息保护法》的相关规定，现行法的规定仍然可以作为处理和解决此类纠纷的依据，因此，在《民法典》颁布之后，对于实践中出现的新问题，应当注重通过对《民法典》的解释应对新问题形成的挑战。当然，生成式人工智能作为一种新的技术变革，可能引发新的纠纷和其他的社会治理问题，而这就需要在未来条件成熟时，通过特别立法进行有效应对，从而预防和处理生成式人工智能引发的各种侵权风险，有效保障民事主体合法权益，促进人工智能产业的健康发展。

人工智能生成内容的著作权保护研究

张新宝　卞　龙*

人工智能的发展面临着严峻的著作权法挑战，较长时间以来，对于人工智能生成内容（artificial intelligence generated content，AIGC）是否可以受到著作权法的保护以及如何进行保护的问题，理论界和实务界一直存在着争议。2023 年 11 月 27 日，北京互联网法院审结了一起侵害人工智能作品著作权的案件，最终判决认定借助生成式人工智能创作的图片可以受到著作权法保护。除此之外，国内外还有一些类似的案例，但是对于该问题的看法并不一致。理论界也存在比较大的争议，不少反对的声音认为人工智能生成内容不能构成作品，无法受到著作权法的保护。支持保护的声音之中，对于作者身份和著作权归属等问题存在诸多不同意见。整体来看，人工智能生成内容的著作权保护问题远未能形成共识，甚至存在根本性的分歧。通过观察国内外既有的理论研究和司法实践，人工智能生成内容在著作权保护方面临两个基本问题：第一，人工智能生成内容能否构成作品；第二，如何确定作者身份以及著作权的归属。随之而来的第三个问题是，人工智能生成内容为一种新型作品，作者的著作权如果受到侵害，是否需要对侵权责任的构成与承担进行特殊的考量。人工智能生成内容的著作权问题不仅关系到其能否受到法律的保护，而且涉及投资者、开发者、所有者、使用者等主体之间的利益关系和行业的健康发展，因此，理论争议的解决对于预防和化解相关的著作权纠纷，促进生成式人工智能的开发和应用，具有至关重要的意义。本文将依次对上述三个问题进行分析和讨论，以期澄清人工智能生成内容的著作权保护问题。

---

* 张新宝，中国人民大学法学院教授，法学博士；卞龙，中国人民大学法学院博士研究生。

一、人工智能生成内容的作品属性

人工智能生成内容是指人类借助人工智能技术生成的文字、图片、音乐、视频、代码等。随着以生成式对抗网络为代表的深度学习技术的发展，人工智能的学习能力得到了极大的提高，迎来了高速发展的阶段。过去，人工智能仅具备分析功能，例如推荐系统、自动驾驶等，当前，生成式人工智能已经成为人工智能发展的主要方向，具有极大的行业应用潜力。生成式人工智能在海量数据和复杂算法的基础之上，具备了内容创造的能力；其可以在人类发现问题和定义问题能力的驾驭和引领之下，以远高于人类的工作速度和精度，协助人类解决问题。① 同时，人工智能生成内容具备接近于传统作品的外观，通过大规模数据集的训练，生成式人工智能可以生成小说、诗词等文学作品，以及图片、音乐、视频等艺术作品，甚至可以生成学术论文等科学作品。可见，生成式人工智能的出现深刻地影响了智力成果创作和传播的既有格局，无疑会对人类文明的进步产生广泛而深远的影响。

（一）人工智能生成内容应受保护的原因

反对保护人工智能生成内容的观点认为，人工智能生成内容缺乏著作权保护的正当性和必要性。② 人工智能生成内容只是应用某种算法、规则和模板的结果，而著作权法意义上的创作是作者精神与意识的产物③，因此人工智能生成内容不构成著作权法上的作品，应当属于公共领域。④ 本文认为，人工智能作品具备接近于传统作品的客观价值，通

---

① 钟义信. 人工智能："热闹"背后的"门道". 科技导报，2016（7）：15.

② 张金平. 论人工智能生成物可版权性及侵权责任承担. 南京社会科学，2023（10）：81－83.

③ 王迁. 论人工智能生成的内容在著作权法中的定性. 法律科学（西北政法大学学报），2017（5）：150－151.

④ 丁晓东. 著作权的解构与重构：人工智能作品法律保护的法理反思. 法制与社会发展，2023（5）：116；曹博. 人工智能生成物的智力财产属性辨析. 比较法研究，2019（4）：148－149.

过著作权保护人工智能生成内容，不仅具有现实必要性，而且具备充分的逻辑正当性。正如英国知识产权局所表示，人工智能的使用仍处于早期阶段，没有迹象表明对计算机生成的作品进行保护会产生负面影响。①

1. 具备文学、艺术、科学和经济价值

传统作品之所以受到法律的保护，关键原因就在于自然人独创性的智力劳动使作品具备了价值性和稀缺性。保护具有独创性的智力成果，既是对自然人智力劳动价值的肯定，同时也是对作品自身价值的肯定。人工智能生成内容和传统作品相比没有太大水平上的差距，甚至有过之而无不及，同样具备文学、艺术、科学和经济价值，能够满足人类的精神文化需求以及获利需求，应当受到法律的保护。

基于深度学习和海量训练数据的生成式人工智能，能够创作出较高质量的文学、艺术以及科学作品，人工智能诗集《阳光失了玻璃窗》即是例证，其文学价值得到了市场的认可。而且，生成式人工智能已经被应用于药物开发等，具备一定的科学研究价值。实践中，生成式人工智能可以给各行各业降本增效，目前已经被应用于游戏、设计、电影等诸多领域，具备经济价值显然已经成为不可否认的事实。在"李某诉刘某侵害作品署名权和信息网络传播权纠纷案"中，原告将其使用人工智能生成的图片发布在小红书平台，目的无非是吸引粉丝和汇聚流量，正是因为涉案图片具有美感及艺术上的价值，其他用户才会予以关注。而且，被告刘某未经原告允许将其作为诗歌配图，本身也说明了涉案图片具有一定的艺术价值。② 根据一般观念，人工智能作品和传统作品都能

---

① Intellectual Property Office, *Artificial Intelligence and Intellectual Property: copyright and patents: Government response to consultation* (Jan. 18, 2024), https://www.gov.uk/government/consultations/artificial-intelligence-and-ip-copyright-and-patents/outcome/artificial-intelligence-and-intellectual-property-copyright-and-patents-government-response-to-consultation.

② 北京互联网法院（2023）京 0491 民初 11279 号民事判决书。

够满足人们精神文化需求，其中蕴含的文学、艺术、科学价值并不会因为是由生成式人工智能创作而有所降低。尤其是在科学研究领域，其价值能够得到客观的衡量。此外，相较于传统创作工具，生成式人工智能的使用门槛较高，创作者需要付出一定的时间和精力来学习如何使用新型的创作工具，借助生成式人工智能进行创作已经成为一项具有稀缺性的生产技能。

2. 契合著作权法鼓励创作的基本目标

生成式人工智能经过海量数据的训练，已经具备了超越人类个体的"知识储备"，可以帮助人类突破能力瓶颈，创造出更高水平的作品。事实证明，实践中确实存在使用生成式人工智能进行创作的需求，创作者可以将借助人工智能生成的文章、图片、音乐、视频等内容发布在网络平台吸引关注，或者许可他人使用而获得报酬，甚至可以将借助生成式人工智能创作的内容进行发表和出版，一定程度上激发了社会公众的创作活力。

"自现代著作权法产生至今，其立法目标始终是通过赋予权利人对作品的法定专有权来激励作品创作和传播。"[1] 著作权法的基本目标之一在于鼓励有益于社会主义精神文明、物质文明建设的作品的创作和传播。确保作者的各项权利受到法律的保护，可以使作者通过市场获得应有的经济回报，激励作者继续创作新的作品。[2] 如果将人工智能生成内容认定为著作权法上的作品，能够极大地激励创作，吸引更多用户使用生成式人工智能创作，进而积累更多高质量的作品，推动整个社会的文化创新，否则，用户投入时间和精力得到的成果被他人任意使用，难免会打击使用生成式人工智能进行创作的热情。而且，给予保护可以促进人工智能生成内容的共享与流通，因为如果拒绝保护，用户可能会选择

---

[1]　熊琦. 人工智能生成内容的著作权认定. 知识产权，2017（3）：4.
[2]　冯晓青. 著作权法之激励理论研究：以经济学、社会福利理论与后现代主义为视角. 法律科学（西北政法大学学报），2006（6）：43－45.

对高质量的内容进行保密。此外，人工智能生成内容进入作品市场，可以实现与传统作品的良性竞争，激励作者创造出更加优质的作品。因此，保护人工智能生成内容完全契合了促进人类文明成果创作和传播的基本目标，对于促进社会主义文化和科学事业的发展与繁荣具有重要意义。

3. 可以减少生成式人工智能对传统作品市场的负面影响

人工智能生成内容和传统作品在外观上极为相似，难以准确判断是否是借助人工智能创作而成。早在 2016 年，Deep Bach 已经能够创作出与巴赫本人风格高度相近的音乐，甚至达到了难以分辨的程度。如果拒绝保护，极有可能出现利用人工智能生成内容冒充传统作品的情况。即使在生成内容上添加水印或者其他标注，仍然可以通过截取等方式进行规避。"法律保护某种对象，目的是引导人的行为。"[①] 将人工智能生成内容纳入著作权法的保护范围，可以规范相关主体的使用行为，避免造成作品市场的混乱。

另外，如果人工智能生成内容进入公有领域，可能会挤压传统作品的市场份额。进入公有领域意味着可以被不受限制地使用，如果客观价值相近，显然更多的人会选择免费的人工智能作品，因为使用传统作品不仅要受到法律的各种限制，还需要付出经济上的成本。况且随着技术的发展，生成式人工智能已经在创作水平上超越了一些专业作者，而且具备更高的创作效率。如此一来，人工智能生成内容可能会成为传统作品的免费替代品，难免会使传统作品的市场需求和市场份额下降，相应地可能会导致作者的市场回报减少。

（二）人工智能生成内容独创性的判断

根据《著作权法》第 3 条的规定，作品是指文学、艺术和科学领域内具有独创性并能以一定形式表现的智力成果。然而，《著作权法》并没有对独创性进行解释和说明，《著作权法实施条例》和最高人民法

---

① 李琛. 论人工智能的法学分析方法：以著作权为例. 知识产权，2019（7）：20.

院《关于审理著作权民事纠纷案件适用法律若干问题的解释》等规范性文件也是如此。因此，问题的难点以及讨论的焦点就在于独创性有无的判断，决定了人工智能生成内容是否可以构成著作权法上的作品。

　　人工智能生成内容的独创性应当采取客观主义（或者称结果主义）的判断方法，不应增加额外的条件或要求，即应当着眼于作品本身——创作行为之结果，而不考虑创作主体和创作过程[①]，因为独创性是作品本身所表现出来的特征，而非对创作主体和创作过程的描述。正如上文所述，作品之所以需要具备独创性，原因就在于，只有具备了客观的文学、艺术或者科学价值，法律才有予以保护的必要。因此，独创性判断所关注的是作品的形式和外观——是否与在先作品存在实质的差异而具备应予保护的价值，能否满足公众的精神文化需求，或者推动科学的研究和应用。[②] 而创作主体并不影响独创性的判断，如果人工智能生成内容是由自然人创作完成的情况下，可以受到著作权保护，则该成果完全可以满足著作权法对独创性的要求。[③] 换言之，独创性的判断不应当以作品来源于人类还是非人类为标准，而应当从社会大众的角度来观察作品本身。[④] 此外，创作过程是否借助了工具以及借助了何种工具也不应影响独创性的判断。举例而言，判断一幅美术作品的独创性，仅需要观察其是否实质上区别于在先作品；根据一般观念是否存在艺术价值，如果得到肯定答案，则具备独创性；至于是否由自然人创作，以及是否借助了某种先进的创作工具，则属于无关因素，无法影响独创性有无的判断。应当注意，确定某种类型作品的独创性标准时，需要综合考虑各种

---

① 杨述兴. 作品独创性判断之客观主义标准. 电子知识产权，2007（8）：63.

② 谢琳，陈薇. 拟制作者规则下人工智能生成物的著作权困境解决. 法律适用，2019（9）：40.

③ 丛立先，李泳霖. 生成式 AI 的作品认定与版权归属：以 ChatGPT 的作品应用场景为例. 山东大学学报（哲学社会科学版），2023（4）：173－174.

④ 梁志文. 论人工智能创造物的法律保护. 法律科学（西北政法大学学报），2017（5）：160.

因素，包括创作工具的变化、作者创作空间的大小等，但是在判断某个具体作品有无独创性的时候，则应当只关注待评价作品的外观，此为两个不同层面的问题。

主张将独创性判断与作者问题联系在一起的观点认为，存在自然人作者是作品具备独创性的前提①，只有自然人作者创作的成果才能被称为作品。② 事实上，反对独创性客观说的观点是以非自然人创作的作品无法受到著作权保护为理由，反推得出人工智能作品无法具备独创性的结论。③ 另外还有观点认为，应当将创作过程投入智力劳动的多少作为判断是否构成作品的判断方法。④ 然而，作品是否具备独创性和是否是自然人创作本身就是两个问题。作品是否由自然人创作，决定的是有无适格主体取得作者身份和著作权，不应与独创性问题混淆讨论。分析作者是否投入了智力劳动解决的原本也不是独创性问题，而是作者是否实施了创作行为。传统作品的独创性判断有两种途径：第一种是从外观上进行判断，是否与在先作品存在实质的变化；第二种是借助创作过程进行判断，是否投入了一定的智力劳动。⑤ 一般情况下，只要作品是作者将思想独立表达出来的结果，基本上就能认定独创性的存在。在生成式人工智能出现之前，并不存在作品究竟是由机器生成还是由人类创作的疑问，因此将"作品是否具备独创性"和"作者是否实施了创作行为"合并分析并不存在问题，甚至起到相互补充和简化分析的效果——作者投入了充分的智力劳动一定程度上可以说明作品具备独创性，反之亦成立。但是，从本质上看，独创性所描述的是作品的外观，指的是待评价作品与已有作品相比存在"特殊之处"，不构成实质上的相似，应当是

---

① 王国柱. 人工智能生成物可版权性判定中的人本逻辑. 华东师范大学学报（哲学社会科学版），2023（1）：135 – 137.

② 刘银良. 论人工智能作品的著作权法地位. 政治与法律，2020（3）：9 – 12.

③ 王迁. 再论人工智能生成的内容在著作权法中的定性. 政法论坛，2023（4）：17 – 21.

④ 曹博. 人工智能生成物的智力财产属性辨析. 比较法研究，2019（4）：141 – 144.

⑤ 姜颖. 作品独创性判定标准的比较研究. 知识产权，2004（3）：13 – 14.

针对作品自身进行的客观判断。当然，分别明确了人工智能作品的独创性和作者的创作行为这两个问题之后，同样也可以通过人工智能作品的创作过程来辅助判断独创性的有无。

　　基于上述认识，本文认为，人工智能生成内容可以达到我国著作权法对独创性的要求，但是需要进行个案检验。我国在独创性标准上要求作品具备一定的"创作高度"①，但是相较于发明等专利权的新颖性与创造性要求，著作权的独创性要求并不高，对于传统作品而言，只要是自己脑力劳动的成果就符合要求。② 由于人工智能生成内容在形式上和价值上都接近于传统作品，因而外观上完全可以满足对传统作品的独创性要求。而且，独创性标准需要根据技术的发展进行适当调整，新型作品的独创性要求相较于传统作品可能更低。例如，短视频的独创性认定坚持的是"一点火花"标准，只要存在可识别的差异性就可以认定其作品属性，而不需要考虑思想、创作过程、拍摄手法和技术手段等。③生成式人工智能基于深度学习与大数据技术的创作模式，可以生成与现有作品相比存在显著差异的内容，能够让读者明显感知到新内容的产生，因此可以满足著作权法的独创性要求。④ 总之，只要人工智能生成的内容与既有作品不构成"实质性相似"，即可将其视为作品。⑤ 当然，并非全部的人工智能生成内容都可以达到独创性标准，是否具备独创性仍然需要在个案中进行判断，尤其是大语言模型，输出的内容可能过于简短，因而不具备文学价值。而且，用户可能会直接提示生成式人工智能输出与既有作品构成实质性相似甚至相同的作品。⑥ 此外，传统作品

　　① 孙山．短视频的独创性与著作权法保护的路径．知识产权，2019（4）：46.

　　② 梁慧星．电视节目预告表的法律保护与利益衡量．法学研究，1995（2）：87.

　　③ 张雯，朱阁．视频虽短体现出个性化表达的就是作品．［2024－01－18］．https：// mp. weixin. qq. com/ s/0Pf7Roe6gDI0XsQZ4CbyQg.

　　④ 杨利华．人工智能生成物著作权问题探究．现代法学，2021（4）：105.

　　⑤ 吴汉东．人工智能生成作品的著作权法之问．中外法学，2020（3）：668.

　　⑥ 例如，广州互联网法院近日审理的一起案件，通过向被告网站提供的人工智能工具进行提示，可以生成受到著作权保护的奥特曼形象，侵害了原告的复制权。广州互联网法院（2024）粤0192民初113号民事判决书。

的独创性已经得到了出版、发行单位以及社会公众的评价和检验，例如已经发表的文章、已经出版的图书、已经发行的音乐，或者已经上映的电影等。但是人工智能作品的独创性目前很难通过上述程序进行确认，因此个案检验显得更加重要。

二、作者身份及著作权的归属

理论界不乏观点认为人工智能作品是由生成式人工智能创作或者人与机器合作完成，进而提出应当将生成式人工智能拟制为作者，直接对人类中心主义提出了挑战。但是目前来看，没有必要进行拟制，生成式人工智能仍然只是人类创作的辅助工具。至于著作权归属问题，生成式人工智能的使用者基于其创作行为取得著作权，但是根据著作权法的规定由其他自然人或者法人、非法人组织享有的除外，所谓缺乏"控制力"而否认使用者成为作者的观点不能成立，应当得到澄清。

（一）生成式人工智能的定位：工具而非作者

1. 生成式人工智能的工具属性

从本质上看，使用者与生成式人工智能之间是作者与创作辅助工具的关系。从农业社会到工业社会再到信息社会，从物质生产到信息生产，人类不断地发明和制造工具，目的都是解放人类劳动，提高生产效率。生成式人工智能的出现，丰富了创作方式，降低了创作门槛，拓宽了创作群体，提高了整个社会的知识生产效率。如今，实施创作不再需要具备较高的专业能力，任何人都有可能成为一个作者。工具的自动化是技术发展的必然趋势，逐步将人类从重复性、低层次的劳动中解放出来，节省体力和精力从事个性化、高层次的劳动。在生成式人工智能出现之前，人类已经从很多机械性工作中解放出来，例如，如今很多工厂已经实现自动化生产，人类的工作简化为控制机器。然而，虽然机器通过加工提高了原材料的价值，但是不能认为机器是制作出产品的主体，其更不可能作为权利主体，通过"添附"来取得任何权利，因为机器由人类生产、设置和操作，受到人类的控制。生成式人工智能同样如此，作为训练语料的数据由人类产生和收集，学习数据的算法由人类创作，其本质上只是人类发明的工具，其创造出的价值应当归属于背后的人类。

生成式人工智能高度的便捷性难免会冲击我们对工具的认识，从表面上看，似乎是机器而非作者主导完成了作品的创作，但是只要认真观察近现代以来技术的发展以及新作品形式的出现，误解就能够得到消除。例如：翻译工具从纸质词典发展到电子词典，再发展到翻译软件。作者或许不需要再去逐词地进行翻译，但是需要对借助工具的翻译成果进行调整和修改，使其符合语言习惯、学科规范；存在多种翻译的可能性时，作者需要作出判断和选择，使得上下文连贯；等等。翻译工具虽然可以深度地参与翻译作品的创作，但是并不妨碍工具使用者是最终成果的作者。又如，摄影作品的画面虽然是由机器固定下来，但是拍摄者对场景的选择、角度的选取、光线的把握以及各种参数的设置都体现了拍摄者的智力劳动。通过上述两个例子可以看出，辅助工具能够一定程度上解放作者的劳动，甚至赋予作者更多的可能性，但是作者仍然可以充分地投入智力劳动，主导作品完成的整个过程。应当看到，科学技术的进步改变了人类生产和传播知识的方式，但是无论发展到何种地步，科技都只是人类认识和改造世界的工具。生成式人工智能本质上和其他工具无异，只不过更大程度地解放了人类劳动，以至于产生了人类劳动被机器"取代"的假象。

2. 著作权法的保护对象是人类作品

著作权法保护的是自然人的智力劳动而非数据的处理和算法的运行，自然人的主体性是人工智能作品受到著作权法保护的必要前提。生成式人工智能的出现标志着内容生产方式的革命性转变，内容的直接产出者由自然人变成了机器，无疑给以自然人为中心的著作权制度和价值理念带来了挑战。有观点认为，生成式人工智能摆脱了内容创作辅助性工具的地位，其深度学习能力才是人工智能作品的独创性源泉。[1] 但是，按照目前生成式人工智能的发展程度，人工智能作品没有超出自然人创作的范围，没有理由将生成式人工智能视为创作主体。自然人是我国著作权法根本意义上的作者，《著作权法》第 11 条第 2 款明确规定，创作作品的自然人是作者。即使是在法人与非法人组织成为作者的特殊情况下，自然人也是实施创作行为的主体。自然人创作是著作权制度的前提和基础，决定了作品的多样性、价值性和稀缺性。[2] 北京互联网法院在"菲林律师事务所诉百度案"中指出："自然人创作完成仍应是著作权法上作品的必要条件。"[3] 另外，著作权法保护的是思想的表达，其中便隐含着一个条件：作品作为"表达"应当来源于"思想"，因此"表达"一词本身就隐含了主体的意向。[4] 生成式人工智能虽然具备自然人解决问题的"显性智慧"，但是不具备"隐性智慧"[5]。严格来说，缺少自然人作者的人工智能输出过程并非著作权法意义上的创作，而是对自然人创作行为的模仿，因此，根据当前著作权法的规定和基本原理，生成式人工智能无法成为适格的作者，如果缺乏自然人作者，人工智能作品无法受到著作权保护。

美国、英国以及欧盟等域外主要国家和地区同样否认生成式人工智能可以成为作者或者发明人。美国科学家史蒂芬·泰勒（Stephen Thaler）向美国版权局提出申请，对人工智能生成的图片《天堂的最近入口》（A Recent Entrance to Paradise）进行作品登记，并将作者认定为"创造力机器"（creativity machine）。美国版权局版权复审委员会认为，人类

---

① 易继明. 人工智能创作物是作品吗？. 法律科学（西北政法大学学报），2017（5）：139-140.

② 刘银良. 论人工智能作品的著作权法地位. 政治与法律，2020（3）：5-6.

③ 北京互联网法院（2018）京 0491 民初 239 号民事判决书、北京知识产权法院（2019）京 73 民终 2030 号民事判决书。

④ 李琛. 论人工智能的法学分析方法：以著作权为例. 知识产权，2019（7）：19.

⑤ 钟义信. 人工智能：概念·方法·机遇. 科学通报，2017（22）：2473-2474.

作者是受到版权保护的先决条件，现行法律不允许非人类成为作者。①
随后，史蒂芬·泰勒向美国哥伦比亚特区联邦地区法院提起行政诉讼。
2023 年 8 月 18 日，法院驳回了史蒂芬·泰勒对美国版权局的诉讼，坚
持了美国版权法只保护人类作品的观点。② 史蒂芬·泰勒还将其人工智
能系统 DABUS 作为"发明人"提出专利申请。2019 年 7 月，史蒂芬·
泰勒向美国专利和商标局提交了两项专利申请并表示完全由 DABUS 创
作完成，遭到拒绝后史蒂芬·泰勒向法院提起诉讼，2022 年 8 月 5 日，
美国联邦巡回法院作出最终判决，驳回史蒂芬·泰勒的起诉，表示发明
者只能是自然人而不能是人工智能。③ 史蒂芬·泰勒在英国也提出了类
似的专利注册申请，英国知识产权局以发明人不能是机器为理由驳回了
其申请，随后史蒂芬·泰勒提起诉讼。2023 年 12 月 20 日，英国最高法
院驳回其上诉，并且表示，根据相关法律，机器不具有发明人的资
格。④ 此外，欧盟也一直坚持以人类为中心的著作权制度，否认机器可
以成为作者。⑤ 2020 年欧盟发布的《人工智能技术发展中的知识产权》
（Intellectual property rights for the development of artificial intelligence tech-
nologies）指出，人工智能机器自主创作的作品可能没有资格获得版权
保护，以遵守与自然人相关的独创性原则，因为"智力创作"的概念
涉及作者的人格。⑥

---

① Copyright Office, *Re*: *Second Request for Reconsideration for Refusal to Register a Recent En-
trance to Paradise* (Correspondence ID 1-3ZPC6C3; SR # 1-7100387071) (Jan. 18, 2024), https://
www. copyright. gov/rulings-filings/review-board/docs/a-recent-entrance-to-paradise. pdf.

② Stephen Thaler v. Shira Perlmutter, No. 22 - 1564 (BAH) (D. D. C. Aug. 18, 2023).

③ Stephen Thaler v. Katherine K. Vidal, 43 F. 4th 1207 (Fed. Cir. 2022).

④ Thaler v. Comptroller-General of Patents, Designs and TradeMarks [2023] UKSC 49.

⑤ 丁晓东. 著作权的解构与重构：人工智能作品法律保护的法理反思. 法制与社会发
展，2023 (5)：111.

⑥ European Parliament, *Resolution of 20 October 2020 on Intellectual Property Rights for the De-
velopment of Artificial Intelligence Technologies* [2020/2015 (INI)] (Jan. 18, 2024), https://
www. europarl. europa. eu/doceo/document/TA-9-2020-0277_ EN. html.

3. 拟制"机器作者"条件缺乏

否认生成式人工智能工具地位的观点倾向于将生成式人工智能视为作者。有观点认为，生成式人工智能作品由"机器作者"和人类作者共同创作，应当确立"机器作者"与人类作者的二元创作主体结构。[①]"人机互动"和"机器委托"两种人机互动模式下，使用者投入的工作无法被单独评价为著作权法上的创作，进而认为应当以人机互动的法律关系整体作为人工智能作品独创性的来源，借鉴著作权二元主体结构将生成式人工智能拟制为作者，并通过法律推理实现著作权由生成式人工智能向使用者转移。[②] 另有观点认为，权利主体的范围在不断扩张，民事权利主体应当不限于生物学意义上的"人"，多数人工智能智力成果是"雇佣作品"，可以参照"雇佣作品"制度，将生成式人工智能拟制为作品的"事实作者"，开发者、管理者、使用者等主体是"法律作者"，或者直接将生成式人工智能拟制为"法律作者"，而由开发者、管理者、使用者等主体代为行使有关权利和承担相应责任。[③]

然而，生成式人工智能既不具备拟制为法律主体的可能性，同时也缺少将其视为作者的合理性与必要性。一方面，生成式人工智能不具有自我意识和自由意志，无法取代人类的主体性地位。[④] 生成式人工智能是人类的创造物，根据康德的哲学观点，仅能作为客体和工具而存在。[⑤] 民事法律主体制度是以自然人为中心而展开的，法人作为法律拟制的人，仍然是自然人的集合，体现的最终仍然是自然人的意志。法人

---

① 吴汉东. 人工智能生成作品的著作权法之问. 中外法学，2020（3）：663－667.

② 徐小奔. 论人工智能生成内容的著作权法平等保护. 中国法学，2024（1）：173－174，182－184.

③ 李伟民. 职务作品制度重构与人工智能作品著作权归属路径选择. 法学评论，2020（3）：121－124.

④ 雷磊. ChatGPT 对法律人主体性的挑战. 法学，2023（9）：5－9.

⑤ 李扬，李晓宇. 康德哲学视点下人工智能生成物的著作权问题探讨. 法学杂志，2018（9）：44－47.

的权利义务和责任都能够归于自然人，但是生成式人工智能不可以。①
因此，生成式人工智能不具备拟制为权利主体的条件。另外，"人工智能在本质上是科技领域的人类智力劳动成果，其存在是为了服务于人类繁衍、生存、发展的终极目的"②。如果将人工智能拟制为主体会使人的主体地位受到贬抑，甚至造成人类的危机，目前来看并无必要。③ 此外，认为可以赋予人工智能法律主体地位的观点一般建立在出现强人工智能的预设之上，假定人工智能具备一定的自主意识。④ 然而，强人工智能毕竟仍未成为现实，究竟人工智能会发展到何种程度无法预知。我们无法在假设的基础之上去讨论规则的合理性。

另一方面，人工智能作品的创作过程完全可以在"作者—工具"的结构下得到解释，缺乏拟制作者的合理性与必要性。作品之所以受到著作权的保护，不仅在于其本身具有的文学、艺术、科学上的价值，而且在于其融入了作者的思想和经验，对于文学和艺术作品而言，其可能还反映了作者的情感表达甚至精神理念。"计算机可以完成逻辑性较强的工作，因为逻辑建立在清楚而简单的规则之上，但是思想或情感等很难用机械的方式解释。"⑤ 从这个角度来看，生成式人工智能永远都不可能与自然人相提并论。如果仅仅将作者视为"生产"出作品的主体，生成式人工智能的确可能成为作者；但是，如果将作者理解为上述诸多要素的集合，生成式人工智能则永远无法满足要求。即使不存在逻辑上的障碍，拟制的必要性也仍不具备。面对人工智能作品带来的挑战，首先应当考虑的是在既有的著作权制度框架下进行解释，而非构建新

---

① 冯洁. 人工智能体法律主体地位的法理反思. 东方法学，2019（4）：52.
② 徐家力. 人工智能生成物的著作权归属. 暨南学报（哲学社会科学版），2023（4）：40.
③ 龙文懋. 人工智能法律主体地位的法哲学思考. 法律科学（西北政法大学学报），2018（5）：29–30.
④ 孙占利. 智能机器人法律人格问题论析. 东方法学，2018（3）：15–16.
⑤ 刘影. 人工智能生成物的著作权法保护初探. 知识产权，2017（9）：47.

的规则。选择将生成式人工智能拟制为作者，无疑会产生一定的制度成本，即使强人工智能真的到来，以至于人类的工作简化至"触发指令"，届时也无须进行拟制，调整创作行为的认定标准可能是更好的选择。

（二）作者身份和著作权归属于使用者

1. 使用者基于创作行为成为著作权人

创作本质上是自然人的智力劳动，作品则是该智力劳动产生的结果，所以实施了创作行为的自然人是原本意义上的作者和著作权主体。另外，法人和非法人组织被拟制为法律上的主体，具有民事权利能力和民事行为能力，可以依法取得全部或者部分著作人身权和财产权。人工智能作品是使用者实施创作活动的成果，作为一般规则，使用者基于创作事实成为作者，取得作品著作权；特殊情况下，作品著作权可以由其他自然人或者法人、非法人组织取得。

人工智能作品并非由大数据和算法自主生成，而是基于使用者的创作行为而形成。"尽管生成式人工智能具有强大的数据处理和信息生成能力，可以在短时间内为使用者提供大量的创意和素材，但这些素材往往需要经过使用者的筛选、修订和改进，才能形成具有独特价值和吸引力的作品。"[1] 然而，不同于传统的创作形式，生成式人工智能使用者的输入、设置、修改等操作过程就是创作活动本身，创作行为从"实际参与"转变为了"控制工具"。生成式人工智能的使用者投入了相应的智力劳动，应当取得作品的著作权。例如，英国 1988 年《版权、外观设计和专利法》第 9 条第 3 款即规定，计算机生成作品的著作权归对"创作作品作出必要安排（the arrangements necessary）的人"所有。[2]

---

[1]　邓文. 以 ChatGPT 为代表的生成式 AI 内容的可版权性研究. 政治与法律，2023（9）：94.

[2]　Copyright，Designs and Patent Act 1988，c. 48 § 9（3）（UK）.

所谓作出必要安排，无非就是实施了创作行为。虽然目前引用该条款的唯一案例仅涉及计算机游戏截图①，但是目前不能排除人工智能作品的适用。以"李某诉刘某侵害作品署名权和信息网络传播权纠纷案"为例，原告李某从网上下载了 Stable Diffusion 的整合包以及模型包，选择并设置了合适的绘图模型。随后在正向提示词（prompt）与反向提示词（negative prompt）中分别输入数十个提示词，设置迭代步数、图片高度、提示词引导系数以及随机数种子，然后点击"生成"按键得到第一张图片。随后，李某通过修改模型权重、修改随机数种子、增加正向提示词，先后作了三次修改才得到涉案图片。② 本案中，原告的创作过程即模型和提示词的选取、相关内容的设置，以及后续的修改，体现了其选择、判断，以及审美倾向，原告基于其创作行为取得作者身份和著作权。通过观察不难发现，人工智能作品的创作是一个作者先将构思转化为操作，生成式人工智能再将其操作转化为内容的过程。整个过程依托于作者的想法和操作，完全可以体现其创意、经验、意志、精神、情感等人格要素，并且能够反映出作者具有基本的创作意图和目标，因此，最终成果不是一个纯粹机械过程的产物。

2. 创作概念的更新

否认使用者可以成为作者的观点认为，著作权法保护的是直接产生作品的行为，强调的是民事主体决定构成作品所需表达性要素的自由意志，而使用者对人工智能生成的内容仅有间接影响，不能直接决定构成内容的表达性要素。③ 美国的版权实践同样认为，用户对于最终成果缺少控制力，生成内容并非其创作的成果。美国版权局在"Zarya of the

①　Nova Productions Ltd v. Mazooma Games Ltd，［2006］R. P. C. 14；Nova Productions Ltd. v. Mazooma Games Ltd.［2007］EWCA Civ 219，［2007］Bus LR 1032.

②　北京互联网法院（2023）京 0491 民初 11279 号民事判决书。

③　王迁. 再论人工智能生成的内容在著作权法中的定性. 政法论坛，2023（4）：24 - 29.

Dawn 案"中表示，虽然卡什塔诺娃向 Midjourney 发出诸多文字指令，但是并没有参与最终图片的实际形成。Midjourney 不同于艺术家使用的 photoshop 等其他工具，用户输入的指令虽然可以"影响"Midjourney 生成的内容，但是不能决定最终的结果。换句话说，Midjourney 所输出的内容不能被使用者预测，使用者对最终结果缺乏充分的控制。基于这种观点，美国版权局认定卡什塔诺娃并非 Midjourney 所生成图片的作者。[1] 另外，美国版权局于 2023 年 3 月 16 日发布的《版权登记指南：含有人工智能生成材料的作品》（Copyright Registration Guidance：Works Containing Material Generated by Artificial Intelligence）指出，如果作品的传统作者元素（traditional elements of authorship）是由机器制作，则该作品缺乏人类作者，版权局将不予注册。当生成式人工智能只是接收到人类的提示，并以复杂的书面、视觉或音乐作品作为输出的时候，"作者传统元素"是由技术而不是由人类用户决定和执行，使用者并没有对系统如何解释提示和生成材料进行最终的创造性控制，因此生成的材料不是人类创作的产物。[2] 确实，虽然使用者作出了选择、安排、判断等，但是最终成果并非完全由其决定和控制。同样的提示词、参数设置、模型选择，可能在不同的人工智能模型中得出不同的输出结果，即使是使用相同的模型，不同计算机中得出的结果可能也存在区别。生成式人工智能的上述特征，成为否认使用者创作行为的主要理由。

概率性、不确定性是借助大数据进行创作的显著特征，导致作者无法完全预见、决定作品的构成，但是这是否意味着作者没有实施创作行为？在过去由于不存在生成式人工智能这种基于数据和算法的创作模

---

[1] Copyright Office, *Re：Zarya of the Dawn（Registration # VAu001480196）*（Jan. 18，2024），https：//www. copyright. gov/docs/zarya-of-the-dawn. pdf.

[2] U. S. Copyright Office, *Copyright Registration Guidance：Works Containing Material Generated by Artificial Intelligence*（Jan. 18，2024），https：//www. federalregister. gov/documents/2023/03/16/2023-05321/copyright-registration-guidance-works-containing-material-generated-by-artificial-intelligence.

式，工具完全服从于作者的意志，作者可以完全预见作品中的所有表达要素，可以将创作理解为直接决定表达要素的行为。然而，直接决定表达要素并非创作的核心含义，或者说直接决定表达要素只是传统创作行为所表现出的一个特征而已。从词义上分析，创作指的应当是将思想、创意表达出来的行为，而著作权法也从未将直接决定表达要素作为构成创作的要件。只要自然人能通过工具将思想和创意表达出来，并形成具有表现形式的成果，将之理解为创作行为就没有什么问题。然而，值得反思的是，何为"表达要素"或"作者传统元素"？两者所表达的含义基本相同，即作者在创作过程中借以表达想法和创意的元素或要素。摄影作品中表现为对象、角度、光线等要素的选取，而照片中出现的人物、风景等都是客观存在的事物，并非作者的表达要素。可见，一个作品并非都是由作者的表达要素构成，甚至表达要素仅仅是作品中不易被察觉和发现的部分。人工智能作品同样如此，作者的表达要素与"机器要素"共同组成了作品。以文生图模型为例，作者可以决定作品的人物、背景、风格、基本构图等，通过这些表达要素，作者的想法和创意得以表达出来，同时借助生成式人工智能完成作品中的其他部分。从这个角度分析，人工智能作品虽然外观上接近于传统作品，但是仍然存在本质上的差别，若将其理解为文字作品、美术作品等传统作品，反而可能会影响对创作过程的理解，视其为一种新型的作品形式可能更为合理。

此外，生成式人工智能在一定程度上决定了作品的构成，这是否意味着作者对最终成果缺乏控制力？应当看到，人类对最终结果的控制体现在生成式人工智能开发和内容生成的整个过程。人工智能训练所需的数据以及算法都由人类提供，人工智能才获得了理解、判断和输出的能力，并且决定了其水平的高低。进入到使用阶段，使用者根据自己的构思输入相应的提示词，"指示"生成式人工智能按照其想法创作相应的内容，随后，使用者可以在初步输出的基础上进行调整、修改、完善，使最终成果符合其预期。可见，人类在整个创作过程中都发挥着主导性和决定性作用。① 人类正处在一个大数据赋能的时代，包括生成式人工智能在内的诸多科技都是建立在大数据处理的基础之上的。通过对大数据的处理，计算机能够在某些方面作出比人类更加准确和高效的分析和预测，进而帮助人类解决问题。如今，生成式人工智能已经能够在广泛学习数据的基础之上进行创造，直接为人类提供有价值的内容。应当认识到，给予计算机一定的自主发挥的空间是充分挖掘和释放大数据价值的前提，由此难免会造成不确定性和不可预见性。换个角度来看，如果结果可以被人类完全预测，大数据也就失去了其原有的价值。但是，不确定性无法切断人类与结果之间的直接联系，从表面上看，人工智能作品的部分构成的"决定权"似乎转移给了生成式人工智能，但是这并非被动的丧失，而是人类为了实现更高发展层次主动向机器让与的结果，目的是借助生成式人工智能的自主生成能力提高生产效率，服务于社会。因此，最终的决定权和控制权仍然握在人类手中，而使用者作为操作生成式人工智能的直接主体，掌握着最终的控制权。

面对人类是否会被人工智能取代的诘问，法律需要坚定地捍卫人类的主体性地位。随着人工智能的发展，愈来愈多的工作由人工智能来完成，不断地冲击着现有的社会结构，以至于产生了人类是否还具有控制力的反思。但是，当这个问题逐渐模糊的时候，法律应当不断对人类作出提醒和警告——无论人类在一项工作中多大程度上被"替代"，我们都应当透过表象去强调背后的人类的价值。

3. 创作行为的判断

创作意味着使用者需要投入充分的智力劳动，包括个性化的选择、安排、判断等，否则人工智能作品无法被认定为使用者创作的成果。首先，作品应当是由作者独立创作②，并且是在作者的自主意识支配下完

---

① 邓文. 以 ChatGPT 为代表的生成式 AI 内容的可版权性研究. 政治与法律，2023（9）：87 - 88.

② 王迁. 著作权法教程. 北京：中国人民大学出版社，2019：28.

成。① 如果直接复制、剽窃他人的操作，或者受到他人的控制而完成，显然不能认为是创作。其次，使用者的操作能否被认定为创作，取决于操作过程能否反映作者投入了一定程度的智力劳动，以至于对作品的生成产生了实质的影响，使得作品的生成不再是一个完全由机器决定的过程。此外，使用先进的工具与实施创作行为之间并不存在对立，需要结合生成式人工智能的特征去甄别和认定。生成式人工智能作为一种先进的创作工具虽然可以极大地解放作者的劳动，但是仍然需要作者具备一定的操作经验和技巧，充分地投入智力劳动，不能以工具过于便捷为理由否认使用者实施了创作行为。

当然，并非所有的操作过程都可以被认定为创作。操作过程存在复杂程度上的差异，而且不同生成式人工智能工具的操作方式也存在区别，因此需要在个案中结合具体情况进行评价。如果使用者的操作过程过于简单，显然不存在或者存在太少的独创性智力劳动，难谓实施了创作行为。② 相反，如果操作过程能够清晰地反映出使用者的选择、判断、安排等，应当认为使用者投入了充分的智力劳动，可以认为实施了创作。③ 问

---

① 唐先博，黄明健，李萍．我国作品独创性认定的实证研究．贵州师范大学学报（社会科学版），2017（3）：152.

② 例如，北京互联网法院在"菲林律师事务所诉百度案"中指出："软件用户仅提交了关键词进行搜索，应用'可视化'功能自动生成的分析报告亦非传递软件用户思想、感情的独创性表达，故该分析报告亦不宜认定为使用者创作完成。"由于分析报告是由"可视化"功能自动生成，原告只是在输入搜索关键词后触发了该功能，并未在生成过程中投入任何的智力劳动，更未对报告产生实质影响，因此不能认为是创作。北京互联网法院（2018）京 0491 民初 239 号民事判决书、北京知识产权法院（2019）京 73 民终 2030 号民事判决书。

③ 例如，广东省深圳市南山区人民法院在"腾讯诉上海盈讯科技案"中指出："涉案文章的生成过程主要经历数据服务、触发和写作、智能校验和智能分发四个环节。在上述环节中，数据类型的输入与数据格式的处理、触发条件的设定、文章框架模板的选择和语料的设定、智能校验算法模型的训练等均由主创团队相关人员选择与安排。"广东省深圳市南山区人民法院（2019）粤 0305 民初 14010 号民事判决书。又如，北京互联网法院在"李某诉刘某侵害作品署名权和信息网络传播权纠纷案"中指出："原告对于人物及其呈现方式等画面元素通过提示词进行了设计，对于画面布局构图等通过参数进行了设置，体现了原告的选择和安排。另一方面，原告通过输入提示词、设置相关参数，获得了第一张图片后，其继续增加提示词、修改参数，不断调整修正，最终获得了涉案图片，这一调整修正过程亦体现了原告的审美选择和个性判断。"北京互联网法院（2023）京 0491 民初 11279 号民事判决书。

题的难点在于，使用者的操作达到何种"复杂"程度才能被认为体现了其选择、安排、判断等，既不会造成保护范围过宽，同时又能够妥善保护借助生成式人工智能创作的成果。本文认为，创作过程的认定不应严格。生成式人工智能工具的介入使作者智力投入的方式产生变化，极大地解放了作者的劳动，难免会对创作行为的认定方式和标准产生影响，因此应当根据技术的发展情况作出适当的调整，以满足实践发展的需要。应当看到，人工智能作品虽然在外观上接近于传统作品，但是本质上属于"数字作品"，其借助了先进的工具，导致作者的创作空间有限，因此，创作行为的认定应当采纳一个比较宽松的标准，否则将导致保护范围过窄，不利于人工智能作品的创作。当然，标准过低同样不可取，因为目前来看将过于简单的描述或提示视为创作行为难免有些牵强，而且并非所有的人工智能生成内容都需要通过著作权法进行保护。至少应当能从操作过程中看出使用者具有创作的意图或者基本的构思。如果使用者在操作生成式人工智能时没有基本的构思甚至创作的意图，难谓是使用者智力劳动的成果，而是由机器自动生成。按照上述标准，基于简单问答式的生成过程，例如向生成式人工智能提出一个问题，或者仅仅是触发了某种功能，难以认定为创作行为。如果使用者进行了比较细致的描述、提示、设置等操作，则可能被认定为创作。

应当注意的是，认定操作过程属于创作行为之后，不需要也不应当再进一步比较作者与生成式人工智能对独创性贡献的多寡，或者判断作者对最终的表达构成是否达到了"决定"的程度。支持贡献论的观点认为："究竟是谁（人类抑或人工智能）对 AIGC 中的'独创性表达'作出主要贡献是判断其可版权性及其权利归属的基础和关键。"[1] 然而，

———

[1] 丁文杰．通用人工智能视野下著作权法的逻辑回归：从"工具论"到"贡献论"．东方法学，2023（5）：98 - 99．

如果使用者没有对生成内容进行极其细致的描述或提示，或者进行大幅的修改，其对最终作品的贡献程度很难超越人工智能，如果以贡献程度作为条件，容易导致人工智能作品难以获得著作权法保护的结果。而且，作者的独创性贡献可能仅体现在作品的少数细节之中，例如，汇编作品的内容并非完全由汇编人创作，可能包含了他人的作品、作品片段等，因此对于汇编对象可能没有独创性贡献。虽然汇编人的创作行为仅仅表现为对内容的选择和编排，但是其对作品整体享有著作权。人工智能作品同样如此，使用者的创作行为虽然没有决定作品的所有细节，但是其智力劳动已经体现在作品之中，进而使作品整体成为其创作的成果。以文生图模型为例，使用者可以通过描述性提示词的输入决定图片中的人物、场景的类型，但是不能决定构成该人物的每一个线条。虽然生成式人工智能留有一定的自主发挥的空间，但是使用者也能够实现对最终成果的掌控。通过操作生成式人工智能，使用者期待的风格、基本构图、重要特征等主要内容已经能够反映在作品之中。应当认识到，生成式人工智能的意义就在于解放人类的劳动，如果强调使用者对独创性的贡献程度，无疑在一定程度上消解了生成式人工智能给人类创作带来的积极影响。此外，司法实践中这种贡献程度的判断恐怕难以操作，独创性的判断本身就涉及自由裁量，如果更深入地分析作者对于独创性贡献的大小，则容易导致裁判标准不统一，影响司法稳定性。

综上，人工智能生成内容需要具备两个条件才能受到著作权法保护：第一，成果具备著作权法要求的独创性；第二，生成式人工智能使用者的操作过程可以被认定为创作。两者缺一不可。但是，无法被认定为使用者创作成果的人工智能生成内容也可能具备独创性，具有需要保护的价值，对此种情况可以考虑通过邻接权进行保护。①

①　陶乾. 论著作权法对人工智能生成成果的保护：作为邻接权的数据处理者权之证立. 法学，2018（4）：11-13.

（三）不应赋权给投资者、开发者等主体

赋权给投资者、开发者等主体，不仅无法实现激励创作的目标，甚至会限制人工智能作品的创作和传播。生成式人工智能的使用者是事实上实施了创作的主体，如果赋权给投资者、开发者等主体，意味着使用者投入的智力劳动得不到回报，甚至在使用自己创作的作品时会受到他人著作权的限制，逻辑上显然存在问题。况且，使用者往往需要支付一定的费用，相当于使用工具的对价。而且，大量的作品集中于投资者、开发者等少数主体，可能会阻碍作品的共享和传播。一般而言，投资者、开发者、所有者等主体只存在创造生成式人工智能以及获取利润的意图，而不存在取得人工智能作品著作权的意图。而且，上述主体无法预知，更无法控制使用者创作的内容。企业和科研单位纷纷布局生成式人工智能的目的也不在于取得作品的著作权，而在于取得人工智能产品本身。一方面，通过实现特定的功能目标，推动人工智能技术的发展，赋能各行各业，实现其社会价值；另一方面，通过占领科技高地，提高企业声誉，获得经济回报，实现其商业价值。况且，当前人工智能作品的著作权相关问题尚不清晰，企业不可能以取得作品著作权为目标来开发人工智能。

"考察人工智能创作物的著作权法保护路径，不可忽视的是投资人对智能创作的投资以及不同利益主体的利益需求。"[①] 事实上，即便使用者取得了人工智能作品的著作权，投资者、开发者、所有者等主体的权益也可以得到充分实现，其研究和开发生成式人工智能的积极性并不会受到影响。首先，投资者、开发者、所有者等主体可以在构成法人作品、特殊职务作品等情况下取得著作权。其次，上述主体可能对生成式人工智能本身享有多种知识产权，包括专利权、商标权、著作权以及某

---

① 许明月，谭玲. 论人工智能创作物的邻接权保护. 比较法研究，2018（6）：47.

些可能的商业秘密权益。例如，生成式人工智能算法可能获得专利的保护。[①] 人工智能应用作为计算机软件，可能获得著作权的保护。最后，投资者、开发者、所有者等可以通过收取使用费、提供增值服务等方式获得相应的经济回报。部分生成式人工智能虽然采取开源模式，相应地会免费提供给用户，但是可以在提高用户数量和软件知名度之后，再通过相关服务获得收益，或者另外提供收费的商业版本。部分企业则会采取付费使用模式，并且分别向普通用户和企业提供不同的服务，例如，腾讯混元向社会提供标准版、高级版、Embedding 三种接口，免费额度用完之后会按照不同价格进行收费。另外，部分开发者直接通过定制、出售大模型获得收益。

不乏观点认为，人工智能作品的著作权应当在投资者、开发者、所有者等主体之间进行分配。例如，认为应当在人工智能创设者（程序设计者和训练者）、人工智能技术开发者（软硬件知识产权的所有者）、人工智能物权的所有者、利用人工智能创作作品者、人工智能使用者等主体之间确定著作权归属。[②] 又如，认为相应的权利归属与责任承担应当在算法设计者、数据提供者、投资者、使用者等贡献者之中进行确定，最终属于人工智能的实际控制者，由实际主导与掌控人工智能的一方主体享有著作权。[③] 如果将人工智能作品的著作权赋予作者之外的主体，需要进行特别规定。然而，投资者、开发者、所有者等主体缺乏取得著作权的理由，因此上述观点难以成立。

首先，投资者的回报能够通过其他方式得到充分的保障，没有必要以激励投资为目的将著作权赋予投资者。支持投资激励的观点认为：应

① 吴汉东，刘鑫. 生成式人工智能的知识产权法律因应与制度创新. 科技与法律（中英文），2024（1）：7.

② 丛立先. 人工智能生成内容的可版权性与版权归属. 中国出版，2019（1）：12–14.

③ 吴汉东，刘鑫. 生成式人工智能的知识产权法律因应与制度创新. 科技与法律（中英文），2024（1）：8.

当将著作权赋予生成式人工智能的投资者，可以确保充足的研发投入。① 而且，赋权给投资者有利于实现社会总体福利最大化的目标，因此需要在利益平衡的考量上适当倾斜于投资者的利益保护。② 顾名思义，投资者指的是投入经济成本并希望获得回报的主体。投资者的目的往往在于生成式人工智能的应用价值和商业价值，一般情况下期待的是经济收益，当然不排除存在为了实现公益价值而投资的情况。对于多数投资人而言，能够激励其投入资金的是经济回报。上文已经述及，生成式人工智能企业可以通过多种途径获得利润，投资者的经济利益相应地也可以得到保证，例如股权收益、利润分配，没有必要也难以通过赋予人工智能作品著作权的方式吸引投资，因此，激励投资并不能作为赋予投资者人工智能作品著作权的充分理由。

其次，应当明确地区分开发者在创造生成式人工智能阶段的智力投入和使用者在内容生成阶段的智力投入，两个阶段的智力投入使双方主体取得了不同的权利。有观点认为："开发者和使用者谁投入的创造性智力劳动多，谁就作为生成内容的作者享有著作权。"③ 另有观点认为：如果使用者付出了实质性智力投入，著作权归属于使用者和程序创设者共同享有。如果使用者未付出实质性智力投入，著作权归程序创设者享有。④ 笔者认为上述观点不能成立。开发者、所有者等在作品创作过程中没有任何智力投入，而开发阶段的智力投入不能使其取得人工智能作品的著作权。此外，不能将人工智能作品视为人工智能软件的衍生作品，人工智能软件设计和人工智能作品创作之间并无必然的联系，开发

---

① 曹新明，杨绪东. 人工智能生成物著作权伦理探究. 知识产权，2019（11）：36 - 37.

② 丛立先，李泳霖. 生成式 AI 的作品认定与版权归属：以 ChatGPT 的作品应用场景为例. 山东大学学报（哲学社会科学版），2023（4）：178.

③ 孙正樑. 人工智能生成内容的著作权问题探析. 清华法学，2019（6）：196 - 201.

④ 丛立先，李泳霖. 生成式 AI 的作品认定与版权归属：以 ChatGPT 的作品应用场景为例. 山东大学学报（哲学社会科学版），2023（4）：180.

者、所有者不能基于人工智能软件的著作权取得人工智能作品的著作权。①

最后，所有者不能基于其对生成式人工智能的所有权取得作品的著作权。主张将人工智能创作物视为孳息的观点认为，可以借鉴孳息归属的原则解决人工智能作品的著作权归属问题。② 其一，人工智能作品并非自然生成，而是基于使用者的操作而生成，难以将其理解为孳息。其二，虽然生成式人工智能可以生成多种模态的内容，但是只要没有经过使用者的安排、选择、判断，仍然只属于数据的范畴。只有融入了自然人的智力劳动，数据所表达的内容才可能进入著作权领域，所以，所有者不能基于其对模型的所有权取得作品的著作权，因为在使用者投入智力劳动以前，并没有一个受到著作权保护的作品存在。另有观点认为，生成式人工智能的所有者应当被视为作者，取得作品的著作权。③ 但是事实上，由于使用者而非所有者实施了创作行为，因而缺少将所有者视为作者的理由。

综上，人工智能作品的著作权应当归属于实施了创作行为的作者，即生成式人工智能的使用者，而非投资者、开发者、所有者等主体。此种安排符合目前著作权法的规定和基本原理，因此没有必要作出特殊的规定。

三、侵权责任的特殊考量

人工智能作品仍然是新生事物，分析他人的侵权责任时有必要作出特殊的考量。一方面，认定他人的过错时应当展开论证，严格地认定是否构成侵权；另一方面，应当审慎地确定损害赔偿数额，目前而言，损

---

① 朱梦云. 人工智能生成物的著作权归属制度设计. 山东大学学报（哲学社会科学版），2019（1）：121.

② 林秀芹，游凯杰. 版权制度应对人工智能创作物的路径选择：以民法孳息理论为视角. 电子知识产权，2018（6）：17－19.

③ 孙山. 人工智能生成内容著作权法保护的困境与出路. 知识产权，2018（11）：64－65.

害赔偿数额宜低不宜高，不宜判处惩罚性赔偿。

（一）主观过错的认定

由于对人工智能作品是否可以受到著作权法保护的问题仍然存在分歧，相关制度也尚未成熟，因而不宜轻易地认定第三人构成侵权。面对一个法律上的新问题，取得统一认识是当前的首要任务，法院也应当循序渐进，通过判决向社会传达信号，做好引导工作，因此，法院在认定他人构成侵权时应当详细地展开分析，严格地进行论证。其中，最为关键的问题是故意和过失的判断。一方面，是否存在过错涉及侵权责任的成立。根据我国《民法典》和著作权法的规定，著作权侵权适用一般过错责任原则，存在主观过错是构成侵权的必备要件。

另一方面，主观过错的程度可以影响责任的大小。虽然我国采取的是完全赔偿原则，但是故意和过失可以影响责任范围因果关系的判断，进而影响损害大小的认定[1]，或者，通过过失相抵的适用直接影响责任的承担。[2] 因此，法院在认定第三人侵权责任的时候，不可对过错问题避而不谈，笼统地得出构成侵权的结论。

由于作者不一定直接表明作品是使用生成式人工智能创作的成果，侵权人难以准确判断其性质，因此需要分情况讨论和分析其主观过错。第一种情况，侵权人不知道是人工智能作品，但是作品上有作者的署名。侵权人误将人工智能作品认为是传统作品，应当知道有署名的作品之上存在著作权，如果未经允许使用，主观上存在故意。由于目前人工智能作品与传统作品的法律地位存在一定差别，作者应当尽可能标注"人工智能"或者"人工智能作品"等字样，避免在作品传播过程中引发混乱。第二种情况，侵权人知道是人工智能作品，作品上有作者署

---

① 叶名怡. 侵权法上故意与过失的区分及其意义. 法律科学（西北政法大学学报），2010（4）：91 - 93.

② 叶金强. 论过错程度对侵权构成及效果之影响. 法商研究，2009（3）：74 - 75.

名，同时也知道人工智能作品可以受到著作权法保护。侵权人明知是受到保护的作品还未经允许使用，显然对于损害后果抱有积极追求或者放任的心态，因此属于故意侵权。第三种情况，行为人知道是人工智能作品，作品上有作者署名，但是不确定人工智能作品是否受到著作权法的保护，此时需要判断行为人是否尽到了合理的注意义务。研究者尚且存在诸多疑问，对于普通民众而言，绝大多数可能都不清楚人工智能作品是否受到著作权法保护。但是按照理性人的标准，一个尽到注意义务的主体不会擅自使用他人的人工智能作品，因为存在一定的侵权风险。理性的主体在不清楚是否受到著作权法保护的情况下，应当会尽可能地避免侵权风险，选择不使用或者取得署名人的同意；如果未经允许而使用，则存在主观上的过失。此外，虽然作者在一般情况下会对自己的作品进行署名，以表明作者身份及著作权归属，但是也存在未署名或者忘记署名等情况。如果作品上不存在署名，行为人可以合理地认为作品上不存在著作权，因此无论是否知道是人工智能作品，主观上都难谓存在故意，但是可能因违反合理的注意义务而存在过失。

（二）损害赔偿数额的认定

目前来看，法院应当谨慎地确定人工智能作品著作权侵权案件中的损害赔偿数额。相较于侵害传统作品著作权的案件，侵害人工智能作品著作权案件的赔偿数额应当更低。根据《著作权法》第 54 条第 1 款和第 2 款的规定，侵犯著作权的赔偿数额应当首先按照权利人的实际损失或者侵权人的违法所得确定，其次参照权利使用费进行确定，如果无法通过上述方式确定，法院需要根据案件情节确定赔偿数额。目前，人工智能作品的实际价值尚不明确，权利人的实际损失、被告的违法所得、作品的使用费往往难以证明，因此需要根据案件的情节酌定损害赔偿数额。具体而言，法院需要兼顾人工智能作品法律地位不清、侵权方式危害性较小、损害后果较轻等因素，作出综合判断。

综合考虑，较低的损害赔偿数额比较合理，理由主要有以下几点：

第一，较低数额的赔偿有利于纠纷的解决。损害赔偿数额的认定高度关系到原告与被告双方的利益，目前对于人工智能生成内容的著作权问题处在探索阶段，仍然存在较大的争议，一方面认定被告构成侵权，另一方面判决较低的赔偿金额，有利于双方矛盾的调和以及纠纷的解决。第二，人工智能生成内容的市场价值仍不明确。在权利人实际损失、侵权人违法所得、权利使用费均无法确定的情况之下，法院不宜判决过高的赔偿数额。而且相较于传统的创作行为，作者投入的智力劳动相对有限。确定赔偿数额时法院可能衡量了权利人智力劳动的价值、侵权人使用作品的方式，以及造成损害后果的大小等情节。综合来看，较低的数额足以填补损害。第三，在当前阶段，判决的主要意义在于确认权利。对于人工智能作品的作者而言，可能自知没有受到多少经济损失，鼓励其进行诉讼更多的是确认权利而非获得赔偿。对于法院而言，主要目的在于确认裁判规则，达成对该问题的共识。可见，权利确认的意义要大于损失填补的意义。

从既有判决来看，法院在人工智能作品著作权侵权案件中认定的损害赔偿数额确实反映出了比较谨慎的态度。在"腾讯诉上海盈讯科技案"中，广东省深圳市南山区人民法院综合考虑作品类型、合理使用费、侵权行为的性质及后果、原告合理必要的维权支出等因素，酌定被告赔偿原告经济损失及合理的维权费用 1 500 元，其中包含了原告为制止侵权行为支出的公证费 1 000 元。在"李某诉刘某侵害作品署名权和信息网络传播权纠纷案"中，北京互联网法院根据涉案图片情况以及侵权使用情节，确定损害赔偿数额为 500 元。上述两个判决都按照法定最低限额 500 元确定了著作权人的经济损失。事实证明，两个案件的当事人都没有提起上诉，法院的判决取得了良好的效果。

此外，惩罚性赔偿带有一定的惩罚性质，适用于情节比较严重的侵权行为。目前来看，侵害人工智能作品著作权的行为方式主要是纯粹的使用，通过侵权进行获利的情况还没有出现，损害后果较轻，情节未达到严重的程度，因此不宜判处惩罚性赔偿。

四、结　语

在生成式人工智能掀起创作革命的同时，风险和挑战也接踵而来。人工智能生成内容的著作权问题引发了广泛的关注和讨论，但是目前对此问题远未达成共识，需要理论和实践的持续探索与积累。本文通过分析得出结论：人工智能生成内容可以构成作品，生成式人工智能的使用者基于创作行为取得作者身份和著作权。虽然存在不少反对观点，但是目前国内的司法实践已经在朝着给予保护的方向发展，承认人工智能生成内容可以构成作品，并且将著作权赋予生成式人工智能的使用者。此种进路具有逻辑上和理论上的合理性，应当得到重视和发展，但是能否获得普遍认可仍然需要接受时间的检验，需要指导案例或者司法解释予以确认。人工智能的发展势不可挡，如何利用好制度工具，引导生成式人工智能朝着有益于人类文明进步的方向健康发展，已经成为摆在法学界面前的难题。相信随着理论界和实务界的共同努力，人工智能生成内容的著作权问题必定会得到妥善解决，进而推动人工智能作品的创作和传播，引导作品市场规范化发展。

人工智能生成内容著作权合法性的制度难题及其解决路径[*]

张　平[**]

一、问题的提出

　　生成式人工智能的迅猛发展给著作权制度提出了许多新的议题，生成式人工智能的研发阶段涉及训练数据的著作权合法授权，其利用阶段涉及生成内容的作品著作权属性以及生成内容的著作权归属和侵权判断问题。学术界最先关注的是人工智能生成内容（AIGC）的作品性认定问题，产业界首先遭遇的是训练数据的合法性指控问题，而真正对著作权制度基本理论构成挑战的是人工智能内容生成机制对"思想—表达二分法"的冲击。人工智能可以快速学习人类任何在先作品，生成风格一致但表达完全不同的结果，"思想与表达"无法"二分"。对此，传统上"接触+相似"的侵权判断标准不再"灵验"。如果说"文生文"的人工智能内容生成机制还勉强可以适用现有著作权保护规则，那么在"文生图""文生视频""语音生图文""语音生视频"以及未来可能出现的"文生3D""语音生3D"等完全超越了传统"复制""改编""发行"概念的场景下，人工智能著作权保护体系就只剩下主张人工智能训练数据合法授权的问题，传统著作权制度无法对其进行规制。

　　实际上，生成式人工智能研发阶段的训练数据和利用阶段的内容生

---

　　* 国家社会科学基金重大项目（21ZDA049）"推进土地、劳动力、资本、技术、数据等要素市场化改革研究"成果，北京大学武汉人工智能研究院"东湖高新区国家智能社会治理实验综合基地""智能社会数据合规开放及利用""生成式人工智能技术的法律规制"项目成果。

　　** 张平，北京大学法学院教授、博士研究生导师，北京大学人工智能研究院人工智能安全与治理中心主任，北京大学武汉人工智能研究院副院长。

成的焦点问题，都集中在了现有制度无法对人工智能获取训练素材和生成内容的知识产权保护规则形成统一有效的解释。其原因在于，规则所形成的规范分析逻辑并未完全契合现阶段应当呈现的市场发展逻辑，规范所构建的保护框架并未完全契合当前人工智能发展的产业政策。本文在该认知背景下，将人工智能研发阶段的训练数据和利用阶段的内容产生的过程总结为人工智能内容生成机制，将对该机制中存在的问题，如人工智能生成内容的作品属性认定难题、训练数据的著作权合法性认定难题进行类型化分析，并综合性地提出有关问题的解决思路和方法。这些思路和方法并不采用打补丁式的单一化设置方案，而是综合性地尝试解决体系性认知问题，稳固"思想—表达二分法"的基础原则，尝试提出署名和其他著作权分离的制度设计，通过合法购买与合同约定风险承担、打开预训练阶段数据获取的著作权合理使用闸口，借助避风港等互联网治理规则实现责任豁免、集体管理组织集中授权、建立开放授权的数据资源等多元化方案解决人工智能内容生成机制中存在的诸多问题，以期化解传统法律制度对人工智能发展的阻碍，实现认知和解决方法上的突破。

二、人工智能生成内容的作品属性认定及认知思路调整

自人工智能生成内容出现以来，最先受到关注的是生成内容作品属性的问题，即对生成内容能否给予著作权保护。对于人工智能生成内容的可著作权性问题，需要从以下两个方面展开讨论：第一，现行著作权制度以"人"的智力成果作为作品起点，认定人工智能生成内容的可著作权性是否存在制度障碍。第二，若承认人工智能生成内容的可著作权性，人工智能生成的内容哪些应当被纳入著作权的客体范围，进而，生成内容与既有作品之间发生侵权纠纷时，传统的著作权侵权认定标准能否沿用，即在人工智能生成内容这一场景下，如何具体进行实质性相似判断和"思想—表达二分法"的适用以及调整规则认知思路。

（一）人工智能生成内容的作品属性

对于人工智能生成内容能否构成作品，现有研究多聚焦生成内容是否具有独创性这一条件进行讨论。目前学术界有不同观点：一种观点持主体判断说，认为机器不能创作，不是法律保护的主体；人工智能生成内容属于应用算法、规则和模板的结果，缺乏创作的独特性，因而不能将其认定为作品。[①] 作品的前提是由自然人作者创作，作品的主体必须是自然人，该前提与作品的可著作权性紧密相关，人工智能生成内容不能满足现行著作权法对于作品的要求，难以成为著作权客体。[②] 另一种观点持客体判断说，主张应当以生成内容本身的独创性来判断其是否构成作品；对独创性的判断，只考虑人工智能生成内容的表达本身即可，无须考虑创作过程中是否包含"思想"和"人格"[③]。也有观点认为人工智能生成内容实际上是人生成的内容，是否构成作品，应当按照著作权法上的作品标准进行判断，人工智能生成内容不具有特殊性[④]；创作者身份不应是作品受保护的构成条件，著作权法应该考量该人工智能的生成内容与他人的作品不构成实质性相似，且采用"一般社会公众"认可的评价标准，在此前提下，该生成内容即可以作为著作权法意义上的作品看待。[⑤] 上述观点的核心争议在于作品的创作主体是否必须为自然人。

随着现代商品经济发展，现代知识产权制度成为知识商品化的产物，作者身份属性逐步淡化。诸如计算机软件、工程设计图、地图等虽不属于体现作者思想情感的作品，但也被纳入著作权法的客体范围[⑥]，

---

① 王迁. ChatGPT 生成的内容受著作权法保护吗？. 探索与争鸣，2023（3）：17-20.
② 刘银良. 论人工智能作品的著作权法地位. 政治与法律，2020（3）：5.
③ 孙山. 人工智能生成内容著作权法保护的困境与出路. 知识产权，2018（11）：65.
④ 李扬，李晓宇. 康德哲学视点下人工智能生成物的著作权问题探讨. 法学杂志，2018（9）：50.
⑤ 吴汉东. 人工智能生成作品的著作权法之问. 中外法学，2020（3）：668.
⑥ 杨利华. 人工智能生成物著作权问题探究. 现代法学，2021（4）：104.

作品的商品化发展使得作者与作品之间的内在联系逐步分离①，计算机软件受到著作权法的保护即为例证；市场主体更关心计算机软件的市场价值，著作权法将其纳入作品范围，权利属性更为明确，市场交易更为便捷，而创作的作者是谁、该计算机软件能否体现作者的个性表达等与作者身份属性相关的问题，较难对市场主体的决定产生关键影响。同时，作品的商品化恰好契合了产业政策的要求。产业政策论以产业发展为宗旨，将知识产权设计为市场经济下的"私权"，目的在于有效激励市场主体参与竞争。② 人工智能生成内容的出现，意味着作品商品化发展进入了新的阶段，将人工智能生成内容纳入知识产权的设计框架，强化作品本身的市场价值，不仅符合知识产权制度的演进逻辑，而且对人工智能产业的长远发展具有重要意义。

应当注意到的是，"主体判断说"的主要依据是《著作权法》第3条中的"智力成果"，因此学者提出作品必须是人类的智力活动、创作活动的产物。实际上，人工智能生成内容是人机混同的智力成果。人工智能软件模型由人类设计而成。人类设定原始参数和运算逻辑，安排人工智能软件模型进行语料训练；人工智能软件模型面对输入的海量数据进行机器学习，并经人类反复调试达到对输出的预期标准后，最终输出生成的结果。整个过程无不体现人类的参与和安排。因此，人工智能生成内容并没有脱离著作权法的人格主义基础。③ 同时，著作权法保护的客体范围也在不断变化，如游戏画面和体育赛事画面能否构成作品，曾一度成为学界争议的问题；其中体育赛事画面具有随机性和不可复制性，难以固定，是否能成为作品，是学界争议的核心。近年来，从我国

①　徐小奔. 论算法创作物的可版权性与著作权归属. 东方法学，2021（3）：49.

②　张平. 市场主导下的知识产权制度正当性再思考. 中国法律评论，2019（3）：121 - 122.

③　吴汉东，张平，张晓津. 人工智能对知识产权法律保护的挑战. 中国法律评论，2018（2）：14.

的司法实践立场以及域外法判例发展来看，智力成果的固定性并不要求每次展示的具体形态确定，仅仅要求该画面足以被感知。[①] 相比于游戏画面和体育赛事画面，人工智能生成内容受算法的支配程度更高，输出的内容仍然在人类设定的算法框架控制之中，只是随着科技水平的提高，媒介发生了变化，但本质上还是体现了人类个性化的安排和选择，因此，探讨人工智能生成内容的可著作权性不应采用比游戏画面更高的认定标准。此外，人类使用相机拍摄的照片能否构成作品也曾引发热烈争议。争议焦点之一在于，相比于美术作品，机器工具作了更大贡献，人类对作品的贡献度不及之前；但正如"AI 文生图"著作权案的判决书所说，技术的发展过程，是把人的工作逐渐外包给机器的过程。[②] 摄影技术随着科技的发展，功能越发强大，能够在人类按下摄影键的极短时间内，对照片进行调整、修改后输出成片，但只要该照片能够满足作品的独创性要求，体现人类的个性化表达安排，仍然构成著作权法意义上的作品。而人工智能生成内容是人类通过算法运作控制机器输出的内容，照片同样是人类通过对摄像机的操作输出的画面，二者本质上都是人类操作机器工具的结果；只是随着技术迭代和创新，机器工具发生了变化而已。虽然人工智能有强大的生成能力，但从创作素材、创作过程和创作完成阶段来看，人工智能仍居于辅助性的地位，人类在创作过程中依然发挥着主导和决定性的作用[③]，因此，探讨人工智能生成内容的可著作权性并不在于比较人类和机器对于生成结果的贡献比例，而在于探讨人类贡献的部分能否达到著作权法要求的一般的独创性标准。基于此，采用"客体判断说"这一标准来认定人工智能生成内容的可著作

[①] 蒋舸. 论人工智能生成内容的可版权性：以用户的独创性表达为视角. 知识产权，2024（1）：50-51.

[②] 北京互联网法院（2023）京 0491 民初 11279 号民事判决书.

[③] 邓文. 以 ChatGPT 为代表的生成式 AI 内容的可版权性研究. 政治与法律，2023（9）：87-88.

权性，并不存在制度障碍。

　　依据"客体判断说"，独创性判断只需对作品的表达本身作客观评价。① 独创性包含"独立完成和创造性"两个基本要素。整体而言，人工智能生成的内容与既有表达不同，即具有独创性。具体来说，"独立完成"意味着该作品由创作者独立完成，而非抄袭的结果，既包括从无到有独立地创造出来，也包括在现有作品的基础上进行再创作。② 在算法规则的运作下，人工智能根据使用者输入的提示词，综合运用文本表达、图文转化等模型自主生成具体的内容，生成内容符合"独"的要求。而关于"创造性"，从立法目的来看，著作权法并不要求作品达到专利法的"创造性"高度③，著作权法旨在鼓励大众追求文化发展的多样性。从司法实践来看，法院认定"独创性"的法律标准并不高，诸如聊天表情、十几秒的短视频、电子红包等都能达到"独创性"的门槛，均已受到著作权法的保护。④ 人工智能生成内容是人类经过反复的模型调试、输入海量数据进行深度学习并不断优化的结果。不同的大语言模型即使收到相同的语言指令，输出的内容也各有不同，无不体现软件开发者的个性化选择和安排。人工智能生成的内容并不只是程式化的机械输出，人工智能能够根据指令的情景要求，不断优化、修改输出的内容，呈现不同的表达结果。人工智能生成内容应与人类作品持同一认定尺度，无须另立标准、施加更严苛的认定标准。⑤ 当前，诸如儿童随手涂鸦的画作、随手取景的照片等人类创作物大多能被认定构成作品，人类大量投入研发、优化的人工智能算法生成的内容也应被认定为满足"创造性"的要求。

---

① 熊琦．人工智能生成内容的著作权认定．知识产权，2017（3）：5-7.
② 王迁．知识产权教程．7版．北京：中国人民大学出版社，2021：59.
③ 李扬，涂藤．论人工智能生成内容的可版权性标准．知识产权，2024（1）：83.
④ 朱阁．"AI文生图"的法律属性与权利归属研究．知识产权，2024（1）：29.
⑤ 吴汉东．人工智能生成作品的著作权法之问．中外法学，2020（3）：668.

　　然而，需注意的是，人工智能生成内容是否构成作品，不可一概而论，并不是所有人工智能生成的内容都会被赋予著作权。个案中的人工智能生成内容所体现的个性化安排、人类参与投入的贡献度、对创作要素的选择等不尽相同，故不宜对人工智能生成内容整体进行可著作权性认定。人工智能生成内容能否构成作品，应该具体考虑个案的不同情景，只有生成内容能达到作品的"试金石"——独创性的判断标准，达到作品的"可著作权性"要求，才可构成作品，受到我国著作权法的保护。

（二）"思想—表达二分法"的再认识

　　"思想—表达二分法"是著作权法对作品判断的一项基本原则，即著作权法只保护思想的表达（expression），不保护思想本身（ideas）。"思想—表达二分法"的创设逻辑是，人们学习既有作品的风格、灵感进而创作出新作品的能力十分有限，即使不保护在先作品中的思想，也并不会导致不同主体之间利益的显著失衡。然而，生成式人工智能可以在短时间内快速"学完"人类社会海量思想、知识和风格的基础上，进行无限的、全新的内容生成。人工智能参与到"创作"中，很容易瞬间学习到他人的创作思想和风格，然后输出表达完全不同而风格极其相似的结果，比如针对画家凡·高的"星空"油画作品，人工智能可以生成无数的风格一致但表达完全不同的作品。基于此，在人工智能的著作权问题讨论中，"思想—表达二分法"的原则面临两大挑战：一是人工智能生成的内容哪些属于思想，哪些属于思想的表达，即应划定著作权法的保护范围。二是在人工智能生成内容的侵权判定中，"思想—表达二分法"能否继续适用。事实上，人工智能的创作行为利用了人类所设定的创作方式[1]，人工智能通过模仿人类的创作模式，学习既有作

---

　　[1]　刘强，刘忠优. 人工智能创作物思想与表达二分法问题研究. 大连理工大学学报（社会科学版），2020（3）：81.

品的风格、创意，根据人类的文字指令，输出新的表达内容。其中，作品的风格、创意仍然属于思想的范畴，不具有独创性。当前，人二智能能够对相同的情境、文字指令，采用不同的、非模板化的描述，输出许多不同的表达。① 正如对同一主题思想，不同的人能写出不同内容的文字，人工智能相当于利用其算法规则和强大的机器学习能力实现了在短时间内围绕同一指令进行多篇写作，输出具有多样性的表达结果。人工智能输出的多种表达结果如果能够满足前述"独立完成"和"创造性"的要求，即可构成作品，受到著作权法的保护。值得注意的是，当前人工智能对于思想的模仿和内容的产出已经可以达到以假乱真的程度。在此背景下，学界对于"思想—表达二分法"的讨论又进入一个高峰。关于原作品权利人主张人工智能生成内容构成侵权问题的化解，需要首先解决"思想—表达二分法"划定的著作权保护范围这一基本问题。为此，应当从人工智能生成内容的全阶段进行思考。人工智能生成内容经历了"原有表达—提炼思想—新的表达"的生成过程，人工智能通过模仿原作品的风格、创意、构思、创作元素等进行了创作，这些内容属于思想的范畴，不受著作权法的保护。人工智能通过提炼原作品的"思想"部分，进行深度学习，再根据指令输出不同形式的表达，尽管外观上与原作品的表现形式类似，但生成内容已是经过算法运作后的新的表达，独立于原有表达，应当受到著作权法的保护。人类利用科学技术进步，极大地提高了学习现有作品的速度和提炼"思想"的效率，因而在生成内容与原作品的侵权认定判断中，应当重视提炼"思想"这一核心标准。

　　还有一个重要面向是，对生成内容的法律分析，应注意区分数据输入阶段和输出阶段。在数据输入阶段，有观点认为人工智能在数据训练

---

　　① 孙山．人工智能生成内容的作品属性证成．上海政法学院学报（法治论丛），2018（5）：89.

阶段，对大量的作品样本进行学习和模仿，属于对著作权人作品集中具有独创性的创作规律的侵权性使用。① 在著作权侵权认定的司法实践中，法官通常采用"接触＋实质性相似"这一侵权认定标准，其中"接触"原则上由原告承担证明责任，即原告需要证明被告有"接触"在先作品的条件和事实，且被告具有非正当性目的。但是，这种证明对原告而言非常困难。生成式人工智能模型训练中的作品利用，是在模型内部进行的非外显性作品利用。这就导致即使自身作品未经授权被人工智能模型用于训练，著作权人实际上也难以发现并提供相应的证据。根据目前实践，大模型公司并不会完全披露数据集的确切来源，原告所能提供的证据仅为大模型公司在训练过程中数据的权重和偏好及其与在先作品高度相似的生成内容。比如在"纽约时报诉 OpenAI 和微软案"中，原告提供的 ChatGPT 侵权行为最重要的证据，是《纽约时报》提供的 100 多个 GPT－4 输出内容和《纽约时报》报道文章高度相似的例子。通常认为，法院在构成"实质性相似"的认定中，应当以抽象过滤法为主，以整体观察法为辅。② 但在数据训练的语境下，人工智能通过在大量既有作品中提取抽象内容，深度学习后，再添加属于公共领域的作品创作元素进行创作③。对这一行为，按照传统的实质性相似的认定规则难以作出清晰判断，"思想—表达二分法"的适用范围受到严峻挑战。在输出阶段，针对人工智能生成内容是否侵犯既有作品著作权这一问题，著作权人也难以进行"实质性相似"标准的比对。生成式人工智能对内容创作的颠覆性影响在于，其通过对在先作品思想、风格的吸收学习，以一种全新的方式，输出和既有作品相区分的内容表达。人工智能生成内容会与原作品"似曾相识"但又"似是而非"。如果按照传统的认定标准，由于学习了原作品的作品风格、模式进行创作，生成

---

① 曾田. 人工智能创作的版权侵权问题研究. 河北法学，2019（10）：182.

② 吴汉东. 试论"实质性相似＋接触"的侵权认定规则. 法学，2015（8）：67.

③ 刘强，孙青山. 人工智能创作物著作权侵权问题研究. 湖南大学学报（社会科学版），2020（3）：142.

内容与原作品外观上"高度相似"，且能短时间内输出多种表达，思想与表达的界限更加模糊。相比于以往单部作品之间的认定，原作品需要与人工智能生成的多种表达进行比较，划出分界并非易事，"思想—表达二分法"原则的适用难度大大增加。

基于此，如果按照传统的著作权侵权认定方法，既有作品的权利人将面临举证困难、难以主张权利等问题，人工智能产业也将面临训练数据合法性检验的难题。然而，数据训练是大语言模型构建的必要程序，运用人工智能技术生成新的表达，体现了人工智能产业发展的市场价值，司法实践因此面临适用"思想—表达二分法"的巨大挑战。尽管如此，"思想—表达二分法"的基本逻辑不应动摇。人工智能经过学习提炼的思想可以转化为多种不同表达，社会公众在实质性相似问题的判断上并不因是人工智能产生的内容就会发生标准变化，如对于风格相同的画像，公众依然能够通过市场辨别出名家画作和人工智能生成的画作，故而应当继续坚持"思想—表达二分法"的底层逻辑，通过市场的调节实现对进入市场的作品的消费和甄选。

综上，在生成式人工智能的技术背景下，与技术发展现实已经不相匹配的传统基础理论，应当进行适当的调适和发展，赋予其人工智能变革时代的新内涵，以便适应现实情况的新变化[1]，更好满足权益保护和产业发展的需求。

三、署名权与其他著作权分离的制度设计

在初步明确人工智能生成内容的作品可著作权性基础上，其生成内容的作者及权利归属自然成了无法回避的论题。著作权的取得方式是自动取得。对于典型的个人作品而言，作者与著作权人的身份同属一人，但对于委托作品、职务作品等特殊类型作品，对两种身份又要分开讨论，因此，在人工智能生成内容的作者与权利归属的厘定中，应对作者

---

[1] 朱阁."AI 文生图"的法律属性与权利归属研究.知识产权，2024（1）：32.

认定与著作权归属进行分别讨论。智力成果无形性的根本特征决定了著作权依法律创设而生，因而对著作权人归属的分析应回归著作权法的设立目的。著作权法的设立目的在于保护并激发创作者创作的积极性，促进经济、科技的发展和文化、艺术的繁荣。人工智能在创造上具有超强能力，但并不会自主利用著作财产权推动知识信息的利用流动，无法实现法律赋予该权利之上的公共政策目标。倘若将权利分配给人工智能使用者，通过对使用者的著作人格权和财产权的保护，则能有效激励使用者的创作热情，使其继续利用人工智能创作出新的作品，形成一个对前端的激励和对后端权利行使的保障，构成一个有效的良性制度循环，最终达到增加社会福祉的目的。而倘若将人工智能视为著作权主体，就肯定了人工智能与人一样能够成为法律主体，那么在权利变动的意思表示、侵权责任的主体等问题上，就要为人工智能再次设定同等的权利和义务；在此背景下，如何认定人工智能的意思表示，如何判断人工智能的侵权故意等，不仅对现行法律是一个巨大的难题，而且是对伦理的颠覆性挑战。① 因此，无论从现行法的体系性协调，还是从著作权法的公共政策目标考量而言，将可以构成作品的生成内容的著作权归属于生成式人工智能的使用者，应是更为有效的制度选择。

对于作者的认定，则成为在现行著作权法体系中难以突破的难题。我国著作权法中作者的身份仅限于自然人、法人和非法人组织，并不包含人工智能。但实际上，人工智能无法作出与作者身份绑定的署名行为，人工智能生成内容的标注义务也无法从著作权法上得到解释。对此，本文认为，署名权与其他著作权权项在制度功能上存在差异，有必要将署名从著作权体系中分离，对著作权利体系进行更细化的制度设置。尤其在生成式人工智能领域，署名行为与其他著作权专有权利控制

---

① 吴汉东，张平，张晓津. 人工智能对知识产权法律保护的挑战. 中国法律评论，2018（2）：13.

行为①的分离规则，应当成为厘清生成式人工智能的作者认定及作者身份归属问题的基础。

（一）署名行为和其他著作权专有权利控制行为的分离与配置

署名权与其他著作权的分离在我国现行法关于职务作品与委托作品的规定中已有例证。根据《著作权法》第 18 条第 2 款的规定，当作品符合一般职务作品的特征时，作者对该作品享有署名权，著作权人的其他权利则由法人或非法人组织享有。委托作品同样如此：作者为受托人，委托人与受托人作为合同双方当事人可以约定著作权是否归属于委托人。可见，尽管署名权属于著作人身权，但并不必然与著作权人的身份挂钩，而是与作者这一身份挂钩。在现行著作权法规则中，署名并不必然依存于著作权②，二者存在分离的可行性。究其原因，在于署名与其他著作权在制度功能上有所区分。著作人身权保护作者的名誉和身份，其中署名通过标注创作者身份达成该目的③，而发表权、修改权、保护作品完整权等人身权主要是通过对创作成果的完整性与市场化控制保障人格利益，著作财产权则在于保障著作权人基于作品而产生和利用的经济效益。换言之，署名作为作者身份和作品之间联系的符号表达，体现作品的实际来源，而其他著作权体现的是对作品流转的控制。从署名推定的法律效果来看，署名行为意在表示实际创作者与作品之间的真实关系，这种关系仅由创作行为本身所决定，并不必然映射出著作权人的身份。④ 署名行为的主体应当遵循谁创作谁署名的基本逻辑，这亦是

---

① 著作权对作品的保护方法是赋予作者及相关主体控制人们利用作品的行为，因此，无论是著作人身权还是财产权，本质在于控制行为。因此，可以暂时突破权利理论视角对人工智能的创作者身份进行讨论。王迁. 版权法保护技术措施的正当性. 法学研究，2011（4）：87.

② Peter Jaszi, *Toward a Theory of Copyright：the metamorphoses of "authorship"*, 455 Rule Journal, pp. 455 - 502（1991）.

③ 署名规则的法律效果在于推定作者或著作权人，仅是创作客观事实的呈现，不具备其他著作权所有的主动选择空间. Buccafusco C., *A Theory of Copyright Authorship.* V& L Rev., Vol. 102, 2016, p. 1229.

④ "署名"应限于表明作者的身份，其他民事主体试图表明自己为权利人的权利声明和标记并不是"署名"，不能直接适用"署名推定"。王迁. 论《著作权法》中"署名推定"的适用. 法学，2023（5）：94.

贯彻诚实信用原则的基本体现。目前，对人工智能或人工智能生成内容的标注义务已经被多个国家和地区列为法定义务①，但该类要求并未从著作权法的角度被解释为署名行为。在我国，依据《网络安全标准实践指南——生成式人工智能服务内容标识方法》的要求，标注行为被具体化为显示水印或隐式水印，实践中也采用了该做法。② 但如果仅要求以电子水印的方式代替法律意义上的署名，既无法涵盖纸质化的人工智能生成内容，也容易使人工智能生成内容的署名遭到技术性篡改。③ 对人工智能生成内容的标注要求应上升到署名本质，满足实践需求并实现与著作权法的衔接。给人工智能生成内容署名并不意味着给它人格或给它法律主体地位。署名应该是一种标志，表明作品出处，是一种客观事实的反映。

（二）生成式人工智能的特殊标识义务

《伯尔尼公约》将署名表述为"表明作者身份的权利"（The right to identify as author, the right to claim authorship），此后多数国家在本国著作权法中将署名行为与表明作者身份行为画上了等号，但也有少数国家将署名与作者身份权分设，将署名作为表明作者身份的下属概念。④ 因此，署名行为体现的究竟是作者身份还是创作行为本身就值得商榷。从历史沿革来看，署名最初表明的仅是创作行为，是无须意思表示的事实行为，后随着人权意识的日益发展而最终被冠以权利之名，署名权中的人格属性是在权利化过程中被后来赋予的。⑤ 在 18 世纪末法国《表演

---

① 刘晓春，夏杰. 人工智能标识义务的功能与实践. 中国对外经贸，2023（11）：51 - 52.

② 2023 年 5 月 9 日，抖音平台发布《抖音关于人工智能生成内容的平台规范暨行业倡议》，要求为用户提供人工智能生成内容水印功能，以区分机器生成作品与人类作品。

③ 徐小奔. 论人工智能生成内容的著作权法平等保护. 中国法学，2024（1）：172.

④ 吴汉东. 知识产权法. 北京：法律出版社，2021：198；陶鑫良. 论"署名权"应改为"保护作者身份权". 知识产权，2002（5）：15.

⑤ 覃楚翔. 我国《著作权法》署名推定规则的适用：问题、归因与对策. 出版发行研究，2022（11）：62.

权法》之前，署名行为的主体在世界范围内并不以具备人格精神为前提。本文认为，在目前对如何将人工智能纳入"以人为中心"的法律体系的讨论十分热烈之际，对其署名的讨论可以回归到署名权利化之前，以署名行为为中心进行评判。参与创作过程的人工智能可以基于创作事实进行署名标注，这是基于未来作品流通的市场秩序考量，更是诚实信用原则的体现。在人工智能署名行为的具体展开上，应当充分考量人工智能的风险属性，其署名应受到严格限制。自然人创作作品后，仅有以何种方式署名或不署名的权利，署名权不可转让、不可放弃。对于人工智能而言，由于人工智能本身应受监督与管理，其对署名自主选择的空间应当更为狭窄。署名的目的在于避免混淆，而人工智能生成服务的标注方式又相对固定，因此，人工智能的署名不仅是不可选择、不可放弃的，而且应当是强制的，且署名人或单位要对署名的真实性与可视化承担责任。这种强制标示义务与知识产权中的商标权较为相似。尽管商标权包括利用与排他权能，但根据《商标法》第 6 条的规定，"法律、行政法规规定必须使用注册商标的商品，必须申请商标注册，未经核准注册的，不得在市场销售"。与此相对应，我国《烟草专卖法》第19 条第 1 款规定，"卷烟、雪茄烟和有包装的烟丝必须申请商标注册，未经核准注册的，不得生产、销售"。事实上，尽管法律提出了如果不实际使用商标有可能面临商标被撤销的风险，但是原则上，法律对商标权人是否在商品或者服务上使用注册商标并未提出强制性要求。在国家严格管理的领域中，商标权人的商标利用权能受到限制，必须在该类商品或服务中使用注册商标以建立标识、形成品牌、避免混淆。人工智能领域同样如此，不同于普通商品或服务，人工智能的技术、设备、系统和应用具有多样性、复杂性和不透明性，其对社会、经济和个人隐私会产生潜在影响①，故人工智能领域的标注行为同样应当被强制。这既是

---

① Clarke R, *Regulatory Alternatives for AI.*, Computer Law & Security Review, pp. 398 – 409 (2019).

人工智能的特点所决定的，也是构建技术信任与科技伦理的前提。

（三）构建人工智能生成内容的多方权益共享机制

署名与其他著作权的分离，反映了不同类型的社会互动和符号交换的需求。[①] 署名关注的是个人身份的确认和社会认同的建立，是一种基于个人名誉和社会地位构建的符号交换，而其他著作权则更多关注作品如何在社会和经济领域中被使用和流通，涉及更广泛的社会经济互动和符号交换。著作权法中署名与其他著作权的分离，表明法律体系承认了作者个人身份与作品经济利用之间复杂的社会关系，并提供了一种平衡这些不同需求和互动的方式。这种分离不仅保护了实际创作者的人格利益，而且提升了作品的社会和经济利用的灵活性，照顾到了人工智能设计者、使用者以及与社会公众享受多样文化生活的利益。本质上，要求对人工智能生成内容进行署名行为的目的在于突破署名行为的权利外观，实现多方权益的平衡。

构建多方权益共享机制的更深层次原因在于，人工智能的精准有效治理并不能仅依靠公共部门，而需要多个环节的主体参与共建。仅以标识义务的实践为例，人工智能自身无法主动进行标注。从我国相关人工智能管理规定及欧盟《人工智能法》来看，人工智能的信息披露义务主体基本为人工智能服务提供者[②]，这类主体具体指向了基础大模型开发者、垂直行业模型开发者、生成内容服务提供者等，其基于人工智能生成内容的产生周期履行标注义务。[③] 因此，在人工智能服务提供者制定标注规则，人工智能服务使用者与社会公众进行标注监督的模式下，必须同时照顾好多方利益需求，才可更好地激励人工智能服务提供者积

[①]　Carter M J, Fuller C. *Symbols，Meaning，and Action：the past，Present，and Future of Symbolic Interactionism*，Current Sociology，Vol. 64，pp. 931－961（2016）.

[②]　《互联网信息服务算法推荐管理规定》第 9 条、《互联网信息服务深度合成管理规定》第 17 条、《生成式人工智能服务管理暂行办法》第 12 条、欧盟《人工智能法》第 70c 条等。

[③]　张凌寒，贾斯瑶. 人工智能生成内容标识制度的逻辑更新与制度优化. 求是学刊，2024（1）：120.

极地参与人工智能服务的开发与运营，主动地进行内容标注与信息披露。

　　将著作权交予人工智能使用者本身，既可以保证使用者享有作品后续的流转与利用，也可以保证使用者不会对人工智能的署名产生排斥心理。在人工智能创作的语境下，对人工智能生成内容进行署名，将其他著作权分配给使用者，可以视为一种恰当的激励性分配方案。这种安排能够鼓励技术开发者、运营者、使用者之间的合作，促进人工智能技术和应用的发展。从经济效益的角度来看，这种权利的分配有助于最大化地利用人工智能创作的潜力，促进文化产品的多样化和丰富化，实现社会总体福利的增加。尽管要求对人工智能生成内容进行署名的行为可能会增加制度设计和实施的初期成本，但从长远来看，明确的署名要求也可以减少因权利归属不清而引发的法律纠纷，降低法律执行的成本，从而减少社会的总体制度成本。知识产权制度虽可通过赋予权利人独占性的权利实现对科技创新的激励，但对于多方主体共同参与的生成式人工智能创作模式，以传统权利专有的分配方式难以照顾到各方的权益，故应对人工智能生成内容的部分权利进行二次的拆解与分配，以多方权益共享格局激励更多的个人和企业投入更多的成本促进社会创新创造。

四、人工智能训练数据的著作权合法性障碍

　　在阐明人工智能生成内容的作品属性、作者认定与权利归属等问题后，还应直面人工智能训练数据的著作权合法性障碍，剖析因技术发展而产生的法律难题。基于数据训练投喂以形成更加成熟的大模型训练效果已成为当下人工智能技术升级与模式迭代的必由路径，然而人工智能训练数据的路径不仅与现有法律秩序存在冲突，而且极大地影响了原有商业模式，冲击人们对于作品交易、数据喂养的既有认识和观念。人工智能训练数据的著作权合法性障碍具体表现为：占据著作权许可使用模式的主流方法"事前授权"式使用付费模式已难以满足海量学习模式的需求，人工智能机器学习在内容获取、内容输入与输出全阶段存在着作权侵权风险，多样化、复杂化的数据保护利益与仅进行著作权合规的不完整性之间存在矛盾。

（一）"事前授权"式使用付费模式与海量学习模式需求不符

基于"事前授权"的著作权使用付费模式是当下知识经济时代尊重他人智力成果、维护市场运行的基础模式，这种模式的运转本质上呈现出财产规则的运行逻辑——通过著作权法赋予著作权人一种谈判的机会与能力，使之能在市场的运作中实现智力成果的有效流转，促进创新成果的产出与知识的分享。然而，数据训练作为人工智能技术发展的底层支撑，其数据喂养规模常常达至海量，传统著作权"事前授权、使用付费"的交易模式难以满足人工智能时代海量学习的需求。[①] 就本质而言，海量学习模式的出现是技术自身的特性以及技术发展的必然所致，知识经济时代下数据的经济价值因技术的迭代升级得以提升。就数字化技术的特性而言，文本与数据挖掘作为实现数据获取及数据分析的底层技术，其可发现性与模式识别的用途能有效地从海量的数据中获取数据价值、实现大规模数据的价值分析与趋势预测；就技术发展的必然而言，海量知识学习模式符合技术发展升级的需求，人工智能技术以及未来可能数字化技术的迭代需要以海量数据作为学习、训练的底层支撑，这种技术发展的必然趋势不仅是社会群众对于数字化时代提升生活便利及幸福感的内在需求，而且是社会公共福利及经济价值总量增长的价值需要。

然而，海量学习模式的运转不仅需要大量数据的支撑，还需要更加灵活地规范交易模式以实现知识的流转，传统的"事前授权"式使用付费模式在实践中已难以支撑海量数据学习模式的需要。在此种情况下，"事前授权"式使用付费模式与海量学习模式需求之间的不契合反

---

① 张平. 生成式人工智能数据训练知识产权合法性问题探讨. ［2024－03－01］. http：//www. chinaipmagazine. com／journal-show. asp？id = 3983.

映出人工智能数据训练的需求与现有著作权交易模式的不适应，这种不适应的障碍容易导致交易效率的低下、交易成本的增加，人工智能数据训练效果的不明显。首先，"事前授权"式使用付费模式容易导致数据交易流程的冗杂以及交易效率的低下。就"事前授权"的流程而言，依据《著作权法》的规定，数据需求方需要在事前获取著作权人的许可授权，以避开潜在的侵权风险。然而，数据需求方对于相关作品的授权获取并非简单的"发出要约、达成合意"的过程，往往需要经过反复的利益谈判与衡量才能获取数据主体交易的真实意思表示，交易流程的烦琐以及有限理性假设的存在往往会导致交易结果并非尽如人意，数据获取的效率也会因之降低。其次，人工智能时代下"事前授权"式使用付费模式的运作也容易产生过高的交易成本，这种交易成本主要涉及数据获取的识别成本以及数据交易的谈判成本。就识别成本而言，人工智能技术的运转需要海量数据予以支撑，这些数据不仅来源于不受著作权法保护的公共领域数据，还包括著作权法保护范围内的作品数据，特别是高质量数据大多集成在具有著作权保护的作品之中。然而，对于著作权法保护范围内的作品数据收集，不仅需要识别作品的来源及权属，还需精准定位作品的真正著作权人，这无疑给人工智能服务提供者造成较大的交易负担。此外，就谈判成本而言，在确定所需收集的作品以及著作权人后，还需就作品数据获取的价格以及授权范围进行谈判沟通。如所获取的数据存在权属不清、来源不明的情况，人工智能服务提供者的交易成本无疑水涨船高，难以满足机器学习的数据训练需求。最后，从实践效果来看，传统的"事前授权"式使用付费模式并无法真正实现海量知识学习模式的高效运转，对于知识的获取以及数据价值的挖掘效果不佳。人工智能依托大模型应用实现海量数据处理并实现智能内容的生成，其机制运转的关键在于数据能否被大批量、成规模地获取以支撑大模型的迭代升级。数据获取作为人工智能技术应用与发展的前端，关系着数据价值挖掘是否充分以及输出结果是否客观、全面。

传统的"事前授权"式使用付费模式已经严重影响了数据获取的效率，加重了人工智能服务提供者的运作负担。在追求知识增量的年代，此种交易模式已经与极速发展的知识经济时代脱节。

（二）机器学习内容的获取、输入与输出全阶段蕴含着较大的著作权侵权风险

生成式人工智能技术的迭代与应用需要成千上万的数据予以支撑，其数据训练的需求主要体现在数据数量、多样、质量、领域特定、多模态、实时、长期演进、平衡、合规以及多语言等方面。① 就数据的来源而言，人工智能训练所用数据不仅有公共领域的作品数据，还有尚在著作权保护范围内的作品数据，后一类数据的获取如未取得相应著作权人的授权，则不可避免地导致侵权风险的发生。此外，不仅在数据来源阶段存在著作权侵权的风险，而且数据内容的输入及输出环节都容易因违法行为的存在而侵犯著作权人的合法权利。尽管有观点认为，机器学习的各个阶段中数据的处理行为仅为对作品内容的"非作品性使用"，因此并不构成著作权侵权。② 然而，基于机器学习的本质，人工智能所输入及输出的内容实际上是对作品价值的深层次挖掘，本质上涉及对所收集作品数据的表达性使用，因而相应的作品使用行为如未获得著作权人的许可，则很有可能构成著作权侵权。

一般而言，文本与数据挖掘作为人工智能机器学习的底层技术，对数据的处理基本涵盖了信息搜寻、分析等处理活动③，其过程主要包含数据内容的获取、数据内容输入及最终结果输出三个主要环节。就数据内容的获取而言，主要是通过爬虫、API 接口对接等数字化手段实现数

---

① 张平. 生成式人工智能数据训练知识产权合法性问题探讨. ［2024－03－01］. http：//www. chinaipmagazine. com / journal-show. asp？id ＝ 3983.

② Michael D Murray，*Generative AI Art：Copyright Infringement and Fair Use*，26 SMU SCI. & TECH. L. REV. 259，314（2023）.

③ Future TDM. *Baseline Report of Policies and Barriers of TDM in Europe*（March 14，2021），http：// www. futuretdm. eu / knowl-edge-library /？b5-file ＝ 2374&b5-folder ＝ 2227.

据的大规模获取，并在爬取数据之后将其存储至特定的服务器中以便进行后续的数据预处理。数据内容的输入环节主要是将所收集的数据转码为相应的结构化数据，并进行清理、分类等，最终形成与需求相对应的新数据集合，实现数据内容的针对性输入，为人工智能机器学习提供基本的数据资源。内容的输出环节则主要是将所处理和分析的数据结果分享至合作方或公开至公共领域，实现数据内容价值的分享与分析结果的输出。在经历上述三大步骤之后，人工智能完成了对必要数据内容的机器学习以及分析输出。然而在数字化背景之中，以上三大技术步骤的操作难以避免地存在著作权侵权的风险。

就所侵犯著作权专有权利的形态而言，机器学习的内容获取、数据输入以及内容输出全阶段均可能侵犯著作权人的复制权、演绎权以及信息网络传播权等权能。内容获取阶段主要可能涉及对著作权人复制权的侵犯，在此阶段，人工智能往往通过爬虫技术等数据收集手段大批量地从互联网中爬取数据，其中所用技术往往是数字化形式的扫描和文本提取，如果未经著作权人许可，此种行为往往落入《著作权法》所规定的"复制权"的范围之中①，容易构成对著作权人复制权的侵犯。数据输入阶段主要可能涉及对著作权人的改编权、汇编权的侵犯。由于机器学习的需要，人工智能的训练往往需要将所收集的数据转码为相应的结构化数据，而转码的行为必不可少地涉及对原有数据内容的调整，包括对数据格式的转换修改、整理删除以及汇总等，这难免会构成对著作权人的翻译权、改编权以及汇编权的侵犯。而在最终内容输出的环节，所输出的结果常在互联网上以数字化的方式传播呈现，如果所输出的分析结果涉及原有作品的内容而未经著作权人许可，则很有可能造成对著作权人信息网络传播权的侵犯。

---

① 董凡，关永红. 论文本与数字挖掘技术应用的版权例外规则构建. 河北法学，2019（9）：150.

（三）数据保护利益的多样化与复杂化致使仅著作权合规已为不能之事

人工智能训练数据，主要通过爬虫、API 接口对接等自动化数据抓取方式高效捕获、汇聚和存储，具有样本多样性、数据规模性等技术特征。用户数据、企业数据、公共数据等不同形态的数据都可以作为人工智能训练数据的重要来源，人工智能训练数据涉及个人信息利益、财产利益、国家公共利益等多元数据保护利益[①]，承载着多样化、复杂化的利益内容，导致基于单一化著作权合规的规制存在合法性障碍。

首先，用户数据承载着个人信息利益，需要接受个人信息保护的法律规制。从人工智能训练数据机制来看，用户数据在机器学习中发挥着不可替代的作用：一方面，用户数据是互联网中最广泛的数据类型，以大数据技术为支撑的人工智能训练数据在自动数据抓取阶段不可避免地会涉及对用户数据的使用与提取。另一方面，凭借对用户数据的收集与分析，机器能够完成更加拟人化的机器学习过程，使其最终的智能决策、分析结论更符合人类思维逻辑与行为方式。用户数据作为对个人身份、互联网行为特征的全方位记录，基本表现为具备可识别性的个人信息。[②]其中，电话号码、家庭住址、职业信息等用户数据具有直接识别性，当然可以作为个人信息受到保护。相比之下，就邮箱、游戏账号等数字化虚拟用户数据而言，人工智能训练主体虽然无法凭借相关数据直接定位现实中的特定主体，但在海量数据聚合背景下，可以与其他数据相结合而识别特定自然人，因而邮箱、游戏账号等数据具有间接可识别数据用户的属性，同样属于个人信息范畴。根据《个人信息保护法》《网络安全法》等法律规定，个人作为用户数据主体，对其用户数据享

---

① 邢露元，沈心怡，王嘉怡．生成式人工智能训练数据风险的规制路径研究．网络安全与数据治理，2024（1）：10．

② 张素华，宁园．论数据利益的保护路径：以数据利益的解构为视角．私法，2019（1）：51．

有个人信息利益。人工智能训练数据应确保已经取得用户等个人主体的授权许可，或者确保该用户数据已经得到清洗、脱敏，符合非个人信息特征。从最新发布的《生成式人工智能服务安全基本要求》来看，保障个人信息利益已经成为人工智能服务提供者履行语料内容安全要求的重点内容之一。

其次，企业数据之上承载个人信息利益和财产利益，需要接受个人信息保护和竞争法的法律规制。海量的用户数据经过企业等数据主体的收集与汇聚即形成规模化的企业数据。由于此类数据集合可以反映出市场客观规律，预测未来趋势，故其构成人工智能训练数据的重要来源。从人工智能训练数据的实例来看，OpenAI 在训练其人工智能产品 Chat-GPT 时，就将 Raw Story Media 和 Alter Net Media 等新闻机构的一系列新闻稿件作为人工智能训练的数据来源，并因相关数据使用行为未经机构授权许可而面临著作权侵权纠纷。企业数据承载着包括个人信息权益、财产利益等在内的多元利益。一方面，企业数据来源于不同的用户数据，在一定程度上可以视为对个人信息的集合。如果人工智能训练数据具备直接或间接可识别性，可被识别定位为特定自然人主体，则该数据集合之上依然承载着用户的个人信息利益。此时，人工智能训练数据需要通过个人信息保护的法律规制，以消除数据集合中潜在的对个人信息权益的侵权风险。另一方面，企业数据产生方式凝结了数据主体的劳动成果及其利益诉求。企业数据通常是企业等数据主体收集、分析、加工数据后所获得的数据集合，凝结着企业等数据主体财力、物力与人力等劳动投入，由此产生了值得产权制度保护的财产利益。[①] 目前，不同客体形态下企业数据的财产利益已经获得司法的保护与认可。在"谷米诉元米案""淘宝诉美景案"等案中，法院即认为企业开发的数据集合能够为权利人带来现实或潜在的经济利益，具备无形财产属性，企业应

---

① 冯晓青. 大数据时代企业数据的财产权保护与制度构建. 当代法学，2022（6）：112.

当对该数据集合享有独立的财产性权益。① 尤其在企业数据的作品属性受到广泛质疑且企业数据财产权立法缺位的现状下，更多法院选择以《反不正当竞争法》一般条款作为规制范式，强化对企业数据中财产利益的保护。

最后，公共数据承载着公共利益和国家利益，需要接受数据安全的法律规制。在公共数据授权运营与政务信息公开背景下，公共数据可以直接作为人工智能训练输入的数据来源。公共数据具有高可信度、获取成本低、侵权风险低等优势，有利于提高人工智能训练数据及其输出分析结果的质量。联合国贸易和发展会议 2021 年数字经济报告中的公共数据以"收集数据出于政府目的且主要被公共部门使用的数据范畴"为基本内涵②，以公益性作为其核心价值，因而承载着明显的公共利益和国家利益。一方面，公共数据作为承担社会公共职能的基础资源，具备社会公共利益属性，故对人工智能训练阶段使用和提取公共数据行为的合法性评价应当包含不得损害社会公共利益等方面。另一方面，公共数据作为由公共部门发布的官方数据信息，与金融、科技、医疗等重点领域的国家安全息息相关，因此在推进人工智能训练数据著作权合规治理的同时，还应当重点进行数据安全合规审查，以避免数据训练行为泄露或暴露与国家安全密切相关的公共数据。

五、多元化方案解决人工智能训练数据的著作权合法性障碍

前述问题并非单一片面的问题呈现，而是在现有体系中复杂交错实际市场活动的问题的集中反映，故解决该系列问题时，不能单独针对某一方面问题提出方案，而应当采取体系性多元化的方式化解著作权合法

---

① 广东省深圳市中级人民法院（2017）粤 03 民初 822 号民事判决书、杭州市铁路运输法院（2017）浙 8601 民初 4034 号民事判决书、浙江省杭州市中级人民法院（2018）浙 01 民终 7312 号民事判决书。

② UNCTAD, *Digital Economy Report* 2021: *Cross-border data flows and development*: *For whom the data flow*.

性的障碍。智能领域的创新离不开合规的数据处理，但人工智能训练数据的合规方案目前还未明确，如果不能解决合规问题，人工智能技术的发展将寸步难行。① 当前以事前授权为基础的著作权制度难以满足生成式人工智能对海量数据的训练需要，因而有必要使用多种制度工具，建立多元化的解决机制，探索针对人工智能训练数据的著作权障碍的解决方案。

（一）合法购买数据与合同约定风险

获取合法的高质量数据是人工智能模型合规发展的重要前提，因此事前购买高价值著作权内容，并以授权合同约定各方风险承担的交易模式是人工智能企业获取训练数据的重要方式。在特定场景下，这种事前交易模式有着保证数据质量、激励创意产业、规避侵权风险等优势，具备一定的经济效率。如在网络文学、有声书、数字音乐等产业领域，个人创作者往往将作品著作权的行使交予内容平台代理，人工智能开发者直接向平台购买数据即可获取海量著作权资源。② 一些人工智能开发者自身也是大型互联网平台，可以通过"以服务换数据"的方式免费使用用户上传的作品，并以"用户协议"等格式条款划分各方风险，要求用户自行解决数据的授权问题并承担可能的侵权责任。③

然而，由于人工智能训练数据具有数量大、规模广、价值密度低等特征④，传统的数据购买模式并不能适应模型开发者对数据规模化利用的需求。目前，由内容平台代理的著作权内容多为单独具有使用价值的

---

① 张平. 开放创新模式下的知识产权新类型法律纠纷分析. 新经济导刊，2023（4）：43-44.

② 吴申伦. UGC 模式下我国有声书著作权集中许可制度研究. 出版发行研究，2021（11）：19.

③ 张平. 生成式人工智能实现突破创新需要良法善治：以数据训练合法性为例. 新经济导刊，2023（8）：27.

④ 焦和平. 人工智能创作中数据获取与利用的著作权风险及化解路径. 当代法学，2022（4）：135.

作品，并不包括用户生成的海量数据，而后者才是人工智能训练的主要材料。① 同时，当前我国中文语料数据库仍存在标注标准不一致、数据重复、时效性不强等问题，数据交易机构长期处于沉寂阶段，数据交易并未出现预想中的热潮。② 另外，"以服务换数据"的方式仅适用于大型互联网企业，新兴企业因用户基数不足难以获取充足数据，且缺乏购买海量数据的充足资金，在数据竞争中往往处于劣势，新兴企业数据获取能力的不足加大了数据训练市场被互联网巨头垄断的风险。综上，数据交易的方式虽在特定场景具有一定的优势，但不宜作为人工智能企业获取训练数据的唯一来源。

面向人工智能创新应用的新时代，我国数据交易市场也应积极寻求转型突破，适应企业获取训练数据的现实需求。就交易平台而言，可针对人工智能训练市场，将现有的通用数据交易所转型为"AI 数据交易合同"模式，为企业训练人工智能提供定制化的训练数据。就交易标准而言，相关市场主体和监管部门可共同规范训练语料的标注标准，以便语料数据的交易流通。③ 就合同内容而言，人工智能训练方需要遵循诚实信用原则，明确告知数据提供方相关数据的用途并获得授权④，避免因超出授权范围使用数据而面临违约风险。

（二）借用互联网治理规则提供创新机遇

作为信息时代的关键技术，人工智能和互联网技术均改变了人们获取、处理和分享信息的模式，对知识产权制度提出了新的挑战。与互联网时代类似，目前人工智能并没有确定的发展蓝图，因此可以运用互联网治理的相关规则，在人工智能数据训练阶段打开著作权合理使用和

① 丁晓东. 论人工智能促进型的数据制度. 中国法律评论，2023（6）：181.
② 季良玉. 数据资产的交易困境及其治理. 会计之友，2023（13）：27.
③ 张明柳. 助力人工智能技术腾飞. 中国政府采购报，2024 - 03 - 05（6）.
④ 如之前热议的"AI 大模型数据被盗第一案"就很可能涉及超越合同授权范围使用数据的问题。学而思被指"偷数据"训练 AI，牵出大模型"隐秘的角落". [2024 - 03 - 08]. https://www. stcn. com/ article / detail / 894618. html.

"避风港规则"闸口，为生成式人工智能产业提供创新发展的空间。

其一，适当拓展著作权合理使用的解释范围，将生成式人工智能的数据预训练行为视为合理使用的一种类型。从技术逻辑出发，人工智能模型的构建分为预训练和微调两大阶段，其中预训练阶段主要是将收集到的数据输入初步模型，以便初步模型通过算法分析数据以优化模型效果。在此过程中，对数据的分析和学习仅在人工智能内部进行，并不产生同创作者竞争的内容，也不与其他公众的权益产生接触，因此不会对著作权人的作品产生替代效果，不应当受到传统著作权法的限制。① 从产业政策视角出发，庞大的训练数据规模是人工智能大模型生成理想结果的基础，而互联网内容的著作权则分散在各个创作者处，要求人工智能研发者事前逐一获得著作权人授权无疑会耗费巨大的交易成本，造成"反公地悲剧"。而合理使用制度则可减轻人工智能技术的研发负担，促进人工智能产业建设和内容创作，为社会带来更大的福祉。从制度竞争的视角出发，目前欧盟《数字化单一市场版权指令》的"文本和数据挖掘例外"制度为人工智能数据训练行为提供了合理使用的依据；美国法院在"谷歌和甲骨文案"中放宽了"转换性使用"的标准，特别是将机器阅读排除在著作权法之外，为后续对以转换性使用作为核心判断要素的合理使用的扩大解释提供了机会。为应对世界人工智能制度竞争浪潮，提升我国人工智能产业的国际竞争力，有必要通过合理使用制度放松模型训练中的著作权限制。其二，适当借鉴传统互联网内容平台中的"避风港规则"，探索建立一套适应人工智能产业发展的责任分担机制。在此机制下，生成式人工智能服务提供者应当尽可能地使用真实合规的训练数据，并在信息生成阶段设立过程性的风险预防和审查机制，尽量减少错误内容和侵权信息的输出。② 与此同时，还应设立投诉

---

① 林秀芹. 人工智能时代著作权合理使用制度的重塑. 法学研究，2021（6）：182 - 183.
② 姚志伟，李卓霖. 生成式人工智能内容风险的法律规制. 西安交通大学学报（社会科学版），2023（5）：156.

通知机制，允许用户和权利人就违法不良信息向人工智能服务提供者提出投诉，接到投诉后，人工智能服务提供者应当在合理期限内采取数据清理、算法调整等必要措施，避免违法内容的传播和扩散。相应地，在生成式人工智能服务提供者充分履行事前合规义务后，若因使用者恶意诱导大模型侵权或因现有技术问题无法消除违法侵权内容，则应当减轻或免除生成式人工智能服务提供者的责任。① 这种以过程为中心的责任分担机制能够为人工智能开发者提供明确且有条件的免责预期，引导其主动采取合规方式，防范社会风险，稳定个体预期，促进产业发展。

（三）通过集体管理组织解决授权难题

在当前法律框架下，著作权集体管理是批量解决海量作品授权较为可行的方法，能够提高授权效率、减少交易主体、降低权利人协商成本和监督成本，因而受到域外多国的青睐。目前，我国已经拥有中国音乐著作权协会、中国音像著作权集体管理协会、中国文字著作权协会等五个著作权集体管理组织，此类集体管理组织可以依据集体许可标准同人工智能开发者进行谈判，代权利人发放作品使用授权，满足商用人工智能模型的数据使用需求。② 但是，传统的集体管理组织存在授权模式单一僵化、管理组织机制滞后、数据覆盖范围有限等问题，在智能时代面临前所未有的挑战和冲击③，因此，有必要革新著作权集体管理组织制度，使其充分发挥著作权集体管理的保障效能，适应人工智能海量数据学习的现实需要。

针对授权模式僵化的问题，我国著作权集体管理组织应当拓宽权利人对交易模式和定价机制的选择空间，允许其在将作品授权给集体管理

---

① 王若冰. 论生成式人工智能侵权中服务提供者过错的认定：以"现有技术水平"为标准. 比较法研究，2023（5）：32－33.

② 张平. 生成式人工智能数据训练知识产权合法性问题探讨. ［2024－03－01］. http：//www. chinaipmagazine. com / journal-show. asp？id ＝ 3983.

③ 孟磊. 智能时代的著作权集体管理：挑战、反思与重构. 出版发行研究，2020（1）：46－48.

组织后自行授权，并吸纳一部分权利人参与作品使用费的定价协商，以更灵活的选择吸引更多优质作品进入集体管理组织的"版权池"。此外，应打破单一的概括许可模式，允许著作权使用者自行选择授权模式，按照使用内容的质量和频次精准收费，满足不同类型和规模使用者的需求。① 针对管理组织机制滞后的问题，需要完善集体管理组织的内部治理机制。一方面，需要增强集体管理组织运作机制的透明度，让权利人和使用者明确了解组织的管理和分配规则。另一方面，应当改进集体管理组织的决策机构，确保权利人和相关专业人士，特别是人工智能等新业态从业者在组织决策中有更多的发言机会和更大的影响力，推动著作权集体管理组织与时俱进。② 针对数据覆盖范围有限的问题，则可以尝试采取延展代理机制，在拓展使用者获得合法数据渠道的同时保障权利人获取报酬的机会。延展代理制度始于 2012 年法国知识产权法律体系，用以解决绝版图书的授权使用问题。该制度规定绝版图书的权利人应授予法国作者利益代表协会代表其行使权利，但允许作者通过事前或事后的退出机制撤回授权。③ 而我国在《著作权集体管理条例（修订草案征求意见稿）》第 4 条中也提到"著作权法规定的表演权、放映权、广播权、出租权、信息网络传播权、复制权等权利人自己难以有效行使的权利，可以由著作权集体管理组织进行集体管理"，"在使用者难以获取所有权利人授权的特定领域使用作品的，经国家著作权主管部门备案，由著作权集体管理组织集中管理相关权利"，这一规定与延展代理的制度内涵相契合。因此，可将某一领域的作品授权集中于著作权集体管理组织处，以集中授权的方式解决人工智能训练数据的合规难

---

① 曹博．著作权法如何应对 Web3.0 挑战：以视听内容为样本．东方法学，2023（3）：95.

② 孟磊．智能时代的著作权集体管理：挑战、反思与重构．出版发行研究，2020（1）：48 - 49.

③ 华劼．合理使用制度运用于人工智能创作的两难及出路．电子知识产权，2019（4）：37 - 38.

题，推动构建更加健全和可持续的知识产权良性保护生态。

（四）利用开放授权的数据资源

开放授权的理念始于计算机软件的"开放源代码"运动，后来在"创作共用"和"开放共享"的理念下，开放授权机制被引入著作权领域，表现为知识共享协议（Creative Commons，简称 CC 许可协议）。经由知识共享协议，著作权人可在"保留绝对权利"和"公共领域捐献"之间选择作品的开放程度，如要求使用者尊重作者署名权或不得将作品用于营利性使用等。① 而若使用者违背知识共享协议，权利人则可以终止授权，并依据传统知识产权法律维护自身权利。生成式人工智能与知识共享协议在价值理念与实际应用上有很多契合之处。在价值理念层面，知识共享协议具有降低信息获取成本、促进创意产品交融分享的价值取向，与生成式人工智能在促进创新和内容传播等方面有相通之处。在实际应用层面，知识共享协议作为一种事前授权机制，可以有效节省人工智能创作者同著作权方协商交易的成本，在尊重作者合法权利的同时大大扩张了人工智能数据训练可利用的作品范围。② 目前，维基百科等主流 WIKI 社区均已采用知识共享协议等方式开放授权，这些开放授权的海量作品已经成为生成式人工智能训练的重要数据资源。

然而，当前知识共享协议在我国处于早期发展阶段，主要应用于开放教育课程、开放获取期刊资源等领域，公众对开放授权理念的了解和认知不足。③ 此外，我国的著作权产业发展水平同国外相比仍有差距，与开放授权配套的法律制度尚不完善，因此亟须完成知识共享协议的本

---

① CC 许可协议包括"署名""非商业性使用""禁止演绎""相同方式共享"四要素，四种要素可以搭配整合，形成多种有效的许可证。邓朝霞. 网络版权的公共领域研究：以知识共享协议为例. 电子知识产权，2018（12）：36 – 39.

② 潘香军. 论机器学习训练集的著作权风险化解机制. 上海法学研究，2023（6）：165.

③ 李婧，姜恩波. 知识共享协议在我国的应用现状及前景分析. 情报理论与实践，2013（2）：17 – 20.

土化改造以适应我国人工智能数据训练的现实需求。① 在著作权法律体系内部，应当明确合理使用和开放授权的关系，将人工智能训练者对作者保留著作权范围内著作权的正当使用行为认定为合理使用，以减少人工智能训练者的侵权风险，并维持知识产权法律体系内部的一致性。② 例如，若商用人工智能模型利用开放授权的作品进行模型预训练，而该作品的权利人要求使用者不得将作品用于商业目的，则模型训练者仍然可以主张自己的行为构成合理使用。在管理模式上，可以参考现有开源社区的管理机制，建立服务创作者的非营利性中介组织，以监督开放授权数据资源使用者的著作权利用活动，尽可能地维护创作者权益。③ 在侵权责任承担方面，由于当前知识共享协议效力的实现仍然依赖著作权法机制，若使用者违反知识共享协议超越范围使用授权内容，权利人只能依据著作权法追究使用人的著作权侵权责任，此时会大大增加权利人维权的时间成本和经济成本，因此，可尝试探索建立人工智能数据训练领域的信用惩戒制度和自律管理体系，将违背知识共享协议使用开放数据的不诚信行为纳入知识产权信用体系的监管。

六、结语

法律制度对人工智能发展的保障应当始终坚持以人为本的理念，这里的"人"既是人类的"人"，也是个人的"人"。在此理念的指引下，人工智能内容生成所反映的种种问题都是当下现实世界与技术演变之间的"发展之问"，著作权制度作为科技与法律相互作用、相互影响最为直观的制度规范，正面临着传统理论与现实产业发展之间的挑战，如何因地制宜地寻找适应产业发展与技术升级的规范措施成为当务之急。著

---

① 黄雪娇. 数字时代著作权公共领域知识共享的优化机制研究. 出版发行研究，2021（7）：59－60.

② 王宇红，徐品，冶刚. 开放存取的版权保护机制新探. 情报理论与实践，2014（12）：40－41.

③ 曹伟，万靖瑜. 生成式人工智能训练数据的治理与构建. ［2024－03－01］. http：// www. chinaipmagazine. com / journal-show. asp？id ＝ 3985.

作权制度自创立以来，便带着浓厚的政策色彩。人工智能生成内容的法律规制不仅与著作权人的核心利益切身相关，而且与产业发展、技术进步紧密相关。但无论新质生产力的出现对现有制度规范带来如何猛烈的冲击，著作权制度都不能成为技术进步以及经济发展的绊脚石，更不能成为人工智能新质生产力发展的"拦路虎"。

因应技术发展的必要性，著作权制度理应合理回应"发展之问"所带来的种种挑战，就人工智能内容生成过程中所面临的作品认定、作者身份、权利归属以及数据训练等难题给予多元化、多层次的解决方案，综合运用合同、互联网治理规则、著作权集体管理组织、数据资源开放授权以及法定许可制度等法律工具，由浅入深、由表及里地实现著作权制度的"去伪存真"。

人工智能生成内容与著作权保护

王　迁*

以 ChatGPT 为代表的生成式人工智能出现之后，在各个领域都引起了讨论的热潮，因为它对人类社会方方面面都产生了重大影响。版权领域也是如此，其中，最为热议的就是人工智能生成的内容能否成为著作权法所保护的作品，以及与人工智能相关的著作权侵权问题。

之所以会产生这样的问题，是因为以 ChatGPT 为代表的人工智能可以自主产生一套与众不同的表达。虽然人工智能没有真正的创新能力，不可能提出前人没有提出的新观点，但著作权法并不要求文字作品体现出新的思想观点，只要求相关的文字组合、遣词造句源于本人，同时体现了最低限度的智力投入。从目前人工智能生成内容的结果来看，其至少在形式上接近，甚至高度接近人类创作的文字作品。这就是为什么人工智能生成的内容是否能成为作品受到著作权法保护，成为学界和业界讨论的对象。与此同时，训练人工智能需要向其"投喂"大量作品，而人工智能生成的内容又可能与他人在先作品实质性相似，因此训练人工智能和利用人工智能生成的内容所可能产生的著作权侵权问题也引发了关注。

一、作品只能源自人

笔者认为，人工智能生成的内容并不能被认定为受著作权法保护的作品，其根本原因在于作品只能源自人。我国《著作权法》第 1 条就开宗明义地陈述了立法目的——"鼓励……作品的创作"。1710 年世界上第一部版权法即英国的《安娜女王法》的立法目的也是相同的——"为了勉励学人撰写著作"而制定的。这是所有著作权法规定的立法目

---

* 王迁，华东政法大学教授、博士研究生导师。

的，无论中外。

著作权法如何鼓励作品的创作？其核心就是设定专有权利。复制权、发行权和信息网络传播权等专有权利就像篱笆一样，为作者的作品围起了一片专属领地。他人要利用作品，原则上就要经过作者的许可。如果未经许可，就以复制、发行、交互式传播等方式利用作品，相当于擅自闯入他人的专属领地，其行为构成侵权。他人既希望利用作品，又不愿承担侵权责任，当然就需要联系作者，取得许可，向作者付费，由此使作者从他人对作品的利用中获得相应的回报，并产生继续创作的动力。这就是著作权法通过专有权利而激励创作的机制。著作权法对作品创作的激励作用，针对的不仅是从事特定作品创作的人，而是社会公众，让所有具有创作潜力的人都觉得创作作品是有前途的事业。由此，著作权法实现了它鼓励作品创作的立法目的。

任何非人类，无论是动物还是机器，包括人工智能，都绝不可能受到著作权法的激励。由于鼓励作品创作是著作权法的立法目的，是它的本质精神，人工智能生成的内容，无论在形式上多么接近人创作的作品，也不应该作为作品受到著作权法的保护。

在人工智能产业最为发达的美国，美国版权局始终坚持只有人的智力成果才能作为作品受到保护。曾有一名叫泰勒的美国人申请将一幅名为《通往天堂之近路》的绘画在美国版权局进行作品登记。泰勒自称他设计了一种名为"创造机器"的人工智能，而该人工智能可以在没有任何人类智力贡献的情况下生成作品，这幅画就是他设计的人工智能自动生成的。

美国的作品登记对于"美国作品"——以美国为起源国的作品（在美国首先出版或美国国民创作但尚未出版的作品）具有极为重要的意义，因为"美国作品"不经登记，权利人就无法提起版权侵权诉讼，也就相当于无法受到版权法的保护。对于泰勒对人工智能绘画《通往天堂之近路》提出的登记申请，美国版权局第一次予以驳回。泰勒不服，要求第二次审理，第二次又被驳回，泰勒要求复审，美国版权局版权复审委员会仍然决定不予登记，理由是"版权法只保护基于人类心智的创作能力而产生的智力成果，美国版权局将不会登记在缺乏人类作者创造性投入的情况下，由机器或纯粹机械过程而生成的内容，美国版权局实务手册也一直将人类创作定为作品登记的前提"①。2023 年 3 月，美国版权局专门针对人工智能生成的内容是否能作为作品登记发布了指南，指出"在本局看来，得到公认的观点是版权只能保护人类创造力的成果，本局现行的登记指南长期以来都要求作品必须是人类创作的成果；而作品登记的申请人不能仅仅因为使用了人工智能技术创作之作品，就将人工智能技术或者提供人工智能技术的公司列为作者或共同作者"②。

在我国发生的涉及人工智能内容侵权的第一案——"北京菲林律所诉百度公司案"中，法院也指出："自然人创作完成仍应是著作权法上作品的必要条件……分析报告系威科先行库利用输入的关键词与算法、规则和模板结合形成的……由于分析报告不是自然人创作的……不是著作权法意义上的作品。"③ 该判决与美国版权局的上述认定异曲同工，都遵循了著作权法的基本原理。

二、人工智能生成的内容不属于"法人作品"

对于由人工智能生成的内容并非由人所创作，不能作为作品受著作权法保护的观点，不同意见认为可以用著作权法中"法人作品"的制度予以解决。《著作权法》第 11 条第 3 款规定了"法人或非法人组织视为作者"的作品：当一种作品由法人或非法人组织主持，代表该法人

①　The Review Board of the United States Copyright Office, *Re*：*Second Request for Reconsideration for Refusal to Register A Recent Entrance to Paradise*（Correspondence ID 1 - 3ZPC6C3；SR # 1 - 7100387071），p. 3.

②　Copyright Office, *Copyright Registration Guidance*：*Works Containing Material Generated by Artificial Intelligence*, 88 FR 16190 - 01，16191，16192.

③　北京互联网法院（2018）京 0491 民初 239 号民事判决书。

或非法人组织的意志创作，并由该法人或非法人组织承担责任时，该作品就是"法人作品"，视法人或非法人组织为作者。

人工智能生成的内容能作为"法人作品"受保护吗？要回答这个问题，必须澄清一个基本的逻辑关系，"法人或其他组织视为作者的"作品的前提是什么？前提是存在着由人创作的作品。必须先有作品，再看它是不是"法人作品"。换言之，《著作权法》规定"法人作品"的第 11 条第 3 款与相关内容是否构成"作品"并无关系。判断该内容是否为作品，并不适用《著作权法》第 11 条第 3 款，而是适用《著作权法》第 1 条（立法目的）、第 3 条（作品的定义）以及《著作权法实施条例》第 3 条（创作的定义）和第 4 条（对各类作品的定义）。《著作权法》第 11 条第 3 款解决的问题，是把谁视为已有作品的作者，以及著作权如何归属，它完全不解决相关的内容是否构成作品的问题，所以，《著作权法》第 11 条第 3 款背后逻辑关系是非常清楚的，以作品存在为前提，再去讨论是否满足构成"法人作品"的条件，该逻辑关系不能颠倒。认为对人工智能生成的内容可以"视法人或非法人组织为作者"，所以可以被认为是"法人作品"的观点，属于本末倒置，是不能成立的。

前文提及美国人泰勒申请美国版权局登记人工智能生成的绘画，当时泰勒提出了一个类似的观点，他认为美国《版权法》规定对于雇佣作品，视雇主为作者，因此声称人工智能相当于是他的雇员，所以那幅绘画相当于雇员为完成雇主交付的任务创作的作品，应该视雇主（泰勒）为作者，所以这幅画可以获得作品登记。美国版权局认为，认定雇佣作品的前提是存在雇佣关系，而雇佣关系是根据雇佣合同产生的。那么，人工智能能够和人签订合同吗？这当然是不可能的，因此人工智能和泰勒之间并不存在雇佣关系。同时，适用雇佣作品条款的前提是相关内容是作品。如果相关内容不是作品，根本无须讨论雇佣作品条款的适用。因此，美国版权局指出："雇佣作品条款关注的是版权归属，而不是相关的内容是否受版权保护，而受版权保护的作品必须是由人创作的。"①　所以泰勒的理由不成立，这幅画仍然不能作为作品受保护。

三、人工智能生成的内容不是人以人工智能为工具创作的作品

有观点认为：人工智能生成的内容，本质上是人工智能的开发者或者利用者以人工智能为工具创作的内容。如果以人工智能为工具创作，那么创作者当然不是工具，而是利用工具的人，也就是人工智能的开发者或者利用者。将人工智能生成的内容视为人以人工智能为工具创作的，则认定该内容为作品就没有创作主体方面的障碍了。

然而该观点是难以成立的。《著作权法实施条例》第 3 条第 1 款将"创作"定义为"直接产生文学、艺术和科学作品的智力活动"。这里的关键词是"直接产生"。"直接产生"是相对于"间接影响"而言的。"间接影响"了内容，不能被认为是施加影响者的作品。例如，学生学习写作文时，都受到过父母或者老师的影响，父母和老师会教初学者如何写作文，那么学生写出来的带有明显父母和教师风格痕迹的作文，是父母或教师以学生为工具创作的作品吗？回答当然是否定的。"直接产生"是指作者凭借其自由意志决定了构成作品的表达性要素。

"直接产生文学、艺术和科学作品的智力活动"当然可以借助工具。例如，很多画家现在利用 Photoshop 创作绘画。Photoshop 是绘图软件，属于创作工具。用 Photoshop 所作的绘画当然还是画家的作品，因为是画家决定了每一个线条、每一个造型、每一种色彩和它们在屏幕上的位置及相对关系，Photoshop 只是消极地体现画家的艺术表达而已。

美国版权局颁布的《含人工智能生成内容的作品登记指南》对此也作出了非常清楚的阐释。其指出："如果一个用户指示一种文本生成技术'以莎士比亚的风格写一首有关版权法的诗'，他可以期待该系统会生成

---

①　The Review Board of the United States Copyright Office, *Re: Second Request for Reconsideration for Refusal to Register A Recent Entrance to Paradise* (Correspondence ID 1 - 3ZPC6C3; SR # 1 - 7100387071), pp. 6 - 7.

被认为属于诗的文本，其中提及了版权，并模仿了莎士比亚的风格。然而，是该技术决定了韵脚、每一行的文字，以及文本的结构……当人工智能技术决定了其输出结果中的表达性要素时，由此生成的内容并不是人类创作的结果。"① 用其中的例子解释"直接产生文学、艺术和科学作品的智力活动"的含义是恰如其分的。人可以给人工智能下指令，即要求写一首有关版权法的诗，还必须体现莎士比亚的风格。但如果人工智能生成了符合要求的诗，诗的文字组合、遣词造句，包括韵脚，都不是这个发出指令的人所直接决定的，所以不能说是这个人以人工智能为工具创作了这首诗。

美国版权局还处理过另外一起以漫画书为对象的作品登记申请。申请者卡什塔诺娃就一本名为《黎明的扎里亚》的漫画书申请美国版权局进行登记。该漫画书的内容既有漫画也有文字，文字可能是对话，也可能是漫画主角的所思所想，也可能是对场景的描述。

美国版权局最初对漫画书进行了作品登记并颁发了登记证书，但是后来美国版权局发现其中的漫画是由人工智能绘画程序 Midjourney 生成的。美国版权局认为 Midjourney 生成的绘画并不是人创作的，其发现用户只要向 Midjourney 发出一个指令——如"cute baby dinosaur shakespeare writing play"（恐龙宝宝莎士比亚写戏剧），Midjourney 就会自动返回四幅画。如作为对上述指令的回应，返回的四幅画都是一个可爱的小恐龙宝宝在像模像样地写东西，这个用户就可以从四幅画中挑一幅。如果对四幅画都不满意，用户还可以继续发出指令，Midjourney 又会返回四幅画以供选择。

在这种情况下，美国版权局认定：卡什塔诺娃创作了文字，而且对人工智能生成的绘画进行了选择、协调和编排，也就是说，其创作了汇

---

① Copyright Office, *Copyright Registration Guidance: Works Containing Material Generated by Artificial Intelligence*, 88 FR 16190-01, 16191, 16192.

编作品。但是对绘画本身，卡什塔诺娃不享有任何权利，因为这不是她创作的，而是人工智能生成的。因此，美国版权局决定撤销原登记证书，新颁发一个范围更小的登记证书，只针对文字作品和对文字与漫画的独创性选择与编排形成的汇编作品，但是排除了绘画。[1] 卡什塔诺娃认为美国版权局的决定是错误的，理由正是"人工智能只是创作工具"，她应当被认定为作者。

美国版权局对此并不认同。美国版权局指出，虽然卡什塔诺娃不断地向 Midjourney 发出指令，可以影响图形，因为指令不一样，人工智能自动生成的图形也不一样，但是这个过程是不受卡什塔诺娃控制的，因为她不可能预测人工智能将根据她的指令生成什么内容。卡什塔诺娃还强调其在图片生成的过程中付出了大量的劳动，因为她通过试错法来获得理想的图片。也就是说，当 Midjourney 回应其发出的第一个指令返回的四幅画都不令人满意时，她就会发出第二个指令，如果对返回的四幅画还不满意，又会发出第三次指令，然后以此反复进行这种试错工作。美国版权局认为：向人工智能发出文字指令的人，并没有实际形成最终的图片。转换成我国《著作权法实施条例》的用语，就是向人工智能发出指令，并不属于"直接产生美术作品的智力活动"。因为指挥人工智能生成图片的指令与实际生成的图片距离过于遥远，用户不可能通过指令而对图片的内容进行充分控制。[2]

卡什塔诺娃还主张，Midjourney 生成的图片体现了人类发出的创造性指令。指令本身是否因具有创造性而构成作品的问题后文会有讨论，但仅发出无法决定绘画基本表达要素的指令，并不足以构成著作权法意义上的"创作"。这正如西斯廷大教堂中的《创世纪》是文艺复兴时期艺术大师米开朗琪罗所画，而米开朗琪罗是受教会聘用而创作。教会作

---

① Copyright Office, *Re: Zarya of the Dawn* (Registration # VAu001480196), p. 2.

② Copyright Office, *Re: Zarya of the Dawn* (Registration # VAu001480196), pp. 8 - 9.

为出资方，必然会给米开朗琪罗下达一系列指令，提出一系列要求，米开朗琪罗耗费数年时间创作的《创世纪》估计也达到了教会的预期。试问：美术作品《创世纪》的作者是谁？是米开朗琪罗还是教会？答案不言而喻。实现同一批指令和要求的方式多种多样。如果有 10 名与米开朗琪罗水平相当的画家接受同样的指令绘制《创世纪》，每一个人独立创作的《创世纪》当然千差万别，在构图上必然存在极大差异。这说明教会向米开朗琪罗发出的指令和提出的要求，并不能真正决定构成美术作品的线条、色彩和造型，不属于著作权法意义上的"创作"。

　　实际上，人工智能成为法学界热烈讨论的话题，是从人工智能围棋程序 AlphaGo 击败世界冠军李世石开始的。试问：在这次比赛中谁在和李世石对弈且战胜了他？是开发 AlphaGo 的人工智能科学家，还是 AlphaGo？显然，是 AlphaGo 根据人工智能科学家设计的算法自主地计算和决定每一步的下法，并击败了李世石。并不是人工智能科学家如画家用 Photoshop 作为工具作画那样，以 AlphaGo 为工具击败了李世石。如果认为是设计了 AlphaGo 的计算机科学家击败了李世石，则假设开发 AlphaGo 的计算机科学家和 AlphaGo 下盘围棋，那是什么结果？开发 AlphaGo 的计算机科学家中围棋水平最高的也只有业余段位，而且他们从未和 AlphaGo 下过一盘棋，因为自知不是对手。所以如果真有这么一盘对弈，即开发 AlphaGo 的计算机科学家和 AlphaGo 下棋，则结果毫无悬念，AlphaGo 当然会赢，试问：到底是谁在和计算机科学家下围棋且击败了计算机科学家？如果认为 AlphaGo 是计算机科学家下围棋的工具，难道说是计算机科学家在和计算机科学家下围棋且战胜了计算机科学家？！这当然是荒谬的。显然，计算机科学家开发的是人工智能围棋程序，是人工智能围棋程序击败了李世石。人工智能围棋程序并不是计算机科学家下围棋的工具。由研究者或设计者向人工智能发出指令与此同理，不能将人工智能当成人创作作品的工具。

四、区分人工智能生成的内容和对内容的汇编或修改

前文提及，将人工智能生成的内容当成作品来保护不符合著作权法的根本立法目的和精神。然而这并不意味着以人工智能生成内容为基础从事创作，包括汇编或演绎，不能产生符合著作权法要求的作品。

假如有人利用人工智能生成了许多内容，然后选择将其认为的精品选出来，以某种方式组合到了一起，只要选择或编排体现了独创性，就能形成受著作权法保护的汇编作品。前文提及，对于以人工智能生成的漫画为基础的漫画书，美国版权局一方面认为每一幅画都是人工智能生成的，不是人创作的，所以不能进行作品登记；另一方面又认为申请人卡什塔诺娃从人工智能生成的众多绘画中进行选择，而且在漫画书中按照一定的逻辑进行了编排，与她独创的文字进行了组合，则这本漫画书的整体可以构成汇编作品。

需要指出的是，对于汇编作品，保护范围是经过独创性选择或编排之后形成的整体，而不能及于每一个被选择或者编排的素材，因此以人工智能生成的内容为基础进行有独创性的选择或编排，当然可以形成汇编作品，只是保护范围不及于人工智能生成的单篇内容。例如，华东政法大学的核心期刊《法学》的每一期都是汇编作品。《法学》每一期可能最多登 10 篇论文，但是来稿可能多达 100 篇，不同的编辑要从 100 篇中选 10 篇，通常会有不同的结果，这体现了选择方面的独创性，因此每一期由 10 篇论文构成的《法学》整体是汇编作品。如果有一家网站未经许可，把这一整期的文章都传到网上，将同时侵害《法学》编辑部对汇编作品的著作权和每篇文章的作者的著作权。然而如果有人未经许可只从这一期中抽了一篇论文传到网上，这种行为并不侵害《法学》编辑部对汇编作品的著作权，只侵害作者对这篇文章的著作权。因此，对于美国版权局以汇编作品登记的那本漫画书，他人未经许可从其中提取单幅绘图，并不构成侵权，只有提取了相当数量的经汇编的漫画，或者利用漫画书整体，才可能侵害汇编作品的权利。

同样道理，以人工智能生成的内容为基础进行再创作，只要结果达到独创性要求，也能形成新的作品。如果有人以 Midjourney 生成的绘画为基础，进行了大幅度修改，并产生了一幅与原绘画有明显差异的新绘画，则新绘画当然能构成演绎作品。在前文提及的漫画书作品登记过程中，申请人卡什塔诺娃认为：美国版权局有关漫画书中的漫画不能作为作品登记的决定是错误的，理由是她不是直接把 Midjourney 生成的绘画搬到了漫画书，而是用 Photoshop 进行了修图（图 1 左边是由 Midjourney 生成的绘画，图 1 右边是卡什塔诺娃用 Photoshop 处理过的绘画）。

图 1　Midjourney 生成的绘画和 Photoshop 处理过的绘画

卡什塔诺娃主张修过的图与原图不同。然而，要构成演绎作品，修改后形成的新图就必须与原图之间存在可明显识别的差异，因为只有差异部分才是源于在后之人的。如果差异过小，其整体就会被认为是原图的非精确复制件而已。事实上，哪怕是对独创性要求相对大陆法系国家较低的美国，对演绎作品的独创性也设定了较高的门槛。美国著名法官波斯纳就曾认定根据电影《绿野仙踪》的画面所作的绘画不构成作品，波斯纳指出："永远记住版权法中'独创性'这个术语的作用不是去引导艺术判断，而是确保原作品与演绎作品之间存在足够大的差异，以避免使后续描述原作品的艺术家陷入版权问题的泥沼中……独创性的要求对于演绎作品具有特别重要的意义，如果（对独创性）作出过于宽松的解释，将事与愿违地阻碍，而非促进演绎作品的创作，因为这会给予先来者以干涉后来者根据原作品创作演绎作品的权利。"①

在经典案例"山姆大叔雕像案"中，图2左边的雕像作品保护期已届满，然而有人申请对图2右边的雕像进行作品登记。美国版权局认为它只是前一尊雕像的复制件，不是新作品，因此拒绝登记。申请人认为两个雕像之间存在差异，如雨伞的角度、裤子的条纹、衣服上的扣子、手的高度和脸上的眉毛等，后一尊雕像足以构成演绎作品，因此以美国版权局为被告向法院提起诉讼。

图 2　雕像图

法院认为所谓的"新作品"只不过是原雕像的复制件。法院指出："原艺术作品和要求保护模仿品之间如果不存在真实的差异，宪法促进艺术进步的公共利益的要求就很难被满足。给予这种细微改变以版权保护会将骚扰他人的武器交到那些存心窃取和垄断公有领域作品的恶意抄

———————————

① Gracen v. Bradford Exchange, 698 F. 2d 300, 305 (1983).

袭者手中。"① 这句话特别适合人工智能时代对演绎作品的要求。回到前文提及的漫画书的作品登记，假设美国版权局认为卡什塔诺娃用 Photoshop 修过的图是不同于 Midjourney 生成绘画的新作品，但其他人并不知道美国版权局认定修图结果为作品，其他人会认为那是 Midjourney 生成的，于是放心地去使用，结果被诉侵权并败诉。这就是"将骚扰他人的武器交到那些存心窃取和垄断公有领域作品的恶意抄袭者手中"，这对社会公众是不公平的。这就是为什么无论是美国版权局还是法院，对演绎作品都要求有较高的独创性程度。

对于卡什塔诺娃用 Photoshop 修过的图而言，美国版权局认为与原图的差异太过细微。如果这个差异细微到连美国版权局的审查员都没看出来，显然是可以忽略不计的，因此不能认为卡什塔诺娃以人工智能生成的内容为基础创作出了新作品。

由此可见，以人工智能生成的内容为基础进行再创作可以形成新作品，但前提是新内容与原内容之间的差异足够大，否则新内容还将被认为是人工智能生成的内容的复制件，仍然不能作为新作品受保护。

五、区分应然状态和实然状态

人工智能生成的内容并不是人的创作成果，不能作为作品受著作权法保护。这是法律上的应然状态。这一结论的得出，是以知道相关内容由人工智能生成为前提的。然而现实中情况有时并不如此简单，因为对得出应然状态下结论所需要的事实前提可能并不如此清晰明了。

假如那名拿着人工智能生成的绘画《通往天堂之近路》到美国版权局申请登记的美国人泰勒，并没有披露该绘画是他发明的人工智能生成的，而是声称由他本人所画，美国版权局当然不会在毫无理由的情况下怀疑这幅画是人工智能生成的，应当会将其登记为泰勒名下的作品。

人工智能生成内容不应该作为作品受保护，这是应然状态。但是从

---

① L. Batlin & Son, Inc., Appellee, v. Jeffrey Snyder, 536 F. 2d 486, 492 (9th. 1976).

实然状态看，只要不披露相关事实，而是谎称形式上与人类作品无异的内容是由人创作的，则实然状态下该内容可能作为作品受到著作权法的保护。这也是我国《著作权法》所作的规定。《著作权法》和最高人民法院的司法解释规定了三个以署名为基础的推定①，即在相关的内容形式上是作品且有署名的情况下，进行"作者身份推定"、"权利存在推定"和"权利归属推定"。换言之，只要能够认定相关姓名或名称属于《著作权法》意义上的署名，且相关客体在形式上为《著作权法》意义上的作品，则以该署名推定署名者是作者、相关作品上存在著作权以及该权利归属于该作者。当然，"推定"是在没有更强的相反证据的情况下，在法律上所进行的假设。更强的相反证据可以推翻"推定"。

　　试举一例说明，假设甲抄袭了乙的小说并向出版社投稿，出版社并不知道甲送来的小说是抄袭乙的，于是出版了这部小说，封面上有甲的署名。有一文学网站擅自提供这本小说的电子版的下载服务。现甲以作者和著作权人的身份起诉该网站侵权，试问：此时法院能否要求甲提供证据（如原始稿件）证明自己是作者并享有著作权？回答是否定的，因为这部小说（文字作品）在出版时有甲的署名，在被诉网站没有相反证据的情况下，就必须适用这三个署名推定。换言之，无须甲另行提供任何其他证据，法院就应当推定甲为该小说的作者且是其著作权人，并据此判决该网站侵害了甲的著作权并向甲承担赔偿责任。当然，该网站根据判决书向甲进行赔偿后，如发现甲的小说抄袭乙，可以以该新证据请求法院再审。该新证据将推翻此前的署名推定，甲也会因恶意给该网站造成损失，而向该网站承担赔偿责任。

---

　　① 《著作权法》第12条第1款规定："在作品上署名的自然人、法人或者非法人组织为作者，且该作品上存在相应权利，但有相反证明的除外。"最高人民法院《关于加强著作权和与著作权有关的权利保护的意见》第3条规定："在作品、表演、录音制品上以通常方式署名的自然人、法人和非法人组织，应当推定为该作品、表演、录音制品的著作权人或者与著作权有关的权利的权利人，但有相反证据足以推翻的除外。……"

　　上文曾提及美国版权局对漫画书的登记。最初美国版权局对漫画书进行了登记，并没有剔除其中的漫画。但是后来美国版权局发现其中的画作是由人工智能生成的，于是决定撤销原登记证书，重新颁发一个范围较小的登记证书，仅及于其中的文字作品和由选择、编排形成的汇编作品。问题是美国版权局如何发现其中的绘画是由人工智能生成的呢。美国版权局在其决定中记载："在申请中，卡什塔诺娃将自己列为作者，并称自己创作了'漫画书'。该申请并未披露她使用了人工智能生成内容……在作品登记后不久，本局发现卡什塔诺娃在社交媒体上称其使用Midjorney 生成了漫画书。"由此可见，是申请人卡什塔诺娃在获得了对漫画书的作品登记之后，自行在社交媒体上披露了其中的漫画由人工智能生成的事实。这就意味着她以自己的言论，推翻了因其在漫画书上的署名而产生的由其创作了其中漫画的推定。美国版权局强调："（卡什塔诺娃的）申请并没有披露她使用了人工智能生成内容……本局的结论是原登记证书是根据不准确的和不完整的信息发出的。如果本局当时就知道卡什塔诺娃现在提供的信息，就会将登记范围缩小，排除由人工智能技术生成的内容。"显然，美国版权局当时是不可能知道漫画是由人工智能生成的，因此最初的作品登记并不属于法律意义的错误，而是"推定"的法律规则使然。但当"推定"被更强的相反证据推翻后，原先依推定的事实所颁发的作品登记证书当然也应当被撤销。

　　曾有人担心上述实然状态与应然状态的差异会在人工智能时代导致混乱。如一幅画事实上是甲用人工智能生成的，但甲没有披露这个事实，而是在该幅画上以作者的身份署名。此时应适用署名推定，推定甲为作者且享有对该幅画的著作权。乙在网上搜索到了这幅画作，未经甲的许可利用了该幅画作，被甲起诉侵权，乙虽然怀疑该幅画并非由甲创作，而是由人工智能生成，但无法举证证明。法院此时会适用署名推定，判决乙败诉并向甲赔偿。这似乎会导致混乱。然而，可以合理推断的是，既然人工智能生成的画作在形式上已经接近人类的画作，必然在多数情况下能够满足使用者的需求。上述假想例中的败诉方乙当然也会接受教训，下次再要利用类似画作，就不会去网上搜索下载了，而是也向人工智能发出指令生成画作并利用，这样就可以避免被类似于甲这样的人工智能使用者起诉侵权。因此，即使在人工智能时代的初期会产生"混乱"，随着人工智能使用的普及，"混乱"会逐渐减少。

六、向人工智能发出的指令通常不构成作品

人工智能生成的内容虽然并不构成受著作权法保护的作品，但人工智能毕竟需要根据人发出的指令生成内容。有创意的指令会使人工智能生成有创意的内容。前文提及，美国版权局在考虑对漫画书的作品登记是否恰当时，曾举了一个例子，即向人工智能绘画程序 Midjourney 发出了指令——"cute baby dinosaur shakespeare writing play（恐龙宝宝莎士比亚写戏剧）"，Midjourney 返回的四幅画都是一个可爱的小恐龙宝宝在像模像样地写东西。美国版权局虽然强调指令本身不可能决定绘画的表达性要素，因此不能认为是人工智能的使用者通过发出指令而"创作"作品，但也承认指令影响了人工智能生成的内容。显然，用于指挥人工智能生成内容的指令是有价值的，也完全可能源于指令发出者的创意。这就是为什么有些善于编指令的用户在网络中出售"指令集"，也有不少人购买。那么，指令本身能否构成受著作权法保护的作品呢？

笔者认为，通常情况下指令不能作为作品受到著作权法的保护。理由在于：首先，用户向人工智能发出的指令一般都很简短，其文字组合通常源于公有领域，缺乏独创性。如"画一幅小鸡吃米图"或者"请问人工智能技术对著作权保护会带来什么影响？"，其中的用语之前肯定出现过且也被公众知晓，难有"独创"可言。

其次，如果较短的指令也能反映发出指令者独特的思想，但由于该独特的思想所对应的简短的表达是有限的，就会发生"思想与表达的混同"。著作权法不保护思想，只保护对思想的具体表达，但如果与一种思想对应的表达是有限的，则对有限表达的保护实际上也会导致保护了

背后的思想。此时为了防止对思想的垄断，就将该有限表达视为思想本身，或者认为其与思想"混同"而无法分离，也将其排除出保护范围。例如上文提及，美国版权局在考察人工智能绘画程序 Midjourney 生成内容的过程时，曾输入了一个指令"cute baby dinosaur shakespeare writing play（恐龙宝宝莎士比亚写戏剧）"，也许之前从未出现过这样的文字组合，但简短的表达与其思想创意，即要求画一只恐龙宝宝长相的莎士比亚，发生了"混同"，因此其并不能作为作品受到保护。

最后，过于简短的表达难以完整地反映作者独特的思想感情、展示文艺美感或传递一定量的信息，难以受到著作权法的保护。例如，中央电视台在推出广受欢迎的纪录片《舌尖上的中国》之前，就有人基于巧合，出版过同名美食书籍。其起诉中央电视台未经许可使用"舌尖上的中国"侵犯其著作权。法院认定：书名《舌尖上的中国》系两个通用名词的简单组合，且该书名仅有 6 个字，缺乏相应的长度和必要的深度，无法充分地表达和反映作者的思想感情或研究成果，无法体现作者对此所付出的智力创作，故该书名本身不包含任何思想，不符合作品独创性的要求，并不是作者思想的独特表达，不是我国《著作权法》所保护的作品。[①]

需要特别指出的是，著作权法上判断一段文字是否能构成文字作品，和这段文字作品用在何处并无关系。这与商标法对注册商标的保护不同。商标在申请注册的时候必须要指明希望在哪一或哪些类别的商品或者服务上获得注册。在获得注册后，商标权人也只能在相同或与之类似的商品或服务上禁止他人使用相同或近似的商标。假设申请注册的时候指定了服装类商品，获得注册之后他人未经许可在计算机商品上用了相同的商标，则除非在服装上注册的商标经过长期使用之后成为驰名商标，否则在服装上注册商标，并不能阻止他人在计算机上使用相同商

---

① 北京市东城区人民法院（2012）东民初字第 9636 号民事判决书。

标。著作权保护与之不同，著作权法对作品的认定和保护与该作品被用到了哪个领域并无关系。尽管需要讨论的是"向人工智能发出的指令是否构成作品"，但关键在于构成指令的文字组合是否达到了著作权法对文字作品的要求。至于该文字组合是否作为向人工智能发出的指令使用，并不是应当考虑的因素。显然，构成大多数指令的文字组合并无独创性，难以构成作品。

对此，当然也可能存在一些例外情形。假设唐代诗人杜牧活在今天，他在写完诗作《清明》之后，将诗的内容（"清明时节雨纷纷，路上行人欲断魂。借问酒家何处有？牧童遥指杏花村"）作为指令输入了人工智能绘画程序 Midjourney，使 Midjourney 生成了一幅与诗歌相对应的画。如上文所述，这幅画不能被认为是受著作权法保护的作品。然而杜牧发出的指令是作品吗？回答是肯定的。也如前文所述，判断构成指令的文字组合是否属于作品，无须考虑其是否作为向人工智能输入的指令使用，只需考虑该文字组合本身的独创性。如果孤立存在的这段文字因符合独创性的要求，能够作为文字作品受到保护，即使它被用作输入人工智能的指令，也仍然是作品。反之，如果该文字组合因不符合独创性的要求而不属于受著作权法保护的作品，也不会因为它作为指令使用，且使人工智能生成了与人类作品无法区分的内容，就将该文字组合作为作品提供著作权保护。杜牧的诗作《清明》在文字组合上当然达到了独创性的要求，因此属于受著作权法保护的文字作品。这与杜牧是否是为了向人工智能发出指令而创作该诗歌毫无关系。当然，这样的例子恐怕是较为罕见的，并不是向人工智能输入指令的常态。

七、人工智能生成内容与著作权侵权

与生成式人工智能有关的著作权侵权问题大致可以分为两类。第一类是人工智能生成的内容因与他人受著作权法保护的作品实质性相似，从而可能产生侵权问题。第二类是为训练人工智能，往往需要向人工智能"投喂"海量受著作权法保护的作品，这又可能产生是否侵权的疑问。这两类问题虽然存在联系，但它们是不同的问题，需要作出各自独立的判断。

（一）人工智能生成的内容的侵权问题

假设人工智能在生成内容时，对他人受著作权法保护的作品改头换面进行了抄袭，保留了他人作品的基本表达（如对他人的小说进行同义词替换而生成的小说），那么该人工智能生成的内容是否侵权，利用该内容的人是否应承担侵权责任呢？

根据著作权法的规定和原理，该问题并不复杂。人工智能不会凭空生成内容，其一定是以向其"投喂"的素材为基础，根据其算法和模型生成内容的，因此在著作权法认定侵权作品的"接触－实质性相似"公式中，"接触"的要件已然满足。如果人工智能生成的内容又与他人受著作权法保护的在先作品（该作品也被"投喂"给了该人工智能）在表达上实质性相似，则该内容当然会被认定为侵权内容，利用者也会因此承担侵权责任。笔者曾向 ChatGPT 提问："如果 ChatGPT 抄袭他人作品，谁承担侵权责任？"ChatGPT 的回答是："如果 ChatGPT 生成的内容侵犯了他人的著作权，由谁来承担侵权责任？这涉及不同的法律问题：首先，ChatGPT 是由 OpenAI 公司开发的一款人工智能算法，它本身并不具备法律主体的资格，因此在著作权法上 ChatGPT 本身并不承担著作权侵权责任。其次，如果 ChatGPT 生成的内容涉嫌抄袭他人作品，实际上涉及的是谁使用 ChatGPT 生成内容的问题，如果是 OpenAI 公司，也就是开发者使用 ChatGPT 生成内容，那么 OpenAI 公司可能需要承担侵权责任，如果是第三方使用 ChatGPT 生成内容，那么侵权责任可能由使用方承担。"这一回答符合著作权法的规定。

然而，对上述结论存在一种质疑。有观点认为，前文提出人工智能生成的内容并不是受著作权法保护的作品，研发者也没有以人工智能为工具创作出作品，因此研发者不可能对人工智能生成的内容享有著作权；但人工智能生成的内容一旦与他人受著作权法保护的在先作品实质性相似，研发者利用该内容将导致侵权责任，这一结论是前后矛盾的，既然人工智能没有生成作品，怎么可能侵权呢？同时，这对于研发者而言也是也显失公平的，因为它意味着研发者对人工智能生成的内容没有任何权利，却要在该内容侵权时承担责任。

上述质疑并不能成立。使用一种内容是否侵权，与该内容是否为使用者的作品并没有关系。假设甲抄袭了乙创作的小说，该小说当然是乙的作品，不是甲的作品，因为该小说并不是甲独创的。然而未经乙许可在网络中传播该小说，当然会侵害乙的著作权。

与此同时，人工智能的研发者不能对人工智能生成的内容享有著作权，与该研发者对其利用人工智能生成的内容承担侵权责任并不矛盾。试举一例：自动钢琴能够根据输入的曲谱自动弹奏，而不需要钢琴师的操作。自动钢琴的研发者将其放置在餐厅中，自动为客人弹奏钢琴曲。试问：自动钢琴的研发者是否对其输入自动钢琴的曲谱享有著作权？是否应为其利用自动钢琴演奏曲谱的行为承担侵权责任？显然自动钢琴的研发者对非其独创的曲谱不享有著作权。自动钢琴在餐厅演奏钢琴曲属于机械表演，受音乐作品著作权人表演权的规制，如未经许可实施该机械表演，应承担侵害表演权的责任。

由此可见，人工智能生成内容的侵权问题并不复杂。或者说，对这一问题的回答与相关内容是否为人工智能生成并无关系。只要该内容与受著作权法保护的在先作品实质性相似且不可能是基于巧合而产生了相似，则以受著作权法中专有权利规制的方式，如复制、发行和交互式网络传播等方式利用该内容，当然会侵害在先作品的著作权。

当然，随着人工智能技术的发展，其生成的内容应与他人在先作品实质性相似而侵权的可能性会越来越低。人工智能既然可以根据算法和数据模型生成与人类创作的作品高度近似的内容，当然也可以根据改进后的算法和模型使其生成的内容尽量避免与他人在先作品的实质性相似。换言之，人工智能的研发者可以让人工智能只学习人类作品中的思想及风格，而避免直接利用受保护的表达。人工智能最后实现的效果，就是在风格上取百家之长或者选择特定类型的风格，但生成在表达上与任何在先作品都不构成实质相似的内容。这一点在技术上是可以实现的。

（二）训练人工智能生成的著作权侵权问题

与生成式人工智能有关的第二个著作权侵权问题，源于为训练人工智能需要"投喂"海量作品。如果人工智能无法学习海量的现有作品，其数据模型就无法完善，也就无法生成在形式上高度接近人类创作成果的内容。而"投喂"海量作品必然涉及对作品的大量复制，而且不属于"为个人学习、研究或欣赏"而复制作品。上文提及，随着人工智能技术的进步，人工智能完全可以只学习人类作品中的思想与风格，但不会生成与已有作品在表达上实质性相似的内容。与之形成对比的是，为训练人工智能而对海量作品的复制是不可能随着技术的进步而得到解决的。那么，对此类复制在著作权法中如何定性？是认为必须经过在先作品著作权人的许可，否则认定构成对复制权的侵害，还是认为该行为属于合理使用？目前，这是欧美国家激烈争议的问题，也是笔者认为的生成式人工智能带来的真正著作权问题。

对此首先需要强调的是，这里讨论的问题，是在训练人工智能过程中，将已有作品作为训练的素材输入人工智能是否构成侵权。这一问题与人工智能生成的内容因与他人在先作品实质性相似而导致的侵权问题是不同的。换言之，讨论的前提是在训练人工智能时虽然大量输入了他人作品，但人工智能生成的内容与他人作品并不构成实质性相似。

在此前提之下，笔者认为对此问题的讨论需要以我国的国情为基础。如果欧美国家的立法或司法判例确认，为训练人工智能而向其输入作品需要经过权利人的许可和支付许可费，这一要求在欧美国家是可以实现的，并不是一个巨大的法律障碍，因为欧盟国家的集体管理制度比较发达，每一个领域如文字作品、音乐作品等都有比较成熟的集体管理机制，而且大量本领域的作者都已经加入了相关的集体管理组织，当人工智能的研发者需要利用某一领域的作品训练人工智能时，完全可以从集体管理组织获得许可。美国的集体管理机制不如欧盟国家发达，只限于音乐作品，但是美国传统上有比较成熟的集体谈判机制。比如，美国作家公会就代表编剧与好莱坞谈判，协商编剧的报酬和分成，相当于发挥了集体管理的作用。但我国的国情是集体管理制度起步较晚，远未达到成熟的程度，有大量相关领域作品的作者和其他权利人都没有加入集体管理组织，导致集体管理组织的代表性并不够强。至于美国式的集体谈判机制，在我国也并不存在。如果我国把训练人工智能时对海量作品的复制认定为需要经许可才能实施的行为，否则构成侵权，试问人工智能的研发者如何才能获取海量作品的许可呢？在无法获得许可的情况下，为了避免侵权，恐怕只能停止对海量作品的利用，只能使用数量极其有限的、经过许可的作品，这会导致我国生成式人工智能技术的发展受到严重阻碍。

　　笔者认为，基于我国国情和人工智能技术发展的态势，至少在现阶段，为了训练人工智能而向其输入作品应被认定为合理使用。对此最好有相应的立法予以明确。当然，训练完成之后，如果人工智能生成的内容与他人在先作品实质性相似，如上文所述，对该内容的利用，如网络传播，仍然构成侵权行为。

思想抑或表达？

——AI 辅助绘画对"思想—表达二分法"的挑战*

张　今　冯可欧**

一、问题的提出

让我们一起穿越回古代。在照相机出现之前，人们要定格某个画面，就必须委托画家绘制。例如，由小汉斯·霍尔拜因（Hans Holbein the Younger，1497—1543 年）完成的《亨利八世》被认为是历代英王肖像中最为杰出的代表作（见图 1）。当时亨利八世作为委托人，能向画家传达的旨意，料想不过是"华丽""威严"等寥寥数语，甚至连要求的表述都可省略，全凭画家做主。又如，《荡秋千》是让-奥诺雷·弗拉戈纳尔（Jean-Honoré Fragonard，1732—1806 年）最享有盛名的作品，被认为是洛可可时代的杰作（见图 2）。据说，委托人对该画的主题

图 1　《亨利八世》　　　　　图 2　《荡秋千》

* 本文为国家社会科学基金重点项目"作品类型扩张下独创性理论建构与适用研究"（项目编号：19AFX017）的阶段性研究成果。

** 张今，中国政法大学教授；冯可欧，法学博士、百色学院法学教师。

是有明确要求的，比如人物、视角等，但如何将委托人的要求与艺术之美恰当地、巧妙地结合起来，就全靠画家的造诣了。① 对比《亨利八世》和《荡秋千》，不难看出委托人在绘画过程中的介入在升级。不过，由于最终输出表达的是作为被委托人的画家，即便画作有版权，委托人也无权主张。

镜头转换到现代。突然之间，我们有了一种叫作AI绘画软件的神奇宝贝。不光是肖像或风景，但凡我们能用语言描述的场景，AI绘画软件都可以瞬间生成图片。

那么问题就来了：AI绘画软件辅助生成的图片是否具有可版权性？如果有，用户是否享有版权？这两个问题看似独立，其实高度相关。关于第一个问题，需要考虑四个条件，即图片要构成作品，须为人类的智力成果，须是可被客观感知的外在表达，须是文学、艺术或科学领域内的成果，还须具有独创性。暂不考虑AI绘画软件的研发和训练，如下所述，AI绘画辅助绘画过程一般是包含用户智力贡献的；同时，AI绘画软件辅助生成的图片可被视觉感知，属于艺术领域内的成果。至于独创性，版权法的门槛并不高，因此也容易满足。关键在于智力成果和独创性，严格来说，都是针对作品的表达而言的。对这一点的不同理解，在很大程度上导致对第二个问题的不同回答。有观点认为用户应当享有版权；也有观点认为用户不应享有版权，因为本无版权的存在，或者版权属于AI绘画软件开发者，甚或属于AI绘画软件。不过，对这个问题的全面阐述已超出本文篇幅所限。

本文所关心的是，用户在绘画过程中的介入与古代委托人的介入并无本质区别，要求描述得再详细，最终输出表达的是AI绘画软件而非用户，即便他人无权主张，也不代表着用户当然有权主张，为什么支持用户享有版权的呼声这么高？为此，我们有必要了解AI辅助绘画实例。

---

① 杨琪. 一本书读懂西方美术史. 北京：中华书局，2016：252.

二、AI 辅助绘画实例

目前有多种 AI 绘画软件，Midjourney（简称"MJ"）是其中使用较为广泛的一种。MJ 的指令语言相对于编程的高级语言更接近于日常使用用的自然语言。以下试举一例说明 MJ 的操作流程。

首先，用户需要在对话框中输入指令（见图 3）。高级指令的典型格式是"/imagine prompt 一幅或多幅图像的 URL + 一个或多个描述短语 + 一个或多个后缀参数"①。当然，用户可以根据具体需求增加或删减信息。作为示例，我们输入"rabbit with sunglasses and jacket，riding a motorcycle，no background—ar 3∶4（兔子戴着太阳镜，穿着夹克，骑着摩托车，没有背景—宽高比例 3∶4）"。事实上，MJ 也支持更接近自然语言的成段的、完整的指令的"非典型"格式。例如，我们可以输入"a picture in the style of realistic fantasy artwork，with grey and brown colours，in which a huge rabbit，wearing sunglasses and leather jacket，is cheerfully riding his motorcycle（这是一幅以灰色和棕色为基调的现实主义奇幻艺术风格的画，画中一只戴着太阳镜、穿着皮夹克的大兔子正兴高采烈地骑着摩托车）"，MJ 将生成类似图片。不过，由于典型格式相对规范、高效，随着 AI 绘画软件的普及，预期使用典型格式的用户会更多，因此下文若无特殊说明，指令格式默认为典型格式。

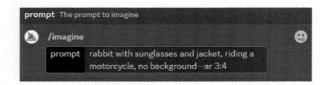

图 3　指令

其次，MJ 会生成若干符合指令描述的图片供用户选择和进一步编

---

① 张贤，钟洋，马兆国．（2023）AI 绘画时代：Midjourney 用户学习手册．北京：人民邮电出版社，2023：63.

辑（见图4）。作为示例，我们选择图4左上角的图片，并在弹窗中修订指令（见图5）。修订内容根据用户的需求和水平可以千差万别，比较专业的用户可能在主题（人物、动物、植物等）、外形、情绪、动作、场景、行业、材质、风格（水彩、漫画、印象派等）、光线、构图、视角、色彩、艺术家（达·芬奇、弗拉戈纳尔、凡·高等）等诸多方面进行修订。作为示例，我们补充"line draft style（线稿风格）""Very detailed（非常细致）""Miyazaki Hayao（宫崎骏）"等描述。之后，MJ 会在所选图片的基础上，根据修订后的指令再次生成若干图片供我们选择。这一步在理论上可以无限循环。

图4　生成图

图5　修订指令

最后，MJ 生成终稿供用户保存（见图6）。

综上可以看出，除非用户仅采用有限次数的初级指令，如"a rabbit（一只兔子）"，否则，用户在 AI 辅助绘画中的付出难谓可以忽略。这也

图 6　终稿图

是为什么支持用户享有版权的呼声这么高，并且很多 AI 绘画软件的服务条款事实上也承认用户对 AI 辅助绘画生成的图片"享有权利"的理由。

但是且慢，问题依然存在。即便我们理解了为什么支持用户就图片享有版权的呼声那么高，我们仍须回答：最终输出表达的是 AI 绘画软件而非用户，用户凭什么就图片主张版权？这涉及版权法中的"思想—表达二分法"。

三、"思想—表达二分法"

版权法只保护表达、不保护思想，这是版权法的基本原理。"思想—表达二分法"无法简单地追溯到某个确切的起源，现在我们所知道的是，以 19 世纪末到 20 世纪初，英国、美国、法国等国家的法学文献和法院判例对这一概念的明确化起到了关键作用。TRIPs 协定第 9 条第 2 款规定：版权保护应延及表达，而不延及思想、工艺、操作方法或数学概念之类。我国《著作权法》虽然对此没有作出明确规定，但法院在司法实践中普遍认同。

什么是思想？狭义的思想是指公众日常用语中所说的"思路、观念、理论、构思、创意、概念"等，广义的思想除此之外还包括"操作方法和技术方案"等。① 思想的界定看似简单，但实际情况通常要复

---

① 王迁. 著作权法. 北京：中国人民大学出版社，2015：40.

杂得多。① 况且，思想的边界在理论上还意味着与表达的分界线；亦即，思想和表达的关系类似于同一枚硬币的两面，把思想界定清楚，表达也就确定了。

版权法为什么不保护思想？一方面，这涉及思想的自由。如果思想受版权法的保护，这就意味着他人不得未经许可运用同一思想创作作品，甚至不能以自己的方式去表述和谈论同一思想。另一方面，这涉及版权法的立法宗旨。版权法赋予作者精神权利和财产权利的目的是鼓励创作，而完全不借助他人思想的创作几乎是不存在的。

然而，思想和表达并非总是泾渭分明。对于部分作品而言，与思想相对应的表达，不仅包括形式，还包括内容。常见的例子是小说或戏剧的"金字塔结构"。小说或戏剧，从具体的细节到作品的主题思想，构成一个由下至上的金字塔结构：越抽象，在金字塔结构中的位置越接近顶端，越有可能被认为是"思想"；越具体，在金字塔结构中的位置越接近底端，越有可能被认为是"表达"。这意味着，在金字塔的底层和顶端之间理论上会存在一个分界线，之上是不受保护的思想，之下是受保护的表达（见图 7）。② 问题在于，这条分界线的确切位置在哪里，还需要根据个案情形进行具体判断。

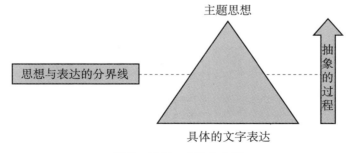

图 7　思想—表达金字塔

①　KIMANI, P. （2023）. *Interpreting the idea/expression dichotomy for enhanced creativity in the information age. intellectual property and technology law journal*, Vol. 27：2, pp. 108 – 113.

②　王迁. 著作权法. 北京：中国人民大学出版社，2015：47.

　　一般而言，我们如何确定分界线的位置？这几乎可以说是版权法中一个"一直在摸索，但未曾成功"的难题。就本文的话题而言，英国已故著名法官和学者休·拉迪（Hugh Laddie）的观点比较具有启示意义。休·拉迪认为，如果作者创造出的是一个被充分描述的结构（sufficiently elaborate structure），该结构即构成"表达"。什么是被充分描述的结构？想象一下，如果一名画家突发奇想，要画一只听留声机的小狗，他并不能就这个创意获得版权法的保护；但是，这名画家可以画出具有特定外观的留声机、具有特定背景的房间、具有特定摆设的家具，以及属于特定品种、具有特定姿势和表情的小狗，这些画面组合在一起就是对创意的表达，亦即受保护的作品。① 这一列举看似明白，但和小说或戏剧类似，在两个极端中间必定会存在难以判断的中间状态。事实上，由于适用起来过于"晦涩"，甚至有观点认为，"思想—表达二分法"长期以来处于"冬眠"状态。

　　"思想—表达二分法"天然地蕴含着"主体"的概念。能够获得版权的，是将思想表达出来的主体，而非单纯创造思想的主体。这两个主体有时合二为一，有时一分为二。无论何种情形，判断的终极标准，仍是是否将思想表达出来。

　　就本文的话题而言，适用"思想—表达二分法"的具体难点有二。其一，关于指令的可版权性。毕竟，直接源于用户之手的只有指令。作为中间产品的指令究竟是属于思想还是表达？指令是思想或表达不能一概而论。按照休·拉迪的判断标准，即便指令所采用的是仅由单词、短语、短句构成的典型格式，如果该指令是一个被充分描述的结构，该结构亦构成"表达"。至于何谓被充分描述的结构，这就又绕回上文所讨论的内容了。总之，判断不易，指令是思想还是表达，需要个案判断。其二，关于版权保护所延及的范围。如果指令属于思想，就意味着用户

---

① 王迁. 著作权法. 北京：中国人民大学出版社，2015：40，50.

本身并未输出表达，谈何版权保护？如果指令属于表达，应当给予版权保护的是指令，该版权保护是否延及、如何延及作为最终产品的图片？

四、可能的应对方案

关于 AI 辅助生成绘画的保护，目前有两种方案较受关注，二者对中间产品指令的处理不同。方案一是"显化"指令，在指令符合条件的前提下独立赋予其文字作品的保护，但该种保护不当然延及图片，图片的保护需另行判断；方案二是"淡化"指令，在图片符合条件的前提下直接赋予其美术作品的保护。

（一）文字作品

美国版权局目前有采纳方案一的动向。在 2023 年 6 月召开的网络研讨会中，美国版权局表示，法律并未禁止 AI 辅助创作的权利人将创作过程中的指令申请登记为文字作品；但是，将指令登记为文字作品，其保护并不当然延及基于该指令"经由某种 AI 科技"所可能生成的图像、艺术品、声音或其他作品。[①] 当然，申请人也可以考虑将图片申请登记为美术作品，但是，一方面，这和将指令申请登记为文字作品是两码事；另一方面，美国版权局只是说，可以登记且仅需在 AI 的使用超过"最低限度"的前提下简单披露，但没说登记即确权。[②] 那么，如果申请人仅选择将指令登记为文字作品，保护效果如何？

其一，文字作品保护可能与创作者的创作初衷相去甚远。相信 AI 绘画软件的绝大多数用户均无意利用 AI 绘画软件创作文字作品，否则，他们大可选择更为顺手的 AI 写作软件。这就类似于，一个人辛苦劳动多时，原本是要种个西瓜出来解渴，结果最后我们把西瓜拿走，剩些瓜子供其解馋，还非得说两者效果差不多。这就有点强词夺理了。

---

① U. S. Copyright Office, *Webinar*: *Registration Guidance for Works Containing AI-generated Content* (June 28, 2023), https://www. copyright. gov/events/ai-application-process/

② 张今，冯可欧. 有关"人工智能生成材料的版权登记"的进展与思考. 版权理论与实务，2023（10）：58-65.

其二，混同原则或场景原则可能使得文字作品保护失效。什么是混同原则？混同原则是指，如果一种思想实际上只有一和或者非常有限的表达，那么这些表达也被视为思想而不受保护。在上文提及的例子中，我们给出的指令是"/imagine line draft style，rabbit with sunglasses and jacket，riding a motorcycle，no background，very cetailed，Miyazaki Hayao——ar 3：4"。显然，对各项要求的表述，我们几乎已经做到极简。如果其他用户碰巧有类似的构思，表述出来的文字可能大同小异。禁止他们使用这些文字的组合，也就基本上剥夺了他们表现类似构思的权利。场景原则是与混同原则密切相关的一个原则。场景原则是指，在作品之中，如果根据历史事实或者人们的经验、观众的期待，在表达某一主题的时候必须描述某些场景，那么这些场景即使是由在先作品描述的，在后作品以自己的表述描写相同场景也不构成侵权。还是上文的例子，如果我们在指令中进一步加入了"海边""高速公路"等描述，根据场景原则，我们即便是第一个对"兔子在海边的高速公路上飞车疾驰"这一场景进行描述的人，也无权禁止他人再次描述这一场景，否则，我们对这个场景的表达即便不是"空前"的，也将是"绝后"的。

其三，文字作品保护可能使侵权证明变得极其困难。根据一般的侵权证明模式，第一步，原告需要证明，被告抄袭了原告的表达，第二步，原告还须证明，被告所抄袭的受保护的表达超出了最低限度的量。其中的第一步，由于抄袭的证据往往难以直接获得，法院一般允许原告通过"接触可能性＋实质性相似"来间接证明抄袭的存在。在互联网时代，对已发表作品的接触可能性极大，所以证明的重点实际上就落在了实质性相似上。那么，如果对 AI 辅助生成绘画的保护采纳的是保护指令而非图片的方案，原告需要如何证明侵权？

关于第一步，抄袭依然不好直接证明，那接触可能性呢？AI 辅助绘画中的指令一般仅限用户本身可见，因此也很难证明。实质性相似又如何？我们凭直觉可能认为不难证明，因为不过是指令与指令之间文字的对比。但问题在于，即便是完全相同的指令，由相同的用户先后输入，生成的图片也可能存在区别，更别说仅是实质性相似的指令由不同的用户先后输入了。易言之，实质性相似的指令不能保证生成实质性相似的图片。当然，被控侵权作品可能存在"双相似"的情形，即在指令与图片两方面，原、被告都实质性相似，这时候，图片的实质性相似可以作为指令实质性相似的补强证据。但是，即便如此，被告也可以主张，实质性相似的指令是由其独立创作完成的。理由很简单，指令不过寥寥数语的描述，有类似构思的人都不难想到类似的表述。第一步不易证明。

关于第二步，原告需要证明被告抄袭的是指令中受保护的表达成分，而非指令的思想或其他功能因素，并且抄袭的量超过了最低限度。如上所述，指令通常是由简单的单词或短语组合而成，而非段落式的完整表述。姑且不管是否超过了最低限度，按照一般的标准，指令中有关主题、外形、情绪、动作、场景、行业、材质、风格和艺术家等的描述，更接近于思想，而有关光线、构图、视角和色彩的描述，则更接近于功能，无论是思想还是功能，均应排除在受保护的范围之外。第二步也不易证明。

况且被告抄袭指令然后生成图片的担忧可能只是杞人忧天，因为被告完全可以不必如此冒险。在 MJ 及类似的 AI 绘画软件中通常都有一个"以图生文"的功能。看到喜欢的图片，上传分析生成文字，再修改文字，不难生成虽不尽相同但"神韵"可相媲美的图片。

综上，方案一的妙处在于将"思想—表达二分法"提出的两大难点分而治之。该方案的思路是，暂且不论图片，指令是否构成文字作品应依据文字作品的判断标准予以判断，至于是否延及图片，还需另行判断。但事实上，这一方案并未解决第二个难点，在实际应用中效果可能不甚理想。

（二）美术作品

在我国，2023 年北京某法院判决的"AI 生成图片著作权侵权第一案"在一定程度上体现了方案二的思维。在该案中，关于作品的类型，原告主张为"美术作品"或"符合作品特征的其他智力成果"，将作品类型的判断交由法院裁决。法院最终的认定是构成美术作品，理由是 AI 绘画软件仅仅是表达的工具，与之前出现的照相机和智能手机一样并无本质区别。法院写道，"在现阶段，生成式人工智能模型不具备自由意志，不是法律上的主体。因此，人们利用人工智能模型生成图片时，不存在两个主体之间确定谁为创作者的问题，本质上，仍然是人利用工具进行创作，即整个创作过程中进行智力投入的是人而非人工智能模型"。可见，法院目前采纳的方案是，直接将符合条件的图片认定为美术作品，同时对包括 AI 绘画软件在内的生成式人工智能未来拥有"自由意志"的可能性持观望态度。

从尊重创作意图的角度出发，赋予用户美术作品的保护似乎是更为合理的方案。但是，这一方案需要重点回答版权保护所延及范围的问题。要回答这一问题，方案二可能需要若干合理的解释。

可能的解释之一是，"思想—表达二分法"从未那么严格地适用过。某些类型的作品天然地表现出思想与表达合二为一的特质。例如，一座桥梁的设计可能更关注其功能而非艺术性的表达形式。又如，技术手册、使用手册等可能更关注信息的传递，而不太涉及独立的艺术性表达。再如，某些名家设计的水壶不仅具有实用性，可以用于烧水，而且在设计上融入了独特的艺术元素。当然，在 AI 创作软件出现之前，对"思想—表达二分法"提出最严峻挑战的作品类型非一般意义上的计算机程序莫属。在计算机程序中，思想和具体的表达形式之间的界限可能不那么明确。算法、数据结构和编码方式等元素常常是实现特定功能思想的具体表达，但这些元素也具有一定的抽象性。事实上，在计算机程序领域，区分不受保护的思想和受保护的表达方式的界线体现的是实用主义，亦即决定该界线的，并非"思想"的一些形而上学的属性，而是在"保护作者劳动"与"确保思想自由"之间寻求均衡的需求。[①] 以上种种，使得我们有理由认为，"思想—表达二分法"可以被理解为对极端情况的陈述，但其不需要、不应该、也从未曾对大多数不接近极端的情况起到决定性作用。在理解版权法保护表达而非思想的前提下，我们可以自由地对结合思想和表达元素的边缘作品类别给予保护。[②]

可能的解释之二是，AI绘画软件起到的仅仅是工具性的作用。使用AI绘画软件时，用户需要确定主题、外形、场景、构图、视角、色彩等要素并通过指令表述出来。用户对该等元素的确定类似于对参数的设置，在"创作空间"足够大的前提下可能满足独创性的要求。之后，AI绘画软件会使用自然语言处理技术来解析用户的输入，接着利用神经网络学到的知识，对用户输入的指令进行分析，并生成相应的绘画。当然，不可否认，这种工具因其黑盒性质具有一定程度的不可预料性。不同或相同的用户即便输入完全相同的指令，也不能够保证生成一模一样的图片。但这种基于模型的随机性、模型参数的不同初始化、训练数据的差异性、模型的复杂性和非确定性的不可预料性，并不等同于严格意义上的智能。为什么？因为目前用户无法解释的黑盒，其实也是人工不同程度介入的结果，并非完全可以归功于软件自身的"自主意识"。

如果我们能够接受上述AI绘画软件的黑盒工具说，接下来需要思考的就是如何正当化用户的版权诉求。关于版权哲学基础的探讨，目前为止主要有功利理论、劳动理论、自然权利理论、社会计划/分配正义理论等。其中，劳动理论将知识产权视为一种财产权，将创作者对其作品的独占性权利视为对其劳动成果的正当回报；自然权利理论则主张，

①　Newmanjon o. Honorable. (1999). *New Lyrics for an Old Melody: The Idea/Expression Dichotomy in the Computer Age*. Cardozo Arts & Entertainment, 17 pp. 691, 699 (1999).

②　Samuelsedward. (1989). *The Idea-Expression Dichotomy in Copyright Law*. Tennessee Law Review, 56, 463.

知识产权，尤其是版权，可以被看作是创作者对其智力劳动成果的自然权利的延伸。将这些观点"移植"至 AI 辅助绘画的情形也并不违和。当然，由于黑盒工具一定程度上的不可预测性，在劳动及自然权利的基础上，最终获得何种成果，还需要附加一定的类似买彩票中奖的运气成分。

综上，方案二的妙处是将火力集中于解决"思想—表达二分法"提出的第二大难点。该方案因为淡化了作为中间产品的指令，所以无须在指令是否为思想或表达的问题上过于纠结，能够集中火力解决第二大问题，尤其是版权保护是否延及、如何延及图片的问题。但该方案需借助若干合理的解释方具说服力，且受制于工具说，而工具说将来是否成立取决于 AI 技术的发展势态。

（三）其他方案

以上两个应对方案均以用户在 AI 辅助绘画中的投入应当获得版权保护为思考前提。但事实上，这一前提并不当然存在。

用户在 AI 辅助绘画中的投入必须获得版权的保护吗？在习惯了有版权的世界，我们常常会忘了，版权诞生于一个创造性表达相对稀缺的世界。就绘画而言，在 AI 绘画软件问世之前，没有经过专业训练的人，即便可以"胸有成竹"，也往往苦于无法将脑海中的画面如实地表现出来。但是，现在或不远的将来，表达可能不再稀缺，稀缺的是表达背后的创造性思想。当然，即便在一个表达极大丰富的世界里，我们也会重新创造表达稀缺。就像在一个可以廉价批量生产的世界里，我们开始重新赋予各种"手作"食品、家具等特别的价值一样。但是，对于这种新型的表达稀缺，给予商标的保护可能是更为适合的选择。①

五、结　语

以 AI 绘画软件为典型代表的生成式人工智能对"思想—表达二分

---

① Lemleya. *Mark*, *How Generative AI Turns Copyright Upside Down*（Dec. 5，2023），https：// papers. ssrn. com/sol3/papers. cfm？ abstract_ id＝4517702.

法"的挑战，撼动的可能是整个版权法大厦的根基。长久以来，"思想—表达二分法"被视为确定何种元素应该受到版权法保护的金科玉律。但是不可否认的是，"思想—表达二分法"的具体适用从来都不是一件简单的事。随着计算机时代的到来，尤其是人工智能时代的到来，延续之前的做法遇到了极大的挑战。作为中间产品的指令是用户的唯一直接输出，指令是思想还是表达不可一概而论，此外还需思考版权保护的涵盖范围是否延及、如何延及作为最终产品的图片。在思想与表达之间，稀缺性的天平已经从后者慢慢倾向前者。版权法是否可以，是否应当忽视这种变化？毕竟，版权法的终极目标是要鼓励创作，创作离不开"思想＋表达"，而这是一个正在从表达稀缺走向思想稀缺的年代。当然，对整个版权体系根基的思考，将会涉及创造经济学、劳动力转移，甚至创造力在多大程度上是一种内在的人类活动等一系列复杂的社会问题。

生成式人工智能的作品认定与版权归属

——以 ChatGPT 的作品应用场景为例[*]

丛立先　李泳霖^{**}

虽然人工智能生成内容的作品认定与版权归属问题由来已久，但 ChatGPT 作为人工智能发展过程中里程碑式的产品，为这两个问题赋予了新的讨论意义。ChatGPT 在 GPT‒3.5 语言模型的加持下，已经能够进行文字翻译、文案撰写以及代码撰写等工作，GPT‒4.0 模型不仅保留了 GPT‒3.5 的文字创作功能，而且可以根据指令生成美术、音乐等多种类型作品。不难预见，其将在金融、法律、教育等行业开辟出广阔的发展前景。但技术的发展总与风险相伴。ChatGPT 因其在算法、算力和数据领域的巨大优势引发了有关信息、数据与知识产权问题的讨论，著名语言学家乔姆斯基（Noam Chomsky）甚至认为 ChatGPT 是高科技剽窃。[1] 而且，随着 ChatGPT、文心一言等生成式 AI 应用领域的扩大，不难预见，既有的版权制度与生成式 AI 产业发展需求之间的碰撞还会愈发激烈。

笔者认为，"一切制度的建立均由其所处的时代规定"[2]。在生成式 AI 多元耦合的学习与应用背景下，对其生成内容的作品认定与版权归属这两个问题的解决，应当以"开放"为作品保护的基本态度，以"知识共享"为作品使用的基本模式，以"投资激励"为版权归属的中

---

* 基金项目：研究阐释党的二十大精神国家社科基金重大项目"全球知识产权治理面临的主要挑战和中国方案研究"（23ZDA124）。

** 丛立先，华东政法大学知识产权学院教授；李泳霖，华东政法大学知识产权学院博士研究生。

① Noam Chomsky, *"It's Basically High-Tech Plagiarism" and "a Way of Avoiding Learning"* (Mar. 27, 2023), https://www.openculture.com/2023/02/noam-chomsky-on-chatgpt.html。

② 中山信弘. 多媒体与著作权. 张玉瑞，译. 北京：专利文献出版社，1997：前言3.

心策略，建立起"投资—机器学习—作品生成—再投资"的版权创造正向循环，并在自主创新的基础上，适度打通国内国外的机器学习资源，推动生成式人工智能版权产业的迭代创新。

一、生成式人工智能的作品认定

当前阶段的生成式人工智能在本质上仍是人类创作作品的工具，在不构成版权例外等特殊情况且满足作品构成的条件下，应认定其生成内容构成作品。而对于其文本与数据的挖掘需求，则应从版权规则完善的角度提供合规出路。

（一）生成式人工智能作品形成中的特殊工具属性

人类从必然王国迈向自由王国的必要条件是生产力的高度发展。社会发展史表明，社会生产力的每一步发展，都离不开生产工具的进步。从最初使用石块、树枝等作为生产工具，到工业社会直接操作机器生产，人类的生产关系不断发生变革。经济基础是社会生产关系的总和，上层建筑由经济基础决定，版权法作为上层建筑的组成部分，其发展势态和现状同样与印刷机技术、声光电传播技术的发展演进相呼应。美国版权作品新技术应用国家委员会在报告中，将计算机同照相机、打印机以及其他创作工具对比，认为照片的作者是使用照相机的人，计算机"创作作品"的作者就是这些使用计算机的人。[1] 所谓计算机"创作作品"，是指利用信息技术在计算机上创作并在显示屏上显示，或者以其他拷贝形式存在的作品[2]，其中计算机程序是被动性协助创作的工具。[3]

---

[1]　*National Commission on New Technology Uses of Copyrighted Works*, *Final Report on New Technological Uses of Copyrighted Works*（1978）（Mar. 27, 2023），http：//digital-law-online. info/CONTU/PDF/Chapter3. pdf.

[2]　Jackson J. C. , *Legal Aspects of Computer Art*, Rutgers Computer & Technology Law Journal, Vol. 19（2），pp. 495–516（1993）.

[3]　*National Commission on New Technology Uses of Copyrighted Works*, *Final Report on New Technological Uses of Copyrighted Works*（1978）（Mar. 27, 2023），http：//digital-law-online. info/CONTU/PDF/Chapter3. pdf.

生成式人工智能正是计算机技术在内容生成领域的最新应用成果，其凭借强大的存储能力和算力弥补了人类在信息记忆等方面的短板，并帮助人类生成所需要的内容。正如 ChatGPT 自己所承认的那样，作为一个语言模型，其主要目的是协助用户获取和创建信息，为用户提供有价值的帮助，因此，生成式人工智能是人类创作作品的工具，在本质上与纸笔、树枝等工具无异，生成式人工智能生成的作品也就是"人利用技术工具创作形成的作品"①。

有观点认为，ChatGPT 生成的作品并非人的创作成果，人工智能也不可能受到版权法的激励，因此，人工智能生成的内容不可能属于受版权法保护的作品。② 但笔者认为，以 ChatGPT 生成的作品为代表的生成式人工智能作品就是人的智力成果。ChatGPT 与此前传统人工智能的主要区别之一，在于其经历了基于人类反馈强化学习（RLHF）的训练③，在 RLHF 的训练过程中，ChatGPT 为每一个 AI 提示词（prompt）生成多个输出，标注者将这些输出从最佳到最差进行排序，从而建立一个新的标签数据集。这些新数据用于训练奖励模型，并根据该模型调整输出结果。这就使 ChatGPT 生成的内容融入了人类的主观偏好，其理应属于人类的智力成果。在美国版权局发布的公告中，也并未否认人类作者利用计算机或者其他设备作为辅助工具而生成的内容构成作品。④ 另外，生成式人工智能作为人类的工具，可以帮助人类节约大量的时间和精力来创造更高质量的作品，反而有利于激励人类创作。

---

① 丛立先. 人工智能生成内容的可版权性与版权归属. 中国出版，2019（1）.

② 王迁. ChatGPT 生成的内容能受著作权法保护吗？. ［2023 - 03 - 27］. https：//mp. weixin. qq. com/s/EIn1gMR5inmqy0v9Lg1B0A.

③ Long O. Y. ，Wu J. ，Jiang X. ，et al. ，*Training Language Models to Follow Instructions with Human Feedback*（Mar. 27，2023），https：//arxiv. org/pdf/ 2203. 02155v1. pdf.

④ U. S. Copyright Office，Library of Congress，*Copyright Registration Guidance：Works Containing Material Generated by Artificial Intelligence*（Mar. 27，2023），https：//www. govinfo. gov/content/pkg/FR-2023-C03-16/pdf/2023-05321. pdf.

（二）生成式人工智能作品形成中的版权合规

生成式人工智能作为自然语言模型需要学习在先的文本与数据，这些文本与数据可以分为三类：第一类是他人的思想。不过版权法仅保护表达，而不保护思想、工艺、操作方法或数学概念本身①，所以，如果生成式人工智能的作品与某位著名教授观点相同，但表达不同，则并未侵犯该教授的版权。第二类是已经超过保护期、进入公有领域的作品。这类作品虽然不受著作财产权保护，但受著作人身权保护。例如，如果生成式人工智能在作品中使用了鲁迅创作的作品，此时虽然无须获得授权，但不得侵犯原作者的署名权等人身权。第三类是仍处于保护期内的作品，这类作品的版权保护程度最高，不仅要保护其作者的著作人身权，还应当保护其作者的著作财产权。例如，在不构成合理使用与法定许可等例外情况下，如果使用者通过信息网络传播他人的作品，则必须经过版权人的许可。然而，对这类作品的使用很难符合我国当前合理使用与法定许可规则的要求。首先，生成式人工智能挖掘数据与文本的过程涉及复制行为。挖掘数据的过程一般包括信息抽取、语义分析、关系计算及知识发现四个步骤。无论是将这些数据读入系统还是进行格式转换和数据分析，均涉及受版权人控制的复制行为。② 其次，该过程还可能涉及改编行为。生成式人工智能在原样复制被挖掘数据的同时，还需要对目标文本进行识别和转码。转码行为是"改变、编排目标对象的表达形式，从而形成新的研究样本"③，这就还可能落入改编权的控制范

---

① Agreement on Trade-related Aspects of Intellectual Property Rights，Article 9（2）.

② 吴高，黄晓斌. 人工智能时代文本与数据挖掘合理使用规则设计研究. 图书情报工作，2021（22）.

③ 董凡，关永红. 论文本与数字挖掘技术应用的版权例外规则构建. 河北法学，2019（9）.

畴。① 再次，现有的合理使用与法定许可规则很难适用于生成式人工智能作品的生成过程。② 最后，传统的作品授权许可模式难以落地实施。生成式人工智能为了生成作品，需要使用数量庞大且权属复杂的在先作品，如果坚持原有的授权许可模式，则不仅要准确识别每部作品的权利人，而且要一一获得授权。但生成式人工智能数据训练对作品数量的需求，远远超出著作权集体管理组织所能调控与规制的范围，"集体管理组织制度同样面临适用的'失灵'"③。在这种情况下，如果坚持我国《著作权法》的既定规则，则可能产生两种情况：第一种情况是人工智能研发者放弃生成式人工智能领域，转向其他行业。第二种情况是坚持生成式人工智能领域，但使用免费数据进行训练。第一种情况可能阻碍人工智能技术和产业的发展，与科技进步规律相违背。第二种情况"可能因训练数据的不足，而引发算法模型偏见等不良后果"④。因此，无论是从激励作品创作的角度，还是从保护产业发展的角度，都应该为生成式人工智能学习作品提供版权合规出路。然而，尽管现有研究对文本与数据挖掘例外进行了一定探索，但存在将主体限制在非营利性机构⑤，或将目的限制在非商业科学研究，且不得将挖掘结果作商业用途的要求。⑥ 笔者认为，这仍是在"重保护轻共享"这一传统版权保护模式下的探索，尚未对生成式人工智能的商业模式予以足够重视。长此以往，会更加固化我国在国际知识产权领域跟随者与接受者的角色模式。

---

① 马治国，赵龙．文本与数据挖掘对著作权例外体系的冲击与应对．西北师大学报（社会科学版），2021（4）．

② 丛立先，李泳霖．聊天机器人生成内容的版权风险及其治理：以 ChatGPT 的应用场景为视角．中国出版，2023（5）．

③ 朱开鑫，张艺群．"你的 AI 侵犯了我的版权"：浅谈 AIGC 背后的版权保护问题．[2023-03-27]．https：//m p. weixin. qq. com/s/ FFVlVmltIdiagM35yzCWIw．

④ 朱开鑫，张艺群．"你的 AI 侵犯了我的版权"：浅谈 AIGC 背后的版权保护问题．[2023-03-27]．https：//m p. weixin. qq. com/s/ FFVlVmltIdiagM35yzCWIw．

⑤ 杨娟．文本与数据挖掘合理使用例外规范的体系化设置．图书馆论坛，2020（4）．

⑥ 唐思慧．大数据环境下文本和数据挖掘的版权例外研究：以欧盟《DSM 版权指令》提案为视角．知识产权，2017（10）．

因此，更为可行的做法是，在文本与数据挖掘例外中不排除商事主体和商业使用目的，同时也针对生成式人工智能作品建立起相应的使用例外，具体内容将在下文阐述。

（三）生成式人工智能作品认定中的结果主义标准

"财产法只关注财产形态是否符合法律的要求，而不必追问财产的来源……只要客观上作品的表达并非'必然如此'，就具备独创性，无论作品通过何种方式得来。"[1] 主张生成式人工智能无法生成作品的历史主义观以中文屋测试为哲学基础，并通过中文屋测试指出，机器的形式转换能力并不是理解力，只要程序是根据由纯形式定义的元素进行计算操作来定义的，就表明了"这些操作本身同理解没有任何有意义的联系"[2]。然而，一方面，尽管生成式人工智能作品的生成过程有算法参与，但版权法并不否认算法的版权地位。相反，某些网络平台因使用算法被要求承担版权侵权责任的案例[3]，至少说明算法具有版权法地位。既然算法的被动应用被赋予了版权法地位，那么作品生成过程中的算法也应当具备版权法上的意义。另一方面，人类不是为生成式人工智能仅提供了运行规则才让运行程序产生了相应的结果[4]，而是还在 RLHF 模型的训练中融入了人类的主观色彩。也就是说，中文屋测试当前已经面临着巨大的现实挑战，即人工智能不再是一种纯粹的运算，而是已经融入了人类的主观价值标准。在"腾讯诉盈讯"案中，法院就正确认定了人工智能生成的内容构成作品。在该案中，盈讯科技未经许可，在其运营网站中发布了腾讯机器人 Dreamwriter 自动撰写的文章《午评：沪

---

① 李琛. 谢缩樵与独创性. 电子知识产权，2005（8）.

② 约翰·塞尔. 心灵、大脑与程序. 玛格丽特·A. 博登. 人工智能哲学. 刘西瑞，王汉琦，译. 上海：上海译文出版社，2006：77.

③ 北京市海淀区人民法院（2018）京 0108 民初 49421 号民事判决书；陕西省西安市中级人民法院（2021）陕 01 知民初 3078 号民事判决书。

④ Evan H. F., *Copyrightability of Computer-created Works*, Rutgers Computer & Technology Law Journal, Vol. 15：1, pp. 63 - 80（1989）.

指小幅上涨 0.11% 报 2671.93 点通信运营、石油开采等板块领涨》。法院认为，从涉案文章的外在表现形式与生成过程来分析，该文章的特定表现形式及其源于创作者个性化的选择与安排，并由 Dreamwriter 软件在技术上"生成"的创作过程，均满足《著作权法》对文字作品的保护条件，进而认定涉案文章属于我国《著作权法》所保护的文字作品。① 可见，在该案中，法院从外在表现形式上认定人工智能撰写的文章构成作品。因此，如果生成式人工智能作品在形式上与没有生成式人工智能参与下人类创作的作品完全一致，以至于如果该作品是人类创作完成，则毫无疑问可以被授予版权时，那么"从客观性判断标准来说，智能作品完全可以满足独创性要求"②，并在同时满足作品的其他构成条件下构成作品。而且，当前 ChatGPT 的语言模型已经从 GPT－3.5 进化到了 GPT－4.0，这将为内容生成提供多模态模型，例如影片和音乐等。③ 按此发展下去，不难预见，以 ChatGPT 为代表的生成式人工智能将创造更多类型的作品，甚至在特殊条件下还可能生成现有作品类型以外的作品。

（四）生成式人工智能作品版权保护的例外

人工智能生成的内容具有可版权性，但并非人工智能创作的所有具有独创性和可复制性的内容都是版权法上的作品，构成版权法的例外情况在这里仍然适用：人工智能生成的单纯事实消息、历法、通用数表、通用表格和公式，以及人工智能生成的唯一性的独创性思想表达，不能成为版权法保护的作品。"单纯事实消息"是我国《著作权法》第三次修改后新增加的内容，修改前的表述为"时事新闻"。之所以修改了表

① 广东省深圳市南山区人民法院（2019）粤 0305 民初 14010 号民事判决书。

② 易继明. 人工智能创作物是作品吗？. 法律科学（西北政法大学学报），2017（5）.

③ *Microsoft to Unveil GPT－4 Next Week with AI Videos*（Mar. 27，2023），https：//gulfnews. com/technology/companies/microsoft-to-unveil-gpt－4-next-week-with-ai-videos-1. 1678536014765.

述，是因为"时事新闻"这一表述容易产生歧义。很多时事新闻并非对客观事实的单纯记录，而是经过了记者、编辑等主体的独创性加工，甚至构成文字作品。构成文字作品的内容当然在版权法的保护范围内。判断是否构成时事新闻的关键在于对单纯事实消息的认定。《伯尔尼公约》第 2 条第 8 项规定：本公约所提供的保护不得适用于日常新闻或纯报刊消息性质的社会新闻。《伯尔尼公约指南》对这一规定的解释为：公约之所以不保护纯粹消息或繁杂事实，也不保护对这些消息或事实的单纯报道，是因为这些材料不具备可以被称为作品的必要条件。另外，"新闻报道者和记者在报道或评论新闻的时候所用的表达方式如果具有充分的智力努力"[1]，则可以作为文学艺术作品受版权法保护。受此影响，《著作权法》第三次修改时直接将"时事新闻"修改为"单纯事实消息"，增加了语义的透明度。所以，生成式人工智能如果仅仅对客观事实进行了记录，那么其生成内容不在版权法的保护范围内；但如果在文章中对事实进行了整理、加工和评论，则应当属于新闻作品而非单纯事实消息。[2] 与此同时，唯一表达虽然不属于思想范畴，但之所以不能受到版权法保护，是因为一旦将唯一表达赋予版权保护，那么所有这一领域的创作者都必须获得在先作者的授权，这将极大限制特定领域作品的创造。例如，基于人工智能计算出的竞技类的唯一最优路径结果，就应该成为唯一表达的例外而不能得到版权保护，像 AlphaGo 形成的竞技棋谱就是这种例证[3]。

二、生成式人工智能作品的版权内容

基于生成式人工智能作品版权的数字化、强需求和高生成效率等特点，一方面，仅为生成式人工智能作品提供部分著作人身权保护即可；另一方面，要探索建立著作财产权的开放共享模式，形成版权创新链的

① 卢海君. 著作权法中不受保护的"时事新闻". 政法论坛，2014（6）.
② 最高人民法院（2009）民申字第 856 号民事判决书。
③ 丛立先. 人工智能生成内容的可版权性与版权归属. 中国出版，2019（1）.

融通开放。

（一）生成式人工智能作品版权的特殊价值属性

在数字时代，数字技术的加持使内容创作者和消费者之间的界限越来越模糊。这使内容的消费者可以对内容进行再加工和再传播，换句话说，消费者也变成了创作者。[①] 近几年，短视频和公众号等传播内容和形式的出现，将专业生成内容（PGC）成功推向了用户生成内容（UGC），主流创作者的圈子之外出现了越来越庞大的业余创作者群体。而以 ChatGPT 为代表的生成式人工智能将 UGC 模式开始推向人工智能生成内容（AIGC）模式，进入了"只要能打字就能创作"的时代。

生成式人工智能作品的生成过程看似简单，但实际发挥的作用和潜在的版权价值却不容小觑。从 PGC 到 UGC，再到 AIGC，作品创作呈现出从专业化到普遍化再到数字化的趋势，生成内容的数量不仅呈指数级增长，而且类型和风格也更加包容和多元。相较于生成式人工智能，自然人个体受学习能力的限制，即使穷尽一生也不可能学习完所有领域的知识，遑论成为全知全能的集大成者。但事物发展遵循从量变到质变的规律，缺少量的积累难以实现质的超越。而以 ChatGPT 为代表的生成式人工智能，恰好可以凭借其海量的信息存储、低成本传播和精确复制在极大程度上解放人类的生产力，帮助人类节约更多时间和精力用于立意、风格、构思等各方面的创新。从这个意义上说，生成式人工智能的作品可以解放人类的低价值重复劳动，赋予普通用户更多的创作自由，并帮助人类开拓难度更大且更具价值的领域，符合全社会对生成式人工智能迭代进步的期待。据报道，ChatGPT 的用户量已经破亿，未来还将持续增长。此外，ChatGPT 还能凭借其庞大的芯片数量实现高效率创作。而且 GPT－4.0 模型应用后，ChatGPT 不仅可以生成文字作品，还能够生成美术作品、视听作品等多种类型的作品，甚至可能随着升级迭

---

① 吴伟光. 数字技术环境下的版权法：危机与对策. 北京：知识产权出版社，2008：33.

代生成有名作品以外的其他作品。在强大的芯片支撑下，生成式人工智能可以大大缩短人类创作相同或类似作品的时间，提高创作效率。因此，赋予生成式人工智能作品以版权保护，有利于满足人工智能产业本身的发展需求。不过，生成式人工智能作品终归不是自然人独立创作的作品。尽管其并非有学者所认为的文字工业品，但如果对生成式人工智能的海量作品全部赋予财产权保护，那么作品的使用数量越大，使用者需要获得授权的负担就越重。并且事实表明，在传统版权框架下——获得授权的模式已经行不通了。对于某些特殊作品，由于其权利归属较为复杂，因而获得其使用授权的难度还会继续提升。与此同时，对于著作人身权的保护也应当以具备保护的现实可能性和需要为前提。例如，如果用户基于作品创作的需求必须对作品加以修改，那么此时没有必要为生成式人工智能的作品赋予修改权保护。

（二）生成式人工智能作品版权的私权性与开放性

生成式人工智能作品作为民事权利的客体，享有版权这一私权保护既符合《民法典》的规定，也是版权规则的既定要求。从保护私权的视角出发，任何人如果想使用生成式人工智能作品，除了符合合理使用、法定许可等特殊规则外，都应当获得权利人的授权。然而，语言模型的知识产权问题是一个较为复杂的伦理和法律问题，需要在保护创作者权益和鼓励知识传播之间找到平衡。一方面，版权过强保护会缩小版权产品的社会传播范围[1]，限制学术和科学探索。[2] 在互联网时代，信息网络技术的出现逐步动摇了版权法既有的利益平衡格局，版权法对大量可能的网络侵权束手无策。当前，ChatGPT 拥有庞大的用户群体，其中一部分学生在使用 ChatGPT 写作业、完成课程论文。这些用户是否实

---

[1]　Plant A., *The Economic Aspects of Copyright in Books*, Economica, Vol. 1：2，pp. 167 – 195（1934）.

[2]　Wendy J. G., *On Owning Information：Intellectual Property and the Restitutionary Impulse*, Virginia Law Review, Vol. 78：1，pp. 149 – 282（1992）.

施了版权侵权行为难以受到监管，更难以被控制和追责。另一方面，将印刷技术条件下形成的版权规则套用于网络传播又可能阻碍公众的"创作表达自由"①。当前，创作者、使用者、消费者、竞争者全被纳入日益严苛的知识产权管制网络，"新技术发展在某种程度上瓦解了知识产权内在的平衡原则，从'对国家一小部分创造力实施一小部分管制'，转变为'对所有创意程序所进行的大规模管制'"②，后现代主义者甚至宣告版权之死。③不难预见，随着以 ChatGPT 为代表的生成式人工智能的更新迭代，坚持绝对的私权保护模式必将使权利人面临巨大的成本负担，全面的控制甚至会损毁互联网的创新。④

信息天然就具有经济价值和自由流动的双重属性。尽管信息的生产需要耗费一定成本，同时也具有一定的稀缺性，但"信息天生是非竞争性的"⑤。在版权领域，为实现作者和公众之间的平衡，允许生成式人工智能开放使用已存在的作品，同时允许社会公众在一定程度上共享生成式人工智能的作品，这是 AIGC 可持续发展的必然需求。知识共享以开放存取为主要模式。开放存取伴随 1665 年英国《伦敦皇家哲学会刊》的问世而出现⑥，在生成式人工智能产生以前，对于版权开放获取的讨论，大多集中在运用版权政策谋求"学术出版与学术信息交流中利益关系的平衡"⑦。不过在数字时代，版权开放的要求已不仅仅是纸质媒介与数字媒介之间的开放，而是延伸到了数字媒介内部本身的开放。

---

① 胡波. 共享模式与知识产权的未来发展：兼评"知识产权替代模式说". 法制与社会发展，2013（4）.

② 余盛峰. 知识产权全球化：现代转向与法理反思. 政法论坛，2014（6）.

③ Lunney G. S., *The Death of Copyright*：*Digital Technology，Private Copying，and the Digital Millennium Copyright Act*，Virginia Law Review，2001，87（5），pp. 813 – 920.

④ 劳伦斯·莱斯格. 思想的未来. 李旭，译. 北京：中信出版社，2004：256.

⑤ 劳伦斯·莱斯格. 思想的未来. 李旭，译. 北京：中信出版社，2004：61.

⑥ Guédon J. C.，*In Oldenburg's Long Shadow*：*Librarians，Research Scientists，Publishers，and the Control of Scientific Publishing*，Association of Research Libraries，pp. 5，50 – 69（2001）.

⑦ 秦珂. 开放存取的版权政策及其构建. 图书馆工作与研究，2008（1）.

例如，用户在百度百科上共同编辑和免费浏览词条内容，就属于相对固化的版权开放模式的代表。由于开放的数据和文本是生成式人工智能的作品之母，也即生成式人工智能无法避免使用他人的在先作品，但每个人同时又都是生成式人工智能作品的潜在受益者，因此，对其施以版权保护应当以"有利于传播为宗旨"①，只有多元化的知识创新激励制度体系，才能适应信息时代激励知识创新的需要。此前有学者提出了用公共基金支付报酬制度替代现行著作权体制的几种建议②，而公共保存和类似于美国《医疗创新奖励法案》的"奖赏作者"计划，就是上述方案的变种。③ 笔者认为，对于生成式人工智能作品，知识共享模式是知识产权制度的替代或补充，并可以借助知识产权法律规范存在于现有制度体系之内。如果说，在人工智能尚不发达的初期，还有学者认为开放获取仅存在于法律制度之外的伦理层面，那么如今有必要重新考虑这一安排，并将知识开放模式作为互联网时代版权法发展的一种可能模式，通过弥补既有知识产权制度的不足，使其针对不同产业形态都能发挥激励创新功能。④

（三）生成式人工智能作品的具体版权内容

面对数字技术的进步，立法者应当分析版权法，以继续维持接近作品和创作作品的经济激励之间的平衡。⑤ 在具体的版权内容上，我国《著作权法》为版权人设立了 16 项有名权利和 1 项兜底权利。在多媒

---

① 魏建，田燕梅. 产业链传播创造价值：版权的价值形成与保护模式的选择. 陕西师范大学学报（哲学社会科学版），2020（1）.

② 王太平. 知识产权制度的未来. 法学研究，2011（3）.

③ Zemer L., *Rethinking Copyright Alternatives*, International Journal of Law and Information Technology，2006，14（1），pp. 137–145.

④ Boyle J., *A Manifesto on WIPO and the Future of Intellectual Property*, Duke Law&Technology Review，Vol. 3：9，pp. 1–12（2004）.

⑤ *Intellectual Property and the National Information Infrastructure：The Report of the Working Group On Intellectual Property Rights*（Mar. 27，2023），https：//www. eff. org/files/filenode/DMCA/ntia_ dmca_ white_ paper. pdf.

体时代，笔者认为不能沿用过去的单一处理方式，而是不得不处于双轨化形态①，将现有作品按照是否有生成式人工智能的参与分成两类，并通过打标签等方式加以区分。第一类是与生成式人工智能无关的作品，例如，作家莫言的作品《生死疲劳》仍受到现有版权规则的保护。第二类则是在生成式人工智能的辅助下生成的作品。对于第二类作品，在制度上的具体做法是淡化版权的私权性，使版权制度内部向着双轨化发展。② 在著作人身权上，《著作权法》规定了发表权、署名权、修改权和保护作品完整权。其中，除署名权和保护作品完整权之外，剩下两项著作人身权没有必要赋予版权人。发表权是决定作品是否公之于众的权利，修改权是修改或者授权他人修改作品的权利。在没有生成式人工智能参与创作的时代，自然人创作作品往往需要花费相对更多的时间和精力，有些作品虽然已经完成，但作者还需要反复打磨完善才能发表公开，否则一经公开便难以再次修改。修改权也是如此。如果未经作者许可修改了其创作的作品，则可能使大众误认为修改后的内容是作者的本意，给原作者带来不必要的心理负担。然而，当前阶段的生成式人工智能作品一经完成，在没有人类重新发出修改等指令的情况下，生成式人工智能不会自动修改作品。而且，目前尚未出现生成式人工智能或者生成式人工智能的开发者与训练者拒绝将作品公之于众的情况。相反，生成式人工智能的作品只有在传播中才更具价值。与此同时，当前阶段的生成式人工智能仍然是人类创作作品的工具，人类创作者在生成式人工智能作品的基础上加以修改完善是创作的通常做法。并且，即使为生成式人工智能作品提供发表权与修改权的保护，也难以实现对这两项权利的控制。著作人身权中的署名权和保护作品完整权则不然。无论生成式人工智能的作品归属于哪一主体，这些主体要么付出了相当程度的智力

---

①　中山信弘. 多媒体与著作权. 张玉瑞，译. 北京：专利文献出版社，1997：106.
②　中山信弘. 多媒体与著作权. 张玉瑞，译. 北京：专利文献出版社，1997：113.

劳动，要么付出了巨大的经济成本。对相关主体彰显作者之名是对作者智力或开发者经济投入的表彰，能够起到激励更高质量创作和更多投资的积极效果。保护作品完整权是保护作品不受歪曲、篡改的权利。生成式人工智能虽然自己还不具备与人类一样的主观感受，但毕竟是在人类工程师的训练下才具备了当前的能力，而且人类利用生成式人工智能作为辅助工具所创作的内容，也融入了人类的选择、安排、取舍和加工，与人类创作者的人格相联系。如果允许歪曲和篡改生成式人工智能的作品，极有可能降低该作品的公信力。因此，在著作人身权上仅为生成式人工智能提供署名权和保护作品完整权的保护，是更为务实的做法。在著作财产权上，任何一项财产权都可能弱化数字网络环境下的作品传播，而且以出租权为代表的权利的适用空间越来越小甚至趋近于零。因此，笔者认为，较为可行的做法是，通过前期的政策引导，利用合同改变原有的版权利益实现机制。在社会公众逐渐适应版权开放的使用模式后，通过立法对版权开放的使用模式加以确认。需要说明的是，版权开放模式并非颠覆性创设法律规则，而是对既有的规则作出适应性调整。例如，在《我的世界》这款游戏中，为了解决因用户创作产生的版权纠纷，游戏提供者要求所有用户按照"知识共享"协议中的"署名—非商业性使用—相同方式分享"3.0 版（CCBY-NC-SA 3.0）部分的要求，放弃主张因创作产生的版权。

　　笔者在本文的版权合规部分，提出了为机器的文本与数据挖掘建立不排除商事主体和以商业使用为目的的版权保护例外，这两项例外同样适用于社会公众对生成式人工智能作品的使用。这是因为，作品的版权保护虽然依旧重要，但人们对于使用作品的需求更为迫切，重保护轻共享的版权理念只会加剧数据孤岛效应。不过需要注意的是，无论是文本与数据挖掘的学习阶段，还是作品的使用阶段，被学习与共享使用的作品范围应区分对待。对于涉及国家秘密的作品应禁止学习与共享，涉及商业秘密和个人隐私等敏感内容的作品也须经权利人同意才能学习与共享。

三、生成式人工智能作品的版权归属

明确各主体之间的版权归属是促进生成式人工智能作品有序使用的前提。版权归属应在坚持实质贡献、投资激励和利益平衡三大基本原则的基础上，立足版权作品生成过程中各主体的重要影响，并充分重视合作作品的成立可能性。

（一）生成式人工智能作品版权归属的基本原则

实质贡献原则是确立版权归属的首要原则。美国法院在"Burrow-Giles Lithographic Co. v. Sarony 案"中，提出了"如果不是"的规则。[①] 在生成式人工智能的作品生成过程中，如果没有人类的参与，那么生成式人工智能本身不可能自动、独立生成作品，因此，尊重作者权利并视其为一项基本人权的观念是版权制度建立的基石。[②] 作品作为智力成果的产物，无论是否兼顾投资者利益保护和创作激励的政策，都应当以人的智力投入作为作品生成的实质贡献。换言之，在没有生成式人工智能的辅助下，作品的创作无非是在创作效率等方面受到一定影响，但人终归还是能创作出作品。但是，如果仅摆放了冷冰冰的机器，而没有人的参与，当前阶段机器的存储空间再大、算力再强，都不可能自动生成作品。在我国台湾地区，知识产权被称作"智慧财产权"，这就充分凸显了作品作为财产保护的独特之处。作者用自己的劳动创作了作品，当然拥有作品中的自然权利。[③]

虽然版权法授予的专有权并非建立在作品的商业化基础之上[④]，但版权在鼓励作者对其作品享有权利的同时，允许投资者从作品商业化中获得现实的利润是刺激投资的经济动因。经济理性人假设认为，每个人

---

① Burrow-Giles Lithographic Co. v. Sarony, 111 U. S. 53（1884）.
② 陈明涛. 著作权主体身份确认与权利归属研究. 北京：北京交通大学出版社，2015：45.
③ OTA Report：36. 转引自罗纳德·V. 贝蒂格. 版权文化：知识产权的政治经济学. 沈国麟，韩绍伟，译. 北京：清华大学出版社，2009：19.
④ Stewart v. Abend, 495 U. S. 207（1990）.

都试图从与经济有关的活动中获得经济利益。传统作品的创作方式往往无须大量资金投入，也不必依赖技术的加持。然而，资金是 ChatGPT 的生命之源。美国市场研究机构 TrendForce 在 2023 年 3 月 1 日的报告中指出，处理 1 800 亿参数的 GPT‑3.5 大模型需要的 GPU 芯片数量高达 2 万枚。未来 GPT 大模型商业化所需的 GPU 芯片数量甚至超过 3 万枚。对生成式人工智能运营厂商来说，AI 算力和大模型需要面临高昂的硬件采购成本、模型训练成本以及日常运营成本。让个人投入巨额资金并承担投资风险并不现实。在 1903 年美国最高法院裁判的 "Bleistein v. Donaldson Lithographing Co. 案" 中，法人和其他组织被视为作者也首次得到了司法承认。[①] 因此，在确保为作品创作付出了实质性智力投入的自然人享有版权法保护的同时，还应当以促进产业发展为目标保护投资，激励更多的高质量版权创造。从这个意义上说，"对作者的报酬是作为第二位的"[②]。此外，赋予投资者以版权保护可以促使更多投资者投入生成式人工智能的研发活动，或者投入更多的资金支持研发，进而有利于实现社会总体福利最大化目标。

　　版权法本身就是一种平衡的设计。[③] 作者与投资者等主体在版权归属上的利益分歧，需要通过版权法的利益平衡机制加以调和。其利益平衡的价值目标，是使被调整主体的利益关系处于相互协调的和谐状态，这涉及作者与其他版权人自身的权利与义务平衡。[④] 尤其是在互联网的发展需求中，版权法的利益平衡作用不可忽视。[⑤] 生成式人工智能作品

---

① Bleistein v. Donaldson Lithographing Co. , 188 U. S. 239 (1903).

② 冯晓青. 著作权法之激励理论研究——以经济学、社会福利理论与后现代主义为视角. 法律科学（西北政法学院学报），2006（6）.

③ Richard S. , *Reevaluating Copyright*：*The Public Must Prevail*，Oregon Law Review, 1996, 75（1），pp. 291‑298.

④ 冯晓青. 著作权法的利益平衡理论研究. 湖南大学学报（社会科学版），2008（6）.

⑤ Committee on Intellectual Property Rights and the Emerging Information Infrastructure, Computer Science and Telecommunications Board, Commission on Physical Sciences et al. , *The Digital Dilemma*：*Intellectual Property in the Information Age*, Ohio State Law Journal, Vol, 62：2, pp. 951‑972（2001）.

版权归属中的利益平衡，在于人工智能投资者与使用者、程序创设者（程序设计者和训练者）等自然人利益的平衡。笔者认为，虽然人在生成式人工智能作品生成中的作用不容小觑，但生成式人工智能作品的质量受算法、算力和数据的影响较大，而这些方面的提高几乎完全依赖资金投入。并且，随着语料、图片等数据库的持续膨胀，对于资金投入的需求还将不断增长。因此，在利益平衡的考量上应适当倾斜于投资者的利益保护。

（二）生成式人工智能作品版权归属的一般规则

作品的版权归自然人、法人或非法人组织享有。以 ChatGPT 为例，参与生成式人工智能创作的自然人主要包括人工智能的程序创设者和人工智能使用者。生成式人工智能作品的版权归属，应当以是否从事了实质性智力贡献为标准。对于用户输入简单指令就生成的作品，用户在该作品中既没有贡献艺术性的实质技能或劳动，也没有为生成物的最终产生作出必要的安排，因而其无法被视为版权法意义上的作者。[①] 相反，ChatGPT 生成的内容得益于创设者在 RLHF 模型训练中基于打分模型的训练。在这一训练过程中，训练者的偏好集成到了内容生成过程，并产生了训练者想看到的结果。可能有观点认为，生成式人工智能的作品虽然包含了训练者的主观色彩，但实际生成的内容只不过是所有可能的内容之一，并不完全处于训练者的控制之下，因此其并非版权法意义上的创作。笔者认为，生成式人工智能作为人类创作的工具，只要能够协助人类实现创作目的即可，人类独自创作也仅仅是从多种可能的结果中择其一而已，因此，对于用户向生成式人工智能发出简单指令就生成的作品，其程序创设者与电脑游戏画面的编程设计者相似，都付出了本质上相同或类似的智力劳动，其版权应归属于程序创设者。但如果用户也在

---

① Mccutcheon J. , *The Vanishing Author in Computer-generated Works: A Critical Analysis of Recent Australian Case Law*, Melbourne University Law Review, Vol. 36: 3, pp. 915 – 969 （2013）.

生成式人工智能的作品中投入了一定的智力活动，且生成式人工智能的作品带有用户的主观意志，就可能出现用户与程序创设者创作合作作品的情况，具体内容将在下文阐明。另外，在多数情况下，如果生成式人工智能的作品代表了法人或者非法人组织的意志，例如，如果用于训练ChatGPT 的奖励模型由程序创设者按照公司的意志建立，该作品又同时满足法人作品的其他构成条件，在此种情形下，ChatGPT 生成作品的版权就可能归相关法人或非法人组织所有。

（三）生成式人工智能作品版权归属的特殊规则

除归属于自然人、法人或非法人组织这种一般情况之外，生成式人工智能作品如果属于特殊类型作品则归属于特殊主体。我国《著作权法》规定了七类特殊作品的版权归属，分别是演绎作品、合作作品、汇编作品、视听作品、职务作品、委托作品，以及美术作品与摄影作品在转移作品原件情况下的展览权归属。其中，演绎作品和汇编作品的版权归属，仍遵循上述版权归属的一般规则，也即根据程序创设者与使用者的智力投入进行判断。对于视听作品中的电影作品和电视剧作品，相对而言它们要占用更多的算力和数据，也需要更多投资，所以其版权归属投资者较为合理。其他视听作品的版权由当事人约定，没有约定或者约定不明的也归投资者所有。如果生成式人工智能被用于创作作品是为了完成法人或者非法人组织的工作任务，则该作品可能构成职务作品。我国《著作权法》将职务作品分为一般职务作品和特殊职务作品两类。对于我国《著作权法》第 18 条第 2 款规定的工程设计图、产品设计图等特殊职务作品，法人或者非法人组织享有除署名权之外的其他著作权。而对于特殊职务作品之外的一般职务作品，同样按照上述一般规则分配权属。但法人或者非法人组织有权在业务范围内免费使用。作品完成两年内，未经单位同意，作者也不得许可第三人以与单位使用的相同方式使用该作品。如果用户受他人委托，使用生成式人工智能创作作品，在用户付出了实质性智力投入的情况下，版权归属有约定的从约定，无约定的则属于用户和程序创设者共同享有。如果用户未付出实质性智力投入，那么版权归程序创设者享有。至于美术作品和摄影作品原件转让情况下的版权归属问题，在生成式人工智能中难以适用，因为生成式人工智能的美术作品和摄影作品不存在原件与复制件之分。即使将数字内容实体化，例如输入相应指令便能立即获得相关的实体美术和摄影作品。此时原件也与复制件无异。较为特殊的是合作作品。合作作品通常是指由两个以上的作者共同创作，且其创作成果不可分割的作品。判断是否构成合作作品的核心标准之一，是各创作者之间是否具有合作创作作品的意图。[①] 尽管有观点认为，由于程序创设者与用户之间没有达成创作特定作品的合意，因此不构成合作作品，但笔者认为，出售程序的设计者当然希望用户出于创作目的来执行程序，而执行程序的用户显然也是希望通过设计者设计的程序来进行创作。[②] 因此，在没有其他相反证据证明的情况下，应当认定用户与程序创设者之间具有创作合意。同时，如果满足合作作品的其他构成要件，例如付出了创造性智力劳动等，则可能构成合作作品，此时版权归程序创设者与用户共同享有。

四、结　语

ChatGPT 的出现标志着弱人工智能时代向强人工智能时代的过渡，传统版权规则的科学性与合理性在这一历程中被不断挑战且被重新审视。事实证明，传统版权框架下的作品使用规则以及版权归属上的部分观点，已经无法满足现阶段生成式人工智能的应用需求。从理论上说，人工智能其实就是现代统计学。生成式人工智能还尚未发展到具有独立自主意识的超强人工智能阶段，所以，笔者认为，以 ChatGPT 为代表的生成式人工智能为人类创作作品的工具，对于其带来的版权问题应警惕

---

① Edward B. Marks Music Corp. v. Jerry Vogel Music Co., 140 F. 2d 266 （1944）.

② Evan H. F., *Copyrightability of Computer-created Works*, Rutgers Computer & Technology Law Journal, Vol. 15：1, pp. 63 - 80 （1989）.

两种思维方式：一种是过于保守的不予保护的思维，试图让版权规则轻视或者无视创作能力强大的生成式人工智能；另一种是追求人工智能领域的规则创新，试图颠覆既有的法律规则，让版权规则屈从于尚未达到高深莫测境界的生成式人工智能。前者的一味否定只会成为进步的阻碍，而后者则背离了人工智能的发展现状，超越了人工智能的工具属性。

　　但不可否认的是，超强人工智能时代距离我们也越来越近。如果人工智能真的发展到了超强人工智能时代，由于人工智能具有了自主意识，形成了完全独立于人类的感知、学习、分析和处理能力，则可能引发人工智能是否属于适格版权主体等一系列讨论，甚至对既有的立法规则提出挑战，因此，更为科学合理的方式是，在清晰界定现阶段的人工智能还是人类创作工具的前提下，认可并保护人工智能创作的符合法律要件的作品。同时，顺应人工智能的技术发展趋势，并正视既有版权规则在生成式人工智能作品应用场景下的创新需求，根据生成式人工智能创作作品的新情况，依法确定该类作品的版权归属，以期在超强人工智能时代来临后的机遇和挑战中，实现版权规则的顺利接续。

关于生成式人工智能模型训练版权规则的思考

朱开鑫*

生成式人工智能的快速崛起与应用，在重塑内容行业创作逻辑、赋能人们日常工作生活的同时，也在版权领域引起了一系列新的关注。相较于内容生成阶段涉及的作品属性和权利分配，模型训练阶段未经授权的版权利用和随之而来的侵权判定、责任豁免，在实践中引发的纠纷更为突显。从全球来看，生成式人工智能研发平台能否适用"合理使用"等例外制度以豁免模型训练阶段的版权侵权责任？抑或是必须获得版权人授权并支付一定费用，才可以对相关作品加以训练分析？目前尚未有定论。随着生成式人工智能产业的进一步发展，我们迫切需要关注和探讨这一领域的行为规则和责任判定等议题，以减少技术进步和产业发展面临的法律不确定性。

一、问题提出：生成式人工智能模型训练阶段的版权问题备受关注的原因

（一）模型训练阶段的版权问题构成了生成式人工智能版权问题的探讨起点

一方面，这一问题存在于生成式人工智能产业周期的伊始，若不能解决训练阶段的版权问题，大模型的研发便始终处于侵权不确定状态。从行业实践和技术原理来看，目前各类生成式人工智能利用海量内容数据进行模型训练的方法大致可抽象为如下步骤：首先，通过购买数据库或者公开爬取等方式获得海量包含作品的数据；其次，将作品数据进行不同形式的转换后输入模型进行自监督学习；最后，将发现的规律和模

---

* 朱开鑫，腾讯研究院高级研究员。

式转变为模型参数，后续便可根据具体的提示词生成契合人们需求的内容。

另一方面，当下生成式人工智能领域的版权纠纷大都聚焦于模型训练阶段未经授权的版权利用行为。根据不完全统计，截至 2024 年 4 月，美国大模型领域实际在诉案件共有 19 起，其中 14 起为版权侵权案件，核心争议便是未经授权利用他人作品进行模型训练。在国内，相关案件争议也已经出现。根据公开报道，2023 年 11 月，国内某内容平台因未经授权利用他人美术作品训练旗下文生图产品，被四位绘画创作者起诉至北京互联网法院。（截至 2024 年 8 月，该案件仍在审理阶段）。

（二）模型训练阶段的作品利用行为简单套用传统"授权许可模式"

第一，授权的基础不明确，授予的是版权法上的何种权利有待论证。从表面上看，生成式人工智能模型训练行为类似于自然人阅读文字作品、欣赏美术作品后的"思考、吸收、再创作行为"，和既有的版权专有权利无法具体对应。[①] 需要注意的是，模型对于作品艺术风格的学习模仿并不是版权法上规制的问题，艺术风格应当允许公众自由使用，这关系到表达自由与创意经济的发展。即便将这一行为纳入版权规制范畴，也存在版权人行权的现实困难，原因在于，生成式人工智能模型训练行为本质上是一种机器内部的非外显性作品利用行为，版权人存在发现模型侵权、举证模型侵权以及侵权内容比对等方面的判定困境。

第二，授权的可行性存疑，存在规模过大、主体不明、机制困难等一系列问题。生成式人工智能模型训练涉及的作品数量众多、来源各异、权属不同，若采用事先授权许可的方式：一方面，需要精准地将受保护的作品从海量数据中进行分离、提取；另一方面，再找到每一部版

[①] 深层思考和"学习训练行为"作用的对象是在先作品中的"思想"而非版权保护的"表达"。在"思想—表达二分法"规则之下，模型"学习训练行为"存在纳入版权权利框架的根本障碍。

权作品对应的权利人与之协商授权，并支付价格不一的授权费用。这一过程漫长、复杂且极难落地操作。

第三，授权的意义待评估，可能产生"过度拟合""寒蝉效应""模型偏见"等负面效应。实践中，具有讽刺结果的是，任何限制模型训练内容规模与可用性的举措都可能产生意想不到的问题，增加模型简单输出被训练作品复制内容的概率，即"过度拟合"带来的版权侵权问题。此外，高昂的授权许可费用和侵权风险的不确定性，将可能直接带来人工智能技术和产业发展的"寒蝉效应"，并产生由数据规模不足和数据质量不高引发的"模型偏见"等不良后果。[①]

二、责任聚焦：生成式人工智能模型训练阶段版权侵权风险的类型解构

从生成式人工智能模型训练阶段的技术流程和基本原理来看，当我们谈及这一阶段的版权问题时，实际上讨论的是如何从版权法角度看待，"作品获取"、"作品存储"与"作品分析"这三个过程涉及的版权利用行为。目前，整体来看，只有"作品存储"行为存在纳入版权法"复制权"规制范畴的可能，而更为核心的"作品分析"行为能否受到版权法规制仍值得探讨。

（一）如何从版权法角度看待"作品获取"行为

在"作品获取"阶段，需要关注内容数据获取合法性的问题，包括对数据库内容、网络公开内容等的获取是否合法，是否存在破坏计算机信息系统、违反数据爬取保护措施、违反 API 端口协议等行为。之所以对模型训练阶段的版权问题进行探讨，将"作品获取"行为和"作品存储"行为加以区分，是因为从既有域外立法实践来看，"合法获取作品内容"是构成"文本与数据挖掘"等模型训练阶段版权"合理使

---

① 朱开鑫，张艺群．"你的 AI 侵犯了我的版权"：浅谈 AIGC 背后的版权保护问题．微信公众号"腾讯研究院"．

用"制度的一项前提条件。

从版权法角度看，这一阶段核心版权问题主要涉及是否存在破坏作品"技术保护措施"的行为。根据我国《著作权法》的规定，违反保护作品技术措施的规定亦构成侵权。而域外立法，则通过特殊的制度设计，相当于是把内容获取的合法性作为特定合理使用制度的适用要件。在我国，即使在满足合理使用要求的情况下使用作品，也需要规避技术措施才可以使用该作品，如果此种规避并不符合《著作权法》第50条关于避开技术措施的豁免规定，则仍可以在后续行为满足合理使用的基础上，同时认定前述行为构成违反技术措施而承担侵权责任。①

（二）如何从版权法角度看待"作品存储"行为

应当说，在模型训练阶段，对于内容数据的储存行为落入到版权法上"复制权"的规制范畴，理论界具有一定的共识。但值得注意的是，伴随内容生产和传播领域新技术的应用，我们也需要思考是否存在过度孤立看待"复制权"的问题。因为"复制"往往仅是依附于"作品主要利用行为"的准备行为而已，若不存在复制之后的发行、广播、信息网络传播等版权法规制的作品利用行为，实际上无从谈起侵权损害，版权人也无从发现自身作品是否被利用。

时至今日，是否应为信息技术和商业模式的演进预留出一定的"复制自由"，即类似于"避风港制度"诞生之际创设的"缓存自由"一般，有待进一步探讨。② 在最高人民法院2013年十大知识产权案件——"王某（棉棉）诉谷歌公司等图书搜索案"中，核心争议便是在后续对于图书片段"信息网络传播行为"构成合理使用的情况下，前期的"复制行为"是否构成单独的侵权（北京市第一中级人民法院观点）或

---

① 好书相赠！你们要的冯刚法官《著作权案件热点问题研究》留言回复来啦！．［2023-03-09］．https：//mp. weixin. qq. com/s/bsOtnaN4DTl_ wSD1KxUm4g.

② 朱开鑫．"AI孙燕姿"背后的版权迷宫．［2023-05-24］．https：//mp. weixin. qq. com/s/fDk_ w-CqnTNsZYbgG9Q2yA.

者可以被后续合理使用行为所吸收（北京市高级人民法院观点）。

　　具体来看，在前述"王某（棉棉）诉谷歌公司等图书搜索案"一审中，北京市第一中级人民法院提出了在早期"文本与数据挖掘"案件中之所以需要单独认定"复制行为"的原因：一方面，以"使用"为目的而对作品进行复制，从实际损害来看，虽然不会使公众获得这一复制件，但使复制者在无须购买合法复制件的情况下即可使用这一作品，这会影响到合法复制件的销售；另一方面，从潜在损害来看，侵权危险通常源于他人以"传播作品"（如发行、广播、信息网络传播等）为目的而进行的复制行为。但从当下生成式人工智能模型训练来看，对标上述逻辑分析：一方面，只要获取被训练语料数据的方式合法，实际损害这个问题便无须过度关注；另一方面，对潜在损害也存在疑问，因为模型训练涉及的内容处理分析行为本身能否构成版权法规制的行为，进而对版权人带来损害仍存在一定争议，下文对此会详细论述。

　　（三）如何从版权法角度看待"作品处理"行为

　　模型内部的语料内容分析处理行为对应版权法上的何种权利存在疑问，且理论界和实务界目前尚未有明确结论。有观点认为，"作品处理"行为落入版权法中"改编权"的规制范畴，但所谓的"改编权"是指改变既有作品形成新作品的行为，然而对作品数据进行分析处理，并生成包含一定模式、趋势以及相关性的参数，这一过程不涉及新作品的形成，明显难以契合"改编权"的要求。也有观点表示，由于现行《著作权法》缺乏具体权利对应"作品处理"行为，可以通过"权利兜底条款"加以规制。

　　还有观点认为，上述行为不属于版权规制的权利范畴。从目前广泛应用的生成式人工智能产品模型来看，模型训练阶段的"作品处理"行为大致有两类：一类是"文生图"领域比如 Stable Diffusion 模型，通过对既有图像内容的分析处理，获得思想层面的艺术风格、感觉、灵感等作为模型参数加以存储；另一类是"文生文"领域比如 GPT 模型，是在统计学"自回归原理"下，不断学习海量在先作品中不同文字之间排列组合的概率和规律，然后内化为自身的模型参数。

版权法遵循"思想—表达二分法"的基本逻辑，强调"不保护自然人的思想，只保护自然人对于思想的外在表达"。第一类"作品处理"行为，本质上仅是对作品思想层面艺术风格等的分析、学习，故而这一行为作用的对象不属于版权法保护的客体，行为本身便也不属于版权法可以规制的权利范畴。第二类"作品处理"行为，对于作品仅仅是进行统计学意义上文字组合概率的学习，不是为了使用和展示作品中的表达性要素，因此亦不属于版权法意义上的作品利用行为。

三、域外观察：各国采取差异化的生成式人工智能模型训练版权责任豁免机制

应当说，本轮生成式人工智能变革的兴起始于 2022 年 11 月底 ChatGPT 的发布。就模型训练版权豁免机制而言，除欧盟外，各国（地区）版权立法尚未能作出针对性调整。但各国针对此前弱人工智能（或者说机器学习）阶段的版权制度需求，也进行了系列立法探索，目前来看大致可分为三类责任豁免模式：一是限定于机器学习领域的欧盟"文本与数据挖掘"模式，二是对标于类型化"非表达型利用"的日本"非欣赏性作品利用"模式，三是借助于"合理使用"开放式规定的美国"四要素分析法＋转换性使用"模式。

（一）限定于模型训练领域：欧盟"文本与数据挖掘"模式

2024 年 5 月 21 日，欧洲理事会最终批准的《人工智能法案》（最新版本）关于模型训练版权责任的要求，实际上指向 2019 年通过的《单一数字市场版权指令》关于"文本和数据挖掘"的规定。早在 2016 年 9 月，欧盟委员会提出修改版权法以适应数字经济发展之初，"文本与数据挖掘"（Text Data Mining）便构成了此次修法的重点。欧盟指出，新技术能够对数字形式的信息进行自动计算分析，例如文本、声音、图像或数据。文本和数据挖掘使处理大量信息成为可能，以便获得新知识

和发现新趋势。但文本与数据挖掘往往涉及大量受版权保护的内容，为了消除相关主体面临的法律不确定性，实现对创新的激励，应当使这一行为对作品或其他客体的复制和提取受到责任限制或例外豁免。

由此，最终通过的《单一数字市场版权指令》中，欧盟便在第二章"使例外和限制适应数字和跨境环境的措施"下，创设了第 3 条"以科学研究为目的的文本和数据挖掘"和第 4 条"文本和数据挖掘的例外式限制"。具体内容如下：

第 3 条　以科学研究为目的的文本和数据挖掘

1. 成员国应当规定，科研机构和文化遗产机构为科学研究目的进行文本和数据挖掘，对其合法获取的作品或其他内容进行复制与提取的行为，属于 96/9/EC 指令第 5 条（a）项与第 7 条第 1 款，2001/29/EC 指令第 2 条以及本指令第 15 条第 1 款所规定的权利的例外。

第 4 条　文本和数据挖掘的例外或限制

1. 成员国应规定，以文本和数据挖掘为目的，对合法获取的作品或其他内容进行复制与提取的行为，属于 96/9/EC 指令第 5 条（a）项与第 7 条第 1 款，2001/29/EC 指令第 2 条，2009/24/EC 指令第 4 条第 1 款（a）和（b）项，以及本指令第 15 条第 1 款所规定的权利的例外。

3. 适用第 1 款规定的例外或限制的条件是，权利人没有以适当方式明确保留对上述作品或其他内容的使用，例如针对网上公开提供的内容采取机器可读的方式。

整体来看，目前绝大多数生成式人工智能模型训练阶段的作品利用行为隶属于商业利用领域，仅适用第 4 条规定的"文本和数据挖掘的例外式限制"责任豁免情形。该规定对于"文本与数据挖掘"采取的是类似于"默示许可 + 'opt-out'"的机制，有三点问题需要注意。

第一，该条规定豁免的核心是"文本与数据挖掘"过程中的"作品复制行为"。欧盟在《单一数字市场版权指令》的"立法背景"中指出，为了文本和数据挖掘而进行的复制和提取（"提取"针对的是"数据库权利"中对标作品"复制"的权利）需要在合法访问的作品或其他客体上进行，特别是当为了技术流程而进行的复制或提取不符合关于"临时复制"（"避风港制度"对应的缓存行为）的现有责任豁免条件时。由此来看，本文在第二部分关于"生成式人工智能模型训练阶段版权侵权风险的类型解构"的分析结论，即未经版权人授权的模型训练行为，法律层面明显的侵权风险只涉及"复制权"的判断，亦能够得到欧盟修法逻辑的验证。

第二，该条规定豁免的要件是"对于被训练作品和其他内容的获取是合法的"。欧盟指出，这种例外或限制只应适用于被豁免主体。"合法访问作品或其他内容的情况"包括已在网上向公众公开以及权利人未以适当方式保留这一权利的情形。而在此前，由于大量有价值本文的数据库通常是收费的，因而文本与数据挖掘的例外情形并未在实质上减轻行为人获得许可的负担。但在本轮以 ChatGPT 等为代表的生成式人工智能场景下，模型训练涉及的内容大部分源于 CC（Common Crawl）、维基百科等网络公开数据，由此可以获得的责任豁免价值得以突显。

第三，该条规定豁免的前提是"版权人未以适当方式保留文本与数据挖掘的权利"。欧盟强调，权利人应当能够采取措施，确保对于文本与数据挖掘的权利保留得到尊重。根据《单一数字市场版权指令》"立法背景"的说明，对"以适当方式保留权利"可以作如下理解：对于已经在网上公开提供的内容，应该只考虑通过使用机器可读手段保留这些权利，包括相关的反爬等技术保护措施；在线下对实体出版物的扫描利用等情况下，可以通过合同约定或声明等其他方式保留。简单来说，只要版权人不事先通过技术等方式保留自身权利，或者向模型训练平台发出专门通知，明确表示自己的作品内容不允许被训练，原则上模型训练平台就可以不经过版权人授权、不向其支付费用。

（二）归纳类型化豁免行为：日本"非欣赏性作品利用"模式

2018 年日本对《著作权法》进行了修改，在第 30 条第 4 款设置了新的合理使用条款——"不以欣赏作品原有价值为目的的利用"。根据日本文化厅的解读，此次修改整体上扩大了对著作权的限制，其目的是鼓励创新，迎接以人工智能、物联网和大数据为代表的第四次产业革命。[①] 值得注意的是，新一轮的日本《著作权法》修正案已于 2023 年 5 月 17 日通过参议院表决，并未对第 30 条第 4 款进行修改。这在一定程度上也表明了立法者认为该条能够应对本轮生成式人工智能带来的版权制度挑战。

第 30 - 4 条　在如下所列情形以及其他情形下，当对作品的利用并非为了自己或他人享受作品所表达的思想或情感时，在使用的必要范围内，可以以任何方式利用作品。但是，如果根据作品的种类及用途，作品利用方式会对著作权人利益产生不当损害的情形下，不适用本规定：

1. 用于与作品的录音、录像或其他使用相关的技术开发或实用化试验情形；

2. 用于信息分析的情形；

3. 除上述两种情形以外，在电子计算机信息处理过程中对作品表达所进行的不被人类感知和识别的利用情形，但不包括电子计算机执行计算机程序作品的行为。

依据该条规定，生成式人工智能模型训练阶段的版权利用行为可以适用"不以欣赏作品原有价值为目的"的责任豁免，符合该条列举出

---

① 文化厅：著作権法の一部を改正する法律概要説明資料．［2023 - 05 - 24］．https：// www. bunka. go. jp/seisaku/chosakuken/hokaisei/h30_ hokaisei/pdf/r1406693_ 02. pdf.

的"用于信息分析的情形"和兜底性"在电子计算机信息处理过程中对作品表达所进行的不被人类感知和识别的使用情形"两项要求。因此，只要模型训练阶段的作品利用行为，不存在"根据作品的性质、目的和使用情况，不合理地损害版权人利益"的情形，大概率可以受到日本《著作权法》第30条第4款的责任豁免。

对于日本《著作权法》"不以欣赏作品原有价值为目的利用"的责任豁免，可以从以下几个方面把握适用的关键。第一，该规定本质上对应的是作品的"非表达型利用"，与其说是侵权责任的豁免，不如说是对版权法中一类非侵权行为的明确。本条款列举的具体情形，对应的是"不以欣赏作品原有价值为目的利用"，实际涉及的是对于作品的信息分析以及机器内部的加工处理，都不是为了向公众传播被利用作品的表达性内容，也即不属于版权法意义上的作品使用行为。

第二，该规定豁免的行为类型并不限于"作品存储行为"，而是"必要范围内任何利用作品的方式"。由此，可以避免AIGC模型训练阶段对各类具体行为属性认定带来的纷争，例如"作品处理行为是否受到《著作权法》权利范畴的规制"。一定程度上可以说，日本"不以欣赏作品原有价值为目的利用"责任豁免模式，给予了模型训练研发方更明确的行为预期。

第三，该规定存在适用上的限制条件即"但因作品的种类、用途及利用方式等原因，不当损害著作权人利益的，不在此限"。前文已述，从目前AIGC模型内容生成模式来看，模型训练行为是否落入版权法专有权利规制的范畴存在疑问，因此其并不会与版权人正常行使权利产生明显冲突。此外，因为模型训练行为本质上是对于在先作品"非表达型的利用"以及对于思想层面风格、感觉的学习，所以该行为也不会对作品原有传播利用市场产生明显替代效应。

2023年5月，日本政府公开了自身对于版权法领域模型训练行为的态度——不会对AIGC模型训练中使用的内容加以版权保护。日本文部科学大臣长冈惠子（Keiko Nagaoka）表示，日本法律不会保护 AIGC 模型训练集中使用的版权材料，也即允许 AIGC 模型训练对于版权人作品的利用，无论是出于非营利还是商业目的，无论是复制还是复制以外的行为。这在一定程度上验证了，日本《著作权法》第 30 条第 4 款"不以欣赏作品原有价值为目的利用"的责任豁免，能够适用于当下的 AIGC 模型训练行为。

（三）借助于抽象豁免原则：美国"四要素分析法 + 转换性使用"模式

2023 年 5 月 17 日，美国国会召开"交互中的人工智能与版权法"听证会，美国版权局前总法律顾问西·达姆勒（Sy Damle）表示："任何强制模型对于训练内容付费许可的尝试，要么会使美国 AI 行业破产，消除我们在国际舞台上的竞争力；要么会驱使这些头部 AI 公司离开这个国家"。美国之所以成为全球 AI 产业的研发中心，很大原因在于版权法中独一无二、广泛灵活的合理使用条款，相信其依然可以适用于 AIGC 模型。这些模型从数十亿的训练数据中提取抽象的概念和模式（Concepts and Patterns），并创造出不同于且不侵权既有作品的全新内容。

美国版权法以"例示列举 + 一般要件"的方式对合理使用制度进行了规定，具有高度灵活性。其第 107 条规定，任何特定案件中判断对作品的使用是否属于合理使用时，应考虑的因素包括：（1）使用的目的与性质；（2）该版权作品的性质；（3）使用部分占被利用作品质与量的比例；（4）该使用对版权作品潜在市场或价值所产生的影响。这被称为合理使用认定"四要素标准"。

107. 对专有权的限制：合理使用

出于批评、评论、新闻报道、教学、学术或研究等目的，合理使用受版权保护的作品，包括通过复制副本或录音或该条规定的任何其他方式，不属于侵犯版权。在确定在任何特定情况下对作品的使用是否是合理使用时，考虑因素应包括：

（1）使用的目的和特征，包括这种使用是商业性质还是用于非营利教育目的；

（2）版权作品的性质；

（3）所使用部分的数量与质量同版权作品整体的关系；

（4）使用对受版权保护的作品的潜在市场或价值的影响。

作品未出版的事实本身并不妨碍合理使用的认定，如果这种认定是在考虑了上述所有因素之后做出的。

"商业性质的使用"最早被排斥在美国合理使用的范畴之外，无偿使用他人作品牟利被认为有违公平正义的一般原则。但在随后的司法实践中，美国法院从"四要素标准"中的"使用目的与性质"慢慢延伸出了"转换性使用规则"，由此"商业性质的使用"不再是合理使用认定的关键，重要问题是考察新作品的"转换性"程度。例如，在备受关注的"王某（棉棉）诉谷歌公司等图书搜索案"中，美国联邦第二巡回上诉法院认为谷歌将数字化后的图书存放于服务器，供用户以"检索有限文字片段的方式"发现所需图书，不构成对原有图书购买市场的替代，符合转换性使用的要求。

高度灵活性的"四要素标准"与"转换性使用规则"，给予美国法院在个案中认定特定行为是否构成合理使用以高度的自由裁量空间，也使论证模型训练适用合理使用的正当性存在可能。对于 ChatGPT 类产品而言，模型训练阶段的作品使用具有较强的目的转换性，即"对于作品的利用没有将该作品的独创性表达传播给社会大众"。新一轮生成式人工智能内容生成机制实际是"学习在先作品中不同文字之间排列组合的概率，或是对作品思想层面风格、模式等的学习再生成"。因此，生成式人工智能输出的内容基本不涉及完整作品（甚至作品片段）的复制利用，相较于"谷歌图书馆"而言，其"侵权传播"概率更低、"转换使用"程度更高。①

　　据笔者观察，在美国司法实践中已经存在倾向认定大模型训练符合"四要素分析法"的裁定。2023 年 9 月 25 日，美国特拉华州地方法院就"'汤森路透诉 Ross'人工智能版权侵权案"，作出了针对简易判决动议的驳回裁定。法院倾向于支持复制、利用版权作品用于训练生成式人工智能模型构成合理使用（符合"转换性使用"中的"中间复制"标准），前提是如果相关模型仅是学习在先作品中自然语言内含的模式、相关性等，然后根据用户提问，输出不同于被训练语料作品的新内容。但如果只是将原作品复制存储进人工智能模型，然后以类似检索工具的方式，根据用户提问输出与原作品相同的内容，则无法构成合理使用。

　　值得注意的是，同样采纳"四要素分析法"的以色列，已经表示机器学习可以获得版权法的责任豁免。在 2023 年 1 月，以色列司法部发布专门意见，支持将版权作品用于机器学习。以色列《版权法》第 19 条关于合理使用的规定，是以美国《版权法》第 107 条为蓝本，这在一定程度上说明"四要素分析法"的制度框架可以囊括 AI 模型训练。但以色列司法部表示，相关责任豁免不适用于"完全以某个特定作者的作品进行机器训练"，因为这会产生明显的市场替代效应。同时，该意见指出责任豁免仅适用于模型训练阶段而不涵盖内容输出阶段，因为可能存在模型直接输出侵权内容的情形。

　　四、豁免探讨：生成式人工智能模型训练难以简单套用既有"合理使用"制度

　　从各国版权立法实践来看，通过"权利限制与例外制度"给予生成式人工智能研发平台在模型训练阶段一定的责任豁免，是一种发展趋势。目前来看，我国现行《著作权法》尚未能对模型训练阶段的版权

---

　　① 司晓. 奇点来临：ChatGPT 时代的著作权法走向何处?：兼回应相关论点. 探索与争鸣，2023（5）.

利用问题进行有效涵摄，需要从"三步检验法"立法标准出发，思考创设新的版权责任豁免机制的正当性。

（一）既有版权法"权利的限制"规则无法涵摄模型训练行为

我国《著作权法》第 24 条规定了"合理使用"（对于作品的利用，可以不经版权人许可，不向其支付报酬）的具体情形，涉及生成式人工智能模型训练的具体规则大致包括"个人使用""适当引用""学习研究使用"等。"个人使用"适用目的受到严格限制，而目前生成式人工智能模型最终落脚于对不特定主体的商业性服务，难以与之契合；"适当引用"的适用前提是"为介绍、评论说明某一作品"或"说明某一问题"，生成式人工智能模型商业化应用的现实显然难以归于此类；"科学研究使用"对作品的利用限定在"学校课堂教学或者科学研究"，同时还强调仅能"少量复制"，生成式人工智能模型大量复制与利用作品的现状无法满足该项要求。

虽然 2020 年修正后的《著作权法》对"合理使用"规定增加了"一般要件"和"兜底条款"，但"兜底条款"是一个半开放的内容规定——"法律、行政法规规定的其他情形"，无法在司法实践中由法院结合"一般要件"，即根据具体案情直接适用，因此，生成式人工智能模型训练能否适用"合理使用"的豁免，仍有待后续《著作权法》《著作权法实施条例》等相关立法的修订加以明确。

（二）"三步检验法"是搭建新的版权"限制与例外规则"的关键

从制度目标来看，除保护版权人之外，版权法还需要服务于促进全社会文化知识的分享、内容传播技术的进步等更高层级的公共利益，所以《伯尔尼公约》、TRIPs 协定以及《世界知识产权组织版权条约》均允许成员国对版权规定限制和例外，但都强调例外规定需要满足"只能在特殊情况下作出、与作品的正常利用不相冲突、没有不合理地损害版权人的利益"这三步检验标准。"三步检验法"也是各国设立版权限制与例外规则所应当遵循的立法标准。如若将生成式人工智能模型训练行为纳入我国版权法中"权利限制与例外"体系，也应符合这一要求。

在"三步检验法"中，第一步"只能在特殊情况下作出"仅是原则性规定，目的是防止对权利的限制过于泛化而损害版权人利益，核心的判定标准仍是对第二步"与作品的正常利用不相冲突"和第三步"没有不合理地损害版权人的利益"的判断。一方面，这两步判断标准都具有高度抽象性，目前来看，在立法、司法和理论层面都未能达成统一共识；另一方面，这两步判断标准实际上也难以被完全区分，实践中影响作品正常利用亦会导致版权人利益的损害，前者落脚于"行为判断"层面，后者聚焦于"结果判断"层面。

一般来看，"与作品的正常利用不相冲突""没有不合理地损害版权人的利益"大致可以总结为三个标准。第一，特定的利用行为是否落入版权人日常行权的范畴即"正常利用的情形"，也就是说版权人原本是否可以通过正常授权的方式规制这一行为并获得收益。第二，特定的利用行为是否对作品的传播、利用市场产生了明显的替代效应。第三，特定的利用行为对版权人市场利益的冲击和对社会公共利益的促进，权衡此二者孰轻孰重。

（三）"三步检验法"视角下生成式人工智能模型训练行为的属性评析

第一，授权自身作品进行模型训练是不是一种可以预见的版权人正常利用作品的情形？如果答案是肯定的，那么豁免未经授权的模型训练行为便有违"不与作品的正常使用冲突"的要求。在实践层面，全球各地的版权人与大模型平台建立付费授权合作的成功案例少之又少。[①]前文已论述，从模型训练阶段的作品利用行为来看，除前期的"作品存

---

① 2024 年 5 月 16 日，被称作"美版贴吧"的 Reddit 与 OpenAI 发布相互合作的联合声明，OpenAI 将获授权展示 Reddit 的内容，并利用 Reddit 的数据训练自身模型系统。

储"行为暂且可以纳入"复制权"范畴，更为核心的"作品处理"行为实际上很难被归入版权人法定权利范畴，"既无权利，何来授权"。由此来看，目前生成式人工智能模型对于作品内容的训练在法律层面难谓是一种明确的作品"正常利用的情形"。

第二，未经授权的模型训练行为是否会对被训练作品的潜在市场产生替代效应？生成式人工智能顾名思义就是用来进行内容生成的，不管是"文生文"领域的 ChatGPT 抑或是"文生图"领域的 Midjourney 等，生成的内容大概率都会投入到内容利用和传播领域。但值得注意的是，由于生成式人工智能输出的内容基本不存在对被训练作品整体甚至片段的复现，例如 ChatGPT 模式下更多是统计学概率下的"文字组合""单字引用"，所以，在目前的生成式人工智能内容生成机制下，并不会对被训练作品产生明显的市场替代效应，只是会加剧相关内容市场的竞争。但有一种例外情形：如果是仅利用单一作家或画家的作品进行模型训练，则会存在正当性上的质疑，因为模型训练和使用者此时存在对特定版权人作品市场进行侵权替代的故意可能。①

第三，如何平衡未经授权的模型作品训练行为对被训练作品市场的冲击和对公共利益的促进？本质上，这是一种价值考量和利益平衡的过程，很难作出精确的判断。生成式人工智能发展方兴未艾，对整个人类社会的影响具有无限可能，有人称赞其诞生价值不亚于个人电脑与互联网，有人甚至将其等同于一场新的"工业革命"。虽然生成式人工智能模型训练对于在先版权人正常行权与既有市场的现实影响仍有待评估，但对于被训练内容授权付费的过度强调，无疑会对人工智能行业的技术进步和产业发展带来极大的阻碍。2023 年 2 月 20 日，韩国经济部长会议发布了《新增长 4.0 推进计划》，在第三部分"关键举措"和第四部分"未

---

① 朱开鑫. ChatGPT 生成的内容，是否享有版权？. ［2023 - 04 - 10］. https: // mp. weixin. qq. com/s/3_ IVPrfdrDqS8uZeC7YsuQ.

来规划"，两次指出需要"为促进 ChatGPT 等人工智能服务创新的发展，推动版权法的修订，允许在数据分析中使用版权作品，以发展超大规模的人工智能"。

五、制度思考：为生成式人工智能模型训练搭建科学的"合理使用"制度接口

生成式人工智能的快速发展与广泛应用，给整个版权体系带来了深刻的变革与影响，需要立足于产业与技术发展的大背景，看待模型训练阶段的版权制度设计问题。目前来看，对于模型训练采用"法定许可模式"，现实中存在一系列难以克服的难题。鉴于模型训练行为本身的特殊性，在思考"合理使用模式"的具体适用时，需要明确涵摄商业目的，并思考是否以及如何给予版权人"享有以适当方式保留模型训练"的权利，从而实现更为逻辑周延和利益平衡的规则设计。

（一）生成式人工智能对版权产业的系统性影响与赋能

首先，作为"因印刷技术而生，随科技革命而变"的版权产业和法律制度，其发展方向天然地受到技术创新的影响。"版权"（copyright）一词的由来，便是基于印刷、造纸技术的诞生，孕育出以"复制"（copy）为核心的权利体系，之后伴随声、电、光、磁、比特等新技术与载体的演进，而不断丰富发展。新一轮生成式人工智能变革，被称为是百年不遇、堪比工业革命的技术机遇。美国人工智能公司 OpenAI 发布的 ChatGPT，在发布后短短 2 个月，用户量便超过 1 亿，成为全球互联网历史上用户量增长最快的应用。

从生成式人工智能的进化史来看，其并非突然产生，而是经过了长达 60 多年的演进发展：从最早的萌芽期，到沉淀积累期，再到今天的快速突破期。1950 年诞生的图灵测试，便是最早和最典型的对人工智能生成内容质量水平的测验。根据中国国内研究机构统计，2023 年 1—7 月，中国有共计 64 个大模型发布；而截至 2023 年 7 月，美国共发布 114 个大模型，韩国位居第二，日本、法国和以色列的大模型发布量位列其后。

其次，生成式人工智能使版权关注领域发生了显著转变。版权被誉为"技术之子"，但回溯其发展历史，其更适合被称为"传播技术之子"。整体来看，版权制度的发展贯穿两条主线：一是新技术的演变带来新的传播方式，进而不断丰富版权的权利类型；二是新技术的更迭带来新的传播载体，进而持续拓展版权的客体种类。①

生成式人工智能技术的兴起，使人们对版权的关注从事后的"内容传播"领域转向事前的"内容创作"领域。而在此之前，创作一直被视为人类专属领域，作为作品制度基石的"独创性智力表达"则只能由人完成，别无替代。生成式人工智能带来了全新的认知革命，"人类创作"正日益被"AI生成"所赶超和替代，由此也引发了内容创作领域，主、客体范畴界定及权属、责任分配等系统性挑战。在生成式人工智能崛起之前，关于创作技术对版权制度的影响，人们能够直观感受到的或许只有拍摄技术进步催生出摄影、电影等作品。至于近些年在影视动漫、网络游戏等领域兴起的数字创作技术，更只是人类辅助手段的延伸而已，在具体表达层面仍然需要高度依赖于人类自身的创作构思。

再次，生成式人工智能深刻改变了版权领域的创作模式。生成式人工智能未来或将成为通用的内容生产工具，进而颠覆版权行业的创作形态。在传统版权领域，内容生成、知识创作是手工生产模式，高度依赖专业技能与经验传承。生成式人工智能的发展正在使知识与人快速解耦，并推动整个版权创作形态，从依赖"大脑构思＋手工操作"向"人类构思、筛选＋机器生成"转变。

从"PGC"（专业生成）到"UGC"（用户生成）再到生成式人工智能，版权领域的内容创作模式当下正在加速迭变。"PGC"模式之下，生成的内容质量高，但存在生产周期长、效率低的问题；"UGC"模式

---

① 朱开鑫. AI生成与版权保护. [2023 - 09 - 13]. https://mp.weixin.qq.com/s/JMFm_Opb4jWXzqbChmVsbA.

之下，通过提升作品分发效率和降低创作门槛，提高了全社会的内容供给总量，但在创作水平和质量层面则难以完全保证；生成式人工智能模式则克服了此前"PGC"模式和"UGC"模式，在内容创作数量和质量上存在的显著不足，有望成为未来主流的内容生产模式。

最后，网络版权产业积极拥抱生成式人工智能技术。生成式人工智能显著降低了版权领域的技能依赖和创作门槛，加速推进内容创作平权时代的来临。基于大规模语料和深度学习算法，生成式人工智能可以输出高质量的文章、图片、音乐、影视动画等多模态的内容。创作将不再是一个被专业群体垄断的高门槛领域，普通大众在生成式人工智能的辅助下，只要具备有价值的想法和观点，具体的表达完全可以交由 AI 来完成。

中国网络版权产业也在积极拥抱生成式人工智能这一变革机遇，并广泛运用于文字撰稿、语音处理、美术制图、视频剪辑、虚拟主播等具体领域。在生成式人工智能技术的赋能之下，网络文学、数字音乐、网络游戏、网络直播以及视听动漫等细分产业持续快速发展。自 2022 年起，生成式人工智能内容创作模式逐步发展成熟，在各领域应用快速普及，形成产业。从生成式人工智能在网络版权产业的应用来看，其价值不仅在于从 1 到 100，降本增效，突破人力瓶颈，实现快速的规模化生产，更在于助力从 0 到 1 的开拓性创作，例如在《流浪地球 2》等影片制作过程中，便运用了人脸跨龄、虚拟预演等全新的内容生产方式。

（二）生成式人工智能模型训练难以适用"法定许可制度"

"法定许可"亦属于版权法中"权利限制和例外"的一类情形，相较于合理使用而言，虽然行为人对内容作品的利用也无须事前取得版权人的授权，但需要向版权人支付必要的报酬。简言之，在符合法定条件的情况下，法律代替版权人自动向行为人"发放"了使用作品的许可。然而尝试通过"法定许可"模式来对生成式人工智能模型训练行为进行豁免，可能出现既难以实现对版权人的有效补偿，还令生成式人工智能产业担负"难以承受之重"的困境。

首先，模型训练涉及的作品规模过大，超过了"法定许可"制度可承载的范畴。从目前行业实践来看，人工智能模型研发平台主要通过从互联网上提取公开内容来训练它们的模型，其中的一个核心来源是"Common Crawl 数据集"维护的网络抓取数据库，而这基本上是整个全球互联网内容的副本。由于所有被抓取的内容几乎都有资格获得版权保护，因此在法定许可模式下，抓取行为直接触发了对这些被训练内容权利人的付款义务，可能需要对数以亿计甚至更多的作品进行许可管理和支付版税。

其次，难以解决准确匹配被训练作品的权利人，并将对应费用进行转移支付的问题。互联网上可以获取的公开照片、社交媒体帖子、商业网站、博客帖子或在线评论往往都是以匿名或假名方式发布的，或者根本没有任何信息可以识别内容的真实作者。对于人工智能模型研发者而言，确定合法的版权作者或所有者将是一个难以解决/克服的挑战。美国版权局曾指出，对网络上的某一作品来说，"找到版权所有者可能很费时、很困难，甚至根本不可能"。

最后，需要思考为给予版权人微不足道的利益补偿，而向人工智能产业施加难以承受的经济负担是不是一个理想的路径。任何法定或集体许可计划都可能陷入两个难以调和的政策目标之间——为版权人提供有意义的补偿和确保人工智能产业蓬勃发展。然而正如美国国会"人工智能与版权法的互操作性"听证会所论述的那样，"为分散的千万甚至数以亿计的个人创作者每月从模型研发平台处获得几美分费用支票的许可计划，对'保护人类创作'或'新闻、文学和艺术的未来'可能毫无价值"。

（三）生成式人工智能模型训练"合理使用"规则构建中的核心关注。

把新一代人工智能作为推动科技跨越发展、产业优化升级、生产力整体跃升的驱动力量，努力实现高质量发展；同时整合多学科力量，加强人工智能相关法律研究，建立健全保障人工智能健康发展的法律法规、制度体系，是国家对于人工智能领域制度建设的基本要求。由此，需要立足于技术进步、产业发展的现实实践，深入思考和审慎论证在我国既有《著作权法》框架下，如何为生成式人工智能模型训练提供科学的"合理使用"制度接口。

关注一：国际层面产业竞争环境的考量。

因为模型训练动辄涉及千亿级、万亿级的参数语料训练，如果一个国家规定模型训练必须事前完全获得每一个语料作品的授权，而另一个国家则予以完全责任豁免，则分属两国的大模型厂商的发展环境便会存在截然不同的差异。很多国家和地区其实都已经认识到了这个问题。

2024 年 3 月 13 日，欧洲议会批准的《人工智能法案》（最新文本）便强调需要确保通用 AI 模型服务商之间的公平竞争环境。其第 60j 条规定，无论支撑通用 AI 模型训练的版权利用行为发生在哪个司法管辖区，任何在欧盟市场上提供通用 AI 模型的服务商都应遵守欧盟版权法关于"文本与数据挖掘"情形设置的相关义务，任何服务商都不应通过适用低于欧盟版权标准而在欧盟市场上获得竞争优势。

关注二：思考责任豁免机制适用的行为属性。

从实践出发，不宜将责任豁免的模型训练目的限缩于非商业领域。一方面，这与目前的人工智能技术和产业发展趋势难以契合。大模型研发平台很难仅限于非商业领域的研发利用，因为无法为高昂的模型训练成本提供足够的回报激励，制度设计的现实价值不足。

另一方面，实践中科学研究目的和后续商业化的应用目的很难完全予以区分。很多看似立足于非商业研究目的的上游大模型研发训练，最终还是会投入到下游商业应用中。2023 年 6 月 28 日，美国加利福尼亚州北部地区巡回法院受理了针对 OpenAI 的第一起集体诉讼。作为代理人的美国克拉克森律师事务所（Clarkson Law Firm）直言，"OpenAI 已经从一个开放的非营利组织转向以盈利为目的的公司结构，并与微软等投资者进行广泛的商业合作"。

目前来看，欧盟关于"文本与数据挖掘"的规定进行了科学研究目的和不限目的（包括商业目的）的区分，但这一区分仅仅限于在"商业目的模型训练情形下"赋予版权人选择退出的权利。英国版权法目前虽然只允许非商业目的的模型训练，但2022年6月便曾提出新的模型训练的方案（允许商业应用；权利人不能选择退出等），并于2023年1月表示将制定一份新的实践准则，"为支持AI公司获取受版权保护的作品作为其模型的输入提供指导，同时确保对生成输出进行保护"。而日本"非欣赏性利用"责任豁免则不作应用目的的限制，美国"四要素分析法"对于合理使用具体情形的豁免也早就突破了对非商业利用的限制。

关注三：需要关注责任豁免机制的核心条件。

在具体规则设计时，一方面，应当注意AIGC模型训练豁免的作品利用范畴需要囊括"复制"行为。前文已述，从版权法权利规制角度分析，目前来看较为明确的是，只有"作品存储"行为可以纳入版权法的"复制权"范畴。而"作品处理"行为虽然在模型训练阶段的作用更为核心，但能否受到版权专有权利的规制仍存在争议。另一方面，需要注意模型研发平台享有的此种责任豁免，应当仅限于以模型训练为目的的利用行为本身。未经版权人额外授权，不得扩张对存储作品内容的利用目的和范畴，从事版权人未享有的受现行法保护和规制的其他传播行为。

关注四：需要思考更加科学和平衡的制度设计。

如果从大模型领域的国际竞争环境出发，基于促进国内生成式人工智能产业和技术发展，豁免模型训练阶段的版权责任，也需要审慎思考和科学论证是否以及如何设计搭建具有实操性的版权人退出、保护机制。值得关注的是，目前针对"模型训练"存在成文法规定的国家和地区，在原则上豁免模型训练厂商事前需获得作品利用授权的基础上，也都通过"例外的例外"给予了作品权利人一定的权利保护和训练退出机制。

欧洲《人工智能法案》（最新版本）关于模型训练版权责任的要求，实际上也明确了"文本和数据挖掘"的适用限制。其一，模型训练版权责任豁免的前提是大模型厂商需要合法获取作品；其二，对于商业目的模型训练，版权人可通过适当方式（至少包括机器可读的方式）事先保留这一权利；其三，模型厂商需要制定相应的规则，识别和尊重商业目的下版权人保留自身作品被模型训练的权利选择。2024 年 3 月，谷歌便因为在训练 Gemini 产品时违反上述相关要求，而被法国竞争管理局处以 2. 5 亿欧元的罚款。

日本 2018 年修订《著作权法》时提出的"非欣赏性利用"条款，虽然不区分商业和非商业情形，完全豁免了人工智能深度学习（模型训练）责任，但也规定了"但书条款"——不得对版权人利益造成不当损害。日本文化审议会著作权分科会的相关解读表示，如果版权人采取了技术保护措施防止自身作品被用于人工智能学习，则规避技术措施进行模型训练的行为就落入"但书"的范畴。

人工智能绘画平台使用作品的著作权问题

孙益武*

从 2022 年年初开始，境外人工智能（AI）绘画平台（工具或软件）相继大量出现，有 Disco Diffusion、MidJourney、DALL-E 2、Imagen、Parti、Stable Diffusion、NovelAI 等平台。人工智能绘画一时成为互联网投资领域的新宠，成为炙手可热的风口和流量密码。国内互联网大厂也纷纷投身人工智能绘画领域，涌现出文心一格、6pen、滴墨社区、无界版图等人工智能绘画平台。关于人工智能生成内容的著作权有无及归属已经有很多讨论。[①] 例如，王迁教授认为：人工智能生成内容都是应用算法、规则和模板的结果，不能体现创作者独特的个性，并不能被认定为作品；在不披露相关内容由人工智能生成时，该内容可能因具备作品的表现形式而实际受到保护。[②] 实践中，人工智能绘画平台往往声称：平台服务所生成内容之作品权利，将完全归属于用户个人所有；但是平台对使用人工智能创作服务生成或发布的内容享有全球范围内、不可撤销的非独家使用许可，即平台有权在市场营销活动中对用户生成作品进行合理的使用。

关于人工智能绘画平台对训练作品（数据）的使用，是否需要作

---

* 孙益武，上海政法学院经济法学院副教授。

① 吴汉东．人工智能时代的制度安排与法律规制．法律科学（西北政法大学学报），2017（5）；王迁．论人工智能生成的内容在著作权法中的定性．法律科学（西北政法大学学报），2017（5）；梁志文．论人工智能创造物的法律保护．法律科学（西北政法大学学报），2017（5）；易继明．人工智能创作物是作品吗？．法律科学（西北政法大学学报），2017（5）；熊琦．人工智能生成内容的著作权认定．知识产权，2017（3）；徐小奔．论算法创作物的可版权性与著作权归属．东方法学，2021（3）.

② 王迁．论人工智能生成的内容在著作权法中的定性．法律科学（西北政法大学学报），2017（5）.

品权利人的同意，能否直接适用已有的合理使用规则，以及是否需要通过法定许可制度来保障著作权人的利益，本文将对此进行讨论。

一、人工智能绘画平台生成画作的工作原理

对著作权人作品财产权的保护首先体现在权利人可以对哪些未经许可的侵权行为进行控制。著作财产权的保护首先需要分析他人行为是否落入权利的保护范围，因此，理解技术和行为成为侵权判定的前置条件。

目前，除极少数平台需要用户编写程序之外，多数人工智能绘画平台生成画作并不需要用户具备绘画或编程基础，只需要输入几个关键词来描述画作想要表达的内容，并在系统提供的选项中选择相应的参数或模型，人工智能绘画平台就能快速生成用户想要的图片。

人工智能绘画平台的操作流程一般包括：首先，用户输入"画面描述"的关键词或语句，一般以短句、短语为佳，支持中英文输入；"画面描述"决定了呈现在画作中的主要元素和内容。人工智能绘画平台可能无法理解"画面描述"中文本内容的含义，或文本内容里包含敏感信息而被禁止使用，需要更换文本内容再试，因此，可能会导致人工智能画作创作失败。

其次，人工智能绘画平台还会提供"画面类型"和"高级设置"等参数供用户选择，它们对图像生成起到艺术修饰的帮助作用。例如，无界版图绘画平台在模型选择上提供通用模型、二次元模型和色彩模型供用户选择。利用通用模型意味着生成画作的速度快、逻辑性强；二次元模型可以快速生成二次元图像；色彩模型会导致画作的出画速度较慢，但可提供恢宏的色彩想象。在画面大小方面，支持 1∶1、1∶2、4∶3、3∶4、16∶9 和 9∶16 等不同比例大小的输出。在图像分辨率方面，提供 $2\,048 \times 2\,048$ 或 $4\,096 \times 4\,096$ 等高分辨率输出。"画面类型"选项决定最终生成画面的材质和风格。例如，无界版图平台提供了 24 种风格，分别是手绘背景图、超现实照片、CG 数字渲染、Glitch 艺术、架上油

画、水彩画、水墨画、哑光颜、浮世绘、手绘艺术品、**Low Poly** 矢量画、电影老照片、壁画、街头涂鸦、**X** 光片、黑色电影、矢量设计海报、木刻版画、黑白雕版画、木浮雕、极简线条画、炭笔画、素描和古典雕塑等。

在人工智能绘画平台提供的"高级设置"中，用户还可以上传"参考图"；最终生成画面将参考这张图，具体的方式是将参考图作为初始画面，平台在此基础上进行迭代，最终画面会结合参考图和描述文本生成。由于对参考图的使用可能涉嫌侵犯版权，平台往往建议用户使用参考图时确保其有合法来源或者使用其拥有改编权的作品，因此，参考图可以是用户原创的图片，或者使用人工智能绘画平台创作功能生成的图片，或是所在人工智能绘画平台拥有改编权的图片。

在生成画作的风格修饰方面有主流、进阶修饰和细节修饰等类型供用户选择，其中，主流风格包括赛博朋克、迷幻、超现实、蒸汽波、外星人、现代、古老、未来主义、复古、现实、梦幻、抽象、波普艺术、印象主义、极简主义等，并且用户可以同时选择多种修饰风格。人工智能绘画平台甚至还可提供特定类型的艺术家风格供选择，包括达·芬奇、拉斐尔、达利和宫崎骏等。用户选择相应的艺术家风格，画作就可以实现该艺术家特定的创作风格和艺术效果。

综上所述，用户只需要在人工智能绘画平台上输入提示词和选择参数即可完成用户端的操作，其余的"创作"工作皆由绘画平台在后台完成。在著作权法意义上，人工智能绘画平台所做的学习、计算和输出涉及对输入图片的复制、剪切、整合、拼接、美化和渲染等，这些工作需要一定的技能和努力。但仅在复制过程中运用的技能、付出的劳动，以及作出的判断并不具有独创性；这也是人工智能绘画平台生成画作被认为不享有著作权的理由之一。① 在竞争法意义上，人工智能绘画平台

---

① Bridgeman Art Library, Ltd. v. Corel Corp., 25 F. Supp. 2d 421 (S. D. N. Y. 1998).

对版权作品的相关数据进行提取和分析，包括对画作中的颜色、光线、线条、形状等加以标记，形成计算机可读的特征模型数据。这些海量数据被保存、分类和计算，最终结合用户的输入和参数选择，绘画平台根据特定算法再将那些数据还原并生成最终画作。

二、人工智能绘画：生成还是创作

（一）人工智能作品"喂养"的著作权风险

作品体现了作者对思想情感的独创性表达，"独"体现为源于本人的独立创作，"创"意味着完成过程具有智力创作空间，成果能反映作者独特的个性。人工智能绘画是算法、规则和模板直接生成的；设计者刻意加入的随机因素本质上也是算法决定的，与创作所需要的思想、情感等个性特征毫无关系。[①] 人工智能绘画平台不是人类，其"独立创作"的思想来自其对在先的一个画家或众多画家的临摹和学习，人工智能绘画平台根据用户指令博采众家之长，不断借鉴和学习，从而生成用户想要的"作品"。人工智能绘画平台的本质是以深度学习为核心算法、以海量训练数据为学习材料的机器学习。人工智能绘画的流行是绘画技术智能化程度不断提升的表现，而其核心是依靠包括大量著作权作品在内的数据"喂养"。因此，人工智能绘画平台提供者和用户可能面临侵犯著作权的风险。

如果人工智能绘画平台使用的相关"喂养"或训练作品已经进入公有领域或遵守知识共享的 CC0 协议，那么人工智能绘画平台对训练作品的使用没有法律障碍。但在实践中，人工智能绘画平台的训练图库中有不少来自互联网的图片尚在著作权保护期限内，那么深度学习算法或模型对版权作品的"使用"应当如何评价？我国《著作权法》规定：著作权人享有禁止他人从事特定行为的专有权利；第三人未经许可不得对美术作品、摄影作品进行复制、发行、展览、放映和信息网络传播等

---

① 王迁．王迁知识产权讲演录．上海：上海人民出版社，2022：8.

行为。对于人工智能绘画平台使用版权作品进行算法训练这一事实通常并无争议，行为人可以著作权合理使用进行抗辩。无论是通用的"三步测试法"还是美国版权法中的"四要素法"，权利人和行为人双方就人工智能绘画平台对版权作品的使用是否符合著作权例外都有很大的辩驳空间。

此外，尽管各国著作权法规则逐渐趋同，但还是存在细微差别。由于著作权保护的地域性，人工智能绘画平台服务提供者需要在作品输入、机器学习以及作品输出等多个法域考虑版权侵权的风险。

（二）从文本到图像的"创作"分析

虽然将文本（用户的描述）转化成图画的人工智能绘画相对较新，但是将文本转换成语音（text to speech，TTS）的技术并不是一个新议题。一般认为，利用 TTS 技术制作有声读物，是对文字作品的复制，不属于对作品进行演绎之后形成的新作品。例如，在电子阅读终端中，TTS 技术主要是利用技术手段机械化地对作品进行朗读，并未对文字表达作出任何修改，形成的音频也不具有任何独创性。但在将文本转换成视觉图像时，有不少人认为生成的画作或图片不是已有作品的复制件，而是产生的新"作品"。二者生成内容的区别并不只在于感官上的简单差别；当文本转换成语音时，其表达内容没有丝毫改变，读者从原来的视觉感知转换成听觉感知。但在人工智能绘画中，当用户输入"少年与狮子"这一简单的文字描述后，辅以"水彩画"或"手绘艺术品"的画面类型，以及"波普艺术"或"现实主义"的画面风格，最终呈现在读者面前的可能是一幅大师级的"美术作品"。对于不擅长绘画的普通公众而言，甚至无法区分人工画作和人工智能画作之间的差别。对于"少年与狮子"这种简单的主题限定（文字描述），1 000 个画家可能呈现出 1 000 个不同的美术作品。虽然文本和图像都由视觉感知，但读者或观众能够感知从文本和图像中表达的不同信息；并且，图像表达出的信息更加丰富，更具个性化色彩，更容易符合"独创性"的要求。关于独创性的程度，也许人工智能绘画的质量并不上乘，配图的水平也不高，但对于大众审美或许是足够的，因此，如果用户对画质要求不高，可直接使用人工智能生成图片，而不需要花费相对高昂的成本聘请画家配图。人工智能生成画作带来的视觉冲击感在经仔细审视之后，可能逐渐被画面的杂乱和逻辑的缺失所消耗，人工智能绘画平台生成画作的质量取决于背后算法和模型的质量。

　　人工智能绘画平台生成画作的"独创性"在本质上并不是人类智力投入的结果。用户输入文字短语，选择想要的模型和参数，几秒钟内对键盘和鼠标的简单操作甚至不足以让用户"额头流汗"，背后是计算机模型和算法决定了最终生成的画作。对于用户而言，最终生成画作是什么样，在"创作"之初，并不清晰。最终的画面呈现也许符合用户预期，也许根本不是其想要的视觉效果。从某种意义上说，画作的最终呈现像打开"盲盒"一样，对用户来说可能是"惊喜"，也可能是"惊吓"，因为，当所有内容都是由人工智能模型生成时，人工智能绘画平台对其生成内容的准确性、完整性和功能性也无法作出任何保证。因此，人工智能绘画平台可能对生成结果进行审查，有些平台生成的画作需要在平台审核后才能浏览或下载。由于用户自行输入相关内容并选择不同的参数和模型，平台也无法预见最后生成的画作是否侵害他人权益，生成画作完全有可能侵害他人著作权、商标权等知识产权、肖像权与其他权益。平台要求用户对自己的所有行为及结果承担责任；同时声明，生成的内容不代表绘画平台的态度或观点。

　　生成结果的"盲盒"正好对应着算法的"黑盒子"或"黑箱"（black box）。除了人工智能绘画工具的程序开发者和专业人士，从事人工智能绘画创作的普通人根本不知道绘画程序如何运作，即便人工智能绘画平台对其算法或代码进行了备案或公开，普通用户依然难以理解其算法和模型的精髓，因为这些用户可能不是计算机专业人士，对美术创作也一无所知，甚至不会用铅笔对一个静物进行素描。人工绘画的技巧和难度已经被人工智能绘画软件所消解。然而，同时消失的还有人工绘画过程中的乐趣和艰辛。因为用户对不满意的人工智能画作可以轻松地进行"擦拭"，重画时只需要重新输入提示词、选择参数和模型。这种过程更像是对复印效果不佳的彩色复印机重新设定参数，也像是某个人对其不满意的凡·高画作复制件进行重新临摹。没有辛苦和努力投入的创作是经不起检视的，人工智能生成画作的高质量是由于人工智能绘画平台功能的强大，而这些强大的功能依赖于程序设计开发人员的智力投入和辛勤付出。

（三）模型训练阶段的非表达性使用

依据人工智能绘画平台的工作原理，人工智能"创作"分为输入阶段、训练阶段和输出阶段，并且对此有学者认为，仅输入阶段的数据处理行为有著作权法意义，涉及复制、改编、汇编，且构成合理使用；而后续阶段的批量学习及特征模仿或融合行为，则并不属于在传统著作权法规制范围。[1] 并且，在人工智能绘画平台的模型训练阶段，对作品的使用属于非表达性使用的范畴；而在人工智能画作的输入和输出阶段，对作品的使用属于表达性使用的范畴。但在输出阶段，输出内容和输入作品构成实质性相似的情形并不常见，人工智能所模仿的创作风格、手法等特征不受著作权法保护。然而，有学者认为，以模仿特定作者为目的的表达型机器学习是在著作权法意义上使用作品，不构成合理使用，属于对作品的侵权使用；理由是人工智能创作旨在模仿和重现某一作者作品的表达型机器学习，是以无限接近该作者的创作风格为技术目标的，因此这种人工智能从作品中提取的信息本质上是某一作家一贯的个性化表达，这是作者版权作品的核心部分。[2]

---

[1] 徐龙. 机器学习的著作权困境及制度方案. 东南学术，2022（4）.

[2] 李安. 机器学习作品的著作权法分析：非作品性使用、合理使用与侵权使用. 电子知识产权，2020（6）.

　　总之，人工智能绘画平台对著作权作品的使用有"表达性使用"和"非表达性使用"的区分。"表达性使用"是指使用原作品的目的在于利用其独创性表达，从而在使用结果上也再现了其艺术价值。就人工智能绘画平台生成的画作来说，绝大多数是属于改编再现，而非原样再现，例如，当用户利用人工智能绘画工具想要生成一幅"星空下的少女"的画作，人工智能绘画工具将凡·高的名作《星空》作为生成画作的背景图呈现，但由于用户设定了其他风格参数，人工智能绘画工具并没有将《星空》原样呈现，而是改编后再现。"非表达性使用"是指使用原作品的目的并非利用其具有独创性的表达，而是将其作为一种事实性信息（数据）进行功能性利用，在使用结果上也未再现原作品的艺术价值。①"非表达性使用"对应着美国司法裁判中的"转换性使用"的表述，它在合理使用的判定中至关重要，一旦认定"转换性使用"成立，往往意味着使用行为不会对作品产生实质性替代，夺合著作权例外规则的要求。例如，在人工智能图像识别领域，利用计算机对图像进行处理、分析和理解，以识别各种不同模式的目标和对象；在训练人工智能时，需要提供大量图像并对其进行打标后，供人工智能学习。所以，在图像识别阶段对美术作品的使用便是一种"非表达性使用"，为了训练人脸识别系统对人脸摄影照片或肖像画的使用也属于"非表达性使用"。因此，在这两种使用中，人工智能使用的是照片或美术作品中线条、距离等特征元素，而并不是美术作品或摄影作品中具有独创性的表达元素；换言之，人工智能将作品当数据使用，而不是作为表达而使用。

　　对于提供人工智能绘画平台的供应商来说，人工智能绘画平台对受版权保护作品（图片）的使用或可援引著作权例外规则而主张豁免。

---

　　① 焦和平. 人工智能创作中数据获取与利用的著作权风险及化解路径. 当代法学，2022（4）.

并且，人工智能绘画平台供应商可以主张其提供的绘画工具软件拥有非实质性侵权的用途，也没有诱导用户利用工具生产或生成侵权作品，而符合美国"索尼案"所确立的"普通物品"（staple article）的原则。然而，如果人工智能绘画平台在向用户提供或推荐在世的画家的名字和创作风格，导致市场出现大量模仿该画家风格的人工智能画作，该画家仍有可能从反不正当竞争的角度向人工智能绘画平台主张权利。众所周知，每个画家或画师都有自己的风格（画风），包括打光的方式、人物五官的形状、颜色的偏好等，从独特画风可以直接识别出一个画家的作品。然而，画风并不是著作权保护的对象。人工智能绘画平台实质上是一种"喂养"型机器人，在使用某些画家的作品进行喂养和消化之后，AI 开始先"临摹"，然后学习他人的手法和配色，然后再慢慢形成该画家的风格的算法和模型。①

对于用户生成的 AI 画作，如果最终图像中明显含有版权保护作品的表达或部分表达，用户和人工智能绘画平台都可能被追究版权侵权责任。人工智能绘画平台与传统用户生产内容（UGC）平台具有很大的不同。在传统 UGC 平台中，用户在完成创造或内容生成后，将相关作品上传到平台，平台本身并不直接参与用户的创作或合成行为。而人工智能绘画平台虽然由用户输入关键词并选择相应的模型和参数，但对画作生成起主要作用的仍是平台提供的算法和模型，因此，一旦生成的画作被认定为侵权作品，平台可能需要承担直接侵权的法律责任。

三、著作权例外：合理使用还是法定许可

（一）人工智能绘画平台使用作品的合理使用规则

如果不从源头上处理好人工智能绘画平台训练作品的版权合规性，有可能导致该人工智能绘画平台生成的所有图像或画作成为带有著作权侵权嫌疑的"毒树之果"，或称之为带有"原罪"。如前所述，人工智

---

① 顾砚. 我，靠 AI 绘画月入过万. 鞭牛士官方澎湃号.

能绘画的原理就是学习大量图文数据，甚至需要直接抓取网络公开的版权作品，生成的图片与训练的作品具有某种表达或风格上的相似性，因此，认定训练图库是否涉嫌抄袭和侵犯版权尤为重要。并且，人工智能绘画平台根据图库生成的人工智能画作或图片会再次被捕捉放到训练作品数据库里，成为下一轮人工智能模型训练的土壤或养料，到最后，训练图库里可能有 AI 的一代、二代、三代等不同迭代层次所生成的图片。总之，人工智能绘画平台生成画作的版权争议首先来自训练阶段对版权作品的使用是否合法，如果该种使用被认为是构成纯粹的"非表达性使用"，则不构成侵权行为，那么无须使用文本与数据挖掘等著作权例外规则进行豁免。如果认为使用版权作品进行训练构成对著作权保护作品的侵权使用，那就需要获得著作权法例外规则的豁免。

为了将训练阶段对版权作品的使用纳入我国著作权例外规则，有学者直接建议在现行《著作权法》第 24 条第 1 款最后增加一项新的"人工智能创作"合理使用类型，即"为人工智能创作复制、改编他人作品，以及将创作成果以广播、信息网络传播方式向公众提供"构成合理使用。[1] 其他同类的修法建议表述还包括"计算机信息分析挖掘"合理使用，即"通过计算机信息分析挖掘新的知识或者信息，复制已经合法访问的他人作品，并对复制产生的作品数据库在必要限度内向公众或特定第三方提供"构成著作权合理使用。[2] 在理由解释方面，除"非表达性使用"的解释之外，有学者认为，人工智能数据输入可类比为人的学习行为，从而论证其属于合理使用；但其同时指出，人工智能不能与人享有同等的合理使用待遇，而要辅以利益分享机制。[3] 从横向比较来看，欧盟在 2019 年推出的《数字单一市场版权指令》（《DSM 指令》）

---

① 焦和平．人工智能创作中数据获取与利用的著作权风险及化解路径．当代法学，2022（4）．

② 张金平．人工智能作品合理使用困境及其解决．环球法律评论，2019（3）.

③ 王楷文．人工智能数据输入与著作权合理使用．文献与数据学报，2021（3）.

中已经引入"文本和数据挖掘例外"，但将适用范围限定为不具有营利性的大学、研究机构及文化遗产机构，适用主体包括基于商业目的的文本与数据挖掘，同时允许权利人通过协议、单方声明等方式对此予以保留。这种"选择退出"（opt-out）的方式对著作权权利人提出了较高要求，需要其就公开发表的作品作出数据挖掘例外的保留声明。

综上所述，一方面，如果采用合理使用制度对训练图库的著作权利用行为进行整体豁免，或将造成人工智能绘画平台肆无忌惮地搜索使用或收录版权作品进行算法训练，完全无视著作权人的权利和利益，甚至造成人工智能工具生成画作替代画家和艺术家的美术作品或摄影作品，陷入"青出于蓝而胜于蓝"或"教会徒弟饿死师傅"的窘境。另一方面，如果完全采用自愿许可制度，人工智能绘画工具开发者可能需要和众多著作权人展开谈判，就许可合同中的诸多条款和细节逐一落实，许可交易的成本过高；并且会影响人工智能绘画技术的开发和演进。有学者建议：在著作财产权体系中，创设机器学习权；其权利内容为未经著作权人许可，不得任意对他人作品进行表达性机器学习；同时，为避免过于严苛的著作权保护阻碍科技的创新和进步，对于发表或连载完成已满6个月、保护需求较弱的作品，法定许可他人可以进行机器学习。①

（二）法定许可和标示义务

为了促进人工智能绘画和视频技术的发展，笔者认为，在模型或算法训练阶段对版权作品的使用应当建立一种法定许可制度，而不是简单通过文本与数据挖掘的著作权例外，允许人工智能绘画平台在未经许可和不支付报酬的情况下使用版权作品，尽管该种使用可能构成一种"非表达性使用"。但人工智能绘画平台并不是只在模型训练阶段使用版权作品，在画作的输出阶段同样使用了被收入训练图库的作品，这与其他人工智能生成内容存在差别。因此，"表达性使用"和"非表达性使

---

① 徐龙．机器学习的著作权困境及制度方案．东南学术，2022（4）．

用"并不是那样泾渭分明。另外，版权作品在数据分析层面的利用价值并不应无偿地为他人所攫取。在商业数据保护被法律认可的前提下[①]，从维持人工智能绘画平台之间竞争秩序的角度考虑，也应该对人工智能绘画平台收集具有商业价值的数据设置一定的成本。

如此，人工智能绘画平台需要为训练图库中的版权作品支付报酬；其报酬可以不参照美术作品许可的市场价，而另作适当处理，考虑因素包括对训练作品的利用是否为"非表达性使用"，对权利人的直接市场替代程度是否较小，是否通过合理标注学习的原作以提高权利人的知名度。如果人工智能绘画平台在生成画作上适当标注被学习的画家的身份和画作名称，则可适用著作权法延迟收益的理论，即画家等著作权人愿意让作品被机器学习，旨在使作品和作品风格处于为更多人所接触和欣赏的状态，一旦该作品的使用者和爱好者形成规模，能够带动传统商业模式中的销售和衍生新产品的开发和销售。[②] 对人工智能生成画作的合理标示还可以保障公众在接触作品时了解哪些作品是人工智能生成的，哪些是原创作品。[③] 人工智能生成作品在流转和使用过程中出现收益的，应该向被学习的画家进行收益分成。

关于人工智能合成内容的标识义务，早在 2019 年的《数据安全管理办法（征求意见稿）》中就有对相关规则的设计，即：网络运营者利用大数据、人工智能等技术自动合成新闻、博文、帖子、评论等信息，应以明显方式标明"合成"字样；不得以谋取利益或损害他人利益为目的自动合成信息。2022 年 11 月公布的《互联网信息服务深度合成管理规定》第 16 条规定：深度合成服务提供者对使用其服务所生成或者编辑的信息内容，应当采取技术措施添加不影响用户使用的标识，并依

---

① 2022 年 11 月 22 日国家市场监督管理总局发布的《反不正当竞争法（修订草案征求意见稿）》第 18 条。

② 熊琦．著作权许可的私人创制与法定安排．政法论坛，2012（6）．

③ 张延来．定向投喂训练 AI 绘画算法的法律困境解决．"网络法实务圈"公众号．

照法律、行政法规和国家有关规定保存日志信息。关于人工智能绘画技术是否属于该规定中的深度合成技术，从其宽泛的定义来看，人工智能绘画是利用以深度学习、虚拟现实为代表的生成合成类算法制作文本、图像、音频、视频、虚拟场景等信息的技术之一。尽管上述征求意见稿的规范还没有颁布实施，但根据其后公布的《互联网信息服务深度合成管理规定》，对人工智能生成内容与人类创作物作出区分将成为深度合成服务提供者的法定义务。

综上所述，人工智能技术的发展必然需要已有作品的"喂养"，而对于尚处在版权保护期的美术作品的大量使用行为完全豁免，既有可能侵犯复制权，也有侵犯改编权的潜在风险。在物理层将作品作为商业数据予以保护的必要性和正当性，也不容忽视。因此，期待利用法定许可制度解决人工智能绘画平台使用版权作品训练模型的来源授权争议，以更好地促进人工智能绘画技术和相关产业的发展。

论生成式人工智能改编权侵权的法律规制[*]

李宗辉　袁梦迪[**]

生成式人工智能是一种通过对大量数据进行学习，从而能够创建新的、与原始数据类似内容的人工智能技术。[①] 其主要分为自然语言处理用于文本生成和对话；计算机视觉用于生成图像与图像描述；创意与艺术用于生成音乐、绘画作品、设计元素，甚至能指定艺术风格进行创作。2022 年 11 月，OpenAI 推出 ChatGPT，一种基于 Tran former 架构的生成式人工智能，其自发布后在全球掀起热潮，注册人数已超 1 亿人次。[②] 谷歌、微软、Meta、百度、华为等国内外大型企业都在陆续更新自己的生成式人工智能，如 Gemini、Kosmos‐1、LLaMA、文心一言等。2023 年 3 月，OpenAI 持续升级大模型——GPT‐4，新增识图功能、强化精准理解，满足更多需求。

与生成式人工智能蓬勃发展相对应的是人工智能相关领域法律规定与版权监管不足，呈现出一定的无序状态。生成式人工智能依照技术—行业—应用的上下游分为"模型基座—专业模型—服务应用"三层[③]，具有"数据挖掘—内容生成—内容利用"三个阶段[④]，现有研究更关注生

---

* 本文为国家社会科学基金青年项目"数字经济发展视野下商业数据交易规则体系构建研究"（22CFX078）阶段性成果。

** 李宗辉，南京航空航天大学人文与社会科学学院专聘研究员、硕士研究生导师；袁梦迪，南京航空航天大学人文与社会科学学院硕士研究生。

① 2023 年十大新兴技术报告．世界经济论坛第十四届新领军者年会报告．

② UBS Editorial Team. Let's chat aboutChatGPT EB/ OL］．（2023‐02‐23）［2023‐09‐28］. https：// www. ubs. com/global/en/wealth-management/our-approach/marketnews‐article. 1585717. html.

③ 张凌寒．生成式人工智能的法律定位与分层治理．现代法学，2023（4）：128‐131.

④ 丛立先，李泳霖．聊天机器人生成内容的版权风险及其治理：以 ChatGPT 的应用场景为视角．中国出版，2023（5）：16‐21.

成式人工智能数据挖掘阶段以及生成物再利用阶段的版权问题[①]，鲜少对数据训练、内容生成过程中侵犯的具体著作权进行探讨，即使有亦多谈及的是生成内容的版权保护问题[②]，而较少对生成过程的具体著作权侵权认定与规制进行深入研究。一直以来，改编权都存在立法中认定概念抽象与司法中判断标准差异的问题，也间接影响着生成式人工智能的版权侵权规制。本文立足于对生成式人工智能的技术流程分析，聚焦于其"输入—输出"全过程是否存在对改编权的侵犯，并厘清相应的侵权主体与判断标准，试对生成式人工智能改编权侵权的法律规制问题发表拙见，以供学界同人批评指正。

一、生成式人工智能的改编权侵权风险

改编权是在保留原作品基本表达的情况下，通过发展这种表达在原作品基础之上创作出具有独创性的新作品并加以后续利用的行为。改编权最大的特点在于其包含个性、独创的劳动成果，存在能够被客观识别的与原作品的差异。改编作品应满足两个构成要件：第一，改编行为必须使用原作品中独创性的表达；第二，改编行为需对原作品进行独创性改变而创作出新作品，新作品具有相同或不同的表达方式。[③] 人工智能生成内容的概念实际上可以追溯到 20 世纪 60 年代，麻省理工学院教授约瑟夫·维森鲍姆（Joseph Weizenbaum）和肯尼斯·科尔比（Kenneth Colby）共同开发了第一款可人机对话的机器人伊莉莎（Eliza），基本流程为关键字扫描、重组以完成交互任务，生成内容主要是对现有数据的复制与组合。近年来，随着自然语言处理的进步，基本由编码器与解码

---

① 王国柱．人工智能生成物可版权性判定中的人本逻辑．华东师范大学学报（哲学社会科学版），2023（1）：133–142.

② 焦和平．人工智能创作中数据获取与利用的著作权风险及化解路径．当代法学，2022（4）：128–140.

③ 江苏省高级人民法院（2018）苏民终 1164 号民事判决书。

器两部分组成的生成式人工智能，运行分为训练与输出两个阶段。[①] 笔者以此运行过程为讨论视角，探讨每个阶段是否存在改编权侵权风险。

（一）训练阶段的改编权侵权风险

人工智能训练阶段与数据挖掘阶段都与数据提取相关，但内在逻辑有所不同。文本数据挖掘的目的在于定位和提取相关的信息，找到数据之间的变量关系、模式和趋势，是一种行为模式。而训练学习阶段是用于模型的训练、拟合、构建，数据挖掘仅是人工智能模型训练的前置步骤之一。在训练阶段，编码器将挖掘到的大量训练数据（图片、文本、视频等）编码成矢量或矩阵形式的数字表示，使其进入人工智能系统，并对数据进行处理、学习，通过大量的训练数据集合来抽象出数据的本质规律和概率分布，掌握数据的内在结构，因此，生成式人工智能在训练模型前，需要通过数据挖掘先将作为训练数据的作品从相应网络地址下载并存储，以形成版权作品的副本。生成式人工智能在对作品进行编码后，将其输入至"数据信息空间"。整个训练阶段又分为数据处理与数据优化两个部分，在数据处理阶段，生成式人工智能会对现有作品进行下载和存储，这可能涉及对作品的复制或临时复制，再将作品转码为机器可处理的代码。该过程将海量作品转换为大量的代码，相当于将作品逆向还原为点线面、色彩、方位、坐标等元素，并没有保留原作品最关键、本质的特征，也并未对原作品的独创性表达进行取舍，而是大量元素的数据集合。这个转码的过程实现了文本格式转换，是中立技术[②]，也没有生成新的作品，难以被认定为改编行为。

然而在数据优化过程中，相较于对作品的直接复制与转码，生成式人工智能数据优化的过程根据模型最终的学习目标对作品进行了代码添

[①]　有观点指出生成式人工智能具有"数据挖掘—内容生成—内容利用"三阶段，参见丛立先、李泳霖. 聊天机器人生成内容的版权风险及其治理：以 Chat GPT 的应用场景为视角，笔者认为人工智能生成内容利用阶段改编权侵权与传统侵权模式无异，此处不再赘述。

[②]　安徽省合肥市中级人民法院（2020）皖 0191 民初 640 号民事判决书。

加与内容取舍，通过"打标签"将结构化数据进一步附着语义信息，以此为完成下游任务提供生成内容的意义保障。以 InstructGPT 为例，其在训练阶段至少存在指令标注、模型输出标注、模型排序标注、有害输出标注以及补充标注等几种类型。[①] 在此过程中，生成式人工智能未在"图像信息空间""无差还原"原始版权作品，它不仅仅是对一些作品表达理念的抽象，更多的是对原作品中表达元素的重新排列组合，并对内容中重要的元素进行提取、更改、整合与再利用，仍保留了作品内容中最关键、最本质的特征，因此，生成式人工智能在训练过程中对原作品进行的优化行为是"改编、编排目标对象的表达形式，从而形成了新的研究样本"，在保留作品基础表达的前提下形成了新的表达，可能落入改编权控制范畴。[②]

（二）生成阶段的改编权侵权风险

在生成阶段，解码器基于对规律和模式以及书面提示信息的理解，从预存的数据中吸取知识来生成原创、连贯、自然的新内容。同时，人工智能公司还会通过人工或对抗网络来评估、判断生成内容的质量，优化深度学习的神经网络，提高质量，并不断收集新数据、重新训练网络，生成更高质量和更真实的数据，达到想要的效果。因此，生成式人工智能有三种可能的输出结果：结果一是生成与训练数据完全不同的、具有独特风格与独创性表达的全新内容；结果二是直接对训练数据的基本表达进行剪切、拼接后整合输出，输出内容是对训练数据的机械拼凑；结果三是输出内容并非对训练数据直接复制，而是生成与训练数据相比有一定相似性又有一定差异性的内容，仍能从生成内容看出其他作品中的一些表达元素。囿于技术发展，结果一暂未完全实现，结果二也

[①]　Ouyang Long et al. , *Training Language Models to Follow Instructions with Human Feedback*, Advances in Neural Information Processing Systems, Vol. 35, p. 27731（2022）.

[②]　丛立先, 李泳霖. 生成式 AI 的作品认定与版权归属. 山东大学学报（哲学社会科学版）, 2023（4）：172.

难以做到，除了少数类似于"以 prompts 方式要求概括、总结、翻译特定版权作品"这类特殊内容生成需求之外，生成式人工智能基本不会直接输出特定作品（甚至说特定作品的片段）。绝大多数情况下，生成式人工智能接收到的内容生成指令都是开放性的，对作品类型和作品风格都没有特别限定。最常见的生成式人工智能输出结果就是第三种，即在给定提示或输入后，生成式人工智能会生成与训练数据有相似特征的新的内容，也即从应用训练过程中得到模型预测期望的输出，并创造新的内容。这也是本文所主要探讨的对象。此外，生成式人工智能具有两种行为模式：一种是对其原作品的内容不作任何的改动，只改变作品呈现的方式，也就是转变作品类型，如将文字作品输出为图画或是视频；另一种是不改变原作品的类型，在原作品内容的基础上对其内容加以变动。

　　且随着算法技术愈发先进，人工智能生成内容与原训练数据的差异也越发增大。人工智能生成内容并不仅仅是原作品的单纯的再现，尤其是在人工智能生成内容相较于原作品发生形式转变时，已经不再只是对原作品进行简单的微调，人工智能生成内容与原作品相比已经存在可以被客观识别的差异，输出内容与原作品视觉差异更为明显。以 GPT－4 为例，"其所依赖的神经卷积模型相较于传统算法模型而言更加复杂，对于各种数据要素的分析也更加深入"[1]，对用户输入指令的理解也越发灵活，甚至能根据用户进一步的新指示对生成内容不断调整，前后指令的生成内容也越发具有连贯性与灵活性，"个性化""多样化"大大增加[2]，甚至难以从人工智能生成的内容中看出原作品的影子，这也是诸多版权集体组织一直要求人工智能公司完全公开训练数据的原因之一。如下页图所示，在输入"戴帽子的兔子"指令时，GPT－4 根据同一要

① 刘艳红. 生成式人工智能的三大安全风险及法律规制：以 ChatGPT 为例. 东方法学，2023（4）：32－33.

② 王迁. 再论人工智能生成的内容在著作权法中的定性. 政法论坛，2023（4）：16.

求可以生成 4 张符合要求却又在外在表现甚至画风上存在差异的图片，兔子的品种、形态、动作、表情以及帽子的颜色、样式、图案都各有不同。通过同平台识图功能可以发现，即使图片中的帽子或是背景元素能找到相似原图，在整体的构图上仍与在先图片存在一定差别，该差异部分也能够体现人工智能内容生成时的一定个性、判断或选择、独创。因此，人工智能生成内容尚未完全脱离或远离原作品的"重编"状态，也暂未构成德国著作权法所称的自由使用，仍保留了原作品的基本表达，其生成内容符合改编作品"具有独创性＋使用原作品基本表达"的构成要件，可以被认定为改编作品。

　　同时，从法律责任角度来看，将人工智能内容生成行为认定为复制，可能导致人工智能公司承担"无害化销毁处理侵权复制品以及主要用于制作侵权复制品的工具、设备"等法律责任，不利于对人工智能产业集群发展与创新的激励作用。而将生成式人工智能输出行为认定为改编，其输出内容已经形成了有独创性的新作品，权利人只能主张停止侵害、消除影响、赔礼道歉、赔偿损失等民事责任，而人工智能公司无须没收、销毁新作品或是用于制作侵权复制品的生成式人工智能，更利于

我国生成式人工智能产业的创造性发展。

二、生成式人工智能改编权侵权认定

一般著作权侵权认定规则——"接触＋实质性相似"，同样适用于人工智能生成内容对他人作品改编权侵权的判断。人工智能公司的爬虫技术对互联网上一切数据具有天然接触可能性，对"接触在先作品"的判断无须再进行过多探讨。此处主要对实质性相似的判断标准进行讨论。传统的实质性相似在判断的主体标准上以"普通消费者"为判断主体，在客体标准上采用抽象过滤法与整体观察法相结合的方法。从立法价值角度出发，实质性相似标准的设立目的是鼓励创作和避免公众接触权的滥用，而对于生成式人工智能而言，其深度学习的能力极强，对海量数据强化训练、学习的行为实际上使"公众"接触权极大扩展，该技术使人工智能内容生成过程的潜在侵权风险与侵权成本间存在高度不对称性，进而对知识产权保护机制产生重创，故生成式人工智能侵害改编权的标准应当有别于传统实质性相似标准，以起到版权激励创作的作用。

（一）实质性相似的考量主体

一般公众的认知水平有限，其能准确判断的对象一般局限于日常能接触到或所熟悉领域的作品。而对于高新技术领域中并非机械复制的人工智能生成内容的裁判过程，一般公众的视角难以发挥实际效用。同时，受限于目前的技术发展，生成式人工智能输出内容未能完全脱离原有作品的基本表达，实质性相似的鉴别难度也尚未上升至"专家标准"。

因此笔者认为，应以具有一定艺术鉴赏力的相关公众为作品间实质性相似的考量主体更具备合理性。一方面，依据"需求转移理论"，人工智能生成内容构成改编作品，与原作品的收益分享市场一般存在重合，受众范围也多有交叉。其生成内容所侵占的市场需求的变化与改编作品市场的相关公众密切相关，以相关公众视角评价前后作品的相似性程度有助于强化结论的客观性。① 另一方面，美国法院在"道森案"的审判中，也指出"熟悉相关媒体"的群体应该是进行主观分析的人，因为利用受过更多教育的观众来分析此类较为复杂的问题，可以避免侵权案件过多发生，也能避免不知情的人对此作出偏差判断。② 相关公众标准还能有效防止法官的主观判断与该领域内作品受众认知不一致的情况发生。

（二）实质性相似的考量因素

在改编权侵权判断中，比对的重点在于在先作品的独创性表达部分是否被在后作品以实质性相似的方式再现。传统的实质性相似认定标准，更倾向于"定性"而非"定量"。一方面，法院采取"整体观察法"和"抽象过滤法"两种判断方法。对于两种方法使用的先后顺序并无明确规定，前者侧重于比较原作具有独创性且受《著作权法》保护的部分，后者侧重于以一般非专业人士的角度来评判作品整体。然而，生成式人工智能在大规模的数据训练过程中，会对海量作品中的抽象表征进行提取以明确本质规律与概率分布。而抽象过滤法是指在所涉作品比对之前，先将原作品中不受《著作权法》保护的元素过滤出来，从而导致上述元素的独创性表达在著作权侵权考察中被排除在外，无法对原作品进行有效保护。另一方面，法院一般考量在后作品和原作品之间的相似程度，对在后作品使用原作品独创性表达的质量与数量已成为侵权判断的核心要素。然而现有法律对这种限度并未设定具体的比例，在不同案件和不同作品中会具有相当程度的差异性，主观性极强。尤其是在生成式人工智能碎片化利用版权作品数据集的场景下，两部作品间的"微量相似"现象将会变得前所未有地突出③，同时，基于生成式人

---

① 杨红军. 论著作权侵权判断主体的界定. 东岳论丛，2020（1）：176.
② Dawson v. Hinshaw Music Inc, 905 F. 2d 731, 733-735 (4th Cir. 1990).
③ 邵红红. 生成式人工智能版权侵权治理研究. 出版发行研究，2023（6）：37-38.

工智能训练数据的海量性与生成过程的特殊性，如对权利人分配较重的举证责任势必不利于权利人维权，有违公平、效率原则，对"数量 + 质量"的考量只会进一步加剧生成式人工智能改编权侵权认定争议。且在改编权侵权认定中，具体来说，应该将在先作品中独创性表达的整体与在后作品中的相应部分比对，同时应摒弃对数量和质量的考虑，采用"整体观察法"认定为实质性相似即可认定为版权侵权成立。

（三）反编译技术作为判断手段

反编译，又称反向编译、计算机软件反向工程，是指通过对他人软件的目标程序进行逆向分析、研究，推导出他人的软件产品所使用的思路、原理、结构、算法、处理过程、运行方式等设计要素。反编译技术被广泛运用于计算机软件著作权侵权案件中。比如，通过对被诉侵权软件的目标程序进行反编译，可能会发现与权利人的软件相同的异常处理模块或者版权信息，在无法获取被诉侵权游戏源程序的情况下，通过对目标程序进行反编译，并将反编译后得到的源代码文件和权利人的源代码文件进行比对，比对结果可作为判断是否侵权的关键证据。[①]

在人工智能内容生成过程中，因其训练数据体量大、更新快，权利人多面临取证周期长、取证成本高的问题。特别是在生成内容较原作品具有不同的表达形式时，比对生成内容是否再现了原作品的独创性表达需要支出巨大成本，且对权利人有较高要求，无疑增加了权利人的举证难度和维权成本，有违公平、效率原则。对此可以借鉴游戏改编权侵权案件中通过对生成内容进行反编译的方式确定其非法改编了哪些作品。如在"明河社出版有限公司、完美世界（北京）软件有限公司与北京火谷网络科技股份有限公司、北京昆仑乐享网络技术有限公司、北京昆仑万维科技股份有限公司侵犯改编权及不正当竞争纠纷案"中，权利人

---

① 江苏省高级人民法院（2016）苏民终 1554 号民事判决书、北京知识产权法院（2017）京 73 民初 172 号民事判决书。

即通过对被诉侵权游戏安装包文件进行反编译，形成与原作品相同的作品类型，再对文字作品进行比对。① 故在判断人工智能生成内容是否保留原作品独创性表达时，可以通过对生成内容进行反编译后，将其转化为与原作品一样的作品类型，以辅助确定生成内容是否使用了原作品的独创性表达。同样，如人工智能生成内容未使用对比文件中的基础表达元素，人工智能公司基于其转码的海量训练数据，同样可以提供反证证明——将生成内容的代码与原作品代码进行同类型比对。

三、生成式人工智能改编权侵权责任分配

在生成式人工智能改编权侵权责任的主体识别上，对于人工智能本身能否成为责任主体存在诸多争议，《生成式人工智能服务管理暂行办法》将责任主体限定为服务提供者与用户两类，否认了人工智能的法律主体资格。笔者认为目前人工智能处在由弱向强过渡的转变阶段，现阶段的生成式人工智能学习、训练乃至生成的过程都基于服务提供者的算法预先设定与用户的使用行为，其尚未脱离人类的控制成为独立个体，其在创作过程中发挥的作用与传统意义上的工具类似，因此，这些控制人工智能的人都有可能成为侵权责任的主体。

（一）提供者的改编权侵权责任

《生成式人工智能服务管理暂行办法》第 9 条第 2 款明确了提供者具有制定服务协议的权利与义务。为避免潜在的争议，在生成式人工智能尚为模型时即应构建服务协议，就生成内容的权利归属、提供者与用户的责任划分、免责条款等进行约定。综观各类生成式人工智能服务协议，部分生成式人工智能公司将生成内容的权益约定为由服务提供者享有，如北京百度网讯科技有限公司在"文心一言用户协议"第 5.1 条和第 5.2 条约定，百度为本服务的开发、运营主体，对本服务的开发和运营等过程中产生的所有数据、信息、输出等享有在法律法规允许范围内

---

① 北京市高级人民法院（2018）京民终 226 号民事判决书。

的全部权利，百度在本服务中提供的内容的知识产权属于百度所有，相关权利人依照法律规定应享有权利的除外。还有部分生成式人工智能公司试图给予用户生成内容的所有权。以 ChatGPT 为例，OpenAI 的服务协定中明确规定将其"对输出的所有权利、所有权和利益"转让给用户。但仔细观察其使用协议不难看出，以 OpenAI 为主的生成式人工智能公司仍然有着对生成内容的实际控制力。甚至，OpenAI 还禁止用户转让或委托使用协议中包括控制权在内的权利或者义务，致使用户无法行使"输出内容所有权"。OpenAI 通过服务协议对"所有权"和"使用权"进行了二分，在让用户享有生成内容"所有权"的同时，OpenAI 反而能通过"使用权"对数据进行实质利用。

此外，OpenAI 不仅试图逃避生成内容的侵权责任，还给用户施加了过高的义务。在其使用条款中并未对输出的可靠性、适用性、质量、不侵权、准确性等作任何保证，甚至"在被告知有损害可能性的情况下，也不对间接的、偶然的、特殊的、后果性的或惩戒性的损害负责，包括对利润、商誉、使用、数据损失或其他损失的损害承担责任"，却对用户责任进行了较为详尽的规定，如要求用户采用"像保护自身机密信息的方式一样"对待 OpenAI 定义的"机密信息"，并要求用户发现安全问题立即汇报。责任主体的规定混乱与责任承担的不平衡无疑会助长生成式人工智能企业对个人权益的剥削和利用服务协议逃避责任的风气，不仅不利于研发公司开发负责任的人工智能产品，更不利于提高社会整体效益。依照权责相一致的原则，人工智能内容生成发生改编权侵权时，一般应由真正具有内容权利并享受内容的受益者承担侵权责任，又由于现阶段人工智能本身不具备享有权利承担责任的主体资格，因此改编权的侵权主体是人工智能公司，而并不能根据使用协定的不合理规定将责任不合理地转移到用户身上。

（二）用户的改编权侵权责任

对于不少科技公司所提出的用户恶意诱导人工智能内容生成的侵权

可能，笔者认为基于生成式人工智能侵权中责任主体的复杂性和多元性，有必要区分不同场景，明确不同主体的责任。从生成内容的贡献来看，用户的指令对改编权侵权的发生发挥了重要作用：如果没有用户恶意输入指令并刻意往侵权方向调整，将难以构成对改编权的侵犯。以ChatGPT 为例，其经历了基于人类反馈强化学习（RLHF）的训练。在这个训练过程中，ChatGPT 针对每一个指令生成多个输出选项，随后这些输出会根据用户反馈从质量最佳到最差进行排序，从而形成一个新的标签数据集，用于构建训练奖励模型。最终，ChatGPT 基于该奖励模型调整输出结果，以优质化其响应质量。拥有一定专业技能的用户还可以通过直接提示注入、系统提示泄露、模拟对话的越狱攻击等多种方式，故意对生成式人工智能的智能模型进行攻击，强行覆盖服务提供者预先设定的运行模式与内容审查机制，从而导致生成内容对在先作品改编权的侵害。[①] 这就使 ChatGPT 生成的内容融入了人类的主观偏好，并不完全由服务提供者预先设定的算法规律所决定。特别是当用户在生成式输入的指令为较复杂、专业的提示词时，提示词容易显著且直接地影响生成的内容。用户甚至还能直接上传作品，并要求人工智能在上传作品的基础上进行生成。如果上传的作品尚未经作者授权使用，人工智能生成的内容必然构成对上传作品改编权的侵犯，此时的侵权行为是由用户恶意突破人工智能内容生成的安全防线所致，生成内容对其他作品改编权的侵犯当然应该由用户承担相应责任。

因此，将生成内容完全归属服务提供者，可能的侵权责任将完全由服务提供者承担，并不符合生成式人工智能生成内容的规律，忽视了用户在内容生成过程中的贡献和责任。笔者认为，不应将人工智能内容生成中的著作权与改编权侵权责任完全归属于服务提供者，应综合考虑服

---

① 大语言模型提示注入攻击安全风险分析报告．大数据协同安全技术国家工程研究中心，2023－07－26．

务提供者对生成内容的作用，以及用户对生成内容的控制程度，由服务提供者对生成内容承担主体责任，用户对生成内容承担部分责任。①

四、生成式人工智能改编权侵权协同治理体系

前文基于法教义学的角度分析，明确了生成式人工智能改编权侵权认定手段技术化，运行过程中改编权侵权风险多样化，侵权责任承担主体多元化，对生成式人工智能改编权侵权的法律规制多从事后的救济机制展开。然而生成式人工智能的应用涉及多类主体的不同行为，规制改编权侵权需综合考量多方面的社会因素，应构建算法设计与模型训练的侵权事先预防机制，加强服务提供者管理责任进行事中监管，强化用户注意义务便于事后追责，形成多环节、全链条的整体协同治理体系。

（一）优化算法设计的法律监管

算法是生成式人工智能底层模型得以成功开发的三大核心因素之一。在算法设计的监管层面，一方面，基于《中共中央、国务院关于构建数据基础制度更好发挥数据要素作用的意见》，生成式人工智能应细化算法备案与评估的规则、流程、内容要求，提高算法透明度，及时履行告知义务，强化算法审查制度。算法技术的公开蕴含着商业秘密泄露的风险，完善的备案制度能及时对生成式人工智能的算法进行存档，并进一步细化算法备案的时间节点，促使算法服务提供者在算法更新后及时、真实地进行动态备案，确保算法的透明度与可解释性。此外，生成式人工智能算法设计者有必要向公众公布算法的价值取向、建立依据、规则内容、运行逻辑、危险防范等相关信息，并且可以基于公众需要进行详细说明，还可以设置相应问答板块进行算法技术的学习和监督。另一方面，基于《关于加强互联网信息服务算法综合治理的指导意见》《生成式人工智能服务管理暂行办法》，生成式人工智能的算法监管应强化行政机关间的协同治理：国家网信部门负责统筹协调全国范围内的

①　徐继敏. 生成式人工智能治理原则与法律策略. 理论与改革，2023（5）：77.

算法监管工作，并会同发展改革、教育、科技、工业和信息化、公安、广播电视、新闻出版等部门建立部门间的长效协同机制，共同开展对生成式人工智能的算法监管工作。行政机关还应在完善算法备案的基础上，积极开展算法安全评估，健全算法分级分类体系，根据生成式人工智能算法数据的舆论属性或社会动员能力、内容类别、用户规模、数据敏感程度及对用户行为的干预程度进行分级分类，从而与《网络安全法》《数据安全法》相呼应，形成有效衔接的"网络安全等级保护制度—数据分类分级保护制度—算法分类分级监管制度"治理链条，从源头对生成式人工智能改编权侵权风险进行有效规制。

（二）扩张解释模型训练合理使用

现有研究和大多数国家和地区的法律都将人工智能治理重点放在了文本与数据挖掘的合理使用制度构建上，如欧盟《数字化单一市场版权指令》规定"科学研究目的文本与数据挖掘例外"以及非科研人员使用文本与数据的著作权法规则。① 大陆法系国家如德国也明确科研机构出于非商业研究目的，在必要限度内对数据挖掘、信息分析的侵权例外。② 此类规定混淆了人工智能内容生成的前置程序，没能完全涵盖人工智能训练学习的本质，而是局限在数据挖掘本身，忽视了训练阶段的改编权侵权风险。笔者认为，生成式人工智能作品利用制度的选择不仅关涉权利人的私权保护，更承载着数字产业集群的发展需求。生成式人工智能对海量数据的学习与训练同数据挖掘一样，都是产出优质内容的重要前提，因此将人工智能以学习、创作为目的使用版权作品纳入合理使用范围，是促进技术进步、推动生成式人工智能产业发展的必然

---

① Directive （EU）2019/790 of the European Parliament and of the Council of 17 April 2019 on Copyright and Related Rights in the Digital Single Market and Amending Directive 96/9/EC and 2001/29/EC，Article 4.

② The Federal Ministry of Justice，*Act on Copyright and Related Rights*（Oct. 02，2022），https：//www. gesetze-im-internet. de/englisch_ urhg/index. html.

趋势。

对此，可参考现有研究中对人工智能"数据挖掘"适用合理使用的具体解释路径[①]，扩张解释合理使用一般条款中"特定、特殊情形"的范围，适度突破现行《著作权法》所明确规定的 12 种列举情形，将模型训练、学习的过程也纳入其中。同时还可赋予法院更大的自由裁量权，允许法院在充分考量相关因素后，以更包容的心态应对人工智能的发展，在模型训练不影响训练数据的著作权人在市场中商业化利用，也没有不合理地损害著作权人的合法权益时，认定不构成改编权侵权，从而有效降低市场交易成本，激励技术的革新优化，并通过人工智能内容输出功能为公众提供更多的公平信息获取机会，提高网络空间中信息传播的效率，让多样化的文化市场愈发繁荣，实现功利主义视角下社会公共福祉的最大化。

（三）强化服务提供者的管理责任

首先，提供者应删除服务协定中不合理地减轻己方责任的"免责条款"，明确提供者在人工智能内容生成中的主体责任，并根据用户输入的指令内容判断其主观恶意以及相应承担的部分责任。其次，《互联网信息服务深度合成管理规定》第 16、17 条规定了服务提供者对生成内容的标识要求，服务提供者应基于此履行网络信息安全监管义务，在生成内容中添加可识别水印或有效警示信息。一方面，提供者通过人工智能反向识别技术对训练数据进行标注，确保数据的质量和一致性，从而不断提升训练数据准确性以提高生成内容质量。另一方面，提供者对人工智能生成内容进行标注，判断其是否为人工智能创作，并标注出主要使用了哪些作品作为参考。同时，提供者还应根据生成物的具体内容进行隐性或显性的标记，比如，当人工智能的生成内容被用于向社会公众传播，并导致人工智能生成内容与现实的高度混淆或导致使用人不当获

---

① 张明. 文本与数据挖掘适用著作权合理使用的解释论. 出版发行研究，2023（2）：55.

取社会评价利益时，人工智能生成内容具有危害社会公共利益的可能性，提供者有义务进行显性标注，而在其他情况下，提供者进行肉眼不可见的隐形标注即可，此外，提供者应负有对有正当需求的主体提供标注检测的协助义务。① 最后，提供者还应落实法律伦理规范要求，在政府的引导下推动企业完善平台合规落地机制建设，从而推进企业技术创新、经营管理的可持续发展。一方面，提供者应强化内部治理，通过有效组织和调动平台资源，完善风险识别机制和应对方案。② 如生成式人工智能在上线前或内测阶段便进行充分的预先风险测试，及时消除在此过程中发现的侵权风险，还可参照微软针对必应版 ChatGPT 存在的问题，通过快速反应迭代构成紧密反馈环路，从而及时化解潜在风险。另一方面，掌握核心技术的提供者应完善自查义务，建立数据风险评估认证机制，对可能的侵权风险以及追责处置作出一定的说明与公示，从而告知用户并对其使用人工智能生成内容的行为进行适当引导。提供者还应定期将自我检查报告交由监管部门进行合规评价，确保在开发和应用生成式人工智能的过程中，监督、质疑和保证的针对性与准确性得到满足。③

（四）明确用户注意义务

用户是直接利用人工智能生成自己所需内容的人，人工智能生成内容的表现形成一定程度上也受用户指令、审美、需求的影响，因此，用户也有防止生成式人工智能改编权侵权的注意义务。④ 然而不管是欧盟 AI 法案草案的规制框架，还是我国关于人工智能的内容治理框架，规制重心几乎都在人工智能服务的提供者身上，对用户注意义务的规定寥寥无几。一方面，由于生成式人工智能的通用性和大规模使用的特点，

---

① 姚志伟，李卓霖．生成式人工智能内容风险的法律规制．西安交通大学学报（社会科学版），2023（5）：154．
② 韩旭至．生成式人工智能治理的中国方案．行政法学研究，2023（6）：39－40．
③ 程莹．生成式人工智能的技术特点与治理挑战．中国网信，2023（6）：64－65．
④ 李宗辉．论人工智能绘画中版权侵权的法律规制．版权理论与实务，2022（3）：30．

对其改编权侵权风险的认知存在着一定的理解偏差。如面对用户恶意使用生成式人工智能导致的改编权侵权风险，服务提供者的事前风险识别将较为困难。此时改编权侵权的风险规制重点应当把用户作为治理主体的一环，要求其承担一定的法律强制义务，例如不得对生成式人工智能提供违法违规的指令素材或数据，不得诱导生成式人工智能生成违法违规的内容等。同时，还应明确用户对生成内容的使用规范，用户不得对生成内容进行随意滥用，也不得侵害他人知识产权，否则将承担相应法律责任。另一方面，由于生成式人工智能改编权侵权风险随机性生成的特点，传统上依靠提供者的事前控制、事中审查肯定存在防范不足的特点，监管机关的事后追责制度也将因为海量的侵权行为而可能面临制度失灵的风险，因此，应将广泛的用户纳入改编权侵权风险的预警、防范、管理和处置中来，使其成为生成式人工智能治理框架中的重要组成部分。如根据《生成式人工智能服务管理暂行办法》第 18 条的规定，用户发现生成内容损害他人合法权益时，有权向网信部门或者有关主管部门举报。在此基础上，可以进一步强化用户发现改编权侵权风险后的告知义务，并与相应的提供者或其他相关主体的平台内举报机制相衔接，拓宽举报渠道，健全联动机制，将用户举报与主动监管结合，全方位规制改编权侵权风险。

五、结　语

与 ChatGPT 席卷全球所带来的生成式人工智能开发热潮相对应的是，我国对于生成式人工智能改编权侵权的研究与规制不足。本文以人工智能"训练—生成"的运行过程为研究脉络，明确模型训练与内容生成中存在改编权侵权风险。又基于对生成式人工智能改编权侵权风险与侵权成本间存在高度不对称性的特殊考量，提出侵权认定标准中"实质性相似"的判断主体应由"普通公众"转变为"相关公众"，判断方法应以"整体观察法"为主，摒弃对数量与质量的考虑，并辅以反编译技术，以技术手段革新人工智能改编权侵权的认定标准。同时，根据权责相一致的原则，人工智能本身尚不具有承担责任的主体性，应明确享有生成内容权益的人工智能服务提供者承担改编权侵权主体责任，用户只有在满足"恶意诱导"时才对生成内容的改编权侵权承担部分责任。对此，可优化算法设计的法律监管，扩张解释模型训练合理使用以实施事前控制，加强服务提供者管理责任以规范事中监管，强化用户注意义务以便于事后追责，并在未来继续对治理链条不断进行探索与优化。

论生成式人工智能"创作物"的
著作权认定及司法裁判规则

——以 ChatGPT 为例

何佳磊*

一、引 言

2022 年年底 OpenAI 公司发布的生成式人工智能类自然语言处理工具 ChatGPT 如同普罗米修斯之火激发了人们对数字经济的无限畅想。

何谓生成式人工智能？生成式人工智能是指利用机器学习模型、深度学习技术，通过数据训练生成内容，可以生成文本、图像、音频和视频。ChatGPT 能够通过理解和学习人类的语言来进行对话，还能根据聊天的上下文进行互动，真正像人类一样聊天交流，甚至能完成撰写邮件、视频脚本、文案、代码、论文和翻译等任务。[①] ChatGPT 类软件可以被视为具备了一定"自主意识"和"思维能力"的人工智能。在大数据时代之前，所谓智能程序主要是通过代码定义在机器上实现人类思维，此时的代码程序更多的是作为一种辅助工具，并不具备自主性，更遑论"智能"思维。生成式人工智能"创作物"的相关法律问题分析之所以困难重重，是因为其利用预训练模型对海量数据深度学习，模拟出人类的思维过程和表现出智能行为，模糊了传统代码编译类型算法与人类思维泾渭分明的判断标准。[②] 以往裁判观点中的"辅助工具论"显然已无法回应种种问题，生成式人工智能并非简单地整合与拼接现有数据，而是在形式上具备了一定的"创作外衣"。

---

* 本文作者为武汉市中级人民法院法官助理。

① 邓建国. 概率与反馈：ChatGPT 的智能原理与人机内容共创. 南京社会科学，2023（3）.

② 吴汉东. 人工智能生成作品的著作权法之问. 中外法学，2020（3）.

2023 年 7 月 10 日，国家网信办等七部门审议通过了《生成式人工智能服务管理暂行办法》，旨在为生成式人工智能建立监控及规范。① 然而令人遗憾的是，相较于监管部门高效、迅速地为生成式人工智能"立规矩"，我国在相关司法实践中却显得有些抱残守缺。2023 年 11 月 27 日，北京互联网法院就人工智能生成图片著作权侵权纠纷一案作出一审判决，认为原告使用人工智能软件生成的图片构成著作权法规定的美术作品，享有其著作权。从整个司法实证现状来看，司法裁判存在裁判标准不统一、法律适用论证模糊、相关合法权益保护路径未释明等问题。本文旨在以能动司法的理念，厘清相关司法实践问题，为当事人权利保护提供正当性依据，探索构建生成式人工智能"创作物"的相关裁判规则，进而优化审判实效。

二、生成式人工智能"创作物"的司法实践困境

在目前我国涉及对生成式人工智能"创作物"认定著作权法保护的判决中，"菲林案"中，法院认为只有自然人才能作为作品的创作者，进而否定了案涉人工智能"创作物"在著作权法上的客体权利认定。② 而"腾讯 Dreamwriter 案"和"Stable Diffusion 生图案"则支持案涉文章构成著作权权利客体并予以保护。③ "杭州二白案"中，法院认为智能机器人的直播话术未达到著作权法对独创性的要求，不构成著作权中的文字作品，但被告行为构成不正当竞争。④ 上述几份判决对著作权认定的结果大相径庭，实际上也反映出在技术爆炸的时代，面临新事物时法院应对不足的窘境，其原因在于以下几点。

---

① 生成式人工智能服务管理暂行办法. https：//www. gov. cn/zhengce/zhengceku/202307/content_ 6891752. htm.

② 北京互联网法院（2018）京 0491 民初 239 号民事判决书。

③ 深圳市南山区人民法院（2019）粤 0305 民初 14010 号民事判决书、北京互联网法院（2023）京 0491 民初 11279 号民事判决书。

④ 杭州互联网法院（2022）浙 0192 民初 569 号民事判决书。

（一）困境一：生成式人工智能"创作物"著作权客体认定的理论分歧大

知识产权是人们对其创造出的智力成果所依法享有的专有权利。[①]随着技术的发展，生成式人工智能"创作物"在某种程度上基本具备了"智力创造成果"的外观。学界对生成式人工智能"创作物"的著作权认定涉及多种观点：一是将其作为著作权权利客体的一种具体客体类型；二是坚持"作品"须由人类创作，认为生成式人工智能"创作物"不构成著作权法保护客体[②]；三是尝试将其作为邻接权客体进行延伸保护。此外，亦有对定位于著作权权利客体之外的生成式人工智能"创作物"以反不正当竞争法进行保护的观点。司法裁判未能获得充分理论支撑，造成了当前裁判说理不充分、观点分歧大的困境。

（二）困境二：司法实践对生成式人工智能法律主体资格的认知不足

在司法实务中，"菲林案"中法院认为自然人才是适格的创作主体，而"腾讯 Dreamwriter 案"中法院直接回避了该问题，认为人工智能仅为创作的辅助工具，应予以著作权保护，此观点也受到了"Stable Diffusion 生图案"审理法院的支持。尽管我国《著作权法》对著作权权利主体（作者）有明确规定[③]，但对人工智能这类新技术领域的相关法律适用仍有争议，特别是 ChatGPT 类生成式人工智能新技术的拟人化使之具备了"学习—思考"的表象，增加了司法实践中适格创作主体的判断难度。

（三）困境三：司法实践对生成式人工智能"创作物"合法权益保护的路径不完备

在当前的司法实践中，法院对人工智能"创作物"习惯于在著作

---

① 郑成思. 知识产权法教程. 北京：法律出版社，1993：1.
② 王迁. 再论人工智能生成的内容在著作权法中的定性. 政法论坛，2023（4）.
③ 《著作权法》第 2 条。

权法和反不正当竞争法之间寻求保护。面对技术的日新月异，仍采用反不正当竞争法兜底保护的惯性思维显得有些进退失据：其一，法院在著作权认定上既未能给出统一的裁判观点，亦未能厘清必要的构成要件审查标准；其二，对于无法认定为著作权这类专项权利的客体权益，法院无法厘清反不正当竞争法一般条款与著作权专条的适用顺位问题，容易不合理地扩大《反不正当竞争法》的保护范围，形成向反不正当竞争法的一般性条款逃逸的思维；其三，尽管有判决采用"其他合法权益"的表述来保护相应民事权益，但司法实践中并未明确所谓其他合法权益的具体内涵以及认定要素，导致我国相关问题的司法能动性不足，对于生成式人工智能"创作物"权益保护的探索一直逡巡不前。

三、生成式人工智能"创作物"著作权客体认定分歧的根源

（一）生成式人工智能"创作物"著作权认定的理论分歧

我国《著作权法》、《著作权法实施条例》、相关司法解释以及各地方法院发布的审查指南均规定作品应当具备独创性[1]，司法实践中对于著作权客体认定亦是以判断作品是否有独创性为关键前提。

1. 前 ChatGPT 时代独创性认定标准之争

在弱人工智能时代，学界对人工智能"创作物"独创性的探讨主要集中在人工智能能否"创作"这一命题上。部分持有肯定态度的学者采取客观说：一是彼时人工智能智能化程度不高，通常作为辅助创作工具；二是人工智能本质上是模型训练的创作意志之体现，在人类控制下进行选择、编排并根据其特定的功能（如数据筛选、透视、文本整合等）定向输出数据，故独创性应采取客观判断标准，即只要符合著作权独创性认定的构成要件即可构成作品；三是借鉴域外成熟的法人作品制度经验，人工智能所有者或使用者作为著作权人也有相关的法理及司法

---

[1] 《著作权法》第 3 条、最高人民法院《关于审理著作权民事纠纷案件适用法律若干问题的解释》第 15 条、北京市高级人民法院发布的《侵害著作权案件审理指南》第 2.2 条等。

实践支撑。而学界反对人工智能生成物具备独创性的学者则主张主观说，理由在于：其一，人工智能生成物是算法规则和模型训练的结果，未能体现出创作者独特的个人意志；其二，人工智能创作原理不符合传统著作权理论上对"创作"的定义，仅能称其为体现开发者意图而未包含创作意图，故其内容不构成作品；其三，我国《著作权法》构造语境下认定独创性，除了需要满足客观构成要件，还要通过整体的主观感受判断其评价客体是否具备一定程度的"智力创造性"[①]，即"创"需要达到一定高度。[②]

2. 生成式人工智能技术爆炸挑战独创性认定标准

随着 ChatGPT 的问世，生成式人工智能技术重塑了机器创作的底层逻辑，ChatGPT 看似具备一定的拟人化思考能力，从而使 ChatGPT 类产品的内容一定程度上实现了对思想的独创性表达。对独创性持否定论的代表王迁教授将 ChatGPT 定位为"智能搜索引擎 + 智能文本分析器 + 智能洗稿器"，坚持认为 ChatGPT 输出的内容形式符合独创性构成要件，并不是构成著作权法上作品的充分条件。[③] 所谓"独创性"只是构成作品的必要条件，仅为"创作"的要素之一[④]，著作权认定应基于事实创作行为而非对客体要件的机械对应。

持肯定论的学者则认为，生成式人工智能具有模拟人脑的神经元模型，能够通过深度学习、模拟思考作出拟人化行为[⑤]，生成式人工智能"创作物"无论是表现形式还是内容本身，在思想性上都与人类创作别无二致，满足法律对于独创性构成要件的最低标准。生成式人工智能

---

① 冯晓青，潘柏桦. 人工智能"创作"认定及其财产权益保护研究：兼评"首例人工智能生成内容著作权侵权案". 西北大学学报（哲学社会科学版），2020（2）；王迁. 论人工智能生成的内容在著作权法中的定性. 法律科学（西北政法大学学报），2017（5）.

② 王迁. 知识产权法教程. 6 版. 北京：中国人民大学出版社，2019：41.

③ 王迁. ChatGPT 生成的内容受著作权法保护吗？. 探索与争鸣，2023（3）.

④ 冯晓青. 人工智能"创作"认定及其财产权益保护研究：兼评"首例人工智能生成内容著作权侵权案". 西北大学学报（哲学社会科学版），2020（2）.

⑤ 杨延超. 人工智能对知识产权法的挑战. 治理研究，2018（5）.

"创作物"的独创性和创造性本质上是人类意志通过技术作出表达，如算法训练、学习等都是开发者通过个性化代码实现的，是开发者以创造性劳动体现其意志。① 因此，基于客观判断标准，生成式人工智能"创作物"可以具备独创性。

（二）独创性理解偏差导致司法实践著作权客体认定标准未统一

实践中，最高人民法院发布的有关著作权纠纷的指导性案例均强调创作过程中的"智力投入"②，故是否具有独创性是判定生成式人工智能"创作物"能否构成作品的重要考量因素。具体到人工智能"创作物"著作权侵权纠纷视角下的司法实践，法院判决对独创性的认定分歧主要集中在两方面：是否采取客观评判标准评价独创性构成要件，以及独创性审查是否以"人的行为"这一要素为必要构成要件。

1. 是否采取客观评判标准评价独创性构成要件

在"菲林案"中，法院主张独创性应适用客观评判标准，然而同时强调了作品构成要件中的作者因素，认为著作权法保护的是自然人的作品，著作权法意义上的作品应为智力成果，需由自然人创作产生；而在"腾讯 Dreamwriter 案"中，法院论述了案涉作品符合独创性的评判理由，认定其符合著作权法上关于作品的权利客体定位而予以保护③，从结果上看似乎是采取了客观标准来评判独创性。虽然上述两个案例对于涉案人工智能生成物能否构成作品的最终裁判结果截然不同，但其在

---

① 吴汉东. 人工智能对知识产权法律保护的挑战. 中国法律评论，2018（2）.

② 譬如最高人民法院审判委员会 2017 年 3 月 6 日发布的 81 号指导案例中指出："我国著作权法所保护的是作品中作者具有独创性的表达"；在 157 号指导案例亦明确："对于具有独创性、艺术性……且艺术性与实用性能够分离的实用艺术品，可以认定为实用艺术作品，并作为美术作品受著作权法的保护"。详见江苏省高级人民法院（2015）苏知民终字第 00085 号民事判决书、最高人民法院（2018）最高法民申 6061 号民事裁定书。

③ 北京互联网法院（2018）京 0491 民初 239 号民事判决书、深圳市南山区人民法院（2019）粤 0305 民初 14010 号民事判决书、北京互联网法院（2023）京 0491 民初 11279 号民事判决书。

进行"独创性"评价时都在一定程度上认同了客观标准，逐个对要件的形式进行评价、分析。在"杭州二白案"中，法院认为直播话术独创性不高，所以不构成著作权。① 该案虽未肯定涉案作品的独创性，但可以推测其话外之音：若涉案直播智能机器人话术的独创性达到一定要求则有可能符合著作权保护的客体标准。

而在最新的"Stable Diffusion 生图案"中，法院认为作品的"独创性"由作者独立完成，并体现出其个性化表达，"机械性智力成果"应当被排除在外。并且，法院以委托作品类比，认为利用人工智能生成图片本质上仍是人利用工具进行创作，整个创作过程中在进行智力投入的是人而非人工智能。

综上，司法实践中尽管实质上倾向于以客观标准对独创性构成要件逐一评判，但仍会考量有无体现创作者独特个人意志的主观因素。

2. 独创性审查是否以"人的行为"这一要素为必要构成要件

"菲林案""杭州二白案"中法院均认为，由自然人创作系作品独创性的必要条件；而"腾讯 Dreamwrite 案"中法院认为，人工智能仅为辅助工具，涉案文章是由多人分工形成的整体智力创作作品，体现了"人"的需求和意图②；"Stable Diffusion 生图案"则指出，生成式人工智能不是两个主体之间谁为谁创作，其本质是人利用工具创作，创作过程即人而非人工智能的智力投入，只要人工智能生成作品体现出人有独创性的智力投入，就应被认定为作品。

从上述案件的分歧可以看出，导致不同裁判标准的根本原因是对人工智能产业发展阶段及功能定位的认识不同。在弱人工智能阶段，在人的主导、选择、编排下以人工智能技术辅助创作，其生成物当然可以视为人的行为产生的智力成果，譬如作者用智能搜索引擎对文章数据进行

---

① 杭州互联网法院（2022）浙 0192 民初 569 号民事判决书。
② 吴汉东. 人工智能对知识产权法律保护的挑战. 中国法律评论，2018（2）.

梳理或者对语句进行纠错、润色等。但是在诸如 ChatGPT 这类兼具学习、推理能力与统筹模拟人类思维和习惯能力的强人工智能出现后，其有能力不依赖人的指示而径直生成具有"独创性"外观的作品，此时司法裁判是否仍应采用之前的"辅助创作"视角来作为"人的行为"要素的判断标准值得讨论。以"Stable Diffusion 生图案"为例，法院认为，"机械性智力成果"，即按照固定的顺序、公式等方式产生的作品，不应作为著作权客体，进一步说，若人工智能生成物的表达不具有唯一性，则不具有独创性。同时，法院认为人利用人工智能生成图时，进行了一定的提示词、参数选择等设计和多轮修改、调整，体现了"人的审美选择和个性判断"。对于以上观点，王迁教授认为其不符合我国《著作权法实施条例》第 3 条规定中创作系"直接产生"的表述。"直接产生"是指人基于自由意志直接决定表达性要素，而人工智能生成物并非直接产生的，正如判决中论述道，人无法决定和预测最终会生成什么内容，因此该人工智能生成行为不符合著作权法上"创作"的定义。综上，在独创性认定中，独创性审查以"人的行为"要素为必要构成要件这一问题争议不大，但依何种标准认定"人的行为"对"创作"的影响仍未有定论。

四、生成式人工智能的主体困境检视：重新审视何为"人"

（一）适格创作主体之讨论

1. 机器能否独立作为著作权适格创作主体

以洛克的劳动价值论作为知识产权中智力成果主体界定的逻辑起点，仅有人才能作为其适格主体。[①] 若赋予人工智能以主体资格，则被视为是劳动的异化，显然有悖于现行的法律伦理。劳动价值论奠定了知识产权的财产权基础，劳动被扩展为脑力劳动以解释权利人对于智力成果享有的财产权。从我国知识产权法体系来看，智力成果的构成要件均

---

① 洛克. 政府论. 刘晓根，译. 北京：北京出版社，2007：70－71.

坚持了以人类作者为中心的标准。

人格权具有精神与财产双重利益，已经是共识。[①] 著作权相关权利作为人格权的外在表现，实现了人格财产利益理论从哲学理论到实在法律规范的转变。尽管人工智能可以通过"深度学习""模拟思考"输出成果，具备了智力成果的创作外观，但在现有知识产权框架内无法符合法定的主体资格要求。民法理论中，"自然人格"是人作为民事主体的前提。尽管民法中存在诸如法人的"拟制人格"，但该"拟制人格"仍是通过法律对自然人集合进行拟制，并不存在完全缺少"自然人格"的拟制主体。将公司拟制为法人这一法律人格的基础，是公司享有一定的财产权利，因此可以承担相应的义务。人工智能并没有享有和控制财产的能力，因此也不具备承担法律义务的能力。故人工智能本身不具有意志，也不具备独立的财产能力及责任承担能力，因此难以具备"人格"这一必要的主体要素。

2. 他山之石：域外实务创作主体认定镜鉴

从比较法来看，大部分国家均坚持只有人才是创造智力成果的主体。该问题最为典型的案例是"猕猴自拍案"：一只猕猴抢夺一位英国摄影师照相机后，按下快门使相机拍摄了一张自拍照。此后一家动物福利保护机构诉至美国法院，称自拍照片版权不应由摄影师享有，而应由猕猴享有。美国两级法院均以美国《版权法》只保护人的创作为由驳回该诉。[②] 无独有偶，北京知识产权法院也审理过类似案例。在"气球自动拍摄案"关于自动拍摄的作品是否构成摄影作品的判决中，法院指出："对于固定在高空热气球上相机自动录制的视频，尽管拍摄时脱离了人的控制，但因其前期存在人为干预、选择和设置了相关角度、参数，而体

---

①　张红. 人格权总论. 2 版. 北京：法律出版社，2022：216.

②　Naruto Naruto v. Slater, 888 F. 3d 418（9thcir, 2018）.

现出创造性，从而构成摄影作品。涉案作品是人创作，而非机器。"①
"气球自动拍摄案"贯彻了我国司法实务中对于独创性的认定标准，同时也指出"机器"非主体，仅能作为辅助工具，在创作主体的认定方面还要回归到是否为"人"创作。

2023 年 2 月 21 日，美国版权局在"黎明的扎利亚版权注册案"中，对 ChatGPT 类产品生成内容的版权属性作出否定性意见②。2023 年 3 月 16日，美国版权局发布《版权登记指南：包含人工智能生成材料的作品》，再次明确了上述立场："根据对生成式人工智能技术的理解，用户对于输出的内容不具有创作性贡献和控制，应当拒绝版权注册申请。"美国版权局版权复审委员也明确表示："版权法只保护基于人类心智的创作能力而产生的智力劳动成果。美国版权局拒绝登记缺乏人类作者创造性投入下，仅由机器或纯粹机械过程而生成的内容为版权作品。"③

（二）生成式人工智能"创作物"的权利归属

尽管目前理论界和司法界的主流观点均认为人工智能本身不能成为著作权的"创作"主体，然而其作为一项带有财产权属性的智力成果，亟须在法律制度及司法实务中明确权利归属问题，以定分止争、激励创新。但对无法定位于著作权权利客体的人工智能生成物该如何保护，以及其权利（权益）归属应如何裁判，仍有必要进行充分探讨。

---

① 北京知识产权法院（2017）京 73 民终 797 号民事判决书。该案中法院认为：不应基于视频截图的产生背景、原始环境等原因而否认其成为摄影作品的可能性……作品取材的多样性与作品元素的差异性并不矛盾、作品利用的特殊性与作品类型的变异性并不矛盾、在单独使用作品组成部分时正确确定作品类型具有重要的法律意义；视频截图在类型上亦可属于摄影作品，原告还对截图进行了后期美化，涉案图片符合摄影作品中关于独创性的要求，构成摄影作品。

② 美国版权局认为："用户利用 Midjourney 这一 AI 绘图工具生成的漫画内容不构成版权作品，因为在图像生成过程中没有自然人的创造投入，而是由 Midjourney 自动随机形成"。GameLook. 一锤定音？美国著作权局判决 AI 生成图片不受版权保护．［2023 - 09 - 04］．https：//news. sohu. com/a/647404055_104036.

③ 版权登记指南：包含人工智能生成材料的作品．https：//www. copyright. gov/comp3/docs/compendium. pdf；美国版权局版权复审委意见．The Review Board of the United States Copyright Office, *Re：Second Request for Reconsideration for Refusal to Reg is ter A Recent Entrance to Paradise*（Correspondence ID 1 - 3ZPC6C3；SR # 1-7100387071）．

1. 可能存在的权利主体归属

目前生成式人工智能"创作物"的权利归属主要有以下几种情形：人工智能本身、人工智能的开发者、人工智能的使用者、人工智能的投资者。[①]

前文已经论述了人工智能本身在目前的法律和社会语境下不宜成为适格主体（权利人），因此争论主要集中在以下几个主体方面：开发者与使用者都在人工智能生成智力成果时有所参与，开发者通过代码、算法、模型的精巧设计赋予人工智能创作能力；使用者则直接输入相关创作指令，提供数据和素材，引导人工智能按照其目的进行创作表达。不少学者赞同将开发者作为生成式人工智能"创作物"的权利人，因为人工智能的"智慧"正是源于开发者的智力劳动。然而该观点有不合理之处：一是人工智能作为高度自动化、智能化的计算机程序，其被创作出后本身已经独立于开发者的意志，开发者对于具体生成物的创造性或独创性并无贡献。以 ChatGPT 为例，其自主学习创作功能已经脱离开发者的控制，生成物并未受到开发者的思想、感情和表达的影响和引导。二是参考权利用尽相关理论原理，使用者在购买了软件产品之后，软件原著作权权利人的独占性排他权就受到限制，故其对人工智能软件产生的新生成物更不宜直接享有相关权利。三是开发者已通过计算机软件著作权获得相关保护及利益，假设所有 ChatGPT 产生的"成果"都归属于开发者，那么将会产生一个巨大的"作品垄断者"，这显然有悖于著作权法鼓励传播的宗旨和经济伦理。

使用者享有生成式人工智能"创作物"的权利则显得更为合理。使用者是直接控制产生特定、具体生成物的主体，相较于开发者，其与生成物的联系更紧密。[②] 值得注意的是，司法实务中对于人工智能创造

---

① 唐蕾. 生成式人工智能创作物的著作权保护比较法研究：以元宇宙背景为视角. 电子知识产权，2023（3）.

② 孙建丽. 生成式人工智能创作物著作权法保护研究. 电子知识产权，2018（9）：29.

性或独创性的认定聚焦于区分该"创作物"是由人工智能辅助生成还是由人工智能自主生成。由此观之,权利归属于使用者在法律推理逻辑上更加自洽。

现有著作权法中法人(或非法人组织)可以作为作品的权利主体。[①] 其立法目的是解决现有社会分工与市场经济模式下,非人类主体的权利困境。同理,将使用者拟制为作者并赋予其享有相应权利可以有效保护各方利益并促进智力成果的创作与流转。依据现有司法实务中基本统一的观点,即"人工智能辅助生成"的作品可以作为著作权法上的权利客体,那么参照我国《著作权法》中职务作品相关规定将使用者拟制为作者,由作者享有该作品署名权,同时也可以由人工智能的投资者等享有其他财产性权利。如此既保障了投资者、研发者等的经济收益期望,又能合理界定相关权利归属。

2. 非知识产权客体生成式人工智能"创作物"之权利归属

前文论及,现有司法实务对于将不具备法定主体资格要素(完全由人工智能独立生成)的生成式人工智能"创作物"认定为著作权权利客体持否定态度。那么在该结论之下,需要解决的一个重要的司法实践问题是:不具备法定主体资格要素的生成式人工智能"创作物"的权利归属及利益分配问题。

该问题可以分为以人工智能"署名"和借名"人类"发表。以人工智能署名发表后,若在其后诉讼中司法裁判通过对其权利的审视判断其不具有适格主体地位而不享有相关知识产权,此时该如何分配之前产生的收益?笔者认为,可以借鉴我国《专利法》中关于专利权宣告无效后的相关制度的审理思路。涉案作品著作权的确权无须经过司法审查,未经司法审查时依然可以获得权利(如发表、进行著作权登记),此时假定相关权利有效;在个案审理中法院裁判其不构成享有著作权

① 《著作权法》第 11 条。

时，基于该"作品"产生的著作权自始不存在，但裁判生效前已履行的生效合同、已执行侵权判决书等，依法不具有追溯力，恶意造成损失的，应予以赔偿。虽然著作权法上并无无效宣告制度，但其对创作与价值的保护与专利法中的无效宣告是一致的，仅仅是基于对程序和经济的考量而未设置著作权无效宣告制度。那么，在生成式人工智能"创作物"被"借名"发表或授权后，类推适用专利无效宣告的相关法律后果，就具有相对合理的理论依据和司法实践可操作性。

至于以人工智能"署名"的生成物，因其在司法实务中被认定不属于知识产权权利客体，部分学者认为其应归属于公有领域①，但也有观点认为其可以适用邻接权制度保护。② 著作权法上的邻接权保护了著作权外延的相关权益，但我国邻接权相关法律条款采取封闭式立法③，并不存在生成式人工智能"创作物"相对应的客体，且邻接权也需有相应的著作权存在为前提。就目前而言，生成式人工智能"创作物"采取邻接权模式加以保护有削足适履之嫌。

还有观点认为，可以适用反不正当竞争法为生成式人工智能"创作物"的权益提供兜底保护。④ 司法实务中，常常存在反不正当竞争法与知识产权法的竞合⑤，对于不属于著作权保护客体范畴的法益用反不正当竞争法作为兜底保障是实务中的司法惯性思维。⑥ "杭州二白

---

① 曹博. 生成式人工智能创作物的智力财产属性辨析. 比较法研究，2019（4）.
② 陶乾. 论著作权法对人工智能生成成果的保护：作为邻接权的数据处理者权之证立. 法学，2018（4）：3－15；许明月，谭玲. 论人工智能创作物的邻接权保护：理论证成与制度安排. 比较法研究，2018（6）：42－54.
③ 《著作权法》第 39 条、第 44 条、第 46 条、第 47 条。
④ 何培育，蒋启蒙. 生成式人工智能创作物的著作权保护路径探析：兼评生成式人工智能创作物著作权第一案. 重庆邮电大学学报（社会科学版），2020（7）.
⑤ 吴汉东. 无形财产权基本问题研究. 北京：中国人民大学出版社，2013.
⑥ 上海市浦东新区人民法院（2021）沪 0105 民初 83639 号民事判决书。该案中法院认为，涉案游戏在游戏本身及各平台宣发信息中使用的小说元素包括人物、物品、场地名称、人物关系元素，这些元素的使用未具象化为表达本身，不属于著作权保护客体的范畴，应由《反不正当竞争法》进行评价。

案"①、"网易公司诉迷你玩科技公司不正当竞争纠纷案"皆是采用反不正当竞争法进行兜底保护。② 然而，此类案件在不正当竞争领域往往是以《反不正当竞争法》一般条款作为规制手段，那么必然会落入已备受争议的"向一般原则性条款逃逸"之窠臼。再者，适用《反不正当竞争法》一般条款要求双方主体具有竞争关系，还需要该生成物进入市场具有营利表现并存在实际损失③。可见，对于生成式人工智能"创作物"以《反不正当竞争法》作为兜底保护的条件苛刻且保护效果不尽如人意。目前无论是学界还是司法实务界均未厘清"不正当竞争"与知识产权专门法的适用边界。④

五、能动司法：构建生成式人工智能作品权益的司法保护及裁判规则

尽管当前司法实务中在对生成式人工智能"创作物"能否构成著作权权利客体的观点上无法达成一致，但应对其本身的相关权益予以保护是毫无争议的，因此有必要厘清相关的司法裁判规则，以期助益司法实务。总结相关裁判案例可以归纳出以下环节：（1）审查生成式人工智能"创作物"是否符合著作权权利客体构成要件；（2）审查是否为适格的创作主体；（3）无法纳入著作权专有权保护时，基于合法权益保护的诉权基础在民法典侵权条款或不正当竞争法上寻求必要的规制（见图 1）。

---

①　杭州互联网法院（2022）浙 0192 民初 569 号民事判决书。

②　广东省高级人民法院（2021）粤民终 1035 号民事判决书。该案中法院认为，游戏公司通过抄袭其他游戏公司知名游戏中基本游戏元素设计的方式开发运营涉案游戏，直接攫取了他人智力成果中关键、核心的个性化商业价值，以不当获取他人经营利益为手段抢夺商业机会，构成不正当竞争。

③　参见《反不正当竞争法》一般条款的使用规则：第一，法律对该种竞争行为并未作出特别规定；第二，其他经营者的合法权益确因该竞争行为受到实际损失。

④　孔祥俊.论"搭便车"的反不正当竞争法定位.比较法研究，2023（2）.

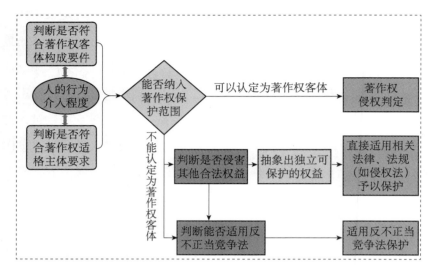

图 1　生成式人工智能作品权益的审理流程示意图

（一）著作权权利客体构成要件认定裁判规则

司法实务中关于著作权权利客体构成要件裁判规则存在的分歧主要在独创性认定上，故本文主要集中在该点进行讨论。

关于著作权独创性判断的审理规则可以归纳如下：（1）关于独创性要素方面。这包括具备作品的外在表现形式、独立创作、符合最低程度创造性等。如"菲林案"①、"腾讯 Dreamwriter 案"②、"Stable Diffusion 生图案"都将自然人在涉案作品中的参与程度与涉案作品的外在表现形式是否符合著作权法要求作为重要的审查环节，"杭州二白案"③ 也对其创造性（独特构思和审美性）程度高低进行了评价并认为创造性需要达到一定高度。（2）关于"独立"的判断标准方面。其一，司法实

---

① 北京互联网法院（2018）京 0491 民初 239 号民事判决书。
② 深圳市南山区人民法院（2019）粤 0305 民初 14010 号民事判决书、北京互联网法院（2023）京 0491 民初 11279 号民事判决书。
③ 北京互联网法院（2018）京 0491 民初 239 号民事判决书、深圳市南山区人民法院（2019）粤 0305 民初 14010 号民事判决书、北京互联网法院（2023）京 0491 民初 11279 号民事判决书、杭州互联网法院（2022）浙 0192 民初 569 号民事判决书。

务中并不排斥对现有作品或素材进行"改造"以赋予其独创性，若以客观标准判断出新作品与现有作品间有显著差异，则其可以视为具备"独立创作"要素。其二，"独创性"行为的主体判断。有学者认为应将人工智能解释成为著作权法上的新主体①；有学者则坚持仅有人才能成为创作主体，故独创性必须是直接来源于人的行为。② 然而司法实务的相关判例中未形成统一的裁判观点，"菲林案"认为作品需由自然人创作产生③；"腾讯 Dreamwriter 案"则认为涉案自动生成文章生成过程是由主创团队个性化地安排和选择决定的，即符合著作权法关于创作的要求④，"Stable Diffusion 生图案"也认为"提示词""输入参数"等行为体现出了人的安排和选择决定，从而实现了创作行为。综上可知，现有司法实务中已达成的共识是，独创性来源至少要有"人"的参与，同时"人"在参与程度上亦有着最低限度要求，即"人"对独创性有着不可替代的贡献。（3）关于"创造性"的最低程度。"菲林案"和"腾讯 Dreamwriter 案"虽未以明文释明其对独创性程度的评价，但是在其对独创性的分析论证过程中，隐含着独创性应达到一定程度的要求；至于"杭州二白案"中法院认为涉案直播话术因不具有独特构思和审美性而不构成作品，亦证明法院认为需要一定程度的独特构思和审美高度才足以达到创造性的最低限度。"Stable Diffusion 生图案"中，法院明确排除了"机械性智力成果"具有独创性表达，最高人民法院的裁判观点中亦不认可"独立完成和付出劳动本身为某项客体获得著作权法保护的充分条件"⑤。故司法实务中对独创性的认定必然包含着对最低限度创

---

① 袁曾. 人工智能有限法律人格审视. 东方法学，2017（5）.
② 熊琦. 人工智能生成内容的著作权认定. 知识产权，2017（3）.
③ 北京互联网法院（2018）京 0491 民初 239 号民事判决书.
④ 深圳市南山区人民法院（2019）粤 0305 民初 14010 号民事判决书、北京互联网法院（2023）京 0491 民初 11279 号民事判决书.
⑤ 最高人民法院（2013）民申字第 1350 号民事裁定书、最高人民法院（2012）民申字第 1392 号民事裁定书.

造性的判断。因此，司法裁判中应结合具体领域的审美及创造习惯划定出最低限度的创造性标准，应当明确排除"机械性智力成果"的独创性，若明显低于上述标准则可以认为其不符合创造性标准而不具备独创性。（4）关于应以客观标准还是主观标准对独创性进行评价这一问题，笔者认为，从现有裁判的司法实效来看，在司法裁判时还是宜采用客观标准对独创性进行判断。

（二）适格主体创作判定规则

1. 明确"人"的参与程度最低标准

司法裁判中无论是对生成式人工智能"创作物"专利权还是著作权进行认定，都要将实际创作者是否为适格主体作为必要且重要的环节。可以确定的是，司法实务应依据相关法律规定否定"机器"独自作为创作者的主体地位，因此可以归纳出如下裁判规则：（1）排除机器（AI）独立成为著作权法或专利法主体。（2）在存在"人"参与的条件下，区分"人工智能独立完成"与"人工智能辅助完成"，按照相关的裁判规则判断"人"的参与度是否达到最低的限度标准，进而对作品的独创性进行评价。在司法实务中，适格主体的判断往往与权利客体构成要件中的"独创性"密不可分、相互印证。在司法实务中进行审理时思维框架应遵循前文所述的各个环节，分别进行独立的认可和审查，但是对于"人"之要素参与的最低限度要求可以在各个环节中相互印证、分别论证。

适格创作主体地位判断环节的主要认定因素为：人的参与 + 投入劳动实现独创性。一方面，这从客观上可以体现出"人"的参与，即通过"人"直接对生成物结果投入的时间、智力活动展现出的参与程度。另一方面，"人"的主体性也体现在通过个性化选择与安排产生特定的输出结果，此处需要重点进行考量的是自然人参与的行为是否决定了作品的最终结果，即人的行为是否对作品的最终结果具有显著的控制力。人类的创造性才是著作权法保护的核心，因此，只有在最终作品的独创性是对人的创造性的映射的情况下，赋予作品著作权才符合相关立法本意。

2. 举证责任再优化

第一，现有司法实务中并未明确人的干预程度以何为界①，因此，在证据认定的过程中需要法官结合具体情况及相关技术进行个案分析。此外，在举证责任分配上，宜采取署名推定原则，即著作权其他形式要件符合，以其发表时实际署名推定为作者，在诉讼时由对方举证证明主体不适格。即便是以人工智能冒名署名为自然人进行发表或登记的作品，也应推定其为主体适格。

第二，审理著作权纠纷或他人主张作品的自然人作者身份时如何举证？ChatGPT 类产品常常通过对话的形式进行内容输出，如果允许 ChatGPT 类产品所有人在所有形成内容进行形式上的署名标注，可能会造成聊天机器人与自然人在对话过程中创作的作品发生混淆，自然人在举证时困难重重，使平台资本形成著作权垄断的趋势，故实务中应当就生成式人工智能类纠纷的举证责任进行再分配，在双方地位不对等的情况下（如原告为大型互联网平台，被告为自然人或个体户）酌情适当减轻或转移弱势一方的举证责任。

（三）反不正当竞争法一般条款与著作权专条的适用顺位

法院在司法判决中应当慎重考虑知识产权专有条款与反不正当竞争法一般条款的适用顺序，以防止不合理地扩大反不正当竞争法的保护范围而轻易向一般条款逃逸。在审理该类型案件时宜优先考虑适用知识产权相关法条，经过前述审查之后，判定不符合知识产权客体构成要件或不具有适格主体时，才可以考虑适用反不正当竞争法的一般条款。知识产权相关类型化法律条款是旨在保护智力成果而设的制度，若在能

---

① 世界知识产权组织．经修订的关于知识产权政策和人工智能问题的议题文件．WIPO/IP/AI/2/GE/20/1 REV.：para. 12。

够适用专门法条保护的情况下径直适用反不正当竞争法一般条款，既违其立法本意亦有架空知识产权法之嫌。在适用知识产权相关法条无法保护时，则需要考察是否存在具体的不正当竞争行为，以此为起点结合具体要件认定反不正当竞争法相关条款的适用。仅在严格符合反不正当竞争法所有相关构成要件时，方能适用反不正当竞争法一般条款予以规制，在无竞争关系的侵权行为时则无法适用一般条款。

法院在裁判时需要考量如下几个方面：（1）双方是否为竞争关系；（2）原告对生成物是否享有正当权益；（3）被告行为是否造成损害；（4）被告行为是否有不正当性。从上述裁判规则可见，不享有著作权的生成式人工智能"创作物"的核心价值在于其他合法权益，如数据价值、智力成果等，而不是其独创性，故通过非法手段获得、复制、利用其"作品"内容之上的相关权益才是侵权者的目的，即反不正当竞争法裁判规则视角应聚焦于不正当竞争行为带来的损害。

（四）侵犯其他合法权益保护之裁判规则探索

我国《民法典》第 3 条规定的"其他合法权益"和第 1165 条规定的"民事权益"均可以作为诉权基础。尽管从理论上依然可以采用一般侵权视角去评价行为是否构成对民事权益的侵害，但在司法实践中由于知识产权权利的特殊性常常难以因一般侵权进行规制与保护。"菲林案"中法院提出该案涉不构成"作品"的部分不能认定为著作权客体，但不代表可以由公众自由使用，其理由是该部分"作品"凝结了研发人员的投入，并从"有损文化传播价值""有权署名表明其享有相关权益"等角度，抽象出一个笼统的"其他合法权益"予以保护。遗憾的是，该案中法院并未明确所谓"其他合法权益"的具体内涵以及认定要素。

管见以为，司法实务中有必要对此问题进行回应并厘清相关裁判规则与思路。生成式人工智能"创作物"即便无法被认定为著作权权利客体，依然可能以其涉知识产权、财产权权益进行保护。一方面，生成式人工智能"创作物"作为智力成果从权利分类上可以归为财产权；另一方面，对于排除知识产权专有权后其财产权的保护已经有司法实践判例支持。

以"菲林案"为例，非著作权客体的"创作物"一方面具有文化传播价值这类财产权属性的权益，另一方面也凝结了自然人参与者的人格性权益。事实上，从专有权利客体中抽象出财产性权益和人格性权益进行保护的裁判早有先例。早在 2002 年北京市东城区人民法院审理的"蓝天野案"中，法院认为个人肖像具有的财产价值独立于人格权之肖像权，可以作为独立的财产权进行保护。[①] 类似的观点在"大众点评起诉百度不正当竞争案"中也有同样体现。当某一项权益（抑或是数据性财产）不属于法定权利客体时，可以通过基于反不正当竞争或侵权视角的相关条款进行综合评价，判断其是否具有值得保护的权益。[②] 管见认为，法院在审理涉及不享有著作权的生成式人工智能"创作物"诉权基础的裁判思路上，应首先厘清权利人对于涉案生成物享有的具体某一本质性权益；其次需要以此为基础结合相关法律的具体条款确定是否符合相应的侵权构成要件（如《民法典》上的侵权构成要件）；最后还需要考虑法律竞合问题。

六、结　语

数字经济下民事权益司法保护的重要性日益凸显，司法裁判需要辨明新事物的本质法律属性，从而准确地构建相应的裁判规则；既要基于新事物提炼出规范化的新标准，又要在事实与裁判间建立起创设性规则

---

①　该案中，原告主张被告超出从事于电影相关宣传活动的使用范围，侵犯肖像权。法院认为，制片人享有案涉照片著作权，尽管被告不侵权肖像权，但仍应支付肖像使用费。详见北京市东城区人民法院（2002）东民初字第 6226 号民事判决书。

②　该案中，法院认为"汉涛公司对那些极为简单的用文字描述事实或感受的点评不享有法定权利（即著作权）"。也即是说，即便适用反不正当竞争法一般条款也需要审查其是否满足具有相关法律保护的权益。同时法院对"相关权益"的解释为"本质上属于未经许可使用他人劳动成果"，且认定大数据是应当受民事法律保护的财产权益。详见上海知识产权法院（2016）沪 73 民终 242 号民事判决书。

以填补立法滞后性带来的漏洞，更要以裁判保护各方合法权益，引导正确的社会价值观。在生成式人工智能"创作物"的权益保护方面，法官应在实证法框架之内构建起合理的裁判规则：一是围绕"独创性"要素提炼出明确的判定规则；二是确立适格创作主体判定规则，把有"自然人"参与且符合条件的生成式人工智能"创作物"纳入著作权法保护范畴；三是在限制任意向反不正当竞争法一般条款逃逸的情况下，寻求不正当竞争及其他侵权的诉权基础以全面保护当事人的权益。

人工智能创造物知识产权归属的研判

——以 AIGC 著作权作为切入点

王雨辰　孙泓洋　鞠高胜　文丽媛*

伴随着数据、算法、算力等核心技术的突破，关于人工智能在知识产权内容范畴的创造以及人工智能与人的交互等方面的讨论逐渐升温。同时，随着技术的不断迭代，人工智能创造内容（AI generated content，简称 AIGC）已从概念走进现实生活，成为除 UGC①、PGC② 以外的新型内容创造、展现甚至交互的方式。技术的发展与革命一定程度上带来了知识产权内容的传播与创造的繁荣，但人工智能创造物的法律性质及权利保护等影响资本信心与产业发展的法律问题没有得到解决，这在很大程度上影响了人工智能技术、知识产权内容的发展与传播。人工智能创造物的权利归属、如何进行登记与权利公示成为必须解决的法律结点，本文拟对此展开探讨。

一、人工智能创造物著作权认定的必要性

（一）人工智能已大量参与作品创作活动

一般而言，法律具有相对的滞后性，新的经济基础与经济形势出现后，必然需要新的法律制度与体系对新问题予以规制，并留出发展空

---

*　王雨辰，北京市经济法学会理事；孙泓洋、文丽媛，百度法律研究中心研究院工作人员；鞠高胜，北京市经济法学会会员。

①　UGC 全称为 User Generated Content，也就是用户生成内容，即用户原创内容。UGC 的概念最早起源于互联网领域，即用户将自己原创的内容通过互联网平台进行展示或者提供给其他用户。

②　PGC 全称为 Professional Generated Content，指专业生产内容。经由传统广电业者按照几乎与电视节目无异的方式进行制作，但在内容的传播层面必须按照互联网的传播特性进行调整，优酷土豆是最早发力于 PGC 的视频网站之一。

间。人工智能（Artificial Intelligence）概念于 1956 年在美国达特茅斯电脑大会上首次提出后，目前在产业发展与落地、技术研究等多方面掀起了热潮。① 其运作机理在于：首先由计算机程序设计者或使用者预先在人工智能机器人进行数据输入和算法设计，而后人工智能机器人以海量数据为基础进行深度学习，最后通过提取和分析数据进行精确操作。

在绘画、音乐、游戏、新闻等文化艺术领域，人工智能参与创作活动的现象已为常态。从美联社与人工智能公司合作开展的人工智能新闻写作平台 Wordsmith②、谷歌公司研发的绘画人工智能 Deep Dream③ 以及谱写乐谱的 Magenta 计划④，到 2017 年微软开发的人工智能"小冰"完成了诗集《阳光失了玻璃窗》，美国工程师 Zack Thoutt 设计的人工智能 RNN 续写世界知名小说《冰与火之歌》⑤，无不存在着人工智能的身影。再者，随着人工智能技术的突破，里约奥运会上亮相的写稿机器人，北京冬奥会上备受好评的 AI 手语主播，还有大火的"度晓晓 AI 虚拟数字人"，都让公众对 AIGC 逐渐熟悉与习惯。中央广播电视总台更是成立了 AIGC 人工智能编辑部（网址：https：//aigc.cctv.com/），深入探索将 AI 技术全面应用在新闻采集、生产、分发、接收、反馈中。

经济基础与上层建筑需要相互映衬，随着 AIGC 创作物的日渐丰富且其创作活动形成常态，人工智能创作物的法律性质及权利保护等相关法律问题亟待解决。

---

① STUART RUSSELL，PETER NORVIG. 人工智能：一种现代方法. 北京：清华大学出版社，2006：21.

② 徐曼. 国外机器人新闻写手的发展与思考. 中国报业，2015（23）.

③ 艺术危险了？谷歌新技术 Deep Dream 也许会在未来成为"可以自动绘画的机器". [2022-03-26]. http：//art.ifeng.com/2016/0331/2819902.shtml.

④ Google 家的人工智能已经能作曲了！. [2022-03-27]. https：//m.Sohu.com/n/453537300/.

⑤ 专访美国工程师：我如何用 AI 续写《权力游戏》第六部小说. [2022-04-26]. http：//tech.qq.com/a/20170906/074791.htm.

（二）产业发展的基础在于所有权确认

无论是人工智能技术还是知识产权，都是国家竞争力与经济发展的核心要素。市场主体对人工智能技术与知识产权进行资本投入的持续性，一定程度上取决于其能否在市场经济中得到回馈。但市场收益来源于市场交易，市场交易的基础在于确权。如果 AIGC 创作物无法确权，会导致资本对人工智能技术及其知识产权内容生成的投入热情减少，且从另一角度而言，亦会导致侵权行为得不到有效惩治。

在医药创新领域，药物在研发过程中，AI 被越来越多地用来发现新化合药物和重新利用药物。在这种情况下，可能有一项发明有资格获得专利，但没有一个人有资格成为发明人。如果不能授予专利，就等于"对 DeepMind、西门子（Siemens）或诺华（Novartis）等投资人工智能的公司说，你不能在这些领域使用人工智能"①。

（三）AIGC 所依赖的技术能力有助于国家数字经济战略的实现

根据国务院印发的《"十四五"数字经济发展规划》，包括 AI 算法、算力在内的数字经济核心产业增加值占 GDP 比重在 2025 年达到 10%，并通过数字经济核心产业带动各产业间的数字化转型，推动数字技术与实体经济深度融合，让数字经济成为促进公平与效率更加统一的新经济形态。② 以机器视觉技术、感知智能技术、机器学习、自然语言处理等为技术主导的人工智能服务也已经逐步完成了社会、市场的融入与磨合。

AIGC 背后是以人工智能技术为核心，多项关键技术如多模态交互技术、3D 数字人建模、机器翻译、语音识别、自然语言理解等能力共同整合加持而成的，其使 AIGC 虚拟数字人可以实现人工智能与自然人

---

① 南非发布全球首个将人工智能列为发明人的专利．[2022－06－23]．http：//www. ipwq. cn/ipwqnew/show-3133. html.

② 国务院印发《"十四五"数字经济发展规划》．[2022－05－17]．http：//www. gov. cn/xinwen/2022-01/12/content_ 5667840. htm.

之间进行生动的互动交流。上述关键技术，尤其是人工智能技术，对国家数字经济战略有重大影响。全球范围内，谷歌、微软、Meta 等科技巨头及互联网大厂，都已在 AI 技术上深耕多年。随着 AI 理解和生成能力的不断进步，在数字人、智能助手、内容生成方向上越来越多产品落地，包括引擎厂商在内的工具及平台也在加速布局 AIGC。

二、域外人工智能创造物知识产权归属的立法经验与现状

（一）印度：承认人工智能可作为艺术品版权的合作作者

印度版权局首次将人工智能工具——RAGHAV 人工智能绘画应用程序认定为版权艺术作品的合作作者，拥有该人工智能应用程序所有权的知识产权律师安吉特·萨尼（Ankit Sahni）是该艺术作品的另一位作者，并已登记为版权所有人。由此可以相信，印度可能是首个在版权作品中承认人工智能程序享有作者身份的国家。

RAGHAV 是强大的人工智能图形和艺术可视化工具，以机器学习工程师拉加夫·古普塔（Raghav Gupta）的名字命名。萨尼已经为两件该人工智能生成的艺术品提交了版权申请。印度版权局拒绝了第一个将 RAGHAV 列为唯一作者的申请，而对萨尼和人工智能程序被列为共同作者的第二份申请于 2020 年 11 月授予登记。[①]

（二）南非：发布全球首个将人工智能列为发明人的专利

在南非，人工智能装置 Dabus 被认定为"一种基于分形几何的食品容器"专利的发明人。斯蒂芬·泰勒（Stephen Thaler）博士是"Dabus"人工智能机器的创造者，泰勒称 Dabus 是该专利的唯一发明人。

自 2018 年以来，阿博特及其团队已在英国、欧洲和美国等十多个司法管辖区提交了将 Dabus 列为发明人的专利申请。英格兰和威尔士高等法院 2021 年支持英国知识产权局驳回这些申请。该法院指出，虽然

---

① 印度承认人工智能可作为艺术品版权的合作作者（编译自 www.managingip.com）. [2022－06－23]. http：//ipr. mofcom. gov. cn/article/gjxw/gbhj/yzqt/yd/202108/1963986. html.

Dabus 创造了这些发明，但因为它不是"自然人"所以不能被授予专利。欧洲专利局和美国专利商标局以同样的理由驳回申请，阿博特的团队因此提起诉讼。①

（三）美国：美国版权局不予登记人工智能生成的作品

2022 年 2 月 14 日，美国版权局审查委员会（Copyright Review Board）再次拒绝了泰勒提交的人工智能创作的作品《天堂最近的入口》注册版权的复议请求（见图 1），重申根据美国《版权法》的规定，要求作者包含人类作者身份，因此由人工智能创作的这幅《天堂最近的入口》（a recent entrance to paradise）作品，不能获得版权授权。

Copyright Review Board
United States Copyright Office · 101 Independence Avenue SE · Washington, DC 20559-6000

February 14, 2022

Ryan Abbott, Esq.
Brown, Neri, Smith & Khan, LLP
11601 Wilshire Blvd #2080
Los Angeles, CA 90025

Re:　Second Request for Reconsideration for Refusal to Register A Recent
　　　Entrance to Paradise (Correspondence ID 1-3ZPC6C3; SR # 1-7100387071)

Dear Mr. Abbott:

图 1　美国版权局审查委员会关于驳回请求的复函

2018 年 11 月 3 日，泰勒提出申请，主张登记注册该作品的版权，作者为"创意机器"（Creativity Machine），在泰勒给版权局的留言中记载，该作品"是由运行在机器上的计算机算法自动创建的"。

2019 年 8 月 12 日，美国版权局的注册专家的回复信表示拒绝注册，

---

① 南非发布全球首个将人工智能列为发明人的专利．[2022 - 06 - 23]．http：//www. ipwq. cn/ipwqnew/show-3133. html.

理由是"缺乏维持版权声明所需的人类作者身份"。

2019 年 9 月 23 日，泰勒要求美国版权局重新考量拒绝注册该作品的做法。美国版权局于 2020 年 3 月拒绝了泰勒首次复议请求。美国版权局经评估，认为该作品"缺乏维持版权声明所需的人类作者身份"，因为泰勒"没有提供证据证明人类作者对该作品进行了充分的创造性投入或干预"。美国版权局认为，其不会放弃最高法院及地方法院司法判例长期以来对美国《版权法》的解释，即只有由人类作者创作的作品才符合版权保护的法律和正式要求。

于是泰勒在 2020 年 5 月 27 日第二次请求美国版权局复议，并且重复了第一次复议的理由。美国版权局在第二次复议中认为，泰勒没有提供证据证明该作品是人类创作的产物，也没有提供充分理由说服美国版权局背离美国《版权法》，所以该作品不符合注册资格。这是美国版权局在审查了法定文本、司法判例和长期版权局惯例后，再次得出的结论。因此，人类作者身份是美国版权保护的先决条件，人工智能创造物不能获得版权法上的注册。[①]

三、人工智能分类及 AIGC 目前的发展阶段

人工智能技术按照其在知识产权内容生成等常见领域中所体现出的参与度与智能水平，可以分为弱人工智能、强人工智能与超人工智能。

（一）弱人工智能（Artificial Narrow Intelligence/ANI）

弱人工智能即擅长于某单一或特定方面的人工智能，如：专注于完成语音识别、面部等图像识别、语言翻译与转换、新闻稿件书写等任务的人工智能；在文字稿件书写领域，比较有名的就是写作机器人 Dre-

---

① 美国版权局不予登记人工智能生成的作品．［2022－06－23］．https：//mp. weixin. qq. com/s/wLuuFgk9XN4Rr3V1hoeK7A.

amwriter。① 它们一般仅是因用于解决特定的具体类的任务问题而存在，往往基于统计数据以及开发者设定的预先模型，并从不断练习中归纳出模型。针对数字虚拟人技术，比较有名的有百度公司"度晓晓"等。

无论是日常常见的机动车还是通信工具，均有很多的弱人工智能系统，从控制防抱死系统的电脑，到控制汽油注入参数的电脑，再到查询天气情况、接受音乐电台推荐等的很多应用，都是弱人工智能。

（二）强人工智能（Artificial General Intelligence/AGI）

强人工智能属于人类级别的人工智能，在各方面都能和人类比肩，人类能干的脑力活它都能胜任。它能够进行思考，做计划，解决问题，有抽象思维，理解复杂理念，快速学习和从经验中学习，并且和人类一样得心应手。

强人工智能系统包括了学习、语言、认知、推理、创造和计划等功能，目标是使人工智能在非监督学习的情况下处理前所未见的细节，并同时与人类开展交互式学习。在强人工智能阶段，由于人工智能已经可以比肩人类，同时也具备了具有"人格"的基本条件，机器可以像人类一样独立思考和决策。

（三）超人工智能（Artificial Super Intelligence/ASI）

牛津哲学家、知名人工智能思想家尼克·博斯特罗姆（Nick Bostrom）把超级智能定义为"在几乎所有领域都比最聪明的人类大脑聪明很多，包括科学创新、通识和社交技能"。

在超人工智能阶段，人工智能已经跨过"奇点"，其计算和思维能力已经远超人脑。此时的人工智能已经不是人类可以理解和想象的了。人工智能将打破人脑受到的维度限制，对于其所观察和思考的内容，人

---

① "腾讯写作机器人"（Dreamwriter）是由腾讯财经开发的一款自动写作新闻软件，据介绍，Dreamwriter 根据算法在第一时间自动生成稿件，瞬时输出分析和研判，一分钟内将重要资讯和解读送达用户。

脑已经无法理解，人工智能将形成一个新的社会。①

（四）AIGC 目前的发展阶段

从处理单一事项到能够综合实现思考、做计划、解决问题、有抽象思维、理解复杂理念、快速学习和从经验中学习等操作。以"度晓晓"为代表的业内主流 AIGC 与虚拟人，已经可以实现多模态交互技术、3D 数字人建模、机器翻译、语音识别、自然语言理解等多项技术的整合，实现智能语音搜索、搜索播报、实时交互与情感交流。

因此，应当认为目前 AIGC 的发展已经超一般的弱人工智能阶段，无限地抵近强人工智能阶段。目前制约强人工智能阶段达成的难点有：（1）复杂的认知系统的打造；（2）思考、计划、解决问题、抽象思维、理解复杂理念、快速学习和从经验中学习等能力如何全方面达到人类水平，并且能够有效整合与运转；（3）对于人类自身能力如何准确定义等。

四、人工智能创造物著作权保护的建议

（一）人工智能创造物是否构成作品

（1）认定人工智能创造物是否构成作品的法律核心点在于"独创性"。就著作权法中关于作品的定义与已有司法判例"Dreamwriter 案"而言，人工智能创作物内容达到独创性标准的，一般认定为作品是没有法律障碍的。独创性中所谓"人"的创作这一理解，说到底是一个权利归属问题。② 作品的创作与作品的归属是两个完全不同层面的问题，决定权利归属于人的因素，不应当成为认定是否具有独创性的条件。

（2）否定人工智能创造物构成作品会影响现有法人作品的认定逻辑。若认为人工智能创造的过程没有思想和情感、没有体现个性，则创造物不应被认定为作品，那么如何看待著作权法上的法人作品呢？法人

---

① 张军强. 法官智典：知识产权卷. 北京：人民法院出版社，2018：22.
② 乔丽春. 独创创作作为"独创性"内涵的证伪. 知识产权，2011（7）.

作品中法人主要进行投资、组织、协调、提供资料等，并没有进行直接的创作。既然能承认法人作品，为何不能承认人工智能创造物也构成作品？制度上的不一致会导致逻辑上的混乱。

（二）著作权保护分析——以"Dreamwriter 案"为例

1. 案例要旨

文章是否构成文字作品的关键，在于涉案文章是否具有独创性。通过人工智能生成文章作品，具有独创性的，拥有著作权。他人未经著作权人许可，擅自使用该文章作品的，构成著作权的侵权。

2. 案件情况

Dreamwriter 计算机软件系由某公司关联企业自主开发并授权其使用的一套基于数据和算法的智能写作辅助系统。2018 年 8 月 20 日，某公司在该公司门户网站财经板块上首次发表了标题为《午评：沪指小幅上涨 0.11% 报 2671.93 点 通信运营、石油开采等板块领涨》的财经报道文章（以下简称"涉案文章"），末尾注明"本文由腾讯机器人 Dreamwriter 自动撰写"。

同日，盈某科技在其运营的"某贷之家"网站发布了标题为《午评：沪指小幅上涨 0.11% 报 2671.93 点 通信运营、石油开采等板块领涨》的文章。经比对，该文章与涉案文章的标题和内容完全一致。

该公司遂将盈某科技诉至广州市南山区人民法院，并诉称：涉案文章是由其组织的包含编辑团队、产品团队和技术开发团队在内的主创团队利用 Dreamwriter 软件，在大量采集并分析股市财经类文章的文字结构、不同类型股民读者的需求的基础上，根据其独特的表达意愿形成文章结构，并利用其收集的股市历史数据和实时收集的当日上午的股市数据，于 2018 年 8 月 20 日 11 时 32 分（当日股市收市的 2 分钟内）完成写作并发表。涉案文章的生成过程主要经历数据服务、触发和写作、智能校验和智能分发四个环节。

原告公司认为，涉案文章作品的著作权应归其所有，盈某科技的行为侵犯了其信息网络传播权并构成不正当竞争。故起诉要求被告立即停止侵权、消除影响并赔偿损失。

针对原告公司的诉请，被告盈某科技未发表答辩意见。

3. 审理情况

广州市南山区人民法院经审理认为：涉案文章是否构成文字作品的关键在于涉案文章是否具有独创性，而判断步骤应当分为两步。首先，应当从是否独立创作及外在表现上是否与已有作品存在一定程度的差异，或具备最低限度的创造性进行分析判断；其次，应当从涉案文章的生成过程来分析是否体现了创作者的个性化选择、判断及技巧等因素。在具体认定相关人员的行为是否属于著作权法意义上的创作行为时，应当考虑该行为是否属于一种智力活动，以及该行为与作品的特定表现形式之间是否具有直接的联系。

涉案文章由原告主创团队人员运用 Dreamwriter 软件生成，其外在表现符合文字作品的形式要求，其表现的内容体现出对当日上午相关股市信息、数据的选择、分析、判断，文章结构合理、表达逻辑清晰，具有一定的独创性。从涉案文章的生成过程来分析，该文章的表现形式是由原告主创团队相关人员个性化的安排与选择所决定的，其表现形式并非唯一，具有一定的独创性。

涉案文章的创作过程与普通文字作品创作过程的不同之处，在于创作者收集素材、决定表达的主题、写作的风格以及具体的语句形式的行为，也即原告主创团队为涉案文章生成作出的相关选择与安排，和涉案文章的实际撰写之间存在一定时间上的间隔。涉案文章这种缺乏同步性的特点，是由技术路径或原告所使用的工具本身所具备的特性所决定的。

本案中原告主创团队在数据输入、触发条件设定、模板和语料风格的取舍上的安排与选择，属于与涉案文章的特定表现形式之间具有直接联系的智力活动。原告主创团队相关人员的上述选择与安排，符合著作权法关于创作的要求，应当将其纳入涉案文章的创作过程。

综上，从涉案文章的外在表现形式与生成过程来分析，该文章的特定表现形式及其源于创作者个性化的选择与安排，并由 Dreamwriter 软件在技术上"生成"的创作过程，均满足著作权法对文字作品的保护条件，法院认定涉案文章属于我国著作权法所保护的文字作品。

4. 关于著作权归属的引申思考

通过上述案例可知，针对人工智能主体地位及其分类而言，在弱人工智能形态下，人工智能创造物的著作权应为人工智能开发者所有，即目前情况下 AIGC 的创造物的著作权应当属于人工智能程序开发者。对于强人工智能与超人工智能的情况，在当下法律环境下，应当按照上述标准以人工智能程序开发者作为知识产权权利人作为最低标准，同时建议参考国外立法，考虑将该人工智能程序与人工智能程序开发者作为共同作者。此种情况有利于解决该人工智能对外侵权时的责任承担问题。

（三）混合登记法——人工智能发展过渡期的建议

1. 以人工智能程序开发者为权利主体且同时标注人工智能程序名称

在目前情况下，对于人工智能创造物的著作权登记情况，应以人工智能程序开发者为权利主体，建议同时标注人工智能程序名称，此种情况下可以同时适应弱人工智能、强人工智能、超人工智能三种情况，能够适应我国人工智能产业的发展现状并预留未来发展空间，同时能够在人工智能程序与技术对外出租、出资的情况下，对相应知识产权生成物予以留痕，防止出现人工智能开发者与使用者之间的矛盾；另外，能够进一步激发人工智能开发者的热情。

2. 以人工智能程序与程序开发者为合作作者

尤其在人工智能发展到强人工智能、超人工智能阶段时，其能够在深度学习后，在人工智能程序开发者选择、判断与选取的基础上，一定程度上作出自己的选择、判断，能够具有一定自身的独创性因素，因此建议将该人工智能程序与相应开发者共同作为合作作者。

五、结　语

自从人工智能技术开始应用在新闻撰写、绘画、诗歌写作等领域后，有关人工智能创造物的著作权问题就一直在困扰着学界和实务界，争议颇多。将文学、艺术和科学领域内具备独创性的人工智能创造物认定为作品并进行著作权保护，符合著作权法激励创作的立法宗旨，有利于激励人们主动利用人工智能进行创作，也有益于人工智能产业的良性发展。①

从经济学的角度看，人工智能创造物能够满足市场的实际需求，促进了知识的传播和文艺的繁荣。内容始终是著作权的核心，市场需要大量的文化内容。人工智能创造物具有较大的市场价值，其开发和应用需要通过大量的成本投入才能完成，如果不对其进行保护，让其进入公有领域，则没有人愿意为人工智能进行投资。人工智能创造物在整体上增加了民众的社会福利，基于法律政策的考量，应当将其认定为作品。从国际战略竞争的角度，中国已经在人工智能领域取得了一定的优势，如果不借助法律政策进行巩固，中国难得的优势亦将有失去之风险。至于人工智能创造物的归属，人工智能的目的在于解放人，解放人的劳动力，如同我们雇佣的"人"一样，来替我们处理特定的事项。因此，本文建议，最低标准参考雇佣作品的理论和制度确定归属规则。②

---

① 通过人工智能生成文章作品，具有独创性的，拥有著作权：深圳市腾讯计算机系统有限公司诉上海盈某科技有限公司侵害著作权及不正当竞争纠纷案．［2022－06－24］．http：// www. faxin. cn/lib/cpal/AlyzContent. aspx？isAlyz＝1&gid＝C1376127&userinput＝％E4％BA％BA％E5％B7％A5％E6％99％BA％E8％83％BD％E8％91％97％E4％BD％9C％E6％9D％83.

② 张军强．法官智典：知识产权卷．北京：人民法院出版社，2018：22.

有关"人工智能生成材料的版权登记"的
进展与思考[*]

张　今　冯可欧

一、问题的提出

人工智能（AI）生成材料的可版权性是近年来国内外理论界热议的一个话题。人工智能在本文中与人工智能系统在同一意义上使用，一般是指"使用机器学习方法、基于逻辑和知识的方法和统计方法中的一种或多种方法开发的软件，并且可以为一组给定的人为定义的目标产生输出，例如内容、预测、建议或影响与其交互的环境的决定"（EURO-PEAN COMMISSION，2021）。而人工智能生成，是与人工智能系统设计、人工智能系统训练相并列的一个概念。需要注意的是，人工智能生成只是一种泛化的说法，具体可被进一步划分为纯粹人工智能生成和人工智能参与生成两种情形，不同的情形可版权性不同。事实上，人工智能生成的材料，其保护不仅可能涉及版权，也可能涉及邻接权、数据库、专利、商标、商业秘密、不正当竞争，甚至合同、侵权和宪法。但是相对而言，目前的讨论多集中于版权和专利方面的保护。本文讨论的问题涉及版权领域。

如果打算就人工智能生成的材料申请版权登记，那么无论是申请人还是美国版权局，关于人工智能的使用，一开始都将面临三大基本问题：一是"是否披露"，二是"披露什么"，三是"如何披露"。下文将以美国版权局最新的版权登记政策和实操指南为参考，结合笔者的思考

---

　* 本文为国家社会科学基金重点项目"作品类型扩张下独创性理论建构与适用研究"（项目编号：19AFX017）阶段性研究成果。

对这三个问题进行初步探讨。

二、"AI 作品"版权登记的最新进展

2023 年，美国版权局在人工智能生成材料的版权登记方面有所进展。2023 年 3 月《人工智能参与生成作品的版权登记指南》（以下简称《3 月登记指南》）（U. S. Copyright Office，2023）出台。《3 月登记指南》明确，由于缺乏人类作者，人工智能生成的材料不具有可版权性，因此使用人工智能生成的作品元素可能需要在版权登记申请中披露。有鉴于此，申请人面临两个不确定性问题：一是新登记需要披露的范围和程度，二是 2023 年 3 月之前已提交甚至已登记的申请，是否可能因未能适当披露作品中的某些材料是由人工智能生成的而被注销。为了解决燃眉之需，美国版权局于 2023 年 6 月召开了网络研讨会（以下简称《6 月登记指导》）（U. S. Copyright Office，2023）。《6 月登记指导》就包含人工智能生成材料的作品的登记事宜，进行了必要的澄清和解释。

《3 月登记指南》在政策层面明确了"是否披露"的问题。关于"是否披露"，美国版权办公室明确持肯定态度。无论是强调财产权益的普通法系还是强调人身权利的大陆法系，一般而言都不否认人类创作者的贡献在判断成果的可版权性问题上的关键作用。如果申请版权登记的材料，完全是由人工智能生成的，或者部分是由人工智能生成的，美国版权局就有理由要求申请人如实披露，否则就有不当确权之嫌。

《6 月登记指导》明确"法不溯及既往"，进一步回答了"是否披露"的问题，并初步回答了"披露什么""如何披露"等两个问题。"法不溯及既往"不是绝对的。对于目前已经登记的作品，美国版权局没有要求补充披露人工智能的使用情况。但是，如果进入诉讼程序，基于有披露瑕疵的版权的侵权请求依然可能被法院驳回，理由一是"版权只能赋予具有人类贡献的作品"是一直以来的要求（适用于所有已登记作品），理由二是申请人"根据法律或事实确实知道其提供了不准确的信息"（尤其适用于 2023 年 3 月 16 日之后登记的作品）。基于以上风

险,已经登记的作品的版权人可以自行决定是否进行补充披露。对于目前尚未登记的申请,美国版权局要求申请人主动联系补充披露。关于"是否披露",《6 月登记指导》明确了"最低限度"的判断原则;关于"披露什么"和"怎么披露",《6 月登记指导》采取了"简单、直接"的操作方案。下文将对此进行详述。

三、"最低限度"使用的披露豁免

美国版权局认为,在作品"最低限度"(De Minimis)使用人工智能的情况下,不需要进行披露。为了确定是否只进行了"最低限度"的使用,需要解决的关键问题是,假设人工智能生成的材料是由人类创作的,所生成的材料本身,是否足以满足美国最高法院在"费斯特出版公司诉农村电话服务公司案"(Feist Publications, Inc. v. Rural Tel. Serv. Co., 下称"Feist 案")① 判决中提出的可版权性标准。

在"Feist 案"中,美国最高法院认为,确保作品具有足够独创性的检验标准是"独立创作加上少量的创造性",因此,在包含人工智能生成材料的作品中,需要解决的问题是:假设作品中某个由人工智能生成的元素是由人类创作的,该元素本身是否具有可版权性?如果答案是"否",那么该元素是一个"最低限度"的使用,申请人不需要提及人工智能的使用,也不需要在申请中排除作品中所包含的人工智能生成的材料。这通常与评估衍生作品或共同作品中是否存在新的作者身份的标准相同。

《6 月登记指导》提供了一系列假设的应用,说明在什么情况下对人工智能的使用是最低限度的。最先提到的一个例子如图 1 所示。假设在这幅画面中,人类作者在创作了汽车和鹿之后,利用人工智能生成了森林,那么这种对人工智能的使用就是"可察觉的"(并非"最低限度"的使用),因为如果将森林的创作者置换为人类,森林本身具有可版权性。但

---

① 499 U. S. 340 (1991).

是，假设在同样一幅画面中，人类作者创作了汽车、鹿和森林，然后利用人工智能加强对比度，或者将整个画面的基调从绿色调整为蓝色，那么这种对人工智能的使用就是"最低限度"的使用，因为如果将这些调整操作的主体置换为人类，调整所生成的材料本身并不具有可版权性。

图 1　汽车、鹿和森林

此外还有如下的假设应用：

（1）在写书的过程中使用人工智能来检查拼写和语法、插入页码、生成目录或提供格式。

（2）使用人工智能来模糊或删除视频中的个人身份信息（如面孔、车牌等）。

（3）使用人工智能对视频的若干帧进行多次重复编辑。

（4）使用人工智能将某歌星的声音从录音中分离出来，去除背景噪音，并将录音从"单声道"转换为"数字"立体声。

在上述各个应用中，人工智能执行的功能如果由人类完成，就不会受到版权保护，因此可以被视为"最低限度"的使用。

但是，是否"最低限度"的使用判断并非都这么非黑即白。是否"最低限度"的使用取决于对人工智能生成材料"假想"可版权性的判断，而可版权性的判断在有些时候确实是模棱两可的。当然，这种判断的模糊性是版权体系本身一个固有的现象，并非人工智能所带来的新的挑战。

四、人工智能使用的披露方法

假如人工智能的使用是"可察觉的",所需披露量应该是简单的、直接的。美国版权局将人工智能生成的作品视为一种新的（第五类）"不可要求权利的材料"（此类材料还包括以前发表的材料、以前登记的材料、公共领域的材料和第三方拥有的可获得版权保护的材料），因此,用于驳回其他类别的"不可要求权利的材料"的相关规则和程序,也适用于人工智能生成的材料。

在美国版权局的作品登记页面中,申请人需要填写的两个关键选项是如图2所示的"作者"（Authors）（以下简称"页面1"）和"权利要求的限制"（Limitation of Claim）（以下简称"页面2"）。在页面1选择了作品类型,页面2就会出现因作品类型而异的选项。页面2需要填写的材料主要包括两项,即页面左侧的"排除的材料"（Material Excluded）和页面右侧的"涵盖的新材料"（New Material Included）。

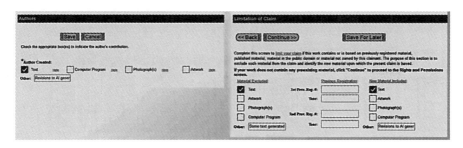

图2　作品登记页面

根据上述"简单、直接"的操作方案,在实践中,在申请表格的"权利要求的限制"部分,申请人主要需要填写的是"排除的材料"部分,具体而言,申请人应在下方的方框中勾选人工智能生成的材料类型（例如文本、艺术品、计算机程序等）,并附上简单的声明,说明将该等材料排除在外的原因,例如"人工智能生成的艺术品"或"人工智能生成的文本"。

除此之外,申请人没有必要指明人工智能生成的具体图纸或插图,没有必要说明人工智能是如何使用的，也没有必要在作品中同时包含人工智能生成材料和人类生成材料的情况下，指明哪些是人工智能生成的，哪些不是。理由是，"排除的材料"部分的目的只是创建一个记录，让公众注意到作品的某些部分是人工智能生成的。如上所述，这与处理其他类别的"不可要求权利的材料"的方法相同。

尽管上述操作并不复杂，但是如果申请人想更为干净利落地进行申请，可以考虑仅仅登记人类生成的材料，然后再对人类生成的材料与人工智能生成的材料进行合并、组合或更改等操作。这样，申请人可以省去有关披露的麻烦。当然，如果申请人希望登记整个作品，包括人工智能生成的材料，则无须从档案中删除人工智能生成的材料。

美国版权局提出了一系列使用人工智能的假想作品，并详细说明了是否应该在申请中披露这种使用，如果披露的话，应该如何排除人工智能生成的材料。以下为几个较具代表性的例子：

（1）作者利用人工智能进行集思广益，构思作品的情节、人物的姓名、章节的标题和一些小的对话片段；然后作者自己写了这本书，其中没有包括任何人工智能生成的材料。在这里，使用人工智能只是为了产生想法，所以没有什么需要披露或排除。

（2）作者撰写文本并使用人工智能生成插图的书。申请人只需在页面 2 的"排除的材料"部分勾选"2D 艺术品"，并注明"艺术品由人工智能生成"。

（3）一本押韵文体的童书，其中一些文字是人工智能生成的。申请人只需在页面 2 的"排除的材料"一栏勾选"文本"，并说明"部分文本由人工智能生成"。

（4）一本关于人类和人工智能系统之间交流的书，其中一些人工智能的回应是由作者编辑的。自行写作的文本和对人工智能生成的文本的修订，申请人可以作为人类生成作品要求权利；人工智能生成文本，申请人则需要声明排除。如上所述，没有必要指明哪些部分不是由人工编辑的。

（5）使用人工智能生成背景和特效的电影。现在假设人工智能生成的作品由人类创作将具有可版权性（并非"最低限度"的使用），那么申请人只需要在"其他"框中勾选排除的材料，并声明"部分材料由人工智能生成"。

（6）一本使用 AI 将文本从一种语言翻译成另一种语言的书。原著可以获得版权，但由于翻译完全是由人工智能生成的，所以译著不可以获得版权。

值得注意的是，上述要求和列举仅是目前阶段的初步要求。包括版权在内的知识产权的授权或确权，有一个类似"围栏"的权利范围公示功能。如果在授权或确权文件中对权利范围的记载过于模糊，就可能会对公众造成不当的震慑压力，使部分本来属于公共领域的材料不当地躲在知识产权的保护伞下，影响知识的传播利用。当然，将来需要披露的材料可能会远超这个范围。根据《3 月登记指南》，披露的信息包括"在版权审查员看来，与作品的准备或鉴定相关的，或与版权的存在、所有权或持续时间相关的信息"。

五、ChatGPT 生成材料的版权登记

2022 年 11 月由微软参与投资的 OpenAI 公司推出的 ChatGPT，一面世就受到了热捧。ChatGPT 是一款人工智能聊天机器人，使用自然语言处理来创建类似人类之间的对话，可以回答问题并编写各种材料。ChatGPT "多才多艺"，其功能不限于与人类对话。据悉，人们可以使用 ChatGPT 来完成的事项包括但不限于：编写计算机程序，作曲，绘图，起草邮件，总结文章、播客或演讲，撰写社交媒体帖子，为文章创建标题，解决数学问题，发现优化搜索引擎关键词，为网站撰写文章、博客和测试，将现有内容进行改写以适应不同的媒体（例如将演示文稿改写为博客文章），撰写产品说明，玩游戏，撰写简历和求职信，简单描述复杂话题，等等。

目前国内外都有若干功能与 ChatGPT 类似或重合的产品，但 ChatG-PT 仍最具代表性。

作为典型的生成式人工智能，ChatGPT 生成材料一开始就引发了有关版权的讨论。ChatGPT 生成材料是否具有可版权性？如有，应如何申请版权登记？

ChatGPT 生成材料是否具有可版权性？这个问题的答案可能远非直觉告诉我们的那么简单。直觉告诉我们，使用 ChatGPT 生成材料，人们只需要提出问题或略加引导，ChatGPT 将完成余下的工作。在这个意义上，人类的参与是微乎其微的。但是如上所述，ChatGPT 生成材料的种类繁多，各个类型的"作品"具体创作过程不同，同一类型"作品"人类所需要参与的程度也可能不同，不能一概而论。

以目前最常应用的文章撰写功能为例：假设我们需要撰写一篇名为《论使用 AI 文本生成器生成学术论文是否属于剽窃》的文章。

情形一，我们直接提问："使用 AI 文本生成器生成学术论文是否属于剽窃？"ChatGPT 会给出一个十分"规范"的简短回答。ChatGPT 会告诉我们："使用人工智能文本生成器生成学术文章而没有适当的引注将被视为剽窃。"[1]接下来，ChatGPT 告诉我们："抄袭是指使用他人的作品或想法而不注明出处的行为，人类生成材料和人工智能生成的材料都可能存在抄袭。"最后，ChatGPT 提醒我们："如果你使用人工智能文本生成器来撰写学术文章，请务必正确标明生成文本的来源，以避免抄袭。"这就是一个"迷你三段论"：第一段告诉我们是或否，第二段解释理由，第三段提出建议。

情形二，我们建构文章大纲，并基于大纲设计提问。比如，我们依次提问："什么是 AI 文本生成器？""什么是学术论文？""如何用 AI 文本生成器生成学术论文？""什么是独创性？""为什么学术文章应当具

---

① 原输入语言为英文，本文作者为方便阅读，译成中文，下同。

有独创性?""独创性和剽窃有何联系和区别?"…… ChatGPT 将依次回答上述问题,在每个回答中也基本会遵循"迷你三段论"的模式。同时,与其他聊天机器人不同,ChatGPT 可以记住各种问题,以更流畅的方式继续对话。

情形三,经过前述两种情形的试验,我们对 ChatGPT 生成的文章仍然不够满意。在此基础上,我们调整了框架,更正了观点,润色了语言。终稿最终出炉。

当然还可能有其他情形,在此仅以此三种递进的情形为例。

情形一:人类使用者只是提了一个问题,该问题的表述也不见得有独创性,是 ChatGPT 而非人类使用者直接生成了终稿。终稿不具有可版权性,不能申请版权登记。

情形二:人类使用者建构了大纲,并将大纲具体表达为引导问题,最终由 ChatGPT 回答,组合成文。终稿由 ChatGPT 直接生成,不具有可版权性。提问的一系列问题,如果具有足够的独创性,可以考虑申请版权登记。

情形三:人类使用者拟定了题目,构建了大纲、将大纲具体表达为引导问题,并对 ChatGPT 直接生成的文稿进行了多方面的调整。这种情形类似于人类使用者与 ChatGPT 合作生成材料。人类使用者与 ChatGPT 的贡献占比多少方可主张版权?这是一个常见但难以脱离个案回答的问题。但既然有人类使用者的"可察觉的"贡献,就可以考虑申请版权登记。

在上述情形中,如果有可版权性材料,应如何申请版权登记?首先要考虑的问题就是是不是"最低限度"的使用,如果不是,就需要披露。

情形二:如上所述只能考虑就提纲部分的表述申请版权登记。这一部分完全是人类使用者的独创,因此没有必要进行披露。

情形三:可以考虑就终稿申请版权登记。是否需要披露人工智能的使用，取决于修改之后的终稿还保留着多少人工智能生成的痕迹。所保留的人工智能生成的痕迹，如果创作的是人类，是否可以主张合作作者？如果是，就需要披露。披露的方法，可以在"权利要求的限制"部分，勾选"文本"，并注明"部分文本由 ChatGPT 生成"。

以上所举的例子仅涉及纯文字类的文章生成。其他部分类型的材料，如编写计算机程序、作曲、绘图等，是否具有可版权性以及如何申请版权登记，情形可能要复杂很多，需要另文讨论。

六、结　论

美国版权局在人工智能生成材料的版权登记方面目前处于较为领先的地位。但即便如此，截至目前其收到的声称使用生成式人工智能的登记仍然相对较少。随着生成式人工智能的使用范围扩大，相关登记件数将会增长，版权登记审查方法也需要不断地更新。本文所讨论的人工智能使用的"披露"要求，在版权法中是相对新颖的一个问题，但是在专利法和证券法等领域已有诸多讨论。在人工智能生成材料的版权登记中，披露的内容、披露的理由、披露的方法、不实披露的法律后果等，都有进一步研究的价值。他山之石可以攻玉，"他山"不仅可以是国外的动态，也可以是其他法学领域的研究。可以预期，随着人工智能使用本身的发展，版权登记审查方法也将处于一个不断发展完善的过程之中。

人工智能在出版领域的应用

——远集坊第 62 期综述

连　熠[*]

2024 年 3 月 7 日，由中国版权协会主办的远集坊第 62 期活动在北京举办。本期活动以"人工智能在出版领域的应用"为题，中国社会科学院知识产权中心名誉主任、中国法学会知识产权法研究会常务副会长李明德，中国出版集团有限公司党组成员、中国出版传媒股份有限公司董事、总经理茅院生，励讯集团中国区高级副总裁张玉国，人民教育出版社党委书记、社长黄强，数传集团 CEO 施其明，中文在线董事长兼总裁童之磊等六位嘉宾从不同的角度，探讨人工智能在出版领域的最新应用、创新实践以及未来发展趋势。本刊特撷取各位嘉宾的精彩发言，与读者共享。

李明德：人工智能与出版风险

李明德首先介绍，著作权法保护的就是作品。作品的产生远远早于人类的文明史，人类的文明史是文字记载的，但是在有文字记载之前，绘画、原始的音乐、舞蹈已经存在了，从文字产生之后，文明才在不同的载体上记载下来。

李明德谈道，中国的造纸术、印刷术的发明，使得在北宋时期就有了版权保护的事例；在西方，也是古登堡发明了活字印刷并普及之后，才有了版权保护的必要，在这些时期，人都是创造的主体。

英国和美国的版权法最早也强调是人创作作品，启蒙运动强调人权，否定君权、神权，法国大革命当中制定的表演权法、复制权法都是

---

* 本文由中国版权协会连熠根据会议速记整理。

讲作者对作品享有权利的。版权法规制度推广到世界各地的时候，作品的创造者仍旧是自然人。我国现行《著作权法》第 11 条明确指出，创作作品的自然人是作者，这里的自然人显然不包括人工智能，所以人工智能生成物的著作权保护的说法，还有待商榷，所谓的"人工智能作品"和"人工智能作者"，可能本身就是一个伪命题。

李明德认为，至少到目前为止，著作权保护作品的创作者没有脱离自然人这个概念。著作权制度的基础是技术的变革，包括最早的造纸术和印刷术，后来的留声机、广播、摄影技术的发明，都是对著作权制度的一次又一次的挑战，且并不亚于今天人工智能带来的挑战。著作权制度总是随着作品传播技术的发展不断地发展。

李明德认为，数字技术和互联网传播带来的挑战主要有三个方面，一是数字化，二是技术措施权利管理信息的保护，三是网络服务商的责任。面对数字化的浪潮，目前业界过多地关注数字化和数字技术问题，而忽视了"以自然人为作者"这个基础和前提。知识产权制度对人类智力成果的保护是有限的，只有作品、技术发明、外观设计、商业标识等。至于一些新的名词术语所描述的一些新的商业模式，是不受保护的。

探讨人工智能与作品传播中的风险问题非常重要，需要从相关的作品、表演、录音和广播是否侵权，事先训练的数据库是否侵权，是否在训练软件的过程中侵权，由人工智能产生的内容是否侵权等多角度关注。就侵权认定而言，李明德认为，原则上也应当回到"自然人"，以及自然人组成的法人、非法人组织等这些著作权基本框架中来讨论，基本的法律原则并没有根本的改变，主要还是应该由创作者负直接侵权责任、传播者负帮助侵权责任。目前的生成式人工智能的技术和软件，其实都是人类创作所使用的工具，所以最终的责任还是在于使用的人，由人承担责任，并由人享受权利，在这一点上不应有变化。

李明德建议，著作权界的专家学者还应把更多的关注放在网络服务商承担责任问题上，关注新技术条件下网络服务商的侵权责任，并要求网络服务商承担更为严格的侵权责任，包括更为严格的共同侵权责任；同时，关注、讨论、发挥著作权集体管理组织维权作用等相关问题，以使创作者获得更大的利益，而不是过多地关注人工智能的问题。

茅院生：未来已来，出版何去何从？

茅院生首先提出，人工智能技术对出版行业影响深远，2024 年的政府工作报告中指出"深化大数据、人工智能等研发应用，开展'人工智能＋'行动，打造具有国际竞争力的数字产业集群"。这为出版行业推动人工智能的应用提供了根本遵循。

茅院生认为，人工智能技术给出版带来了全流程的赋能与提升，主要表现在创新内容生产。中国社会科学院文学研究所发布的《2023 中国网络文学发展研究报告》中提出，生成式人工智能辅助网文作者提升创作效率已成行业共识。人工智能大模型帮助出版机构实现个性化内容创造、内容分析与市场洞察、数据驱动的故事叙述，增强现实和虚拟现实内容，为编辑的选题决策、内容把关、经营分析提供了智能化支持，为"从读者的需求去研发内容"提供了可行的方式与路径。茅院生介绍，人工智能辅助写作可以分为三种模式：第一种是以自然人思维产品为主体，借助人工智能对内容进行修改、提升以优化品质，目前大多数网络小说采用了这种模式。第二种是人工智能和自然人各占一半，共同参与创作过程，并最大限度地发挥人工智能的能力，如海峡出版发行集团推出的完全由生成式人工智能担纲插画创作的《我的书中有秘密花园》，首次实现了纸质出版物插画的全人工智能制作。第三种形式是人工智能作为主要创作者，自然人负责对其进行润色修改，填补人工智能不足。如中文在线集团的"中文逍遥大模型"让内容生产进入"人力＋算力"的模式，可实现一键生成万字，一张图写出一部小说，这就是由人工智能发挥主导作用。

第二个创新是创新翻译与编辑校对。人工智能技术应用于翻译、封面设计、插图制作等编辑环节，将极大提高出版效率，特别是对于拥有大量优质文字、图片内容或版权数据库资源的出版社而言，人工智能能够实现指数级的助力作用。2023 年 5 月，中信出版集团成立了平行的出版实验室，结合人工智能对内容进行从翻译到审读的转化，不仅压缩了翻译时间，还能保证译文的质量。像"血与锈"经典科幻系列图书的《淹没之城》《图尔之战》就采用了人工智能辅助翻译，相对人工翻译缩短了 6 ~ 12 个月的时间。在稿件采编评审流程中，中华医学会杂志社引入了人工智能写作检测工具，以防止新型学术不端行为的发生，并在事前进行人工智能代写的预警工作。

第三个创新是营销方式的创新。通过人工智能抓取大数据，用户画像会更加精准；通过人工智能问答技术，出版社可基于用户心理和需求生成"千人千面"的专属营销文案。一旦 Sora 等文生视频技术成熟，图书营销中的视频制作、直播平台推广形式会更加多样。"虚拟数字人讲解图书＋课程"的长视频销售平台，直接售卖基于图书创作理念生成的视频浏览服务将成为营销常态，而这也是未来文生视频对出版的另一种赋能，即通过生成营销视频为不同的用户群体定制不同的视频内容进行分发。

第四个创新是创新产品形态与服务。未来是属于"想象"的未来，文生视频类生成式人工智能产品为科技、科幻类图书赋予了更多"实现"的可能，从前我们只能停留在脑海中的内容情节，在文生视频类生成式人工智能产品的配合下即将变成现实。利用生成式技术融合图文、音视频、在线课程、数据库资源，线上集合音乐、视频、动画、游戏等呈现方式，未来出版的形态可预见地将会突破纸质、音像、电子出版物等传统平面或线性载体，向更多维立体的方向发展。在产业链延伸方面，一键生成视频为 IP 转化提供更多可能的空间，未来或可运用文生视频类生成式人工智能产品生成短剧或短视频，通过现有商业路径进行规模化、商业化变现。

第五个创新是创新流程管理。人工智能是企业数字化的重要驱动力，为出版业带来的是组织形式、内容生产方式甚至战略的调整，促进出版行业进一步优化数字要素资源配置，挖掘数据语料化、知识化标引、多模态数据资源等数据的价值。如中国知网发布生成式人工智能检测服务系统，为出版传媒行业提供了选题策划、增强检索等各类 AI 工具，并且融入出版业务流程，赋能出版传媒行业全流程数智化转型。中信出版集团通过畅销优质内容产出提升了工作效能，实现个性化推荐、库存管理等方面的智能化。

茅院生提出，在人工智能为出版行业带来更多机会的同时，随之而来的也有如下一些问题与困境。

一是传统图书市场更加艰难。从纸质图书市场来看，人工智能的"剪贴"生成能力会极大地提升"口水书""快消书"的出版效率和品种数，而且会降低成本和定价，童书、教辅等图书会面临更加激烈的竞争，甚至会出现劣币驱逐良币的情况。短视频平台让受众更倾向于"开屏有益"，而不是"开卷有益"的模式。比起效率较低的纸质出版物，大众更倾向于在方便快捷的互联网上搜索信息。一旦 Sora 等文生视频技术应用普及开来，短视频领域将会面临一波井喷式的扩张，纸质阅读的受众也将进一步减少。最关键的一点是：未来图书并不必然可信，高质量训练语料是高质量大模型的核心要素，而现在有些大模型厂商用于训练大模型的底层语料杂乱无章，存在大量无用、错误的信息，甚至存在价值观和意识形态问题。如果将这些"原材料"编辑成图书，将存在极大的出版隐患，到大家不相信书的专业和价值的时候，传统出版业将会受到致命的打击。

二是人工智能大模型盈利困难。人工智能大模型研发最主要的条件是"语料＋算力"，专业语料需要购买，算力需要软件硬件，研发投入动辄以千万、亿万元计。中国出版集团下属的中译语通自 2013 年成立以来，自主研发并构建起了包括机器翻译、大数据、知识图谱等方向的关键技术生态，2023 年才发布了格物——多语言生成式对话大模型，实现垂直领域人工智能大模型的落地，整整 10 年时间的巨额投入，令人望而却步，而且到目前为止，其商业模式、盈利方法都还不明确。从商业推广角度来说，各家出版社的人工智能产品缺少通用性，与其他出版社需求不适配；工具产品能力欠缺，产品形态少，难以形成规模效应；对于用户而言，付费意愿和付费能力也非常有限。

三是法律伦理和版权问题难以解决。人工智能生成物被盗版的问题是难以应对的问题，有一些大模型厂商存在未经授权直接盗用出版单位专业内容的情况，各方围绕内容资源的核心版权很难达成深入合作。如中国大百科全书出版社的《中国大百科全书》（第三版）网络版、军事百科数据库、社科词条库的专业内容即被一些大模型厂商用于底层训练，大模型生成出来的内容已经被打散重组，很难追溯维权。

四是传统出版人可能被替代。在内容生产领域，从 PGC（专业生产内容）到 UGC（用户生产内容），这两种模式都面临着"内容生产不可能三角"的制约，也就是必须在成本、质量和规模三要素之间进行抉择，放弃其一。尽管在 PGC 领域，纸质出版物和出版人因能够提供质量把关而仍不可替代，在内容产业中拥有不可替代的价值，但是人工智能生成物具有的高质量、大规模内容生产和低成本这三重特征，打破了传统意义上的"不可能三角"，导致出版行业的某些岗位或者角色需求出现大量下降，这对传统出版企业也是比较大的影响。

茅院生介绍，中国出版集团在人工智能领域做了一些探索与实践，包括：依托集团优势，构建专业语料库；在古典文献、知名刊物、翻译校对等领域搭建垂直类大模型；开发古籍转换、书籍翻译、图书防伪溯源体系等依托人工智能技术的应用软件等；对集团人工智能产品线进行深度梳理，结合各单位特点，相互融合，互为所用。中国出版集团并拟汇聚集团各成员单位合力与大模型厂商洽谈合作，规划考虑和推进大模型使用出版单位专业内容进行语料训练的相关技术标准，以推进出版单位与大模型厂商良性的深度合作，让人工智能技术在出版高质量发展中发挥更大的作用。

茅院生讲道，出版业与人工智能的融合不仅是出版业高质量发展的要求，更是生存下去的必要路径。出版行业人员要从思想和行动上主动拥抱人工智能，从体制和机制上激发内生动力，从资源、资本、技术上推动行业广泛合作，要将人工智能与本行业本企业结合起来，筑牢数据基础，同时坚持秉承开放、平等、协作、快速、共享的互联网的核心精神。人工智能与出版的融合发展需要全行业精诚协作，开放共赢才能达到理想的发展目标。

张玉国：人工智能时代，内容为王

张玉国首先介绍，励讯集团的业务始于出版，又超越出版。作为全球领先的专业出版集团，励讯较早完成了数字化转型，并已有超过 10 年应用人工智能的历史。他说，在处理文本数据场景下，在生成式人工智能变为热门话题之前，被广泛应用的人工智能技术还主要是提取式人工智能（extractive AI），最典型的应用是搜索、推荐和预测。自生成式人工智能技术于 2017 年出现后，励讯集团一直密切关注，并已将生成式人工智能领域推出的应用广泛适用于科研、医学临床和法律行业。比如，爱思唯尔发布临床决策支持工具 ClinicalKey AI，帮助医生在临床决策时获得准确、简洁的循证医学信息。

张玉国从法律和科技界的情况方面介绍了生成式人工智能技术在专业出版领域的应用和挑战。他谈道，大部分法律界人士认为生成式人工智能技术将深刻改变法律界，将会在文件起草、精简工作流程、文件分析等方面起到帮助作用。人工智能不会取代律师，但是使用人工智能的律师将取代不使用人工智能的律师，法律界非常愿意、积极拥抱生成式 AI 产品。

科技界如何看待 AI？张玉国讲道，2023 年 9 月，Nature 杂志对 1 600 多名科研人员做了一个调研，询问他们如何看待人工智能的影响，以及在工作中怎样使用大语言模型和生成式人工智能技术。虽然在工作中经常使用生成式人工智能（LLM）的科研人员还不多，但他们对人工智能技术的影响总体抱乐观态度。在应用场景方面，与科研相关的主要包括以下几种：产生和研究有关的构思、帮助撰写研究手稿、撰写文献综述、撰写基金申请等。

总之，生成式人工智能是提高专业人员工作效率的非常有用的工具，是专业人士的两个助手：一个是研究助手，另一个是写作助手。工具和助手，是对生成式人工智能的两个重要的定义。

生成式人工智能是非常有用的工具，但是也带来了很多挑战，比如人工智能幻觉、事实错误、虚假信息、知识产权保护等。生成式人工智能对法律和科技界也具有挑战。张玉国谈道，在法律界，人工智能幻觉情况是比较突出的。据《纽约时报》报道，一位律师在准备辩护材料过程中使用了 ChatGPT，ChatGPT 在其中编造了六个不存在的案例。而在律师询问 ChatGPT 提供的是不是真实案例时，后者给出了肯定的答复。这起事件将直接影响到该名律师的执业生涯。在科技界，论文的写作如果大量地使用人工智能技术，有可能会炮制出很多低质的论文，将会带来严重的问题。

所以，结合许多人工智能领域专家的意见，张玉国认为目前对人工智能的应用有些"神话"了，人工智能技术还存在很大的局限性，仍处在发展的初级阶段。人们要对人类的大脑和智能充满敬畏和信心，对人工智能技术的运用，要有良好的治理手段和清醒的判断，不要给予过高的期望。张玉国将上述思考归结为五个关键词：敬畏、信心、治理、判断、理性。

张玉国认为，对于专业出版机构来说，人工智能时代还是内容为王。首先，出版业因技术而生，随技术变迁和发展，从来不曾畏惧过新技术，并且事实上每一项技术的诞生都促进了出版业的进一步发展。其次，生成式人工智能所使用的底层数据非常重要，如果输入的是低质量的数据，就算使用顶级的算法，也无法生成高质量的结果。出版者的"看家本领"就是能够生产高质量的、可信赖的内容。

张玉国将上述思考归结为一个公式：高质量、可信任的内容（数据）＋对用户需求的深刻理解＋先进的技术和平台＋负责任的 AI 原则。这将是专业出版的致胜关键。

黄强：人工智能技术在基础教育出版中的应用与思考

黄强首先介绍，人教社深耕基础教育教材和教育图书的编研出版已有七十多年。习近平总书记在给人教社老同志的回信中指出：要坚持正确政治方向，弘扬优良传统，推进改革创新，用心打造培根铸魂、启智增慧的精品教材。人教社积极践行总书记指示，重视新技术对教育出版和教学的积极影响，近年来，认真、积极推进深度融合发展，这主要体现在以下两个方面。

第一是积极应用成熟人工智能技术。

一方面，利用人工智能技术助力传统出版。人教社很早就开始借助各种智能审校手段辅助内容编辑和校对。人教社建立了多种应用人工智能技术的平台和系统，协助开展编研出版工作，大大提高了出版效率；以人工智能相关技术为基础，自主研发了一整套数字内容版权保护方案，应用于数字资源从加工到传输，再到服务的各个环节；依托智能算法，研发外链监测平台，在核心产品中接入外链监测，有效确保了各种网络链接的安全，部分方案已获得国家知识产权局的专利授权。

另一方面，在音像与数字出版中深度使用人工智能技术。第三代人教版数字教材充分利用信息技术的优势，将多媒体技术、大数据技术和人工智能技术有机融合在一起，实现了纸质教材的数字化重构，解决了传统教材在数字化教学环境中使用不便利的问题。人教点读、人教口语等移动 App 产品中嵌入了语音评测、图像识别等人工智能技术，在听力与口语测试、发音纠正、角色扮演等场景中发挥着重要作用，提升了产品的用户体验。目前有 600 多万名中小学生在终端长期使用语音评测等智能化工具，仅 2023 年一年使用量就超过 1. 5 亿次。

第二是积极探索生成式人工智能的应用方式。

面对生成式人工智能技术的迅猛发展，人教社采取双轨战略，既发挥自身研发实力，又积极与外部合作伙伴携手，共同探索和推动生成式人工智能技术在教育出版行业的实际应用。

一方面，人教社于 2023 年 6 月建立了人教数字 AIGC 实验室，对大语言模型、生成式人工智能等进行探索。目前，实验室已经完成了对 ChatGPT、Gemini、通义千问、讯飞星火等主流大模型的调研和效果验证；也初步完成了对文本生成、图像生成、检索增强生成及相关数据安全和版权保护的研发工作，也就是说，编辑可以利用人教社接入的大模型进行教案生成等探索。但从目前来看，不管是生成的文字还是图片，以出版的标准来看，暂时都还不能直接被应用到出版物中，但确实能够启发思考、提供灵感。

另一方面，人教社加强了与外界的合作。近期，在教育部教材局的指导下，人教社与中央广播电视总台合作制作了中国首部文生视频人工智能系列动画片《千秋诗颂》。《千秋诗颂》聚焦于国家统编语文教材200 多首古代诗词，运用人工智能技术将诗词内容转化制作为唯美的国风动画。在生成式人工智能技术的加持下，《千秋诗颂》高度再现了中国古诗词中的人物造型、场景和道具，呈现为一部将中华古典诗词的博大精深与现代视听艺术相结合的动画作品。

黄强谈道，人教社也在积极、主动地拥抱新技术，并且在努力探索怎样更好地利用人工智能技术助力教育出版转型。对此，他谈了以下几点思考。

第一，要高度重视生成式人工智能对教育出版带来的可能影响。

叶圣陶先生曾经说过"著作家的成绩好比米，不依靠著作家，出版业没法做无米之炊。"现在看来，人工智能技术能够生成"米"，它对教育出版的影响包括以下几个方面。

对出版社内容创作方式的影响：生成式人工智能已成为一种新型内容创作方式，现在很多自媒体的文案、图像、音频、视频，直接用的都是人工智能生成的内容。生成式人工智能具有数据内容孪生、编辑和创作三大智能化能力，可以开阔思路视野，降本增效，提升用户体验。

对教育出版单位的影响：人工智能时代，教育出版单位应从单纯的内容提供商向综合的知识服务提供商转型。利用人工智能技术可在选题策划、编写撰稿、编辑加工、校对审核、版权管理、物流管控、渠道发行、应用交互及用户体验和定制化开发、智能化推送阅读等方面，提供更加精准和智能化的支撑，可以极大提高产品和服务质量，能够促进产业升级，催生新业态。

对编辑的影响：在提高内容生成和编辑效率的同时，也会影响到出版行业的把关人机制。"出版"指的是"对作品进行选择、编辑、复制，向公众传播的专业活动"。生成式人工智能会提高作品生成、传播的效率。目前基于概率规则生成内容的大语言模型，在判断作品好坏也就是"对作品进行选择"这一点上还存在很多改进空间。人工智能时代的编辑，需要准确了解不同人工智能技术的优劣势，提高鉴别作品优劣的能力。掌握新技术的编辑跟不掌握新技术的编辑区别很大。

第二，面对动态发展的人工智能及其作用和价值，既要积极拥抱，也要客观评估。

众所周知，以 ChatGPT 为代表的大语言模型，具有一定的"幻觉"，会生成错误的甚至有害的内容，需要编辑、专家保持警觉和极高的鉴别能力，才能真正转化为可供教育系统使用的知识。图像生成在创意启发上价值更高，更适合辅助生成图书封面、书籍独立素材等，但在局部可控性和角色一致性上难度很大，在辅助生成整本书，套系书的体系化、定制化配图方面较为吃力。目前的文生视频模型 Sora，能够根据文本提示创建"逼真"和"富有想象力"的一分钟视频，其表现出的逐渐理解和模拟真实物理世界的能力令人惊艳。这种文生视频的能力可以用来制作流程简单、需求简单、要求不高的短视频。但对于专业性强、流程复杂的电子音像出版物、在线视频课程等长视频，Sora 等大模型短期内还无法驾驭。

因此，从整体能力来看，生成式人工智能是新生事物，尚在不断发展中，目前暂时不能媲美人类专家作品，暂不能达到出版物标准。从实操来看，人工智能的使用门槛相对较高。对工具和撰写提示词的技巧方法掌握的熟练程度，直接决定了生成内容的质量。也许随着技术的发展，这些不足将逐渐得到克服。但在现阶段，要在基础教育出版中直接使用人工智能生成的内容，条件并不成熟。

第三，在人工智能时代，教育出版更需要在既有的机制流程中发挥专业优势。

教育出版的主要优势在于具有大量丰富的专业内容。在内容生产机制和流程方面，教育出版社在尝试通过人工智能来创作内容时，有两点必须坚持。一是教育出版是系统工程，从选题、创作、编辑到印制、发行都有规范流程及运行规律，而基础教育出版在为党育人、为国育才中发挥着极端重要的作用，任何内容生产方式的改变都必须在坚持高质量、高标准的前提下进行。二是对于人工智能创作内容，必须由专家进行事先的规划和设计，过程中的适当引导，事后的加工、把关和提升，确保内容的思想性、科学性，更好地满足师生的需求。

在充分利用人工智能赋能方面，生成式人工智能与教育出版内容深度链接的核心点在于海量的数据资源。教育出版机构若对自身发展史上的每一本书、每一位作者、每一位用户进行数据化处理，获得丰富的内容数据、用户数据、交互数据，并以此作为融合生成式人工智能的基础，为加速构建教育出版大语言模型提供支撑，将会对人工智能在教育出版领域的落地应用形成强劲的推力。这也是人教社未来融合发展的探索方向。

黄强总结道，教育出版人应该深刻认识，并且以积极心态迎接人工智能技术的发展给我们带来的挑战，冷静思索新问题，探索解决新方案，坚持守正创新，立足中国特色，加强对新技术应用的研究，将传统教育出版优势与新兴技术深度融合，运用人工智能技术赋能教育出版，为助力中国式现代化建设、创造人类文明新形态而努力。

施其明：人工智能＋出版融创新未来

施其明首先介绍，面对科技发展，数传集团调整企业发展战略，致力于深度研发生成式人工智能技术在出版行业的应用，打造了集成"AI编辑工作室"和"RAYS 现代纸书平台"BooksGPT 为底层大模型的智能服务解决方案，为出版融合全流程解决方案提供了强有力的技术支撑。

施其明认为，在未来智能化的工作环境中，会使用人工智能和不会使用人工智能的员工，将在工作效率上形成较大的差异。他介绍了数传集团目前使用人工智能的几个应用场景：

一是策划编辑。施其明介绍，数传集团目前给一些出版单位的 OA系统中配备了人工智能选题策划编辑助手，可以帮助编辑做一定程度的市场调研。他们发现，有些编辑对这项功能的使用效率很高，他们从过去几年服务的 3 万多名编辑中选取了一些编辑对人工智能编辑助手进行了试用，发现不仅可以提升编写选题报告的效率，对创作的欲望和准确性也会产生一定的影响，具有想象不到的可能性。

二是人工智能画师。这个功能原始初衷是希望可以替代美编，做封面设计等工作，但是在实际运用中，编辑利用人工智能画师与美术编辑、客户等进行了有效的沟通工作。编辑可以利用人工智能画师用基本的思路生成图片，如果不满意，可以重新生成，在自己满意的前提下再与他人沟通，大幅提升了工作效率。

三是审校工作。2023 年数传集团上线了人工智能校对员服务，在一些文科类的图书校对中，人工智能校对员完成的工作甚至做到了出版级。目前的人工智能校对，对错别字和标点符号的校对基本可以做到全部校对正确，同时外挂了许多数据库，人工智能校对员通过学习后，可以对一些文字内容作出更正。而且人工智能校对员的操作不用额外学习，编辑通过微信添加校对机器人好友，下达指令即可完成操作。但是目前人工智能校对也仅限于预校对，在人工智能校对之后，还是需要围绕之前的校对体系进行工作。

四是发行工作。由人工智能生成一本书的小视频、小文章和书评，并在相关的平台上进行宣发。他讲道，2023 年有四套图书，由人工智能生成了几百篇的书评，发在了不同平台上，达到了良好的效果。他预测，如果对人工智能发行进行良好的运用，有可能形成一条高效率的、与他人不同的营销路径。

施其明表示，他对人工智能在出版行业的运用充满信心，这不在于人工智能技术能否替代人类，而是新时代新的体系的变化。出版界在 PC 和移动互联网时代，没有完全跟上一些新的商业模式的节奏，他希望在人工智能时代，出版行业可以尽早拥抱新技术带来的新变化。

通过数传集团生成式人工智能技术的实践情况，施其明认为生成式人工智能的颠覆性变革效力在持续进行中，出版业迎来发展机遇的同时也将面临挑战。他总结道：一方面，现阶段出版物内容同质化风险加大，出版人依然要发挥"把关人"作用，克服算法薄弱环节，确保高质量的生成内容；另一方面，目前知识产权的认定仍存在难度，版权归属认定任重道远，还亟须多方协作共同来维护数字出版市场的良好秩序。

童之磊：人工智能开启出版新未来

童之磊讲道：李强总理在十四届全国人大二次会议上作的政府工作报告中指出，深化大数据、人工智能等研发应用，开展"人工智能+"行动，打造具有国际竞争力的数字产业集群。中国正从"互联网时代"迭代升级为"人工智能时代"，人工智能市场规模的全球化将进一步增速发展。

童之磊认为，人工智能是一个高速增长的行业，未来可能比目前人们预测的增长速度更快。人工智能的发展对内容产业将产生巨大的变革和影响，在文本和代码领域已接近发展成熟，目前熟练使用人工智能技术的员工的工作中，可能有 30%～50% 的代码是由人工智能完成的。在图像和视频领域，技术的发展也是日新月异。

他介绍，人工智能对出版多种形态都会带来巨大赋能，从图书出版、期刊出版、音乐出版、游戏出版、视频出版等都可以看到这样的变化。2023 年 3 月，韩国一家出版社出版了一本名为《寻找人生目标的 45 种方法》的书，该书是由 ChatGPT 编写而成，从撰写到首次销售仅用了 7 天时间。虽然书的内容比较浅薄，但也展示了生成式人工智能技术在图书出版领域的可能性。

在期刊出版领域，人工智能技术可以辅助论文生成摘要、关键词等，还可以规避由人工智能生成的"注水"论文的发表。他举了中华医学会的例子：中华医学会率先在期刊采编系统当中引入了人工智能检测工具，可以在期刊的采编过程当中辨别作者的投稿是否由人工智能产生的，或者多大程度上是由人工智能产生的，现在准确率已经达到 96%，基本可以识别出来是人创作的作品，还是人工智能创作的作品。

在音乐出版领域，由谷歌推出的音乐创作大模型可以创作 5 分钟左右的歌曲，这已经是一首正常歌曲的长度了，而且基本接近人类作曲家的风格。在中国，由"AI 孙燕姿"翻唱的大量歌曲都突破了百万播放量。童之磊认为，人工智能音乐在未来将会成为一种新的模式。

在游戏出版领域，人工智能的运用也非常迅速，2024 年有一款游戏《幻兽帕鲁》成为游戏界的热门话题，这款游戏最开始只有 4 个开发人员，在游戏上线的 24 小时内，在线人数就突破了 200 万，游戏发售不到 6 天就销量就破了 800 万份，也就是说仅仅五天收入就达 13.5 亿元人民币。而这款游戏被猜想是由人工智能代替人完成了大部分的工作，尽管目前还没有得到证实，但正是基于这样的猜测，许多人看到了人工智能在游戏创作上有极大的发挥空间。

在视频出版中，人工智能的应用更引人注目，2024 年人们最关注的 Sora，在视频制作中是一个里程碑的进展，它把人工智能生成的视频从几秒进化到一分钟，发展的速度超出人们的想象。

从这些领域的事例可以看出，人工智能有可能颠覆过去很多传统的认知。童之磊认为其中重要的原因是人工智能并不仅仅是传统出版的一种工具，而是其本身可以自我加速。每一轮人工智能的迭代，又会加速自己的发展，在后面的过程当中进程会越来越快。所以说未来人类科技可能进入一个新的时代，就是被人工智能加速的时代。

童之磊谈道：人工智能也带来了很多挑战，尤其在知识产权领域，人工智能的原创性界定很难，版权归属模糊，侵权风险增加，相关法律法规尚不健全。但目前国际上陆续有相关法规出台，包括欧盟 2024 年刚通过的《人工智能法案》，2023 年我国实施的《生成式人工智能服务管理暂行办法》，是比较及时的，从立法的角度来看，还有大量的工作要做。在世界范围内，有关生成式人工智能的案件也引发了人们的广泛关注。

童之磊分享了中文在线在出版领域进行的人工智能方面的探索，中文在线的中文逍遥大模型是目前世界上较为领先的文本大模型，主要是为了给作者或编辑提供人工智能辅助工具。同时，在音频出版领域广泛运用人工智能技术，利用人工智能生成听书音频，读者基本无法分辨是真人还是人工智能朗读的。在漫画、视频等领域，中文在线也做了大量的探索，并有了一些成功的经验。童之磊总结道，人工智能是一个壮阔的蓝图，这个蓝图不是依靠一家公司可以完成的。他希望能与出版界的同人携手合作，共赢人工智能时代，共启出版新未来。

"人工智能"与著作权

—— 兼论美国的挑战和对应*

孙远钊**

无救济即无权利（*ubi jus ibi remedium*）

——罗马法法谚

一、从模仿到仿人

人类天生喜好模仿①，也以此为学习和求生的本能，在本来几乎各个方面与其他动物相较都不具优势，且对自身非常不利的环境下，却能运用唯一的工具 —— 智慧，通过不断地尝试、探索、适应而生存了下来，并登上了食物链的顶端，成为当前地球上最具优势的物种。也正是人类的好奇、探索和模仿促成了各种创新与发明。② 人类除了模仿周遭的人物，也同样期待"被模仿"并以此为基础从事更多的附加创新。自古以来以人类自己为核心（或"拟人化"的呈现，anthropomorphizing），再结合不同物种的优势形成更优的"超人类"便不断在许多的神话和传说之中出现，如狮身人面、人马兽等。

一个直接反映了这个人类特性的著名神话故事是：半人半神的普罗米修斯（希腊文，Προμηθεύς/ Promētheús）从奥林匹斯山

---

　*　本文是由作者原刊载于《版权理论与实务》2023 年第 9、10 期（分上、下两篇发表）及 2024 年第 3 期的两篇论文组合增修而成。

　**　孙远钊，美国亚太法学研究院原执行长，曾任暨南大学知识产权学院原特聘教授、北京大学知识产权学院客座教授及同济大学特聘讲座教授等。

　①　Francys Subiaul, *What's Special about Human Imitation? A Comparison with Enculturated Apes*, 6 Behavioral Sciences 13（2016），https：//www. ncbi. nlm. nih. gov/pmc/articles/PMC5039513/.

　②　Benoit Godin, *Innovation：The History of A Category*, Project on the Intellectual History of Innovation Working Paper No. 1（2008），http：//www. csiic. ca/PDF/IntellectualNo1. pdf.

（Ὄλυμπος/Mt. Olympus）偷了火种送给人类。众神之王宙斯（Ζεύς/Δίας）得知此事之后大怒，于是命火神赫菲斯托斯（希腊文，Ἥφαιστος；英文，Hephaestus）用黏土打造出了世间第一位女性潘多拉（希腊文，Πανδώρα；英文，Pandora），另铸造了一个让她随身携带的金属"盒子"[其实应该是个坛子（πίθος/pithos），却一直被误译]送给人类作为惩罚。宙斯的妻子赫拉（希腊文，Ἥρα/Ἥρη；英文，Hera）则赐予了好奇心给她。她因为自己的好奇心打开了那个金属盒子，结果释放出了所有邪恶到人间：贪婪、虚伪、诽谤、嫉妒、痛苦、战争，等等，等她把"盒子"盖上时，只剩"希望"（Elpis）还留在其中。[1] 火神赫菲斯托斯的另一项成就是用青铜打造了一个名叫塔罗斯（希腊文，Ταλως；英文，Talos）的机械巨人，塔罗斯具有高度的智慧，能自动操作，帮助宙斯守护克里特岛（希腊文，Κρήτη；英文，Crete）。

关于塔罗斯的神话故事应是目前已知最早的、涉及今天被称为"人工智能"的记载之一，这也足证这样的想法（哪怕还只停留在纯粹属于想象或幻想的阶段）自古已有。从古以降，无分东西文化，各种具体的尝试也从未间断，诸如人工服务员、自动杀人的器械、不计其数的监视控制系统和娱乐工具等，诚可谓源远流长，各家文化皆所见略同。[2]

当代"人工智能"的滥觞一般是溯及英国的艾伦·图灵（Alan M.

---

[1] Hesiod（Ἡσίοδος、中文：赫西俄德），*The Theogony*（Θεογονία、中文：《神谱》），Lines 545－616 and *Works and Days*（Ancient Greek：Ἔργα καὶ Ἡμέραι、中文：《工作与时日》），Lines 42－53（赫西俄德在《神谱》中并未提到那位被塑造的女性名字，但因为在《工作与时日》的长篇教训诗当中有了更详细的描述和正式的姓名，且与《神谱》中所描绘的情节高度近似，因此后世的学者都认前者所指称的就是潘多拉）。

[2] 对人工智能发展历史的完整介绍与说明，可参见 Pamela McCorduck, *Machines Who Think: A Personal Inquiry into the History and Prospects of Artificial Intelligence*, 2nd ed.（Boca Raton, FL: CRC Press/Taylor & Francis Group 2004）；另参见 E. R. Truitt, *Surveillance, Companionship, and Entertainment: The Ancient History of Intelligent Machines*, MIT Press Reader,（Nov. 24, 2021），available at https://thereader.mitpress.mit.edu/the-ancient-history-of-intelligent-machines/。

Turing，OBE FRS，1912—1954 年）博士（被誉为计算机科学与"人工智能之父"）和于 1956 年夏季在美国举行的"达特茅斯会议"（Dartmouth Conference）。图灵在他的经典论文开始，就开宗名义，提出了一个问题："机器能思考吗？"图灵继而以"模仿游戏"（The Imitation Game）来论证这个命题的荒谬性与可能的思路，并推导出了著名的"图灵测试"（Turing Test），认为符号操作可能就是人类思维的本质的新思路。① "达特茅斯会议"正式确定了以"人工智能"作为研究领域的称谓以及系统性地梳理出了多个相关的理论和未决的问题，对未来的研发提供了一些可行的具体方向，指出"学习或智能的任何其他特性的每一个方面都应能被精确地加以描述，使得机器可以对其进行模拟"②。此后"人工智能"的发展经历了将近 70 年的摸索和多次的起伏，取得了一定的成功、突破，也遭遇了许多的瓶颈、挫败甚至倒退。③

二、定义与问题

（一）概念及定义

最近关于"人工智能"的发展又到了一个向上攀升的阶段（也有人认为是"突破"，但还有争议），而且由于诸如 ChatGPT［Chat Gener-

---

① Alan M. Turing，*Computing Machinery and Intelligence*，49 Mind 433（1950）。

② 同注①，第 111 页以下。这项会议的正式名称是"达特茅斯人工智能暑期研究项目"（Dartmouth Summer Research Project on Artificial Intelligence），从 1956 年 6 月 18 日到 8 月 17 日左右在新罕布什尔州汉诺威（Hanover，New Hampshire）的达特茅斯学院（Dartmouth College，常春藤盟校之一）以密集"头脑风暴"（brain storming）的"作坊"（workshops）方式举行，由时任该校数学系的一位年轻助理教授约翰·麦卡锡（John McCarthy）召集组织，原来预定邀请 10 人，但最终共有 20 余名学者专家全程或部分参与了这个会议。在此之前，对"思考型机器"（thinking machines）的研究有多种不同的名称，如控制论（cybernetics，是研究生命体、机器和组织的内部或彼此之间的控制和通信的科学）、自动机理论（automata theory，是把离散数学系统的构造，作用和关系作为研究对象的数学理论）或复杂信息系统处理（complex information processing）等，反映出各自的主要取向。

③ Daniel Crevier，*AI：The Tumultuous History of the Search for Artificial Intelligence*（New York，NY：Basic Books：1993）。

ative Pre-trained Transformer（聊天生成预训练转换器）的简称]、DALL-E
[组合了著名画家萨尔 瓦多·达利（Salvador Dali）和皮克斯动画工作
室（Pixar Animation Studios）的电影《机器人总动员》（WALL－E）的
名称而成]、DALL-E 2、Midjourney 等应用软件或工具的出现，让社会
对人工智能的关注和兴趣达到了空前的高度。但如果仔细探究就不难发
现，各界至今对于究竟什么是"人工智能"、范围应当为何等问题都还
没有取得共识，因此既有的法律（包括国际公约）对于"人工智能"
也还没有统一、明确的定义（不过欧盟可能即将通过首个针对"人工
智能"并对所有成员国具有强制效力的条例，其中有一个定义条款，详
见后述）。

前已述及，"人工智能"的名称是个"舶来品"，从英文"artificial
intelligence"的字面意义直译而来。不过这个中文译法容易产生误导，
让人产生各种"拟人化"的联想，把一个机器工具在概念上转化成了
一个仿佛具有"准人性"思维的"机器人"（或许与以往好莱坞制
作、拍摄了许多相关的科幻影片相关），因此倒不如称之为"仿智
能"或"智能人工"，因为"artificial"本身就蕴含了一定程度的伪
作、仿制的意思。① 至于通过机器工具给予的辅助或其本身的功能与
操作要达到何种程度才构成所谓的"人工智能"，各界可能会有相
当大的认知差异。例如，英国的国防科技实验室认为，"人工智能"
必须同时具备四个要素：数据、软件程序（逻辑演绎）、平台，以

---

① Merriam-Webster's Ninth New Collegiate Dictionary（Springfield, MA 1985），at 106（artifi-
cial：1. *humanly contrived* often on a natural model：man-made；2. *lacking in natural or spontaneous
quality*；3. *imitation, sham.* artificial intelligence：1. a branch of computer science dealing with the
simulation of intelligent behavior in computers；2. the capability of a machine to *imitate intelligent human
behavior*）［Emphasis added］.

及整合。① 按照这个要求，植入人体自动从事器官修补或药物治疗的纳米芯片和相关器材，如纳米转染技术（nanotransfection）就未必会被视为"人工智能"，但在一般的认知上却可能得出相反的结论。②

联合国教育、科学及文化组织（United Nations Educational，Scientific and Cultural Organization，UNESCO）的 193 个成员于 2021 年 11 月 23 日以全票通过了一个不具法律拘束力，但却至关重要、值得各国未来在制定相关的国内立法时借鉴参考的文件，称为《人工智能伦理问题建议书》（Recommendation on the Ethics of Artificial Intelligence）。其中将人工智能系统视为"有能力以类似于智能行为的方式处理数据和信息的系统，通常包括推理、学习、感知、预测、规划或控制等方面"③。换句话说，"人工智能系统是整合模型和算法的信息处理技术，这些模型和算法能够生成学习和执行认知任务的能力，从而在物质环境和虚拟环境中实现预测和决策等结果。在设计上，人工智能系统借助知识建模和知识表达，通过对数据的利用和对关联性的计算，可以在不同程度上实现自主运行"④。

欧洲联盟（European Union，以下简称欧盟）通过了《人工智能法》（Artificial Intelligence Act）作为通行全欧盟的强制性条例（regula-

---

① U. K. Defence Science and Technology Laboratory（Dstl），*Building Blocks for AI and Autonomy：A Dstl biscuit book/Guidance：Core Elements of AI*（October 23，2020），https：//www. gov. uk/government/publications/building-blocks-for-ai-and-autonomy-a-biscuit-book/core-elements-of-ai.

② Alyssa Pagano，*Repairing Organs With the Touch of a Nanochip：This New Device Changes the Function of Cells by Injecting Them with Synthetic DNA*，IEEE Spectrum（August 12，2017），https：//spectrum. ieee. org/repairing-organs-with-the-touch-of-a-nanochip.

③ 联合国教科文组织. 人工智能伦理问题建议书（2021 年 11 月 23 日）. https：//unesdoc. unesco. org/ark：/48223/pf0000380455_ chi.

④ 同注③。

tion)。① 这个立法草案的第 3 条第 1 款拟将"人工智能"定义为："以一或多种特定的方式和路径，依据由人类定义的一组目标，生成如内容、预测、建议或决定等会影响其互动环境所开发的软件。"② 至于"特定的方式和路径"究何所指，则交由随附于该法的《附件一》（Annex I）予以规制（刻意不直接规范在条文中，以保持弹性和机动性，可随相关科技与市场的发展与变化快速调整对应）。该《附件一》（草案）目前列出了三种人工智能类型：（1）机器学习演算（machine learning approaches）；（2）逻辑与知识演绎算（logic-and knowledge-based approaches），包括知识表示（knowledge representation）、归纳编程（inductive programming）、知识库（knowledge bases）、演绎及归纳引擎（inference and deductive engines）等；（3）统计演算（statistical approaches）、贝叶斯概率估计（Bayesian estimation）、搜索和最优化方式（optimization methods）。③

（二）原理与操作

从上述可见，无论如何定义人工智能，其都指含有对应和生成两种功能的软件系统。目前引起社会高度兴趣和关注的"大型语言模型"（Large Language Model，简称 LLM）是以其庞大的规模来指称特定类型

---

① Regulation（EU）2024/1689，Harmonised Rules on Artificial Intelligence（Artificial Intelligence Act），[2024] O. J. L.，http：//data. europa. eu/eli/reg/2024/1689/oj.

② 其原文为："'artificial intelligence system'（AI system）means *software* that is developed with one or more of the techniques and approaches listed in Annex I and can，for a given set of human-defined objectives，generate outputs such as content，predictions，recommendations，or decisions influencing the environments they interact with"[Emphasis added]。

③ EC，*Annexes to the Proposal for a Regulation of the European Parliament and of the Council Laying Down Harmonised Rules on Artificial Intelligence（Artificial Intelligence Act）and Amending Certain Union Legislative Acts*，COM（2021）206 final（21 April 2021）。

的人工智能操作。① 在技术上通过人工智能加速器（AI accelerator）② 处理对参数量（weights）达到数十亿或更高的文字或文本数据［主要的信息来源是互联网，如维基百科（*Wikipedia*）等］予以处理和运算［所谓的"深度学习"（deep learning）］，包括"无监督"或"自监督学习"（self-supervised learning，简称 SSL)③ 和"半监督学习"［semi-supervised learning，也称为"弱监督"（weak supervision）］④ 等。另通

---

① "人工智能"常见的算法包括，但不限于：线性回归（linear regression，是利用统计学当中线性回归方程的最小二乘函数对一个或多个自变量和因变量之间的关系进行建模的一种回归分析）、逻辑回归（logistic regression，是离散选择法之一，属于多元变量分析的范畴，常用于社会学、生物统计学、临床、数量心理学、计量经济学、市场营销等统计实证分析等）、深度神经网络［Deep Neural Networks，简称 DNN，是模仿生物神经网络的结构和功能（类似于动物的大脑和中枢神经系统）的数学模型或计算模型，由大量的"人工神经元"联结计算，用于对特定的函数进行估计分析；在多数情况下，人工神经网络能在外界信息的基础上改变内部结构，是一种能自动适应的系统，也就是一般所谓的"机器学习"］、决策树（decision tree，主要用于数据挖掘和机器学习，是从对象属性与对象值之间的某种映射关系建立出的预测模型；树中每个节点表示某个对象，而每个分叉路径则代表某个可能的属性值，每个叶节点则是对应从根节点到该叶节点所经历的单向输出路径所指向的对象的值）、线性判别分析 ｛linear discriminant analysis，简称 LDA，是利用统计学对费舍尔线性鉴别方法（Fisher linear discrimination，简称 FLD）的归纳，试图找到两类物体或事件的特征的一个线性组合，以便能从事特征化或区分｝、朴素贝叶斯计算法或分类器 ｛Naive Bayesian algorithm，是一种借助贝叶斯定理的分类算法，也作为一种生成模型（generative model），采用直接对联合概率［P（x，c）］建模，以获得目标的概率值｝、支持向量机（support vector machine，简称 SVM，是一种在分类与回归的过程中分析数据的监督式学习算法）、学习向量量化（learning vector quantization，简称 LVQ，是通过自动学习的演进过程，进行实时的微调，使各个类别的代表点趋近最佳值）、K—最近邻（K-nearest neighbor，又称为 KNN 算法或 K–近邻算法，是一种用于分类和回归的非参数统计方法，采用向量空间模型进行分类，凡是相同类别的案例，彼此的相似度就高，而可以借由计算与已知类别案例的相似度，来评估未知类别案例可能的分类）、以及随机森林（Random Forests©，是平均多个深度决策树以降低变异数的一种方法）等等。关于人工智能的发展、现况与未来的应用等介绍与分析，可参见 Piero Scaruffi，Intelligence Is Not Artificial － Expanded ed.（Seattle，WA：Createspace 2018）（该书 2013 年第一版的中文译本是皮埃罗·斯加鲁菲. 智能的本质：人工智能与机器人领域的 64 个大问题. 任莉，张建宇，译. 北京：人民邮电出版社，2017）。

② 这是一种专门对人工智能［特别是人工神经网络（artificial neural networks）、机器视觉（machine visual）、机器学习操作（machine learning operations，简称 MLOps）等功能］进行加速运算的微处理器或计算硬件系统。

③ 这是指输入大量未经筛选、监督的数据，通过数据本身的结构或者特性，由机器建构出不同的标签（pretext），然后即可再以类似监督学习的方式进一步从事训练。

④ 这是指使用大量的未标记数据，以及同时使用标记数据来进行模式识别的工作。

过"变换器模型"（transformer architecture）进一步加速整个机器学习的过程。[1] 继而是对数据集（dataset）的处理，包括对数据集纯化〔dataset purification，像是移除所谓的"有毒通路"（toxic passages）、抛弃"低质量数据"（low-quality data）和删除重复数据（de-duplication）等〕以及使用"概率标记"或"概率术语"（probabilistic tokenization），也就是一种改良式的字节对编码〔byte pair encoding，简称 BPE，或"双字母组合编码"（diagram coding）〕，通过贝叶斯概率估计等计算方法，让机器工具的学习以及对文字的表达能更为精准。简单地说，这样的功能和操作犹如人类考试时经常使用的"填充题"作答，由机器工具以尽量拟人化的方式通过逻辑演绎算法"猜测"一个问题〔或给予的提示（prompt）〕最可能与最适当的后续对接应当为何，以帮助从事操作的人类去进一步推导、分析，然而从不保证给出答案的正确性（虽然绝大多数的使用者似乎都会推定或假定人工智能总应给出最全面、详细、精确无误的答复）。这就寓含了各种潜在（或已发生）的争议。

除了"大型语言模型"，另一个受到了社会高度关注和兴趣的是以"扩散模型"（diffusion models）或扩散概率模型〔diffusion probabilistic models，也称为基于分数的生成模型（score-based generative models）〕为基础，用变分估计或推断（variational inference）方式训练的马尔可夫链，使其最终的结果或效果既能生成新的事物（主要是图像），也同

---

[1] Ashish Vaswani, Noam Shazeer, Niki Parmar, Jakob Uszkoreit, Llion Jones, Aidan N. Gomez, Łukasz Kaiser, and Illia Polosukhin. *Attention Is All You Need.* the 31st Conference on Neural Information Processing Systems（NIPS 2017）. https：//papers. nips. cc/paper_ files/paper/2017/hash/3f5ee243547dee91fbd053c1c4a845aa-Abstract. html。谷歌公司另外还使用了所谓的"混合专家模型"（Mixture of Experts architecture，简称 MoE，也称为"多专家模型"）作为替代，通过门控（gating）将单一个任务空间划分为多个子任务，再由多个专家网络（子模型）分别处理特定的子任务，最终得到整体的预测结果。Noam Shazeer, Azalia Mirhoseini, Krzysztof Maziarz, Andy Davis, Quoc Le, Geoffrey Hinton, and Jeff Dean, *Outrageously Large Neural Networks: The Sparsely-Gated Mixture-of-Experts Layer.* the 5th International Conference on Learning Representations（ICLR 2017）, arXiv：1701. 06538〔cs. LG〕. https：//arxiv. org/abs/1701. 06538。

时要尽量贴近甚至符合原来的数据分布，以确保不会产生离谱的结果（近似于人类的"模仿"）。① 目前这个模型主要应用于图像的生成、修复、"去噪"与超分辨率成像等领域，知名的软件程序有 Dall-e、Dall-e 2、Midjourney和 Stable Diffusion（稳定扩散）等。

　　由此可见，"人工智能"或"智能人工"原本的设计初衷和操作就是希望借助机器工具做到人类自身原本难以或根本无法做到的事情。这与詹姆斯·瓦特（James Watt，1736—1819 年）发明了含有分离式冷凝器的蒸气引擎，乔治·斯蒂芬森（George Stephenson，1781—1848 年）发明了火车头与铁道交通或是伊莱·惠特尼（Eli Whitney，1765—1825 年）发明了轧棉机（cotton gin，或轧花机）等，结果带动了第一波的工业革命，在本质上并没有如何的不同。后来的几波工业革命也是如此。值得一提的是，历史一再表明，虽然每一波的推进的确取代了不少原来的工作，但也同时开创出了更多、更高薪的就业机会。②

　　固然最近的人工智能发展的确展现出了无数令人无比惊艳，甚至瞠目结舌的成果，但是在未来的应用上却同时具备极大的风险。《智能的本质》一书的作者皮埃罗·斯加鲁菲（Piero Scaruffi，1955——）便指出，机器工具的"深度学习"是在学习人类已做过的事情（过去时）的技术。如果揭开光鲜亮丽的表象，人工智能领域的主流技术在本质上仍然是图灵机的架构（通行的智能手机和笔记本电脑也还是这一结

---

　　① Ling Yang，Zhilong Zhang，Yang Song，Shenda Hong，Rusheng Xu，Yue Zhao，Wentao Zhang，BinCui，and Ming-Hsuan Yang. *Diffusion Models：A Comprehensive Survey of Methods and Applications*，arXiv：2209.00796v10 ［cs. LG］（March 23，2023），https：//arxiv. org/pdf/2209.00796［manuscript submitted to Association for Computing Machinery（ACM）］。马尔可夫链（Марков/Markov chain），是根据概率分布，让系统可以从一个状态改变到另一个状态，也可以保持当前的状态。

　　② Harry J. Holzer. *Understanding the Impact of Automation on Workers，Jobs，and Wages*，Brookings Institution Commentary（Jan. 19，2022），https：//www. brookings. edu/articles/understanding-the-impact-of-automation-on-workers-jobs-and-wages/；*The Stages of Industrial Revolution and Its Impact on Jobs*（February 20，2020），https：//www. accountancysa. org. za/the-stages-of-industrial-revolution-and-its-impact-on-jobs/.

构）。经过几十年的发展，其最大的变化是硬件速度与性能的提升，在算法逻辑上并没有根本性的革新与改变，仍然是同样的基本面，万变不离其宗——人们取得的进步在本质上只是将更多的高性能处理器连接起来，给了机器神经网络更大的空间来模拟人类大脑的思维。[①] 他也由此点出了另一个关键：人工智能最大的问题是没有常识，因此不能被信任。[②] 人们已经花了几十年去尝试解决这个问题，但不排除可能用错了方法。现在人工智能的整个重心都在深度学习，但深度学习不能获取常识。深度学习只是收集许许多多的数据，基本上做的是统计工作[③]，因此，诸如人工智能能够在人类的律师考试中获得高分或是下围棋击败世界冠军等是这类机器工具凭借对大数据的统计分析原本应该达到的基本要求；如果无法超越人类自身都可以达到的水平，就意味着应该要遭到淘汰了，但这与"思考"还有很大的距离。因此在讨论涉及人工智能的问题时，至少在现阶段不能用某种拟人化的激情去投射（如"机器人"），否则极易自我误导。

三、生成式人工智能的著作权问题

无论是文字或图像，目前的生成式人工智能已可在极短的时间内犹如变魔术般的生成各种令人惊艳的结果。位于荷兰海牙（the Hague）的莫瑞泰斯皇家美术馆（Mauritshuis）借助其"镇馆之作"——约翰内斯·维米尔（Johannes Vermeer）的《戴珍珠耳环的少女》（荷兰文：*Meisje met de parel*，见图 1）到外地巡展之际，征集了一幅用人工智能

---

① 皮埃罗·斯加鲁菲. 智能的本质：人工智能与机器人领域的 64 个大问题. 任莉，张建宇，译. 北京：人民邮电出版社，2017.

② 英文"common sense"一般直译为"常识"，字面上有"共通感知"的意思。《韦氏辞典》的定义是"根据对一个情况或事实的简单观感所得到的合理与审慎判断"（sound and prudent judgment based on a simple perception of the situation or facts），且无须复杂或特殊知识，以平均、可信赖的能力来评断。Merriam-Webster Dictionary，https：//www. merriam-web-ster. com/dictionary/common%20sense。

③ 王艺璇.【专访】皮埃罗·斯加鲁菲：人工智能并不"智能". ［2018－07－23］. https：//www. sohu. com/a/243015946_ 485176。

生成的图像，以该画作为基础的一幅"替代品"放在原来暂时空出的位置上，名为《戴亮丽耳环的少女》（A Girl With Glowing Earrings，见图2），结果引起了相当激烈的争议，包括：人工智能的生成图像是否能被视为"艺术品"，并在莫瑞泰斯美术殿堂占有一席之地？那幅画作是否过于"虚假不实"（例如无论使用如何的透视都不可能看到右耳的耳环、皮肤的质理与上色都显然失真、脸上的雀斑相当"诡异"，等等）？有的人则认为这象征了该馆能与时俱进，采纳新知。而该馆收到的各界最多的抱怨和质疑，是关于这幅画作是否侵害了他人的著作权。①

图1　维米尔的《戴珍珠耳环
的少女》

图2　德国人朱利安·范·迪肯
通过 Midjourney 软件生成的
《戴亮丽耳环的少女》

---

①　*Girl with AI earrings sparks Dutch art controversy*，Economic Times（ET）Telecom. com，（March 10，2023），https://telecom. economictimes. indiatimes. com/news/girl-with-ai-earrings-sparks-dutch-art-controversy/98543707［莫瑞泰斯皇家美术馆于 2022 年下半年发起了一项名为"我的珍珠女孩"（My Girl with a Pearl）的活动，向各界征集作品来暂时填补原作空出的位置。结果共收到 3 482 件作品，其并从中挑选了 5 件轮流展出，这是其中之一。参加活动的作者年龄从 3 岁到 94 岁不等，有的把"女孩"形塑为一个恐龙，有的是一只宠物，也有的是一件水果］。

图 3　2023 年 1 月纽约现代艺术博物馆"瑞非克·安那多尔：无人监督"
（Refik Anadol：Unsupervised）特展的展厅（Gund Lobby）现场
摄影：Ben Davis，ArtNet News。

位于美国纽约市（New York）的现代艺术博物馆（Museum of Modern Art，简称 MOMA）则更进一步。馆方首先提问：如果机器遍览了本馆的所有藏品之后，能"梦想"出什么？继而馆方邀请了美籍土耳其裔的多媒体艺术家瑞非克·安那多尔（Refik Anadol），运用这个提示和人工智能创作了一个永不重复、不断变化的视觉立体呈现，并从 2023 年开始举行了一场名为"瑞非克·安那多尔：无人监督"（*Refik Anadol：Unsupervised*）的特展。全部的画作都以一整面的大屏幕墙（24 × 24 英尺，约合 7.32 米 × 7.32 米）和超高清画素的投影来显示，且呈现出的立体图像场景会随周遭环境因素（如晴天、下雨、光线、人群的移动等等）的改变而产生各种变化（见图 3）。① 这也不可避免地产生了许

① 据报道，安那多尔一共使用了该博物馆收藏的 18 万件艺术品和 38 万个图像作为机器深度学习的对象和基础，再通过其本人设计的模型生成了用于特展的所有动态作品显示。安那多尔最早是于 2016 年在一个名为"野性档案"（Feral File）的平台上运用人工智能技术开创了一个称为"机器幻觉"（Machine Hallucinations）的系列创作，并于 2021 年首次在该平台上公开发行了"无人监督"的数字作品［使用的是英伟达的桌上型人工智能超级计算机（Nvidia DGX Station A100）加上若干不同商用软件的组合］。Kyle Barr，*Latest MoMA Exhibit Is an AI-Generated Swirling Hallucination of Other Museum Art*，Gizmodo（November 18，2022），https：//gizmodo.com/moma-art-museum-ai-ai-art-generator-refik-anadol - 1849800994。

多的法律问题。即使先行搁置能否获得著作权或构成侵权的争论，仅是这些画作究竟应该"归功"（attribution）于谁（如何署名）便可能会引起很大的争议甚至冲突：是给出"提示"的人，人工智能本身，开发该人工智能的人［软件设计者或（和）其雇主］，还是提供作为机器"深度学习"的各个对象的作者？另外，纵使可对人工智能的生成物赋权，一个没有固定形态、不断在变化的呈现是否符合"固定"（fixation）的要求？所涵盖的范围究竟应该为何？

（一）输入端

由于人工智能必须通过对既有材料的收集从事"深度学习"，在先天或定义上从输入端开始便总是需要对他人既有的文字、声音或图像等各种作品的数字档案进行全面或相当程度未经许可的复制，这意味着其承载了高度的侵权风险（除非能举证符合或构成合理使用）。[①] 对权利人而言，这也同样意味着非常高难度的举证挑战，因为既然人工智能的"深度学习"几乎总是涉及对来自无数作者的大量作品的大规模的复制，然后以类似回收资源运用的方式，先予以碎片化，再通过软件以统计分析的处理重新组合，要如何从最终的生成结果进行回溯，并识别、指认其中的哪个部分是对哪位特定作者的哪个特定作品的复制，势必将非常的困难。

在合理使用的抗辩方面，美国《版权法》第107条的一般判定法则采取了所谓的"四要素分析法"：（1）使用的目的和性质，包括是否在本质上属于商业性的使用抑或非营利的教育目的；（2）被从事使用、具有著作权的作品性质；（3）相对于被使用的作品整体，所使用的数量和程度；（4）其使用对受到著作权保护的作品的潜在市场或价值产

---

① Christopher T. Zirpoli, *Generative Artificial Intelligence and Copyright Law*, Congressional Research Service Legal Sidebar（Updated May 11，2023），at 3（quoting a statement of the Patent and Trademark Office）.

生的影响。① 后来的司法实践对其中的第一个要素又增列了应考量是否具有足够的转化或转型（transformative）。虽然这四个要素应等质等量齐观，但被指控侵权物的转化程度往往会对法院的判决产生决定性的影响。②

支持以含有著作权的作品来训练人工智能应构成合理使用的一方（如 Open AI 等从事人工智能开发的企业）认为，如果检视第一个要素，"深度学习"的性质和目的应属于转化性而非表达性（expressive）的使用，因为通过这样的训练过程才能形成一个非常具有实用价值的生成式系统。此外，由于整个系统的学习训练过程并不对外开放，因此上述的第三个因素也应对其有利。赞成方试图援引"谷歌图书案"的二审判决作为依据。③ 美国联邦第二巡回上诉法院在该案中判决，谷歌公司以电子扫描复制了所有图书馆的藏书，并以此创设了一个可供搜寻的超大型数据库，但使用者的搜索结果只是从每册书的电子档中摘取的小部分内容，构成合理使用。因此，赞成方认为，只要人工智能的生成结果不是把特定作品的全部或相当部分原封不动地重新呈现，也应同样地构成合理使用。

不过反对方则指出，如果的确只是为了"自我学习"之用，那么构成合理使用或有可能，但生成式人工智能显非如此。这类机器工具在设计的本意和功能上就是要在既有作品的基础上运用统计算法来推测接下去的可能表述（无论是文字或图像），因此形同对原作品从事"续写"或"改编"，并不是真正的转化性使用，况且这类工具最终是要推向市场，进行各种可能的商业开发和利用，所以也绝非止于单纯的"学

---

① 17 U. S. C. § 107.

② *Campbell v. Acuff-Rose Music*, *Inc.*, 510 U. S. 569 (1994)；*Google LLC v. Oracle America*, *Inc.*, 593 U. S. _ _, 141 S. Ct. 1183, 209 L. Ed. 2d 311 (2021)；*Andy Warhol Foundation for the Visual Arts*, *Inc. v. Goldsmith*, 598 U. S. _ _ (2023).

③ *The Authors Guild*, *Inc. v. Google*, *Inc.*, 804 F. 3d 202 (2ᵈ Cir. 2015).

习"而已。

至于上述的第四个要素，反对方则指出，容许以"学习"为名，让人工智能从事各种"仿真"之作，不但会对消费者造成困扰，也显然对原作者构成直接的竞争。例如，2023 年 4 月 14 日一个署名为"Ghostwriter 977"（这个名称本身就寓含了代笔或影子作者之意）的人推出一首名叫"袖上我心"（Heart on My Sleeve）① 的歌曲，宣称是由当红的两名加拿大饶舌歌曲明星——德雷克（Drake）和威肯（The Weeknd，其常因头发造型被称为"盆栽哥"）合唱，结果立即引起了很大的轰动。然而实际上这是由人工智能所生成的结果，虽然其中的声音极度逼真，但终究与两位歌手完全无关。当环球音乐集团（Universal Music Group）三天后将此曲从各主流媒体平台全面下架时，这首"伪歌曲"在抖音（TikTok）的播放量已突破了 1 500 万次，在思播（Spotify，或"声田"或"声破天"）播放了超过 60 万次，在"油管"（YouTube）则有超过了 27.5 万次的观赏。②

受到此一事件的刺激，整个音乐产业展开了对这种"伪歌曲"甚至于整个人工智能开发的"总动员"。它/他们一方面向从事人工智能开发的企业和研究机构等提出了严厉的警告，包括将提出规模性的诉讼，另一方面由 40 个最具规模和影响力的权利人组织联合组建了针对

---

① 这个名称显然取自英语里的名言"To wear my heart on my sleeve"。表面的意思是，如果自己的衣服袖子上粘贴了什么，那么谁都可以看得到。所以这是描述一个人容易流露自己的感情，也就是"情感外露"。另也可表示，如果一个人把对某事或人的想法和感受外露，他人就很可能趁机来占便宜或欺负那个人，于是"情感外露"便成了一个弱点。这句话可能源自中世纪的武士以马槊比武（jousting）时在自己盔甲覆手的袖片上标志要把自己的勇气和胜利献给何人（通常是一位女士）。莎士比亚的戏剧作品《奥赛罗》（Othello）首次将这个表述记录了下来。William Shakespeare. The Tragedy of Othello. the Moor of Venice：Act 1，Scene 1，Line 70。

② Laura Snapes. *AI Song Featuring Fake Drake and Weeknd Vocals Pulled from Streaming Services*：The Guardian（April 18，2023），https：//www. theguardian. com/music/2023/apr/18/ai-song-featuring-fake-drake-and-weeknd-vocals-pulled-from-streaming-services.

人工智能问题的一个全新的权利人联盟，并提出了 7 个核心原则。凡是不符这些原则的，将进行全面性的抵制（boycott，或杯葛）和诉讼，也不排除会有更多的对抗，运用各种可行的手段让人工智能无法接触、取用仍受著作权保护的各类词曲。[①]

此外，美国的作家协会（Authors Guild）发布了一封公开信，呼吁从事生成式人工智能的科技公司除非经过适当的许可或费用支付，必须立即停止使用含有著作权的作品。[②] 截至 2023 年 7 月中旬，这封信已获得了超过一万名作者的署名，其中包括了多位国际知名的作家。[③]

这些形同向人工智能的从业者发出了最后通牒，犹如之前多次创新科技发展的历程，在科技发展与内容提供两者之间用法律切出了一道鸿沟，在硝烟弥漫、尘埃未定之前，势必对人工智能的后续开发、使用与商业模式的建构产生巨大的压力和制约。不过就在权利人紧锣密鼓组织备战之际，个别战役已然展开：

---

① 同注①。由 40 个涵盖了音乐发行领域的各个主要权利人团体于 2023 年 3 月 16 日在"西南偏南"（South By Southwest 或 SXSW）的年度音乐盛会期间决议展开一个"人类艺术活动"（Human Artistry Campaign），其中包括组建一个全新的娱乐产业联盟（Entertainment Industry Coalition），并揭示了这 7 个针对处理涉及人工智能的核心原则。其中最重要的是，要求必须在使用到任何涉及有著作权的作品、专业表演者的声音与肖像等必须经过许可、授权并且合规；政府不应创设新的著作赋权或责任免除从而让人工智能的开发者未经许可或不支付费用对作品等从事利用。详见 Kristin Robinson. *How Should Artists Face AI? Entertainment Industry Coalition Releases 7 Principles to Support 'Human Creativity'*, Billboard (March 16, 2023), https://www.billboard.com/pro/ai-creative-works-principles-artist-groups/.

② 公开信是致开放人工智能研究中心（OpenAI）、字母表公司［Alphabet, Inc., 谷歌公司（Google, Inc.）的母公司］、元平台控股公司［Meta Platforms, Inc., 原脸书公司（Facebook）］、稳定迭代人工智能公司（Stability AI）、国际商用机器公司（International Business Machines Corporation, 简称 IBM）和微软公司（Microsoft Corporation）等 6 家企业的总裁或首席行政官（Chief Executive Officer, CEO）。关于信函的全文与签名连署，参见 The Authors Guild. *Open Letter to Generative AI Leaders*. https://authorsguild.org/app/uploads/2023/07/Authors-Guild-Open-Letter-to-Generative-AI-Leaders.pdf.

③ The Authors Guild, *More than 10, 000 Authors Sign Authors Guild Letter Calling on AI Industry Leaders to Protect Writers*, Press Release (July 18, 2023), https://authorsguild.org/news/thousands-sign-authors-guild-letter-calling-on-ai-industry-leaders-to-protect-writers/.

1. "崔布雷诉 OpenAI 集体诉讼案"

既然循着法律途径来解决争端已势不可免，最终会有决定性影响的自然还是法院判决。目前在各地不同的联邦地区法院已出现了多个待审的诉讼。

例如，知名的畅销恐怖及黑色幽默小说作家莫娜·阿瓦德（Mona Awad）和保罗·崔布雷（Paul Tremblay）于 2023 年 6 月 28 日联名起诉了开放人工智能研究中心（OpenAI），并邀请其他作者加入，形成一个集体诉讼（class action），指控后者在从事其人工智能系统的"深度学习"过程中，未经许可也未支付任何报酬或费用，大量"摄取"（ingesting）了原告等人受著作权保护的作品。[①]

OpenAI 在 2018 年 6 月曾自行披露，他们"训练"其第一代人工智能 GPT - 1 系统的一个重要来源在当时已经颇受争议，名为 BookCorpus 的大型书籍文本数据集（这个数据集又从一个名为 Smashwords. com 的网站收录了无数尚未正式出版，但几乎都还有著作权的作品），后来的版本与机器学习则更"变本加厉"。原告指控并主张，当他们向 ChatGPT 提示自己的作品名称时，后者便可立即对其小说的内容提供极为详尽的介绍和摘要，也就表明和证明了他们的小说已被用来作为训练人工智能的素材。

另据 OpenAI 于 2020 年 7 月自行发布、介绍其 GPT - 3 的说明文件透露，该系统使用的训练素材中有 15% 是来自"两个以互联网为基础的书籍语料库（corpora）"，分别被冠称为"书库 1"和"书库 2"。起诉书综合各方信息，估算"书库 1"约包含了 63 万个书目，"书库 2"则应有 29.4 万部书籍，并据此指控，由于 ChatGPT 使用的大型语言模型必须完全依靠各种内容的存在才能操作，其本身便是一个派生或衍生侵权物，侵害了其中所有作品的作者的复制权与改编权。[②]

---

①　Complaint, *Tremblay v. OpenAI, Inc.*, Case No. 4：2023cv03223（N. D. Ca June 28, 2023）.

②　Complaint, *Tremblay v. OpenAI, Inc.*, Case No. 4：2023cv03223（N. D. Ca June 28, 2023）.

2. "匿名作家诉 OpenAI 集体诉讼案"

一家名为 Clarkson 的公益法律事务所代表 12 名作者向北加州联邦地区法院提出了一个范围更广的集体诉讼（还包括刑事自诉，但完全没有涉及著作侵权的指控），指控被告 OpenAI 开发的 ChatGPT 人工智能系统违反了联邦《电子通信隐私法》[①]（涉刑事）、《计算机欺诈及滥用法》[②]（涉刑事）、《侵害隐私法》[③]（涉刑事）和《反不正当竞争法》[④]（涉民事）等规定。[⑤]

3. "西尔弗曼诉 OpenAI 集体诉讼案"

此外，美国的喜剧演员、节目制作人及作家萨拉·西尔弗曼（Sarah Silverman）联合另外两名作家于 2023 年 7 月 7 日也提出了一个集体诉讼，指控 OpenAI 及其相关企业开发的 ChatGPT 等生成式人工智能对他们的作品构成著作侵权，例如未经许可复制了西尔弗曼的回忆录《胆小鬼》（*The Bedwetter*，字面直译是"尿床者"）。其举证与上述的"崔布雷诉 OpenAI 集体诉讼案"非常类似，也是从人工智能可以对其作品从事极为详尽的描述反向推导出，除非人工智能对其作品从事了全部或大量的复制，否则绝不可能会给出如此详尽的归纳。

4. "盖蒂图像公司诉稳定迭代人工智能公司案"

OpenAI 已面临愈来愈多的侵权诉讼，其他的人工智能开发企业也难以幸免。不过在举证方面，主张图像生成构成侵权的原告或将面临更大的困难。例如，国际知名的相片图库运营商盖蒂图像公司（Getty Images）于 2023 年 2 月在特拉华州联邦地区法院起诉稳定迭代人工智能公司

---

① Electronic Communications Privacy Act（a/k/a ECPA），Pub. L. 99－508，100 Stat. 1848，*codified at* 18 U. S. C. §§ 2510，*et seq.*

② Counterfeit Access Device and Computer Fraud and Abuse Act，as Ch. 21 of the Comprehensive Crime Control Act of 1984，§2101，Pub. L. 98－473，98 Stat. 1976，2190，*codified at* 18 U. S. C. §1030.

③ California Invasion of Privacy Act（a/k/a CIPA），*codified at* California Penal Code §631.

④ California Business and Professions Code §§ 17200，*et seq.*

⑤ Complaint，*P. M. et. al. v. OpenAI LP*，Case No. 3：23-cv-03199（N. D. Ca. June 28，2023）.

（Stability AI, Inc.），指控被告对其图库内超过 1 200 万个仍有著作权的摄影作品进行了未经许可的复制，也未支付任何的许可费用，另指控被告侵害了其商标权并从事不正当竞争等。在指控著作侵权的部分，盖蒂图像公司认为，被告容许其使用者运用其开发的"稳定扩散"（Stable Diffusion）人工智能软件系统与生成模式，可对获取到的摄影图像，尤其是附随于每帧摄影作品的简短解说，从事更正确的机器学习（建立图像与文义之间的关联），也让使用者能进行各种后续的改编运用，再从中收费获利，也就与原告形成了直接的竞争关系。①

图 4　比对图像

作为初步的举证（大体证据，*prima facie* evidence）之一，原告在起诉书里提供了两个供比对的图像（见图 4）。图 4 左是英国足球明星大卫·贝克汉姆（David Beckham）在一场比赛中的实况，被打上了原告的水印；图 4 右则是被告人工智能模型的生成图像，仍可看到被扭曲呈现的水印和白色球衣上被稍微改变的英文字样（白衣球员的右腿和右脚呈现出不自然的扭曲）。原告拟以此来反向举证被告显然全盘复制和

---

① Complaint, *Getty Images (U. S.), Inc. v. Stability AI, Inc.*, Case No. 1：23-cv-00135-UNA (D. De. February 3, 2023). 此种解说也称为"元数据"（Metadata），或中介数据、中继数据、诠释信息等，是描述数据的数据（data about data），主要是描述数据属性（property）的信息，用来支持如指示存储位置、历史数据、资源查找、文件记录等功能。

改编了原告的作品。在另一个举证中，被告的生成图像依然清晰可见原告的水印（仅有轻微的扭曲），但是其中的人物脸部却明显地被"丑化"了（至少以人类的主观标准而言），因此原告主张不但侵害了其作品的复制权与改编权（皆为财产权，除了视觉艺术作品，美国现行著作权法并不承认作品完整性等为人格权），还造成了对原告商标的侵权和商誉的诋毁与破坏（见图 5）。

图 5　被告的生成图像

这两个举证因为包含了原告的水印，所以还能相对明确地显现出两者之间可能存在的关联性。至于法院是否接受，抑或是否认为构成足够的转化性使用，还有待后续诉讼的发展给出答案。无论如何，此处恐怕还有个必须先决的事项：盖蒂图像公司是否具备作为本案原告的诉讼资格（standing，当事人适格），即原告必须证明其确实为所有图像的权利人或独占被许可人（exclusive licensee）。[①]

---

① 联邦第二和第九巡回上诉法院已分别在两个牵涉同一原告的案件中一致认为，作为销售和收付代理的相片图库，除非作者（著作权利人，推定为摄影师）在协议中将著作权一并转让或给予独占许可，图库方面仅凭借该代理协议还不足以具备诉讼资格。*DRK Photo v. McGraw-Hill Global Education Holdings*, *LLC*, 870 F. 3d 978（9th Cir. 2017），*cert. denied*，138 S. Ct. 1559（2018）；*John Wiley & Sons*, *Inc. v. DRK Photo*, 882 F. 3d 394（2d Cir. 2018），*cert. denied*，139 S. Ct. 237（2018）.

5. "安德森等诉稳定迭代人工智能、Midjourney 和 DeviantArt 公司案"

在另一个关于图像生成的诉讼中，知名的漫画家莎拉·安徒生（Sarah Andersen）联合另外两位艺术家于 2023 年 1 月 13 日向美国北加州联邦地区法院起诉了稳定迭代人工智能、Midjourney 和 DeviantArt（"异艺"）等知名的人工智能图像生成企业。[①] 原告在起诉书中试图从人工智能扩散模型的若干逻辑算法和实际操作等来初步举证（或反向推导）被告复制了原告的作品。图 6 是人工智能如何把原本两个来源不同的头像照片予以叠加，通过对"形象流形"（image manifold）与像素—空间插值（pixel-space interpolation）的处理，再加上"去噪插值"（denoised interpolation）的手段，最终合成机器的生成图像，也称为"扩散来源"（diffused source）。原告认为这样的手段就构成了对其作品的改编，形成了派生性的产物。换句话说，固然原告承认难以从最后的生成图像去拆解并指认是哪些地方对原告的作品进行了复制，但实际上人工智能对个别原告的作品都进行了完全或几近完全的复制，然后再与其他的作品混同并均匀扩散到最终的生成图像的每个画素或像素之上（而且即使来源相同，每次生成的图像也未必相同，可能有各种不同的变化）。

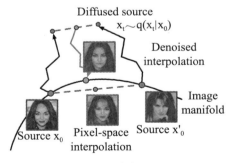

图 6　流程图

① Complaint, *Andersen v. Stability AI*, *Ltd.*, Case No. 3：23-cv-00201（N. D. Ca. January 13，2023）.

主审本案的威廉·奥里克三世（William Orrick，III）法官在 2023 年 7 月 19 日对双方提出的多项程序性请求（或申请，motions）举行了听证，随即当庭表示，他倾向驳回原告绝大多数的主张，但会容许原告方重新提交一份修正的起诉书。他表示，原告应更清晰地阐明并区分对三个共同被告的具体指控，并且由于原告可以接触和取用被告稳定迭代人工智能公司的源代码，原告也应提供更多的事实来补强其起诉书，否则鉴于该人工智能系统已阅读了 50 亿个压缩图像档案，很难明确三位原告的作品是否在其中。

他同时认为，对于原告所主张的，只要是用他们的姓名作为给人工智能的"提示"所生成的图像就都构成了著作权侵权，恐怕也难以成立。不过他同时表示，对安徒生女士指控被告直接侵权其作品的部分应可通得过被告请求法院以没有实证为由全部驳回的首波挑战。① 换句话说，法官认为共同原告在绝大多数的情况下还没有建立其作品与被指控侵权物之间具有一定或足够的"指向性"。这也是在欠缺如水印或其他技术保护措施辅助的情况下，只凭借作品本身来指控人工智能生成的物件侵权将会遭遇到的举证短板或硬伤。②

6. "匿名者诉 GitHub、微软及 OpenAI 案"

除此之外，代理上述艺术家案件的同个法律事务所已于 2022 年 11

① Blake Brittain，*US Judge Finds Flaws in Artists' Lawsuit Against AI Companies*，Reuters（July 19，2023），https：//www.reuters.com/legal/litigation/us-judge-finds-flaws-artists-lawsuit-against-ai-companies-2023-07-19/.

② 美国的司法实践要求，欲证明侵害了著作权利人的复制权，原告（权利人或其独占被许可人）必须举证被告"实际复制"（actually copied）了原告的作品，并与原告受著作权保护的部分或元素"实质近似"（substantially similar）。*Boisson v. Banian，Ltd.*，273 F.3d 262（2^d Cir. 2001）；*Concrete Machinery Co. v. Classic Lawn Ornaments，Inc.*，843 F.2d 600，606（1st Cir. 1988）；*Sturdza v. United Arab Emirates*，281 F.3d 1287（D.C. Cir. 2002）。目前已有初步的实证调研显示，从 Stable Diffusion 系统从事有限的随机取样（2 000 万个图像）当中，扩散模型的确能够从"深度学习"的素材当中复制高清（high-fidelity）的内容，但并非如本案原告所主张的，其所有的生成输出都构成侵权。Gowthami Somepalli，Vasu Singla，Micah Goldblum，Jonas Geiping，and Tom Goldstein，*Diffusion Art or Digital Forgery? Investigating Data Replication in Diffusion Models*，arXiv：2212.03860v3［cs.LG］（12 December 2022）.

月3日代表两位匿名当事人（称为"John Doe 1"和"John Doe 2"，如同中文的"张三"或"甲"）先行发动了一个集体诉讼，起诉目前全球最大的软件源代码托管服务平台 GitHub，其母公司微软和微软投资的合作企业 OpenAI，挑战 GitHub 的核心产品，也是人工智能编码辅助工具 *GitHub Copilot* 并由 OpenAI 开发，在后台驱动并操作 *GitHub Copilot* 的软件产品 *OpenAI Codex* 等两套软件的合法性。① 如果前述的五个案件都能获得法院的支持，虽然潜在的损害赔偿与法院禁令等已然非常可观，但终究还只算是"皮肉之伤"，仍或有挽救的机会与可能。反之，如果原告在这个诉讼中的主张成立，那么其对目前人工智能主要模式的发展则可能真正会"伤筋错骨"，动摇到根本。

GitHub 是个以开放源代码和云计算为基础的平台，让软件开发者可以共同协作，形成一个分散或分布式的版本控制系统（distributed version control system），即不需要依赖一个中心服务器，任何一台机器都可以有一个本地版本的控制系统，来操作如错误跟踪（bug tracking）、存取控制（access control）、任务管理（task management）和持续集成（continuous integration）等功能，并将所开发的软件存放，交由平台托管。这个平台是于 2007 年 10 月 19 日启动，翌年 4 月正式对外开放，自 2018 年 10 月 26 日起成为微软公司的全资子公司。截至 2023 年 1 月，使用其平台的软件程序开发者已超过 1 亿人，其源代码的库存量则超过了 3.72 亿个（组），是目前全球最大的源代码托管平台。②

原告主要指控微软与 OpenAI 通过 GitHub 平台使用由其于 2021 年 6 月开发上市称为"副驾驶员"（Copilot）的软件，并通过互联网抓取（scraping）了大量的信息用于开发其人工智能软件，尤其是可将人类自

---

① Complaint, *J. Doe 1 v. GitHub, Inc.*, Case No. 22-06823（N. D. Ca. November 3, 2022）.

② 详见 GitHub Pages, *History of GitHub*, contained in Git and GitHub Tutorial, https：//pslmodels. github. io/Git-Tutorial/content/background/GitHubHistory. html；*GitHub*, Wikipedia, https：//en. wikipedia. org/wiki/GitHub。

然语言转化为程序代码的 Codex 模型：（1）违反了自己所订的服务条款与隐私政策，包括不当抓取或窃取网络信息，未遵循相关的开源代码许可协议［如 GNU General Public License（GPL）－2.0、LGPL 等］① 以致侵害了原告的财产和隐私权益；（2）违反了《千禧年数字著作权法》（Digital Millennium Copyright Act，简称 DMCA）第1202条之不得移除著作权管理信息（copyright management information，简称 CMI）的规定；以及（3）违反了《加州消费者隐私法》（California Consumer Privacy Act）等。

一如预期，被告很快且首先就向法院提出了请求驳回全案的声请，主张原告没有提出任何实质性的内容。不过主审本案的乔恩·蒂卡尔（Jon S. Tigar）法官于 2023 年 5 月 11 日签发的命令没有全部接受被告申请，除了发回让原告修正起诉书当中少数几个次要的主张和内容外，基本上维持了原告诉讼中最重要的两个主张——违法移除著作权管理信息和违反使用许可协议，也就意味着全案必须持续，下一步将进入发现（discovery，或证据开示）与庭审程序。②

7. "纽约时报公司诉微软及 OpenAI 公司案"③

纽约时报公司指控微软公司及 OpenAI 公司运用 GPT 人工智能系统未经许可大量复制该报的内容从事大型语言模型的"深度学习"。从其最终的生成物也可看到与原来的报道内容具有高度的雷同（见图 7）；另指控人工智能的错误"幻想"也指向该报，对该报的商誉等造成了

---

① GNU 是个非营利性组织，其名称是个"文字游戏"，是指"GNU's Not UNIX"，也是个递归或递回的定义［recursion definition，使用被定义对象的自身来为其下定义（或自我复制的定义）］的首个字母缩写。它的发音是"guh-new"，与牛羚角的发音相同。由其开发出的开源（open source）许可协议现已成为业内通过此种开源方式从事软件开发的一个重要依据。UNIX 是 1969 年由贝尔实验室（Bell Laboratories）开发出的一套能让多重使用者同时从事多重任务（multitasking）的操作系统。LGPL 是 GNU Lesser General Public License 的缩写，可译为"较宽松公共许可协议"或者"函数库公共许可协议"。坊间经常把 license 称为"许可证"是错误的。

② Order Granting in Part and Denying in Part Motions to Dismiss, *J. Doe* 1 *v. GitHub*, *Inc.*, Case No. 22-06823（N. D. Ca. May 11, 2023）.

③ Complaint, *New York Times Co. v. Microsoft Corporation*, Case No. 23－11195（S. D. N. Y. December 27, 2023）.

价值毁损。

Output from GPT-4:
exempted it from regulations, subsidized its operations and promoted its practices, records and interviews showed.

Their actions turned one of the best-known symbols of New York — its yellow cabs — into a financial trap for thousands of immigrant drivers. More than 950 have filed for bankruptcy, according to a Times analysis of court records, and many more struggle to stay afloat.

"Nobody wanted to upset the industry," said David Klahr, who from 2007 to 2016 held several management posts at the Taxi and Limousine Commission, the city agency that oversees medallions. "Nobody wanted to kill the golden goose."

New York City in particular failed the taxi industry, The Times found. Two former mayors, Rudolph W. Giuliani and Michael R. Bloomberg, placed political allies inside the Taxi and Limousine Commission and directed it to sell medallions to help them balance budgets and fund key initiatives.

During that period, much like in the mortgage lending crisis, a group of industry leaders enriched themselves by artificially inflating medallion prices. They encouraged medallion buyers to borrow as much as possible and ensnared them in interest-only loans and other one-sided deals that often required borrowers to pay hefty fees, forfeit their legal rights and give up most of their monthly incomes.

When the market collapsed, the government largely abandoned the drivers who bore the brunt of the crisis. Officials did not bail out borrowers or persuade banks to soften loan

Actual text from NYTimes:
exempted it from regulations, subsidized its operations and promoted its practices, records and interviews showed.

Their actions turned one of the best-known symbols of New York — its signature yellow cabs — into a financial trap for thousands of immigrant drivers. More than 950 have filed for bankruptcy, according to a Times analysis of court records, and many more struggle to stay afloat.

"Nobody wanted to upset the industry," said David Klahr, who from 2007 to 2016 held several management posts at the Taxi and Limousine Commission, the city agency that oversees cabs. "Nobody wanted to kill the golden goose."

New York City in particular failed the taxi industry, The Times found. Two former mayors, Rudolph W. Giuliani and Michael R. Bloomberg, placed political allies inside the Taxi and Limousine Commission and directed it to sell medallions to help them balance budgets and fund priorities. Mayor Bill de Blasio continued the policies.

Under Mr. Bloomberg and Mr. de Blasio, the city made more than $855 million by selling taxi medallions and collecting taxes on private sales, according to the city.

But during that period, much like in the mortgage lending crisis, a group of industry leaders enriched themselves by artificially inflating medallion prices. They encouraged medallion buyers to borrow as much as possible and ensnared them in interest-only loans and other one-sided deals that often required them to pay hefty fees, forfeit their legal rights and give up most of their monthly incomes.

When the medallion market collapsed, the govern-

图7　GPT-4 生成物与原报道

微软公司并不否认进行了未经许可的大量复制，但援引了 1984 年美国最高法院对"索尼录像机案"（*Sony Betamax* Case）① 的判决作为抗辩，主张其从事人工智能训练和生成的大型语言模型犹如从前的录像机、复印机或是自动演奏钢琴，属于对《纽约时报》文章的合理使用，无须承担任何侵权责任。② OpenAI 则主张，基于美国《版权法》3 年时效期间的硬性规定，凡是在起诉日 3 年之前所发生的，原告都不能再主

---

① *Sony Corporation of America v. Universal City Studios，Inc.* ，464 U. S. 417（1984）［法院在本案中判决，被告的产品（录像机）主要是消费者事先预录电视节目以便之后在自己方便的时间观赏，也就是所谓的"时间挪移"（time shifting）；鉴于其已成为商业上的日常所需产品且在相当程度是非侵权性的使用（a staple article of commerce capable of significant non-infringing use），因此无须承担间接侵权责任］，也称为"日常商品法则"（Stable Article of Commerce Doctrine）。

② Defendant Microsoft Corporation's Memorandum in Support of Partial Motion to Dismiss the Complaint，*New York Times Co. v. Microsoft Corporation*，Case No. 23 - 11195（S. N. N. Y. March 4，2024）。

张损害赔偿[①]，OpenAI 公司不具备间接（辅助或帮助）侵权的意图，纽约时报公司聘请了外部人士利用 OpenAI 系统的弱点以"黑客"手段（hacking）不当扒取了其数据库的内容等作为抗辩。[②] 据此，微软公司和 OpenAI 公司分别请求联邦地区法院撤销原告部分或全部的指控。所以，法院是否认为人工智能与录像机之间具有可比性，从而构成合理使用以及纽约时报公司方面的搜证过程是否违反了普通法体系对权利人维权必须是"洁净之手"（cleaned hand）的衡平要求，从而构成对其权利的误用（misuse），很可能会是未来双方诉讼攻防的重点。

8. "八家文字媒体共同起诉微软及 OpenAI 案"[③]

受到纽约时报公司起诉的影响，另有分别隶属于媒体新闻集团（MediaNews Group）或论坛出版（Tribune Publishing）的八家文字媒体也于 2024 年 4 月 30 日向纽约南区的联邦地区法院起诉了微软和 OpenAI 两家公司，所主张的具体事项与"纽约时报公司诉微软及 OpenAI 公司案"非常类似，也包括了直接侵权与间接侵权。

9. 端倪、问题与挑战

由于上述的案件目前都还在诉讼程序的初步阶段，所以无法预料未来陪审团认定与法院的最终判决将会如何。不过既有的发展已透露出了若干端倪。

---

① 不过由于联邦最高法院于 2024 年 5 月 9 日出台了一个判决，表示著作侵权的起诉虽有 3 年的时效期间 [参见 17 U. S. C. §507（b）]，但原告（权利人）所能请求的损害赔偿并没有任何时间上的限制，即可以一直追溯到侵权发生时。所以这个主张是否能禁得起考验就还有待商榷了。*Warner Chappel Music，LLC v. Nealy*，601 U. S. ＿ ＿（2024）.

② Memorandum of Law in Support of OpenAI Defendant's Motion to Dismiss，*New York Times Co. v. Microsoft Corporation*，Case No. 23 - 11195（S. D. N. Y. February 26，2024）.

③ 媒体新闻集团与论坛出版都是奥尔登全球资本基金（Alden Global Capital，LLC）旗下的全资子公司。这八家媒体分别是：《纽约每日新闻报》（The New York Daily News）、《芝加哥论坛报》（The Chicago Tribune）、《奥兰多哨兵报》（The Orlando Sentinel）、《佛罗里达太阳哨兵报》（The Sun Sentinel of Florida）、《圣何塞水星报》（The San Jose Mercury News）、《丹佛邮报》（The Denver Post）、《奥兰治县（橙县）纪事报》（The Orange County Register）和《圣保罗先锋报》（The St. Paul Pioneer Press）。Complaint，*Daily News*，*L. P. v. Microsoft Corporation*，Case No. 24-03285（S. D. N. Y. April 30，2024）.

（1）这八个诉讼都可被视为"测试案件"，一旦后续的发展对原告（权利人）方面有利，势必将产生更多相类的诉讼，目前所见可能只是冰山一角。

（2）之所以有这些诉讼发生，一个可能的主因是，固然从既有的研究和文献已可大致推知几个人工智能模型开发的大致趋向，但是这些企业在实际进行相关的机器学习过程中究竟是如何操作，至今几乎完全还是所谓的"黑箱作业"（black-box operations），外界难以知悉，也正是过程的不公开与不透明极大程度加深了外界的疑虑甚至惶恐。

（3）只要当事人未能在审前和解，通过发现程序［尤其是其中的口头询答（deposition）］或可揭开从事人工智能开发企业的面纱，让社会各界有机会一窥其幕后的具体实操过程和内容。对被告而言，这意味着极大的风险，即原本被其视为重要的商业秘密（是否的确符合法定商业秘密的要件自然还需法院认定）可能会被全部或部分曝光，因此蕴含了高度的不确定和风险。

（4）除了诉讼本身，整个态势几乎注定会让被告陷入两难。如果提前和解，这不啻将邀请更多人后续起诉，让其他人认为有机可乘，可借此狠咬一口，也意味着将对未来的人工智能开发带来更多的风险与诉讼和赔偿成本，让这个原本已经非常"烧钱"的领域门槛更高，影响后续的资金等资源投入与创新的意愿和成本；反之，如果坚持到底，绝不妥协和解，如前所述，就意味着其相关的具体操作恐怕有不少内容将会被公开，让更多的人或厂家可以"搭便车"，与其竞争，所以无论如何都会非常困难。①

---

① 因此 OpenAI 已然认识到，最好的策略仍是通过协商，订立许可协议以避免诉讼发生。据报道，该公司已与多家媒体展开协商，并与诸如美联社（Associated Press）、阿克塞尔·施普林格出版集团［Axel Springer，旗下拥有《政客》（*Politico*）和《商业内幕》（*Business Insider*）等媒体］达成了协议；但与纽约时报公司和奥尔登全球资本基金的协商则在进行了数个月之后宣告破局，因有太多复杂的因素，包括相关市场的不确定性与各种技术的变化，导致无法对未来的付费模式取得共识。Benjamin Mullin, *News Media Negotiating With OpenAI* (*Inside the News Industry's Uneasy Negotiations With OpenAI*). New York Times（December 30, 2023），https://www.nytimes.com/2023/12/29/business/media/media-openai-chatgpt.html.

　　另外这至少还会衍生出一个会影响未来人工智能发展的问题：究竟应由谁或哪些人承担责任？如果法院最终判定人工智能生成的物件构成侵权，即便使用者未必知悉最终的生成内容（尤其是细节）会是如何，但毕竟整个生成是根据使用者给予的"提示"所形成，也就如同提供了一个"框架"和"纲要"，而且使用者是真正的行为人。那么人工智能的使用者是否应构成共同或间接侵权，连带承担全部或部分的责任？目前还没有针对性的司法判例给予一个明确的答案，所以也还是一个灰色地带。

　　之所以提出这个问题，是因为人工智能开发者很可能会提出一个抗辩：整个人工智能系统纯粹只是个辅助工具，完全是被动的，因此其开发者根本不是行为人。如果的确发生了侵权行动，那也应当由真正的行为人来承担责任，毕竟那才是把生成结果搭配其自己的提示或要求（也许又做了什么修饰）作为其呈现或表述的方式，人工智能并没有任何的"共谋"或"错误"存在。换句话说，纵使是一把枪，其存在的本身也并没有任何问题，持枪扣动扳机伤害了他人的行为者才需要承担相应的责任。

　　依据美国既往的司法实践，即便终端使用者需要承担直接侵权责任，作为提供辅助工具的人工智能开发者恐怕也无法排除有可能（至少潜在的）要承担间接侵权责任的风险，尤其是所谓的"辅助侵权责任"（contributory liability）与"代理侵权责任"（vicarious liability）。[①] 前者是指，即使没有直接从事或参与侵权行为，如明知或应知其所提供的装置、器材、工具、仪器等会导致或在实质程度上促成他人的著作侵权行为，亦需承担相应的"辅助侵权"责任（在立法政策上与刑事上的"帮助犯"概念类似，并相互对应）；后者是指，即使没有直接从事或

---

　　① *Metro-Goldwyn-Mayer Studios, Inc. v. Grokster, Ltd.*, 545 U. S. 913 (2005)；*Sony Corporation of America v. Universal City Studios, Inc.*, 464 U. S. 417 (1984).

参与侵权行为，如果其对构成侵权的行为负有监管的权力与义务，并直接从侵权活动获得了财物利益，也必须承担"代理侵权责任"（最常见于雇佣关系，雇主必须对雇员的侵权行为负连带责任）。① 在上述的"安德森等诉稳定迭代人工智能 Midjourney 和 DeviantArt 公司案"中，原告便试图以代理侵权责任作为一个主要的诉求。前已提及，由于使用者对人工智能经其提示后所生成的文档或物件是否复制了他人的作品既可能一无所知，也可能完全无法从中取用控制，因此在侵权责任的承担分析上势必将更具挑战性。

此外，这些案件和前述的"德雷克和威肯仿真歌曲"或是"AI 孙燕姿"等还突出了另一个问题：人工智能依照特定作者的"风格"（in the style of）所生成的表述［可能是文字、图像、声音（音乐歌曲）等等或其组合］是否构成侵权［或称为"模仿"、"模拟"、"仿真"、"克隆"（cloning）等］？如果答案为肯定，被模仿的当事人应如何主张、主张什么权利？其范围应当如何界定？

如果被模仿或受害的当事人想对此以著作权侵权来维权，势将捉襟见肘，因为他（她）并未涉及对该特定生成物的创作，所以只要仿真生成物没有复制任何该当事人先前的作品或是完全从公共领域获得与该当事人身份识别相关的样品，被模仿或受害的当事人基本上就无法主张任何的著作"侵权"，而需通过其他的路径寻求救济。② 由此可见，此处实际上主要涉及的并非著作权侵权，而是侵害了所谓"公开权"（right of publicity，亦可译为"知名权"，类似于国内所称的"商品化权"）的问题。"公开权"是指任何个人对其身份识别的控制权，即排除他人未

---

① *Metro-Goldwyn-Mayer Studios*, *Inc. v. Grokster*, *Ltd.*, 545 U. S. 913 (2005)；*Sony Corporation of America v. Universal City Studios*, *Inc.*, 464 U. S. 417 (1984).

② Mia Sato, *Drake's AI Clone Is Here — And Drake Might Not Be Able to Stop Him*, The Verge (May 1, 2023), https：//www.theverge.com/2023/5/1/23703087/ai-drake-the-weeknd-music-copyright-legal-battle-right-of-publicity.

经许可对其身份识别标记进行商业性的利用，无论是姓名、肖像、声音抑或其他的身份标记（indicia of identity）。① 目前即使在美国也还没有经联邦认可、能统一适用于全美各地的公开权。所幸加利福尼亚州和纽约州等几个可能在未来经常会出现这类诉讼的地区已有相当成熟的司法实践，因此还不至于陷入毫无法律救济的窘境，但已有呼声希望国会能早日立法，正式承认和建立在联邦层级的公开权。②

　　不过即使有了通行一致的公开权作为保护，如要应对和防制这类"蹭热点"的潜在不法行为，时机往往稍纵即逝，且经常不易追查到真正隐藏在幕后的直接侵权者，加上司法诉讼旷日持久、缓不济急，难以在第一时间作出快速、有效的处置［法院所能做到的是发布诉前禁令，但如果不能直接从源头封锁，就很容易形成类似"打地鼠"（whack-a-mole）的结果，难以禁绝；另基于尽量不对创新造成妨碍的考量，法院一般也不会倾向于直接封禁特定的人工智能设施或应用工具］。③ 即使能找到应负责任的对象，也不易获得适当、有效的救济（例如，侵权的实际来源可能是在南太平洋某岛屿上的服务器）。这也凸显了法律的局限性，无法作为唯一的解决方案，势必需要与技术、管理与教育等方案

---

　　① Restatement of Unfair Competition（Third）§ 46（1995）. 截至 2020 年 9 月底，美国共有 35 个州正式承认这项权利；其中有 24 个州是通过成文立法，22 个州是通过普通法（common law，即司法案例），13 个州是以某种两者的组合或兼而有之的方式给予认可。Mark Roesler and Garrett Hutchinson, *What's in a Name, Likeness, and Image? The Case for a Federal Right of Publicity Law*, American Bar Association（ABA）Landslide（September/October 2020）. https：// www. americanbar. org/groups/intellectual_ property_ law/publications/landslide/2020 - 21/september-october/what-s - in-a - name-likeness-image-case-for-federal-right-of-publicity-law/.

　　② Roesler and Hutchinson，同注①。

　　③ 与英国、加拿大等适用普通法的国家可由法院直接发布不针对特定被告的所谓"某甲禁令"（"John Doe"Order，即被告身份不明）不同，美国联邦民事诉讼程序原则上禁止对身份尚未确定的被告发布暂时禁制令（preliminary injunction）。只有在非常例外且紧急的情况下（如既有的证据明确显示如不立即签发将导致立即且无可弥补的损害等），法院可以考虑发布一个"暂时限制令"（Temporary Restraining Order，简称 TRO），但原则上为期不超过 14 天（必要时基于正当理由可以延展），而且必须尽速、优先召开关于应否发布暂时禁制令的听证。Federal Rules of Civil Procedure § 65（b）.

形成一组相对完整的配套。

（二）输出端

在输出端方面，假定不存在输入端的侵权问题，目前主要的争议聚焦在应否纳入著作权的概念对人工智能的生成物予以赋权。面对各种新兴科技的发展与貌似绚丽缤纷的呈现，在处理这个问题时还是必须回归到著作权体系的基本宗旨和基础概念，也就是所谓的"万变不离其宗"①。这也可以借用武术（太极拳）当中一个非常类似的核心观念，也是多年的经验法则来表述："虽变化万端，而理为一贯。"② 不分文武，这个中心思想同样适用于研究法律问题的方法，尤其包括著作权③和其他的知识产权，唯有从基本面着眼、追本溯源，才能正本清源，并以此稳步推演应如何与时俱进而不失根本。④

1. 体系溯源

1710 年英国国会通过《安娜法》（Statute of Anne），象征近代保护著作权的滥觞。⑤ 经过三个世纪的不断演化，尤其是在数波工业革命当中无数新科技的挑战与考验，当前的著作权法虽然仍有不少的问题，但是基本的结构、组织、肌理、宗旨和导向都已发展得相当成熟和完整。

---

① 《荀子·儒效》载："千举万变，其道一也"；《庄子·天下》载："不离其宗，谓之天人。"

② 《太极拳论》载："动急则急应，动缓则缓随，虽变化万端，而理为一贯。"

③ 《著作权法》第 62 条规定："本法所称的著作权即版权。"因此本文对"著作权"和"版权"两个名称也不作区别，并视文意语境交叉使用。

④ 这是专指就研究方法而言，与所谓的"原旨主义"（Originalism）在概念上非常不同。后者是指，只能依据宪法或法律制定者的原始意图或是宪法（法规）条文本身的含义来解释其意义，不能随意引申。Paul Brest, Sanford Levinson, J. M. Balkin, Akhil Reed Amar and Reva B. Siegel, Processes of Constitutional Decisionmaking: Cases and Materials (8th ed. 2022), Ch. 7, E. 4; Jack M. Balkin, *The New Originalism and the Uses of History*, 82 Fordham L. Rev. 641 (2013). https://ir. lawnet. fordham. edu/flr/vol82/iss2/11.

⑤ 此一法律的全称是《为鼓励知识创作授予作者及购买者就其已印刷成册的图书在一定时期内的权利之法》[An Act for the Encouragement of Learning, by Vesting the Copies of Printed Books in the Authors or Purchasers of such Copies, during the Times therein mentioned, 8 Ann. c. 21 or 8 Ann. c. 19 (1710)]，延续施行了 132 年，后为《1842 年著作权法》[Copyright Act 1842, 5 & 6 Vict. c. 45 (1842)] 取代。之所以称为《安娜法》是因为当时是安娜女王（Queen Anne, 1665—1714）主政的时期。其也称为《1710 年版权法》（Copyright Act 1710）。

现代著作权保护体系的"根本"至少包含了四个方面：（1）从对出版商的保护转化为对作者的保护；（2）从无期限的公权垄断保护转化为有期限的私权保护；（3）从几近绝对的排他权转化为相对的排他保护，必须兼顾作者权利和社会公益之间的微妙与动态平衡；（4）从各自为政转化为全球一致的标准，必须符合国际公约规定的最低强制标准。①

目前全球各国或地区的著作权法制也就是在这四个方面的基础上衍生出了，对作者在多久期间内可享有人格权与财产权的规制，以是否为作者的独创表达作为能否享有著作权的前提，以及在哪些情况下，基于某些特殊社会公益的需求必须要求这些权利作出某种程度的退让，以平衡社会的需求或经济的发展。换句话说，独创性、保护主体（作者）与合理使用（或"权利限制"）是当前只要涉及著作权问题就难以规避且必须通过的"槛"。

2. 独创性

在现代计算机和人工智能都还处于萌芽发展阶段的 20 世纪 60 年代，就已有学者展开了关于人工智能与著作权问题的讨论。② 经过半个多世纪的研究和探讨，已确定无论如何都无法绕开这三个主轴。由于合理使用只在涉及侵权时作为抗辩的手段使用，因此本文将聚焦探究前两者，并兼论其他相关的问题。

传统上凡是由机器自动生成的内容，无论是文字、字形还是图像、排序等，基本上无法享有著作权的保护。这由一个影响了全球著作权法制发展的经典案例而来，即美国联邦最高法院（United States Supreme Court）于 1991 年判决的"白页电话号码簿案"，首次明确了"独创性"

---

① 详细的分析，See Lyman Ray Patterson. Copyright in Historical Perspective（1968），ch. 12。

② 例如，F. K. Fromm, *Der Apparat als geistiger Schöpfer*, Gewerblicher Rechtsschutz und Urheberrecht（GRUR）Heft 6 304（1964）；Karl F. Milde, Jr., *Can A Computer Be an "Author" Or An "Inventor"*?, 51 J. Patent Office Society 378（1969）。

[original authorship，也称为 originality，或译为"具独创的作者身份（或资格）"更符合原意] 是获得著作权保护的最基础要件并界定了其具体的内涵。① 法院在该案中判决，虽然被告大量复制了原告的电话簿，但其中的具体内容（姓名、地址、电话等）都是由没有任何权利的"事实"组成，即使按字母顺序排列也是本当如此，实际上则是透过电脑操作"一键完成"，连微量的创意都不具备。美国联邦最高法院进一步表示：

在考量一个以事实为基础的产物是否构成具有独创性的作品时，〔法院〕应聚焦在被收集的事实是如何被筛选、协调和安排……事实永远不具独创性，因此对其从事汇编的作者只能从其如何呈现来主张独创性……独创性的要求并不严格……并不要求创新。独创性只要求作者独自从事了筛选或安排（亦即没有复制其他作品的选择或安排），而且展示出了某种最低程度的创意。②

法院在判决书的最后强调，此一判决无论如何不可被解读为对原告汇编其电话簿的贬抑，而是要表明，著作权是对作者创意而非努力的奖励。

美国版权局也据此明确了一个基本政策：凡是没有任何人类的创意输入或介入，仅由机器或机械的程序随机或自动生成的内容都不给予版

---

① *Feist Publications*，*Inc. v. Rural Telephone Service Co.*，499 U. S. 340（1991）. 于 2020 年 11 月 11 日修正通过的《著作权法》第 3 条开宗明义规定："本法所称的作品，是指文学、艺术和科学领域内具有独创性并能以一定形式表现的智力成果……"

② 同注①第 358 页（"[I] n determining whether a fact-based work is an original work of authorship，[courts] should focus on *the manner in which the collected facts have been selected*，*coordinated*，*and arranged*…. Facts are *never* original，so the compilation author can claim originality，if at all，only in the way the facts are presented…. [T] he originality requirement is not particularly stringent…. [N] ovelty is *not* required. Originality requires only that *the author make the selection or arrangement independently*（i. e.，without copying that selection or arrangement from another work），*and that it display some minimum level of creativity.*"[Emphasis added.]）.

权登记。① 其中的关键在于，一个"作品"的作者是否基本上为自然人，其所使用的电脑或其他装置是否仅为辅助工具，抑或作为判定作者身份或资格（authorship）的传统要件（文学、艺术或音乐等表达或是筛选、安排的元素等）实际上并非由自然人，而是由一个机器或系统来构想和执行，因此仍无法跨过对独创性要求的最低门槛。②

在欧洲联盟，欧盟法院（Court of Justice of the European Union，简称 CJEU）自 2009 年起先后作出了 7 个与著作权独创性直接关联的判决，目前与美国的司法见解已基本趋同。③ 欧盟法院表示，依据欧盟历来与著作权相关的指令［尤其是 2001 年的《信息社会指令》（Information Society Directive）］，"作品"的意义首先是指具有原创（或独创）性的标的，也就是只能是源于作者自身的智力创作并反映了该作者的个性。④ 其次是指符合"作品"必须由该智力创作的表达所构成。反之，如果一个创作只是由技术限制或规则所决定，那么该创作便不具有独创性。并且法院表示"作品"的概念必须存在相当精确与客观的意涵从而足以识别的物件，即必须"固定"或"附着"（fixed）。法院最终明

---

① Compendium of U. S. Copyright Office Practices（3rd ed. January 2021 Update）§ § 306，313. 2.

② 同注①。

③ Case C‑833/18，*SI and Brompton Bicycle Ltd v. Chedech/Get2Get*（2020）ECLI：EU：C：2020：461；Case C-683/17，*Cofemel — Sociedade de Vestuário SA v. G-Star Raw CV*，ECLI：EU：C：2019：721（12 September 2019）；Case C-310/17，*Levola Hengelo BV v. Smilde Foods BV*，ECLI：EU：C：2018：899（13 November 2018）；Case C-607/11，*ITV Broadcasting Ltd v. TV-Catchup Ltd.*，ECLI：EU：C：2013：147（7 March 2013）；Joined Cases C‑403/08 and C‑429/08，*Football Association Premier League Ltd. and others v. QC Leisure and others* and *Murphy v. Media Protection Services Ltd.*，［2011］ECR I-9083；Case C‑5/08，*Infopaq International A/S v. Danske Dagblades Forening*（16 July 2009）.

④ Directive 2001/29，Harmonisation of Certain Aspects of Copyright and Related Rights in the Information Society（a/k/a Information Society Directive），Article 2（a），L 167 O. J. 10（22 June 2001）（其原文为："［A］subject-matter which is original in the sense that it is its author's own intellectual creation"）；另参见 C‑5/08，*Infopaq*，同上注，¶¶ 35，37，48。

确表示，任何欧盟成员国的国内法在规制赋予著作权的保护时，凡是对"作品"有独创性以外的其他要求（如具有一定的美学或视觉效果等）的，都不符合欧盟的法律。①

　　3. 作者身份（主体）

　　与独创性要件环环相扣的另一个要件是作者的身份或资格，也就是著作权所要保护的主体。

　　在国际规范方面，如《保护文学和艺术作品伯尔尼公约》（The Berne Convention for the Protection of Literary and Artistic Works，简称《伯尔尼公约》）和世界贸易组织的《与贸易有关的知识产权保护协定》（Agreement on Trade-Related Aspects of Intellectual Property Protection，即 TRIPs 协定）等主要的法律文件都没有对"作者身份"给予定义。不过据山姆·里基森（Sam Ricketson）教授的研究，在各国协商缔结 1967 年《伯尔尼公约》（斯德哥尔摩文本）的过程中，"各成员国基本上都同意这个名称的意义，也因此认为没有必要再去定义……因此对于关于公约中'作者'或'作者身份'唯一合乎逻辑的解释是指创造作品的自然人"②。不但如此，里基森教授还指出，如果调研《伯尔尼公约》的条文字句便不难发现，贯穿和支撑其中绝大多数规定的主轴（leitmotiv，或主旋律）就是指人类（自然人）的创作。例如，著作权的保护期间是作者有生之年加上去世后的 50 年，这里显然是指自然人，不是机器（虽然基于节税和科技淘汰等各种原因，机器可能会更早就折旧报

---

　　① Case C-683/17, *Cofemel*, 同上注，¶¶ 30，31，34，35，56。尤其是第 35 段的表述："〔著作权的〕保护范围并不取决于其作者自由创作的程度"（其原文为："... the extent of [copyright] protection does not depend on the degree of creative freedom exercised by its author..."）。16 Colum. – VLA J. L. & Arts 1（1991）.

　　② Sam Ricketson, *People or Machines: The 1992 Horace S. Manges Lecture-The Berne Convention and the Changing Concept of Authorship*, 16 Columbia-VLA J. L. & Arts 1（1991）（作者是澳大利亚籍，经典作品《国际版权与邻接权：伯尔尼公约及公约以外的新发展》［International Copyright and Neighbouring Rights: The Berne Convention and Beyond）一书的共同作者]）。

废了）。①

在国内法或地区法方面，美国《版权法》也没有明文规定，但是司法与美国版权局的实践都已确立了人本主义，也就是作者的身份必须是自然人。② 法国著作权法［规制于该国《知识产权法典》（Code de la propriété intellectuelle）第一编］开宗明义在第 1 条确立了著作权作者的人格属性和权利（机器显然没有人格可言）③；另外，对于若干类型的作品（如协作或合作作品、视听作品等）则明定作者必须是自然人。④ 此外，法国最高法院于 2015 年出台的一项判决也强烈暗示版权的作者专属于自然人。⑤

德国著作权法明定"作者"是作品的创作人。⑥ 西班牙《知识产权法》第一编（著作权法）第 1 条和第 2 条也明确规定了"作者"必须是自然人。⑦

在澳大利亚，其上诉法院以全院审的方式于 2010 年出台了一个经典

---

① 必须指出，"作者"与"著作权利人"未必一致。法人实体（非自然人）或可因合同转让等交易成为权利人，但"作者"无论如何必须是自然人。此外，英文的"authorship"难以在中文找到完全对应的翻译，因此本文以意义上较为接近的"作者身份"或"作者资格"来表述。

② *Naruto v. Slater*，888 F. 3d 418（9th Cir. 2018）［联邦第九巡回上诉法院判决，一组由几内亚黑冠猴（Crested Macaque）自拍的照片无法获得著作权］；另参见美国版权局于 2023 年 3 月 10 日出台的关于人工智能生成物版权登记的政策指引文件，U. S. Copyright Office，*Copyright Registration Guidance：Works Containing Material Generated by Artificial Intelligence*，88 Federal Register 16190（March 16，2023）。

③ Article L111 − 1："… Ce droit comporte des attributs d'ordre intellectuel et moral ainsi que des attributs d'ordre patrimonial，qui sont déterminés par les livres Ier et III du présent code."

④ Article L113 − 2："Est dite de collaboration l'oeuvre à la création de laquelle ont concouru plusieurs personnes physiques"；Article L 113 − 7："Ont la qualité d'auteur d'une oeuvre audiovisuelle la ou les personnes physiques qui réalisent la création intellectuelle de cette oeuvre…."

⑤ Cass. 1re civ.，15 janv. 2015，n° 13 − 23. 566.

⑥ Gesetz über Urheberrecht und verwandte Schutzrechte（Urheberrechtsgesetz）§ 7（"Urheber ist der Schöpfer des Werkes"）.

⑦ Real Decreto Legislativo 1/1996，de 12 de abril，por el que se aprueba el texto refundido de la Ley de Propiedad Intelectual，regularizando，aclarando y armonizando las disposiciones legales vigentes sobre la materia，

判决，明确拒绝给予由人工智能自动生成的数据库（电话簿）著作权保护。[①] 至于欧盟法院则是从其 2009 年的 "*Infopaq* 案" 判决便已确立了受著作权保护的作品必须是源自 "作者自身的智力创作并具有独创性"[②]。

比较特别的是英国，其 1988 年《著作权、设计及专利法》第 9 条第（3）款关于作品的作者身份（authorship of work）规定："由计算机（或电脑）生成的文学、戏剧、音乐或艺术作品，其作者为对于作品创作从事必要安排的个人。" 第 178 条特别将 "计算机（电脑）生成作品"（computer-generated，in relation to a work）定义为："指由计算机（电脑）在没有人类作者的情况下所生成的作品。"[③] 当这个法于 1987 年还在英国国会下议院进行审议时，贸易和工业大臣格拉夫汉之杨勋爵（Lord Young of Graffham）表示，身为起草者，第 178 条新增的定义 "是全球任何地方首个试图针对人工智能的到来给予版权立法"[④]。

如果只为了显示一个法律的制定具有 "前瞻性" 就简单地去定义，往往会落下许多将来难以处理的问题。这里的情况是，一旦把上述的两个条文并列，再加上独创性的要求，就可看到彼此之间犹如方枘圆凿，

---

① *Telstra Corporation Limited v Phone Directories Company Pty. Ltd.*，［2010］FCAFC 149（15 December 2010）.

② Case C‑5/08，*Infopaq*，联合国教科文组织. 人工智能伦理问题建议书（2021 年 11 月 23 日）. https：//unesdoc. unesco. org/ark：/48223/pf0000380455_ chi.

③ Copyright Designs and Patents Act 1988，§ 9（"（3）In the case of a literary，dramatic，musical or artistic work which is computer-generated，the author shall be taken to be the person by whom the arrangements necessary for the creation of the work are undertaken."），and § 178（"'computer-generated'，in relation to a work，means that the work is generated by computer in circumstances such that there is no human author of the work；….）. 英国法并给予 50 年的保护期，短于一般对作品的保护期限。

④ 参见 Copyright，Designs and Patents Bill［H. L.］，HL Deb（12 November 1987），vol. 489，cc1476 - 540. https：//api. parliament. uk/historic-hansard/lords/1987/nov/12/copyright-designs-and-patents-bill-hl（格拉夫汉之杨勋爵的原话是："… In order to ensure that such potentially valuable works enjoy copyright protection，the Bill makes provision to ascribe authorship in cases of so-called computer generated works. We believe this to be the first copyright legislation anywhere in the world which attempts to deal specifically with the advent of artificial intelligence."）.

无法调和。可以确定的是，依据英国现行的成文法，任何作品都至少要有一名自然人"作者"（主体）；如果是电脑系统自动生成的内容，其作者要么是整个人工智能系统的创造人或开发者（即使该自然人对于透过期开发出的程序系统生成的各种对象几乎没有任何直接的参与或关联），要么就是对于产出特定生成物从事必要创作安排的人。目前还没有出现任何对此直接给予答复的司法判决。①

英国政府在其 2021 年针对人工智能与版权问题展开的专项咨询中已然认知了这个问题。② 然而在翌年 6 月提出的结果报告中，其一方面承认这是个非常具有挑战性的难题，另一方面却以人工智能发展仍在"早期发展阶段"、不可能进行适当的评价为由，不认为在现阶段对版权法进行修改能提供任何的实益，因此决定搁置暂缓，以待将来时机成熟时可再返回检视。③ 英国政府显然未能看到（事实上恐怕当时也无人能够预料）原来时机就在当下：在其报告出台的前两个月，一家位于美国加利福尼亚州旧金山市，名叫 OpenAI 的创新公司刚推出了一套名为 Dall-E 2、能够从事"文生图"的人工智能系统；5 个月后该公司又推出了另一套名为 ChatGPT 的系统，快速"引爆"了全球开发和运用人工智能系统的浪潮，也把包括版权在内的各种问题推上了风口浪尖。

无论如何，即使像英国，虽然在立法当时对其自身法律规定的定义

---

① 不过英国上诉法院民事庭（Court of Appeal Civil Division）曾在一个关于电脑游戏的案件中判决，游戏的玩家不具有该游戏的作者资格，因为玩家并未贡献任何艺术性的技能或劳动。参见 *Nova Productions v. Mazooma Games* ［2007］EWCA Civ. 219。

② U. K. Government, *Consultation Outcome － Artificial Intelligence and IP：Copyright and Patents*, （October 29, 2021）, https：//www. gov. uk/government/consultations/artificial-intelligence-and-ip-copyright-and-patents.

③ U. K. Government, *Artificial Intelligence and Intellectual Property：Copyright and Patents：Government Response to Consultation*（updated 28 June 2022）, https：//www. gov. uk/government/consultations/artificial-intelligence-and-ip-copyright-and-patents/outcome/artificial-intelligence-and-intellectual-property-copyright-and-patents-government-response-to-consultation.

和范围都还未能确定，上述的比较过程应可至少确定一个基本原则：一个自然人的创作过程（creative process）为何是考量该自然人对某个特定的表达（或作品）是否具有作者身份的关键；至于是否能享有著作权以及相关的范围应当为何则需视该独创表达的结果为何而定。①

4. 作者独创表达/"贡献度"

自然人的创作是依据自身的常识、经验、情绪、感知和想象来表现的，人工智能系统［尤其是当前通行，以仿人类卷积神经网络（Convolutional Neural Networks）设计的大模型］则是完全依据从其输入端置入的数据（或数据集，data set），透过软件程序的运算自动生成（不再有任何人为因素的介入）特定的内容。固然两者都从"一张白纸"开始，要经历各种的"学习"过程，但其中的实质内涵与对信息的转化、处理方式截然不同。其中的一个主因是，人工智能不具备人类生活经验的各种常识，因此固然在接受过"学习"或"训练（优化）"的特定领域可从事非常深入、细致，而且远超人类能力所及的工作，却难以"触类旁通"，从事各种横向的关联思考与领悟。② 如本文之前对人工智能的原理和操作所述，固然程序设计者可以在每次的系统运算或操作之前先行设定所要处理的各种参数［parameters，包括条件与范围如何等，也称为"提示"（prompt）］，但整个内容的生成完全是由电脑根据其系统

---

① Aaron Hayward, Anna Vandervliet, Byron Turner, Michael Dardis, Rachel Montagnon, Heather Newton Peng Lei, Alex Wang and Giulia Maienza. *The IP in AI: Does Copyright Protect AI-Generated Works?* (May 16, 2023), Herbert Smith Freehills Insights, https://www.herbertsmithfreehills.com/insights/2023-05/the-ip-in-ai-does-copyright-protect-ai-generated-works；另参见拙作，著作权的"结果"与"过程"孰轻孰重？—著作权"独（原）创性"的再巡礼。https://www.zhichanli.com/p/2076531550, https://www.zhichanli.com/p/1365175360。

② 参见 Piero Scaruffi, Intelligence Is Not Artificial - Expanded ed. (Seattle, WA: Createspace 2018), pp. 108-118（该书 2013 年第一版的中文译本是，皮埃罗·斯加鲁菲. 智能的本质：人工智能与机器人领域的 64 个大问题. 任莉，张建宇，译，北京：人民邮电出版社，2017）。

内既有的数据系统和软件预设的统计运算程序自行、自动操作完成。[①]

正因如此，凡是涉及运用人工智能系统的操作，至少在所谓的"文生图"（prompts-to-graphics）过程，属于自然人的表述仅是每次输入系统内的参数或提示，与系统最后究竟会生成的内容不但没有任何关联，而且根本无从预期，更遑论任何程度的掌控。相对而言，自然人对文学或艺术的创作通常从一开始就有某些布局和安排。至于那些表述（提示）能否获得著作权的保护，则依然必须回到基本面，依个案情形分别检视是否具有独创性；至于完全由机器或系统自动生成的内容，则显然没有任何著作权可言。即使在计算机（电脑）的软件程序设计方面，自 1986 年以来的司法实践也表明，对一个软件程序的非文字要素（non-literal elements）而言，可受著作权保护的只及于其中的结构（structure）、顺序（sequence）和组织（organization）属于作者独创表达的部分，可受著作权保护的只及于其中的结构（structure）、顺序（sequence）和组织（organization）中有独创性表达的部分，纯功能性的操作仍属于"思想"的范畴，无法获得著作权（也称为"SSO 测试法"）。[②] 至于一个软件的应用程序编程接口（application programming interface，简称 API）能否获得著作权保护，美国的司法实践至少到目前还未能完全厘清，只能说视个案情形不排除有此可能。[③]

以 2023 年 11 月在国内引起了极大的兴趣和讨论，由北京互联网法院判决，关于以人工智能生成的图像侵权案（"春风送来了温柔案"）为例。[④] 法院在判决书中详列了原告对 Stable Diffusion 这套人工智能系

---

① Andres Guadamuz, *Artificial Intelligence and Copyright*, WIPO Magazine, No. 5（October 2017）, pp. 14, 17.

② *SAS Institute, Inc. v. S & H Computer Systems, Inc.*, 605 F. Supp. 816（M. D. Tenn. 1985）; *Whelan Associates, Inc. v. Jaslow Dental Laboratory, Inc.*, 797 F. 2d 1222; 1240（3d Cir. 1986）, *cert. denied*, 479 U. S. 1031（1987）.

③ *Google LLC v. Oracle America, Inc.*, 593 U. S. ＿ ＿, 141 S. Ct. 1183（2021）.

④ 北京互联网法院（2023）京 0491 民初 11279 号民事判决书。

统输入的参数（或提示，见图 8）。从中可见，有自然人参与或介入的部分已到此为止，而这也正完整反映了原告的表述内容。其中并没有任何与最终呈现画面相关的构图、透视或素描等属于美术创作的不可或缺的基本框架或内涵，诸如"超高品质高细节的原始图像数据处理格式彩色照片，外景，日本偶像，高度细节对称且迷人的脸，棱角匀称的脸，完美的皮肤，皮肤毛孔，梦幻般的黑眼睛……"等等，无论从个别或整体以观，无非只是各种普通、常用的形容词与纯功能或相当主观的表述（依著作权法的用语，都还在"思想"的阶段），不具备最起码的独创性，也就不构成"表达"，没有著作权可言。

至于人工智能生成过程的部分，无论是依照原始的提示所形成结构、顺序（排列）或组织，都完全由自动操作和生成，没有任何自然人参与其中。即使给予提示的人在看到生成结果后不满意，于是又给出了另外的提示，要求人工智能另行生成，那不过是展开了另一轮的循环，并没有改变生成过程没有任何自然人参与，也就是不存在任何自然人作者的本质。

反过来说，退一万步，即使先假定原告享有著作权，那么其权利的范围应当为何呢？其实应该也非常明确，就是原告给出的那些参数指令或提示。除非被告也使用了相同或实质近似的参数指令（提示），依然没有任何的侵权行为可言。无论如何，原告无法对一个完全是机器系统自动生成的内容（在本案是多帧图像）竟还能主张是那些图像内容的"作者"。

有个很容易进入的误区，是所谓"贡献度"的问题。由于在判认哪个部分的作者为谁的过程中没有站稳基础，也就是从一开始就没有把完全属于机器或系统自动生成的部分分开排除，于是很自然地就会变成要考量给出参数指令或设置人工智能系统的自然人对最终的生成内容具有多大程度的"贡献"。须知在著作权的领域，唯一会涉及"贡献度"问题的，是共同作者必须拆分利润的情形，而那也只是一个概估罢了。

4.在正向提示词(Prompt)输入:"(ultra photorealistic:1.3)extremely high quality highdetail RAW color photo,in locations,japan idol,highly detailed symmetrical attractive face,angular simmetrical face, perfectskin, skin pores,dreamy black eyes,reddish-brown plaits hairs,uniform,long legs, thighhighs, soft focus, (film grain, vivid colors,film emulation,kodak gold portra 100, 35mm, canon50 f1.2), Lens Flare,Golden Hour,HD,Cinematic,Beautiful DynamicLighting". 中文译文为: (超逼真照片 1:3),超高品质高细节的原始图像数据处理格式彩色照片, 外景, 日本偶像, 高度细节对称且迷人的脸, 棱角匀称的脸, 完美的皮肤, 皮肤毛孔, 梦幻般的黑眼睛, 红褐色的辫子, 均匀, 长腿, 长筒袜, 软对焦, (胶片纹理, 生动的色彩, 胶片仿真, 柯达黄金肖像100.35mm,佳能 50f1.2), 镜头光晕, 黄金时间, 高清, 电影, 美丽的动态灯光。在反向提示词(Negative Prompt)输入"((3d,render,cg,painting,drawing,cartoon,anime,comic:1.2)), bad anatomy,bad hands,text,error,missing fingers,extra digit,fewer digits,cropped,worst quality,signature,watermark,username.blurry,artist name, (longbody), bad anatomy,liquid body,malformed,mutated,badproportions,uncoordinated body,unnaturalbody,disfigured, ugly, gross proportions,mutation,disfigured,deformed,(mutation), (child: 1.2), b&w,fat,extra nipples,minimalistic,nsfw,lowres,badanatomy,bad hands,text,error,missing fingers,extra digit,fewer digits, cropped,worst quality,low quality,normal quality, jpeg artifacts,signature,watermark,username,blurry,disfigured,kitsch,ugly,oversaturated, grain,low-res,Deformed,disfigured,poorly drawn face,mutation,mutated,extra limb,ugly,poorly drawnhands,missing limb,floating limbs,disconnected limbs,malformed hands,blur, out of focus,long neck, long body,uglydisgusting,poorly drawn,childish,mutilated,mangled,old,surreal,text,b&w,monochrome, conjoined twins,multiple heads,extra legs,extra arms,meme,elongated,twisted,fingers,strabismus,heterochromia, closed eyes,blurred, watermark,wedding,group,dark skin,dark-skinned female,,tattoos,nude.lowres,badanatomy,badhands,text,error,missing fingers,extra digit,fewer digits,cropped,worst quality, low qualitynormal quality,jpeg artifacts,signature,watermark,username, blurry"中文译文为:((3d, 渲染, 例如: 绘画, 素描,卡通, 动漫, 漫画1.2)),糟糕的解剖结构, 糟糕的手, 文字错误, 缺失的手指, 多余的数字, 更多的数字, 裁剪, 最差的质量, 签名, 水印, 用户名, 模糊, 艺术家的名字, (长体), 糟糕的解剖结构, 液体, 畸形, 突变, 糟糕的比例, 不协调的身体,不自然的身体, 毁损, 丑陋, 粗大的比例。突变, 毁损, 变形(突变), (儿童: 1.2), 黑与白, 脂肪, 多余的乳头, 极简主义, 不适宜工作场所, 低分辨率, 糟糕的解剖结构, 糟糕的手, 文字, 错误, 缺失的手指, 多余的数字, 更多的数字, 裁剪, 最差的质量、低质量, 正常质量, jpeg 伪影, 签名, 水印, 用户名,模糊, 毁容, 媚俗, 丑陋。过饱和, 纹理, 低分辨率, 变形, 毁容, 没画好的脸, 突变, 突变, 多余的肢体, 丑陋, 没画好的手.缺失的肢体, 漂浮的肢体, 断开的肢体, 畸形的手, 模糊, 失焦长脖子, 长身体, 丑陋, 恶心, 画得不好, 幼稚, 残缺, 支离破碎, 品名。超现实的, 文本。黑和白年色, 连体双乱胎, 多个头部, 多余的腿, 多余的手臂, 模仮, 拉长, 扭曲, 手指, 斜视, 异色, 闭上眼睛, 模糊, 水印, 婚礼, 团体, 深色皮肤, 深色皮肤的女性, 纹身, 裸体, 低分辨率, 糟糕的解剖结构, 糟糕的手文字, 错误, 缺失的手指, 多余的数字, 少的数字, 裁剪, 最差的质量, 低质量, 正常质量, Jpeg 伪影, 签名, 水印, 用户名, 模糊。其中, 反向提示词中的"((3d,render,cg,painting,drawing,cartoon,anime,comic: 1.2))" 系其自行编辑外, 其余所有的反向提示词均系其直接复制于某论坛中用户分享的提示词内容。

图8　原告的输入参数

所谓的"贡献度"本身就有高度的误导性，实际上是根本难以甚至无法被量化，尤其无法以百分之几来衡量或计算。例如，成语"画龙点睛"，对于最后拿根笔只轻轻地在龙眼上点了一下的那个人来说，他（她）的"贡献度"有多大？占比又有多高呢？

所以在涉及两位或多位作者（自然人）合作创作的情形中，《著作权法》第14条便体现了这个认知，即完全没有量化的要素，而是规定："由合作作者共同享有"（也就是及于整个作品的各个部分），且除非合作作品可以分割使用，"著作权由合作作者通过协商一致行使；不能协商一致，又无正当理由的，任何一方不得阻止他方行使除转让、许可他人专有使用、出质以外的其他权利，但是所得收益应当合理分配给所有合作作者"。"没有参加创作的人，不能成为合作作者。"任何自然人借用人工智能这个机器工具从事生成的，则无论如何都不符合"合作作品"的定义与要求。①

法院在"春风送来了温柔案"中的基本论述和逻辑是，"原告对于人物及其呈现方式等画面元素通过提示词进行了设计，对于画面布局构图等通过参数进行了设置，体现了原告的选择和安排。另一方面，原告通过输入提示词、设置相关参数，获得了第一张图片后，其继续增加提示词、修改参数，不断调整修正，最终获得了涉案图片，这一调整修正过程亦体现了原告的审美选择和个性判断……因此，涉案图片并非'机械性智力成果'。在无相反证据的情况下，可以认定涉案图片由原告独

---

① 有学者认为，本条规定当中的"'不得阻止'一词清晰地传递出合作作者在支配合作作品时受到的限缩。在法律指定的情况下，合作作者的排他权从主观定价的财产规则型降格为客观定价的责任规则型，'缩水'不可谓不厉害"，显然误解了其中含意。对外而言，共同作者的著作权完全没有任何改变，更遑论限缩。表象上的"退让"纯粹是作者彼此内部要如何主张或行使权利的程序性要求（来平衡是否要经其他合作作者的同意）。著作权的一个重要宗旨是在权利人的控制下对其作品从事扩散，因此权利要如何运用尽量以协商同意为原则，唯有不能协商一致又无正当理由时，除了转让和许可，个别合作作者均可单独行使权利（如维权）。蒋舸. 论人工智能生成内容的可版权性：以用户的独创性表达为视角. 知识产权，2024（1）：36.

立完成，体现出了原告的个性化表达"①。从上述摘录的提示词可以很明显地看到，至少在这个案件中，如果仅仅使用若干简单、抽象且一般通用的形容词就已经算是对"画面布局构图等通过参数进行了设置"，基本上就形同废弃了最低独创性的要求。此外，按照法院的论述和逻辑，设想一位教授对其指导的研究生给了一些原则性的建议，然后看到学生提交的论文初稿不甚满意，于是又提出了一些修改意见，如此经过几次，难道对最后完全由学生撰写完成的论文，该指导教授竟可反成了论文的作者和著作权人吗？再进一步推导，一位美术老师在课堂上给出了一些原则和要求，然后有十位学生分别根据要求绘出了自己的画作，美术老师可以据此就对这十名学生的作品都主张享有著作权吗？这样的结论显然有很大的问题，既不符合常理，更有违著作权法的宗旨、定义和精神。② 如此不但会让整个著作权的体系乱了套，更会对整个教育体系、出版事业等不知多少行业与市场带来严重的后果。

5. 固定与可复制性

另一个关联性的问题是固定性（fixation）与可复制性。本文之前提到了在美国纽约现代艺术博物馆举行的特展，并提出了几个初步的问题：纵使可对人工智能的生成内容考虑赋权，那么对于一个从来没有固定形态、一直不断在变化的呈现要如何赋权？所涵盖的范围究竟应该为

---

① 蒋舸. 论人工智能生成内容的可版权性：以用户的独创性表达为视角. 知识产权，2024（1）：18-19. 法院也表示："现阶段，生成式人工智能模型不具备自由意志，不是法律上的主体。因此，人们利用人工智能模型生成图片时，不存在两个主体之间确定谁为创作者的问题，本质上，仍然是人利用工具进行创作即整个创作过程中进行智力投入的是人而非人工智能模型。"单看这段文句是正确的，但却不能以此直接就推导出给提示的人就理所当然成为作者和权利人的结论。法院是先认定了人工智能的生成物应该赋权，继而采用排除法，排除了人工智能本身与其开发者能作为权利人的可能（"仅是创作工具的生产者"），于是自然就只有给提示或设定参数的人才能成为作者，然后再寻找可以合理化这个结论的理由。这样的推导和论述是非常有问题的。

② 《著作权法实施条例》第 3 条规定："著作权法所称创作，是指直接产生文学、艺术和科学作品的智力活动。为他人创作进行组织工作，提供咨询意见、物质条件，或者进行其他辅助工作，均不视为创作。"

何？究竟是二维或三维抑或兼而有之？是否符合著作权法对于"固定"的要求？这些问题的反面则是：既然是以无固定形态、不断变化的方式呈现，是否意味着其本身便根本无从以任何方式被复制（包括首创此一呈现的人工智能系统本身在内）？如果答案为肯定，既然根本无从复制，是否也就意味着不可能再出现其他具有"实质近似"的呈现，即不可能发生侵权行为？是否就意味着对这样的呈现讨论是否要赋权（著作权）实际上根本毫无意义可言？

由此也牵扯出了过去常被提出且让许多学者不断纠结的"可复制性"问题。[①] 之所以被提出，是因为美国等在 18 世纪制定早期的著作权法时，还有配套的注册制度，并要求申请人缴交样品存证，因此需要让所有的版权登记申请"固定"于特定的载体从而能确定当事人的具体独创表达为何并且可被复制。[②] 但以上述的展览为例，其内容既无法被固定，也根本无法被复制，因此就算要考虑赋权，实际上根本无从界定其作品的内涵与权利的范围。由此可见，一个以人为本、为激励人类创作并保育文化资产而设计、发展的著作权法制与一个在设计上想尽可能地模拟人类思维和表达的系统工具原本就格格不入。现在反而想把这个系统工具的生成结果给套挂到为人类设计的法规制度里，却因为难以套挂又想扬弃著作权法制既有的基础，这就显得既"张冠李戴"，又"削足适履"了。

6. 比较对照：美国版权局的政策

美国版权局于 2018 年收到了目前已知在美国境内生成的首个人工智能的著作权登记申请。李查德·塞勒（Stephen L. Thaler，1950—　）

---

① 这个问题主要或由《著作权法实施条例》第 2 条对"作品"的定义（"著作权法所称作品，是指文学、艺术和科学领域内具有独创性并能以某种有形形式复制的智力成果。"）所导致。

② Attamongkol Tantratian, *Copyright's Fixation Requirement：Is It Still Needed?* (2020), Maurer Theses and Dissertations. 89, https：//www. repository. law. indiana. edu/etd/89.

博士拟以他研发出的一套人工智能系统［称为"创作机器"（Creativity
Machine）］作为由该系统生成、名为"近访仙境之门"（*A Recent En-
trance to Paradise*）的视觉图像的"作者"。美国版权局在初审和复审阶
段都驳回了这个申请。著作权复审委员会表示，美国著作权法要保护有
独创性的作者将其作品附着于有形载体的表达。从著作权法的立法历史
和理由以观，国会对何谓"独创作品的作者资格"（original work of au-
thorship）刻意留白未曾定义，是为了维持法院依著作权法规所建构的
关于独创性的标准，其范围固然相当宽广，但并非没有限制。① 既有的
司法判例也已经一再表明，著作权法中的"作者"必须是"自然
人"②。

　　在另一个申请案中，美国纽约的一位作家和软件开发者克丽丝蒂
娜·卡什塔诺娃（Kristina Kashtanova，1985—　）女士运用 Midjourney
人工智能软件"协作"完成了一个名为《曙光号的查莉娅》（Zarya of
the Dawn）的漫画作品，继而向美国版权局提出申请并获得著作权登
记。当时她没有披露其漫画中的所有图画都是由人工智能所生成的。后
来美国版权局在获悉此一信息后，最终决定变更她的著作权登记：该作
品当中的文字表述以及对文字和视觉元素的筛选、协调和安排等部分可
获得著作权保护，其作者（权利人）为卡什塔诺娃女士。但凡是作者
通过 Midjourney 人工智能软件生成的图像，虽然是经作者的提示而来，

---

　　① U. S. Copyright Office Copyright Review Board, *Second Request for Reconsideration for Refusal
to Register A Recent Entrance to Paradise*（*Correspondence ID* 1 - 3*ZPC6C3*；SR # 1 - 7100387071），
（February 14，2022），https：//www. copyright. gov/rulings-filings/review-board/docs/a-recent-en-
trance-to-paradise. pdf.

　　② *Burrow-Giles Lithographic Co. v. Sarony*，111 U. S. 53（1884）（联邦最高法院在本案首
次面临由一个当时的新发明——摄影机——呈现的结果是否仍可获得著作权的保护的问题，
尤其是一个通过机械的感光把外部实况予以记录下来的呈现是否构成当时著作权法所规定的
由一个"作者"（author）所"撰写"（writing）的作品。法院认为，摄影师仍然从事了背景的
铺排、采光投影、当事人的服饰与摆出的姿态等各种的设计与搭配，因此符合了对于独创性
的要求和"作者"的身份，借助摄影机等器材的协助从事对特定人像的"撰写"或描绘。这
个案件是关于著名作家和诗人奥斯卡·王尔德（Oscar Wilde，1854—1900）的一帧沙龙照）。

但终非自然人的创作（non-human authorship），因此无法获得著作权保护。①

同时美国版权局表示，虽然人工智能生成的图像是根据使用者的提示而来，但不受使用者的控制，因为完全无法预期最终的成像会是如何。换句话说，所有由人工智能生成的图像虽然受到自然人的影响，终究不是由自然人创作，因为人类无法控制其最终的生成结果。对于这个修正裁定，申请人没有提起上诉。

如前所述，美国版权局一直以来都采取只对属于自然人的独创表达允许著作权登记的政策立场（著作权是创作即取得，不以注册登记为要件，但如在美国登记著作权，可享有多个维权和举证上的便利）。② 该局于 2021 年对《美国版权局实践汇编》（审查指南，属于该局的内部规章，除非被法院援引作为判决依据，不具法律效力，但有极大的影响力）的更新，又特别加上了一段文句："对于不具有任何自然人作者创意的投入或介入，由机器制作或仅从机械程序的随机或自动操作，本局将不给予登记。关键问题是，究竟'作品'基本上是一个自然人身份的创作，仅以计算机（电脑或其他装置）作为辅助性的工具，抑或传统上作为成立具有作品作者资格的要素（对文学、艺术或音乐性的表达或是筛选、组织安排等）实际上不是由人而是由一个机器所孕育和执行。"③ 所以两个申请案件分别遭到拒绝可以说并不意外。

---

① Copyright Office, *Letter of February* 21, 2023 *on Zarya of the Dawn* (*Registration #VAu*001480196).

② U. S. Copyright Office, *Compendium of U. S. Copyright Office Practices* (3rd ed. 2017) § 313. 2。

③ 同注①，2021 年更新版。新增的文句是："…the Office will not register works produced by a machine or mere mechanical process that operates randomly or automatically without any creative input or intervention from a human author. The crucial question is "whether the 'work' is basically one of human authorship, with the computer [or other device] merely being an assisting instrument, or whether the traditional elements of authorship in the work (literary, artistic, or musical expression or elements of selection, arrangement, etc.) were actually conceived and executed not by man but by a machine."

由于这两个申请案，加上 2022 年 11 月 30 日 ChatGPT 的推出在全球引起了极大的轰动和人们的关注，美国版权局于 2023 年 3 月 10 日又出台了一个针对涉及人工智能生成内容的著作权登记政策指导，延续了只有自然人才具备作者资格的基本原则。① 其中包括：

（1）著作权登记的申请人必须通过"标准申请"（Standard Application）程序提出申请（简易表格不适用），并有义务在申请表格的"作者创作"（Author Created）栏目披露属于自然人作者的贡献部分、其作品是否包含人工智能系统的协同生成以及对该生成内容的具体表述。

（2）只有自然人作者自身的独创表达可获得著作权的登记与保护，因此在申请表格当中应表明作品的哪些部分是自然人的创作；如果在同个作品中对于人类的创作与非人类的生成物从事了创意性的安排，则应在"作者创作"的栏目内分别表示哪些内容是由自然人创作，又有哪些是通过人工智能"筛选、协调及安排"的。如无法确定，可简单填写"本作品包含人工智能的生成物"。

（3）凡是通过人工智能系统操作和生成的，任何超过微量或最低限度产生的结果都必须明确排除在著作权登记申请的范围之外。

（4）如申请人不确定，可以用一般陈述的方式填写表格。如有不实陈述（包括故意省略），将面临权利被取消（无效）及其他潜在的后果。

由此可见，美国版权局在现阶段其实没有全盘否定所有涉及人工智能生成"作品"的著作权。在出台此一政策指导声明后不到一周，版权局宣布启动一个"人工智能倡议"（Artificial Intelligence Initiative），拟全面检视使用人工智能创作成果的著作权范围（包括可版权性，copyrightability）以及使用了他人受著作权保护的作品从事对人工智能

---

① Library of Congress, Copyright Office, *Copyright Registration Guidance: Works Containing Material Generated by Artificial Intelligence*, 88 Federal Register 16190（March 16, 2023）.

系统的深度学习等问题。具体而言，将举行一系列的"公共聆听会"
（public listening sessions），分别就人工智能对文学作品、视觉艺术、
视听作品以及音乐和录音作品的影响、互动关系与各界人士进行
探讨。①

7. 司法实践与发展

另外，之前遭到美国版权局驳回申请的塞勒不服，向哥伦比亚特区
联邦地区法院（U. S. District Court for the District of Columbia）起诉，成
为美国法院审理关于人工智能生成物是否可以获得著作权保护的首宗案
件。② 主审本案的贝丽尔·豪威尔（Beryl A. Howell）法官于 2023 年 8
月 18 日以迳行判决（summary judgment）的方式完全支持了美国版权局
的立场，塞勒败诉。③ 不过他已通过律师表示将继续上诉到联邦巡回上
诉法院。④

一审法院首先表明，由于本案是对著作权登记复审的再审查，其角
色形同上诉法院，因此所要审理的完全是法律问题，不涉及对于案件事

①　U. S. Copyright Office, *Copyright Office Launches New Artificial Intelligence Initiative*, News-Net Issue No. 1004, （March 16, 2023）, https://www. copyright. gov/newsnet/2023/1004. html.

②　塞勒已在全球 19 个国家和地区提出申请或上诉，试图让其设计的人工智能工具［即
"创作机器"和/或另一个称为 DABUS 的关联系统，是"统一感知自动导引装置"（Device for
the Autonomous Bootstrapping of Unified Sentience）的简称］成为著作权的"作者"或"共同作
者"以及专利权的"共同发明人"。截至 2023 年 8 月底，只有 DABUS 获得了南非的专利权，
其余的申请都遭到驳回并上诉之中。由于南非没有对专利申请的实质审查，因此该授权在
实质上恐怕不会具有什么影响力，也将难以被其他国家或地区接受。参见 The Artificial In-
ventor Project, *Patents and Applications*, available at https://artificialinventor. com/patent-applica-
tions/。其以人工智能作为"发明人"在美国提出的发明专利申请已遭到美国专利商标局
（U. S. Patent and Trademark Office）的核驳并经法院判决确定（联邦最高法院已于 2023 年 4
月 24 日驳回其再审请求）。参见 *Thaler v. Vidal*, 43 F. 4th 1207（Fed. Cir. 2022）, *cert. denied*,
598 U. S.（2023）.

③　Memorandum Opinion, *Thaler v. Perlmutter*, Case No. 22 - 1564（BAH）（D. D. C. Au-
gust 18, 2023）. 本案名义上的被告是美国版权局的现任局长希拉·波尔马特（Shira Perlmut-
ter, 1956—）女士。

④　Zachary Small, *As Fight Over A. I. Artwork Unfolds, Judge Rejects Copyright Claim*, New
York Times（August 23, 2023）, at C4, https://www. nytimes. com/2023/08/21/arts/design/
copyright-ai-artwork. html.

实的重新认定。因此可由法院以迳行判决来处置。[1] 法院接着指出，本
案的关键问题只有一个，即由计算机或电脑自动生成的物件是否在形成
时即应受到著作权法的保护？当版权局以没有任何人为因素的介入因此
也从不具有著作权为由，拒绝了申请人（原告）的登记申请时，法院
所要审视的，是该局做成此一行政裁定的审查过程是否有"恣意妄
为"（arbitrary or capricious）的情事或违反联邦《行政程序法》（Ad-
ministrative Procedure Act）所要求的标准。法院认为美国版权局的裁
定并非"恣意妄为"的结果，因为美国著作权法只保护由人类创作的
作品。

　　法院进一步论证，诚如申请人所指出，著作权法从一开始就具备很
大的可塑性（malleability），能随着各种科技的发展与时俱进。但是在
此种适应性的背后，则有个始终一贯的认知，即著作权的核心乃是以人
类创作为必要条件（human creativity is the *sine qua non* at the core of
copyrightability），即使人类创作是通过新的工具或媒介来呈现的。同时
法院援引了美国联邦最高法院于 1884 年对摄影师使用摄影机获得的相
片可否获得著作权保护的经典判例来说明。虽然一个摄影机表面上只
是把在该装置之前的形象予以机械式的复制呈现，但终究是在摄影师
对其相片应如何呈现首先形成了一个"心智概念"（mental concep-
tion）后，再进行各种背景的铺排、采光投影、当事人的服饰与摆出
的姿态等各种设计与搭配。也就是说，人为因素的参与和最终控制作
品的表达或呈现，成为任何新型创作能否进入著作权保护范围内的
关键。

----

　　① 国内文献常把此一司法处置按照字面错译为"简易判决"，实际上其既不简更不易。
依据美国《联邦民事诉讼规则》第 56 条，如果一方当事人在庭审中能显示，双方在全案的重
要事实方面不存在真正的争议（no genuine dispute as to any material fact，通常是因为对方未能
针对真正的关键问题举证或举证不足），纵使庭审程序尚未结束，法院即应根据该当事人的申
请依法迳行判决（as a matter of law），不需等到整个程序结束。参见 Federal Rules of Civil Pro-
cedure §56（a）。

　　此外，法院也表示，从立法的历史背景和目的而言，虽然法律没有明文写出，但在认知上从一开始"作者资格"与"人类创作"便是同义词，即使著作权法历经了许多的演化和发展，这个基本概念仍然始终如一。美国国会历来对著作权法的修正也绝对从未显示有任何想要改变此一概念之处。反而是国会于 1976 年在制定全新的著作权法时，明确要继续依循 1909 年《著作权法》的"作者资格的原创作品"（o-riginal work of authorship）标准，不作任何改变，因为著作权的立法主旨与核心价值是通过对人类创作的激励来促进科学与艺术的发展，非人类的参与并不需要任何的激励，自然也无须给予承诺赋权作为交换。①

　　法院另外检视了既往的司法判例和实践，也确认了此一结论，即在欠缺自然人参与的情况下，所有的法院都不认可其成品可受著作权保护。例如，美国联邦第九巡回上诉法院在一个作者宣称是"受到天体神灵的指示所转述的话语"的著作侵权案件中，依然判认作者可享有部分著作权，因为纵使作者的宣称为真，由于该书是以信徒询问和"神灵"回答的方式呈现的，显然其中有相当部分还是通过人为的创作发生的，毕竟著作权法所要保护的是人类的创意，不是"神祇"的创作，因此至少部分仍可受到著作权的保护。②

　　法院在判决书中已然意识到人工智能对人类的创作会带来各种的挑战，并援引了国会议员给美国版权局和专利商标局局长的信函内容，但就本案的情形则认为形成判决是相对容易的，因为就是保护的主体不适格的问题。

　　8. 争议与评论

　　在目前的国际公约框架下，虽然《保护文学和艺术作品伯尔尼公

---

　　①　H. R. Rep. No. 94 - 1476, at 51 (1976).

　　②　*Urantia Foundation v. Maaherra*, 114 F. 3d 955 (9th Cir. 1997).

约》（Berne Convention for the Protection of Literary and Artistic Works）没有明确定义"作者"（author）或"作者资格"（authorship），据山姆·里基森（Sam Ricketson）教授的研究，在 1967 年制定该公约《斯德哥尔摩文本》（Stockholm Text）和 1971 年巴黎文本（Paris Act）的外交会议上，与会的各缔约国代表有个基本共识，即该公约的作者"当然"是指自然人，因此都认为不需特别为此在文本中去定义。①

根据美国专利和商标局于 2020 年进行的一项规模性调研和公共听证，在收到的反馈意见当中，绝大多数人都认知并认同，在现行的著作权法框架下，除了因职务上的创作，非自然人在某些情况下可能成为著作权利人，无论如何作品的原始"作者"必须是自然人，即非自然人无法成为"作者"。他们也认为这个要求应继续作为著作权法的基础，因为著作权法的立法宗旨是以赋权作为交换，以期激励人们从事创作，人工智能毕竟如同过去被广泛应用的其他软件工具，当时就已在争论一个非人类的物件或程序是否能够具有"创意"，此次情况依然。②

有的评论指出，如果放弃了以"人类创作"为主轴的原则，或将导致产生许多难以预料和有害的影响，不仅会对就业市场造成另一次的扰乱（著作权产业 2021 年的价值估计约为 1 810.25 万亿美元，占美国经

---

①　Sam Ricketson. *People, or Machines*: *The Berne Convention and the Changing Concept of Authorship*, *Horace S. Manges Lecture*. 16 Columbia-VLA J. L. & Arts 1 (1991—1992). 本文作者里基森现为澳大利亚墨尔本大学（Universities of Melbourne）法学院的退休教授。其与哥伦比亚大学法学院简·金斯伯格教授（Jane Ginsburg）合著的《国际版权与邻接权——伯尔尼公约及公约以外的新发展》（International Copyright and Neighbouring Rights: The Berne Convention and Beyond, London, U. K.: Oxford University Press, 2ⁿᵈ ed. 2005）是研究《伯尔尼公约》和后续国际著作权保护体系的经典（或权威）之作（该书的中文版由郭寿康教授等翻译，中国人民大学出版社于 2016 年出版）。

②　U. S. Patent and Trademark Office, *Public Views on Artificial Intelligence and Intellectual Property Policy* (October 2020), at 20 – 21. 本文摘录并综合了来自诸如美国律师协会知识产权组（American Bar Association Intellectual Property Law Section）、公共知识（Public Knowledge）、知识产权所有人协会（Intellectual Property Owners Association）等等多个专业组织提出的反馈意见。

济总值［国内生产总值（*gross domestic product*，*GDP*)］的 7.76%①），还会导致社会更加贫瘠，因为由人工智能生成的物件无论在表面上与出自人类的作品多么近似，终究欠缺人类艺术家的经验和情绪，正是人类的经验让艺术成为每个社会当中极其重要的环节。②

也有少数的评论支持应对没有人为介入、完全由人工智能生成且具备足够创意的成果给予著作权保护，其权利应归属于人工智能系统的所有权人/控制者或对其生成过程进行修整编辑，并完成最后表达形式的当事人或使用者。③

另有学者批判美国版权局的政策（形同连带批判了联邦地区法院后续的判决），表示在运用人工智能的过程中，虽然是有，但多数并非仅以简短、含糊不明的提示来操作，因为这种方向不明确的指示经常会产生错误的结果，而每次的生成都需要一定成本的投入，所以总要尽量避免发生错误，节省成本。这也是为何当前出现了一个新兴的专业（过去从未存在过）。称为"提示工程师"（prompt engineers），又称为"提示细语者"［prompt whisperers，取自 1998 年的一部好莱坞电影《马语者》（The Horse Whisperer），借以形容一个能够轻声与马进行沟通交流的人表示他们能与机器沟通］，因为他们依据客户非常具体、清晰的需求为了一幅画面往往就得拟出几十、上百条甚至更多非常具体明确的提示（形同撰写另一套程序），以期生成更为明确可控、范围够狭窄、结果更一致的输出结果，所以，简单以一笔带过，认为使用者没有对人工智

---

① International Intellectual Property Alliance（IIPA），*Copyright Industries in the U. S. Economy 2022 Report*（December 2022），p. 8.

② 同注①第 21 页［摘录自作家协会（the Authors Guild，Inc.）的反馈意见第 5 页］。

③ 同注①［摘录自信息技术及创新基金会（Information Technology and Innovation Foundation，ITIF）的反馈意见第 4 页］。

能的输出给予预期或实施控制未必符合当前的实况。① 批评者因此认为，这恰好表示，美国联邦最高法院在 19 世纪的经典案例②中判决摄影作品可获得著作权保护的法理和逻辑同样可以适用到当前的人工智能中。

必须指出和强调，对于这个争论不是必须，也不是只能在"全盘否定"与"当然赋权"两个极端选项之间作出互不相容、绝对排斥的政策选择。由上可见，即使对法院判决或美国版权局政策持批判立场的，所要表述的仍是质疑：在特定、某种人类可控的程度与范围内，人工智能生成物是否应像当年对摄影作品著作权的认定一般，可受到同样或类似的保护？

如果答案为肯定，随之而来的问题是：（1）要如何界定与区别特定人工智能系统的"可控性"和"自主性"？（2）提示的输入或具体内容究竟都只能视为还在"思想"的范畴（因为只是概念）还是已可被视为进入了某种"表达"的阶段？区分的标准应当为何？③（3）如果对人工智能的生成结果赋予著作权保护，该权利应如何归属？目前这些问题都还处于无解的状态。但可以确定，一旦开始探讨，恐怕还会有更多、更具挑战性的难题在前等待。

即使考虑部分赋权，还有一个先决问题必须厘清。美国著作权法第501 条第（b）款明确要求，凡是主张著作侵权的一方首先必须证明其享有合法的著作权。④ 其反面意思是，任何侵权物都无法享有合法的著

---

① Christa Laser, *How A Century-Old Insight of Photography Can Inform Legal Questions of AI-Generated Artwork*, Technology & Marketing Law Blog（August 2, 2023），https：//blog. ericgoldman. org/archives/2023/08/how-a － century-old-insight-of-photography-can-inform-legal-questions-of-ai-generated-artwork-guest-blog-post. htm.

② U. S. Copyright Office, *Copyright Office Launches New Artificial Intelligence Initiative*, NewsNet Issue No. 1004（March 16, 2023），https：//www. copyright. gov/newsnet/2023/1004. html.

③ Michael Kasdan and Brian Pattengale, *A Look At Future AI Questions For The US Copyright Office*, Law360（November 10, 2022），https：//g2bswiggins. wpenginepowered. com/wp-content/uploads/2022/11/Law360-A-Look-At-Future-AI-Questions-For-The-US-Copyright-Office. pdf#page =7.

④ 17 U. S. C. §501（b）（其原文为："The legal or beneficial owner of an exclusive right under a copyright is entitled, subject to the requirements of section 411, to institute an action for any infringement of that particular right committed while he or she is the owner of it⋯. "）.

作权。换句话说，凡是自身没有权利或已然构成侵权的，再也无法掉过头来去主张自己还遭到了其他人的侵权（实质近似在定义上就显然不是100%的复制）。这也是确保不能也不会发生所谓"空手套白狼"与"贼喊捉贼"的问题。

鉴于已有愈来愈多的司法诉讼挑战人工智能生成物是否在先天上已经构成了对他人作品某种程度的侵权（或是能否作此推定），在法院还未作出最终的判决前，一切也都还在混沌不明的阶段。这也表示，纵使未来在政策上容许某些人工智能的生成物获得著作权，鉴于其本身蕴含一定程度的侵权可能，不排除主张应享有权利的一方很可能会首先被要求自证是"洁净之手"（with clean hands），即至少不含某些可能或可预期的侵权瑕疵或风险。如果未来朝此方向发展，即使表面上要赋权貌似是件"好事"，却势必将极大程度增加人工智能的运营和交易成本。

如果未来果真决定要在立法政策上对某些人工智能的生成物赋予著作权保护，前已提及，一个附随且必须立刻解决的问题是权利的归属。可以预期，此时人工智能系统的开发者必然会主张应由其享有全部或至少部分的权利。既然门扉已被打开，就很难不让开发者分享权利。于是又会立即触发更多的问题：

（1）依据"赋权共享、责任共负"的基本法则，是否人工智能的开发者要与其所有的使用者共同承担所有的潜在侵权连带损害赔偿责任？

（2）一旦成为共同作者或共同权利人，人工智能的使用者未来进行许可势必需要经过开发者的同意，这样是否反而会在相当程度上限制作品的流通，给予开发者太大的控制，形同构成某种变相的市场垄断？

（3）如果人工智能（使用工具）的开发者可以成为对其使用者创作成果的共同权利人，那么这是否意味着将来所有使用植入了人工智能功能的软件系统［如使用微软公司出品的Word文字处理和"必应"（Bing）搜索引擎完成一篇文章］开发者（微软）都可以主张是文章成稿的"共同权利人"？（原本支持应予赋权的，是否能够接受让其使用的工具开发者也可一起分享因他们的创作而获得的权利?)①

（4）如果还涉及特定使用者的个人隐私，作为共同权利人，软件系统的开发者或数据控制者能否不需经过使用者的同意，对其个人数据或隐私信息进行各种的利用？依据为何？

（5）假设能够举证特定的生成物是对 10 亿个作品来源进行深度学习后的成果，是否该 10 亿个作品的作者也应作为共同权利人？如是，这般的权利配置究竟还有如何的实质意义？

以 OpenAI 于 2023 年 3 月 14 日更新的使用者协议为例，其中第 3 条表示：原则上（在法律许可的范围内）所有的输入信息归使用者所有；在输出的生成物方面，只要使用者遵守协议的条款，OpenAI 同意转让（assign）其所有对该输出（生成物）的所有权益，即使用者可以进行任何目的的使用，包括商业行为（销售或出版等）。OpenAI 保留对输出内容（生成物）的使用权。使用者对输出内容（生成物）负责，包括确保不违反任何可适用的法律或协系的条款。② 当然此处实在还无法确定 OpenAI 对由其人工智能系统生成的输出到底有什么实质性的权益可以转让给其使用者，但如果有任何著作权侵权的问题发生，基本上 OpenAI 就是概不负责。究竟这个制式性的协议条款内容是否能通过司法的检验还有待未来的案件和时间给出答案。但根据本文的引述和分

---

① Mark Perry and Thomas Margoni, *From Music Tracks to Google Maps*: *Who Owns Computer-generated Works?*, 26 Computer Law & Security Review 621 (2010).

② 其原文为："3. Content (a) Your Content. You may provide input to the Services （ "Input" ）, and receive output generated and returned by the Services based on the Input （ "Output" ）. Input and Output are collectively "Content. " As between the parties and to the extent permitted by applicable law, *you own all Input*. Subject to your compliance with these Terms, OpenAI hereby *assigns to you all its right*, *title and interest in and to Output*. This means you can use Content for any purpose, including commercial purposes such as sale or publication, if you comply with these Terms. OpenAI may use Content to provide and maintain the Services, comply with applicable law, and enforce our policies. *You are responsible for Content*, *including for ensuring that it does not violate any applicable law or these Terms*" [Emphasis added]。参见 OpenAI, Terms of Use (Updated March 14, 2023), https://openai. com/policies/terms-of-use。

析，这个条款本身是否合法合规恐怕还有待商榷。

四、结　论

摄影机、录像带、复印机、多媒体计算机、互联网点对点分享……等等，历史经验已一再表明，每当有新的科技产生且获得了市场的接受时，随着该科技应用的不断扩展，就常会与既有的内容提供者产生市场的竞合与各种摩擦和冲突，其中的一道主要战线便是著作权。归根结底，在表面上各种科技便利的背后，牵涉的是整个相关资源与"利益大饼"的重新分配。目前牵涉人工智能应用的各种争议也不例外。

关于"人工智能"迄今还没有一个国际公认的定义，但从各个不同的既有定义中可以归纳出一个共通点：人工智能系统是一种整合模型和算法的信息处理技术。已知的人工智能相关问题大体涉及能力（Power）、可能（Possibility）与危险（Peril）三个面向（或可称为"3P问题"）。讨论人工智能与著作权的关系，包括应如何应对潜在蕴含的风险时，也同样且同时涉及"3P问题"：在输入端，这套工具是否因必须从网络上大量复制既有的素材从事"机器学习"而构成了著作侵权抑或可以主张合理使用？假如不涉及侵权或可以构成合理使用，在输出端，其生成物是否可以受到著作权的保护？

第二届图灵奖得主艾兹格·迪科斯彻（Edsger W. Dijkstra）教授曾在1984年计算机协会中南地区会议上发表主旨演讲并表示："电脑是否能思考的问题就与潜水艇是否能游泳的问题同样相关。"① 于是产生了"潜水艇是否会'游泳'"的有趣问题。这个问题其实是个悖论，毕竟一个具有潜水功能的机器与一个会游泳的人之间完全没有可比性，如果

---

① 其原文是："The question of whether Machines Can Think, a question of which we now know that it is about as relevant as the question of whether Submarines Can Swim." 参见 prof. dr. Edsger W. Dijkstra, *The Threats to Computing Science*, Keynote Speech, delivered at the Association for Computing Machinery（ACM）1984 South Central Regional Conference（November 16 - 18, Austin, Texas）, https: //www. cs. utexas. edu/users/EWD/transcriptions/EWD08xx/EWD898. html。

硬要将人类对"游泳"的概念去套用到一个毫无生命的机器，势必将产生相当荒谬的结果：诸如如果潜水艇真会"游泳"，那么坐在潜水艇里的人呢？是不是也跟着在"游泳"？假如是一艘无人潜艇，那么在陆地上遥控操作无人潜水艇的人是否也在"游泳"？因此，用人类的游泳比赛规则来规制潜水艇是否合适？

这也表示，至少在现阶段，如果人们总是不自觉地用一种"拟人化"的寄情投射去看待人工智能，无法以软件程序当中设定的逻辑算法来看待这个已经发展了 70 余年且最近再次推陈出新的机器工具，就很容易造成自我误导。毕竟人工智能最大的问题是没有常识，因此从不保证其生成、输出的结果正确无误，也无法确知是否已排除了侵权的因素和"瞎编胡诌"的风险，因此不能寄予信任。[1] 人类已经投入了几十年去尝试解决，但迄今仍然未果，也成为人工智能继续发展的"阿喀琉斯之踵"（Achilles' heel，可致命的短板）。前已提及，机器的"深度学习"基本上是统计工作，是个收集大规模的数据然后进行快速计算和推导的过程，因此与人类的原创表达完全不是同一个概念，恐怕无法从事类比，否则就与"潜水艇是否会'游泳'"的悖论如出一辙。

虽然社会对人工智能的讨论和应用在近年来风起云涌，也让相关领域受到了各大、小投资者的青睐，一时间获得了前所未见的资源投注，但或是其中过程的不公开与不透明，极大程度加深了外界的疑虑甚至惶恐，于是也同时兴起了一波著作侵权和其他类型的诉讼。只要其中出现

---

① 参见 Piero Scaruffi，《智能的本质：人工智能与机器人领域的 64 个大问题》，[作者表示，常识是另一个欠缺的要素。人类会很自然地运用多种不同的无法归纳的形式进行推导，因此无法具体明确。一般而言，人们很善于对数学演算从事"合情推理"（或"似真推理"）而不是数学家使用的"确定推理"。对于许多问题去寻求具体明确的答案往往是没有意义的：需要耗费太多的时间（尤其无法及时反映一个突发或紧急的情况）。其原文为："Common sense, besides learning, was another missing ingredient. Humans employ naturally several forms of inference that are not deduction, and therefore are not exact. In general, we specialize in 'plausible reasoning', not the 'exact reasoning' of mathematicians. Finding exact solutions to problems is often pointless: it would take too long…."]。

侵权成立的判决，就几乎注定还会有更多的后续诉讼纷纷出现。这显然会大幅提高人工智能产业后续发展的成本与市场准入门槛，对相关的创新研发也势必将造成很大的负面影响。鉴于这些诉讼通常会旷日持久，除非各方能达成诉前和解，整个领域在未来的相当时间中恐将限于许多不确定的状态。无论如何，对于人工智能引发的种种问题和争议，首先必须厘清，一旦发生问题，究竟应当由谁来承担责任？当人们还在争论是否应该对人工智能的生成赋权时，或许可从反向审视：是不是首先必须厘清应承担责任的主体，才能接着探究是否应对该主体赋权？现时看到的状况通常是，凡是一提到赋权只见众家争抢，互不相让；但只要发生了问题，一触及义务与责任承担，则只见各相关当事人开始相互推托或彼此交相指责。本文起始摘引了著名的古罗马法谚：无救济即无权利（*ubi jus ibi remedium*），即拟建议以此作为处理相关权责问题的基本准绳。

即使在是否需要对人工智能生成物赋权的讨论上，从来不是否定只有自然人才可具有"作者资格"（反面的意思便是：凡是由机器自动生成的物件无法获得著作权，因不具独创性），也不是只能在"全盘否定"与"当然赋权"两个极端选项之间作出互不相容、绝对排斥的政策选择，而是要探讨在特定、某种人类可控的程度与范围内，人工智能生成物是否应像当年对摄影作品的保护认定一般，也可受到某种权益保护？即使能跨过或绕开作者资格的门槛给予著作权保护，权利应该归属于谁？保护的标的是什么？范围又应如何？在纽约现代艺术博物馆展出的"瑞非克·安那多尔：无人监督"特展，投射在屏幕上的呈现从不重复，无时无刻都随着周遭环境在变化，所以显然没有被"固定"（fixation）。这如何来界定权利？

通过本文的分析可见，正如同打开了"潘多拉的盒子"一般，一个表面上看似简单的问题却牵扯出更多、更难以处理的其他难题。也就意味着，即使要考虑赋权，著作权显然并不合适，不是好的政策选项，毕竟著作权法的主要目的是激励人类从事文化、艺术与科学的创作和保护文化资产，著作权本身也是一种以公开换保护，有创作才会赋权。人工智能的代码既然不公开，就不需要换取保护，机器并不需要得到激励，不应用拟人化的角度去看待其生成物。因此，或许应探讨是否要另行创设某种特殊、单独的权利（*sui generis* right）给予某些有限的保护，但是其中还是有太多的未知和困难需要进一步厘清、克服，千万不能冒进；抑或就通过厂家"自律"的方式（例如让使用者签订协议，就与目前进入任何网站或使用数据库必须先行同意的做法相似），反而可以获得更大的效益。对此或可参酌 20 世纪 90 年代欧盟与美国对于是否应对数据库给予某种赋权保护引发的激烈辩论（不过却有个共识：数据本身推定无法赋权）。① 欧盟选择了用特殊赋权的方式保护数据库，却导致了许多的问题，后来不但遭到欧盟法院以四个判决对此严格设限②，且最终自身进行的两次实证调研也显示成效不彰。③ 其中的一个核心批判是，此种赋权犹如"掩耳盗铃"，背后真正的目的是保护特定的投资利益，早已背离了以公开换保护、公示公知的基本原则。毕竟投资本来应是风险自负。以制定特别法来保障特定投资利益不啻以立法手段（公权力）变相促进特定企业或商业利益形成更大的垄断。

　　有鉴于此，或许诚如《纽约时报》专栏作家埃兹拉·克莱因（Ezra Klein）所言："我们如此执着于思考这项技术能做什么，以至于忽略了更为重要的问题：它将如何使用？谁又将决定它的用途……还有一个更

　　① 其中的历史发展、争议与后续影响，可参见拙著，论数据相关的权利保护和问题．知识产权研究，2022（28）：3－90.

　　② *Fixtures Marketing Ltd v. Oy Veikkaus AB*，［2005］ECDR 2，［44］（ECJ）（C－46/02，9 November 2004），*Fixtures Marketing Ltd v. Svenska Spel AB*（C-338/02，9 November 2004）；*British Horseracing Board Ltd v. William Hill*，［2005］E. C. R. 1，［80］（ECJ 2004）（C－203/02，9 November 2004）；*Fixtures Marketing Ltd v. OPAP*（C－444/02，9 November 2004）.

　　③ European Commission，*First Evaluation of Directive 96/9/EC on the Legal Protection of Databases*，DG of Internal Market and Services Working Paper（12 December 2005）；*Evaluation of Directive 96/9/EC on Legal Protection of Databases*，Commission Staff Working Document，SWD（2018）146 final（25 April 2018）.

平庸但或许更紧迫的问题：这些机器将服务于何人?"① 他认为，人工智能并非真正在为消费者服务，而是听命并服务于投资者的利益："我们谈论人工智能的技术太多，却基本忽略了驱动人工智能的商业模式。加之这样一个事实：人工智能的吸睛展示，仅服务于吸引巨额投资和收购报价的炒作周期这一种商业模式。"克莱因引述了人工智能公司 Hugging Face 的首席伦理科学家玛格丽特·米切尔（Margaret Mitchell，也是原谷歌公司从事人工智能研究的一位关键领头人）一针见血的评论：人工智能不是为预测事实而生，它们实际上是为编造看起来像事实的东西而生。② 最危险的状况是人们被智能工具操控与说服，其实还是一小群人在设法控制多数的人，毕竟机器工具背后的操控者是程序设计者和商业利益。

　　人工智能或许是另一个由普罗米修斯带来的火种，也可能是另一个潘多拉的盒子，更可能是两者兼具。在人类玩起这把新火的过程中，是否会一方面成就更多以往难以企及的成果，另一方面却又因为各种的自我误导、法律风险把自己给推回了山脚下，然后必须重头来过？此时才赫然惊觉，原来自古以来的神话一直是面镜子，从镜中看到的那个普罗米修斯原来就是人类自己的映照！

---

　　① Ezra Klein, *The Imminent Danger of A. I. Is One We're Not Talking About*, New York Times, February 26, 2023, available at https：//www. nytimes. com/2023/02/26/opinion/microsoft-bing-sydney-artificial-intelligence. html；《纽约时报》中文版译称 "人工智能真正的恐怖之处"（Mar. 1, 2023），https：//cn. nytimes. com/opinion/20230301/microsoft-bing-sydney-artificial-intelligence/。

　　② 同注①。

GAI 著作权监管的日韩实践及其对我国的启示

陈绍玲　黄陈涵[*]

随着生成式人工智能（Generative AI，以下简称 GAI）在实践中的应用日益广泛，有关 GAI 的监管成为各界讨论的热点话题。世界知识产权组织（WIPO）于 2024 年 2 月 28 日发布《生成式人工智能：知识产权导航》（Generative AI：Navigating Intellectual Property），旨在科普有关 GAI 的知识产权风险及应对策略，其中与 GAI 著作权监管有关的风险与建议主要涉及 GAI 生成内容的定性以及训练数据的合法性两个方面。我国目前处于人工智能产业发展的关键时期，为此国家互联网信息办公室等七部门联合发布了《生成式人工智能服务管理暂行办法》。但在 GAI 生成内容的定性以及训练数据的合法性两个问题上，我国的立法和司法实践活动尚不充分，反观日韩两国在 GAI 著作权监管领域已有一定的实践，其经验与教训可以为我国所用。

一、日韩 GAI 著作权监管政策的主要特点

日本与韩国有关 GAI 著作权监管的政策现状如下：一方面，就 GAI 生成内容定性而言，日韩主流观点不认可 GAI 生成内容构成著作权法意义上的作品。另一方面，就为训练人工智能而使用作品的合法性而言，日本将数据挖掘著作权限制制度扩张到人工智能训练，明确规定企业可以在人工智能训练过程中无偿使用他人作品；韩国未对人工智能训练立法，但存在将合理使用扩张到人工智能数据训练或通过适当补偿来确保数据训练合法性的可能性。

---

[*] 陈绍玲，华东政法大学教授；黄陈涵，华东政法大学知识产权学院硕士研究生。

（一）日韩两国关于 GAI 生成内容定性的讨论

与国内在 GAI 生成内容定性上的争议不同，日韩两国的主流观点都认为 GAI 生成内容不能构成著作权法意义上的作品。韩国文化体育旅游委员会于 2021 年 2 月发布的《对著作权法部分修正案提案的审查报告》中提到，对人工智能创造内容给予权利和法律保护，可能会使人工智能创造内容大量生产，导致人类创作的成果的价值下降，因此 GAI 生产物应被指定为不受保护的作品。① 韩国文化体育观光部于 2023 年 12 月发布的《生成式人工智能著作权指南》同样认为 GAI 生成内容不应当被认定为作品。该政策文件规定，只有表达人类思想或情感的创意作品才可以进行登记，人工智能的输出没有人类创造性干预，不可以进行著作权登记。②

日本早在 1993 年就讨论了使用计算机进行创作的问题，《日本著作权审议会报告书》认为，如果要认定某人通过计算机系统创作了受著作权保护的作品，需要这个人存在创造性意图、作出创造性贡献行为，并获得创造性表达。③ 基于该标准，日本政府认为 GAI 生成内容不具有可版权性，因为 GAI 生成内容不能体现人类的创造性。日本知识产权战略司于 2016 年 5 月发布的《知识产权推进计划》中明确承认，GAI 生成内容不是人类思想或情感的表达，故而不是著作权的客体。若要对 GAI 生成内容进行保护，可以借鉴商标法或者反不正当竞争法的规定，来禁止擅自利用 GAI 生成内容的行为。④ 日本知识产权战略司于 2017 年 3 月发布《委员会报告书》，再一次对 GAI 生成内容的著作权性质进行了讨论，认为在用户的贡献仅限于简单的指示，不存在创造性的情况下，

① 「제384회국회(임시회)제4차문화체육관광위원회.저작권법일부개정법률안검토보고 (2021.02)」。

② 「문화체육관광위원회.저작권강국실현대전략 (2023.12)」。

③ 「著作権審議会第 9 小委員会（コンピュータ創作物関係）報告書（平成 5 年 11 月）」による.

④ 「知的財産戦略本部知的財産推進計画 2016」による.

GAI 生成内容应当被认为是由人工智能自主生成的产物，不应当在现行著作权法上享有权利。① 日本知识产权战略司于 2017 年 5 月发布的《知识产权推进计划 2017》和《委员会报告书》的观点一致，认为如果没有人类的创造性贡献，GAI 生成内容将被归类为由"人工智能创作的作品"，不能作为现行著作权法意义上的作品保护。②

（二）日韩两国关于人工智能训练数据合法性的讨论

许多 GAI 的训练数据来源于受知识产权保护的作品，全球司法实践对于 GAI 的训练、使用和输出是否构成知识产权侵权尚存争议，比如美国曾多次发生著作权人与人工智能企业之间的侵权纠纷，但尚未就相关案件形成最后的判例，焦点主要集中在是否构成合理使用。③ 英国在《大型语言模型和生成式 AI》报告中描述了数据来源合法性与现有著作权的冲突，但尚未立法。④ 韩国政府对于该问题也还未进行立法，而日本政府明确支持人工智能企业可以不经许可使用他人作品训练人工智能。

日本政府早在 2017 年就认为应当支持人工智能的数据训练。日本知识产权战略司于 2017 年 3 月颁布《新型信息财产检讨委员会报告书》，认为从促进人工智能创新的角度来看，应该对训练数据的生成、提供等予以支持。⑤ 同年 5 月，日本知识产权战略司颁布《知识产权推进计划 2017》，要求相关政府机关采取相应政策措施促进人工智能创造

---

① 「知的財産戦略本部．新たな情報財検討委員会報告書（2017 年 3 月）」による．

② 「知的財産戦略本部．知的財産推進計画 2017」による．

③ Thomson Reuters Enter. Ctr. GmbH v. Ross Intelligence Inc., F. Supp. 3d（D. Del. 2023）．

④ Department for Science, Innovation and Technology National AI Strategy, UK Government （2021 - 09 - 01）．https：//www. gov. uk/government/publications/national-ai-strategy.

⑤ 「知的財産戦略本部—検証・評価・企画委員会—新たな情報財検討委員会．新たな情報財検討委員会報告書—データ・人工知能（AI）の利活用促進による産業競争力強化の基盤となる知財システムの構築に向けて—」による．

和灵活应用，发布符合新时代需求的著作权法权利限制制度。① 2018年，日本政府发布《部分修改著作权法的法案》，修改有关人工智能数据训练的著作权例外的法律②，其修法目的中写道，如果将受著作权保护的作品用于技术开发等测试、信息分析、在没有人类感知的情况下使用电子计算机进行信息处理，则该使用在必要的范围内是可以被允许的。在未经权利人许可的情况下，可以进行目的不是"享受受著作权保护的作品中广泛表达的想法或情感"的行为，例如，将受著作权保护的作品记录在数据库中作为人工智能开发的学习数据。抱着这种修法目的，日本文化厅对《日本著作权法》第30—4条和第47—7条进行了重组，纳入新的第30—4条，规定将受著作权保护的作品用于"（1）测试与录制、录像或其他技术开发和实际应用；或（2）信息分析（指从大量著作权作品等大量信息中提取构成信息的语言、声音、图像等要素相关的信息，并进行比较、分类等分析）；或（3）用电子计算机进行信息处理，或其他人类感知不到作品表达（如果是程序作品，不包括在电子计算机上执行作品）的信息处理"的情况，或满足"使用目的不是享受作品中表达的想法或感受，或允许他人享受它们的情况"，则不构成著作权侵权。但是，如果"作品的类型和用途以及使用方式会不合理地损害著作权所有者的利益，则不适用该条款"。日本在2020年、2021年及2023年对《日本著作权法》进行了修改，对第30—4条都未作改变。该条采取"概括条款＋肯定列举＋兜底条款"的构造模式，规定了在信息分析、信息处理等情况下，使用受版权保护的作品不构成侵权。同时，第30—4条第2款规定"信息分析同样适用于第47－5条第1款第2项"，即"通过计算机化数据处理创造新的知识或信息，为促进作品的利用做出贡献（这包括采取此类行动的一部分的人；限于根

---

① 「知的財産戦略本部. 知的財産推進計画 2017」による。
② 「著作権法の一部を改正する法律（2018 年法律第 30 号）」による.

据内阁命令规定的标准这样做的人）可以利用已向公众提供或展示的作品……（ii）进行计算机化数据分析并提供分析结果"。该条款再次对信息分析的定义进行解释，强调了该类型行为的合法性。从立法目的与修法前后对比来看，日本政府扩大了著作权限制的范围，使著作权限制范围可以适用于 GAI 的数据训练，包括数据输入、数据处理及数据存储等行为。日本文部科学省的态度也可以证明这点，其在答记者会中表示："不会对 GAI 模型训练中使用的内容加以著作权保护。"[①]

2020 年 9 月，韩国科学技术与信息通信技术部宣布将启动"Data Dam"项目，项目目的为收集并利用公私数据，其中，GAI 数据训练是最基础、最重要的子项目之一。为保障"Data Dam"项目的顺利进行，韩国政府计划采取措施完善人工智能法律框架并建立伦理标准。[②] 在 2023 年 12 月发布的《生成式人工智能著作权指南》中，韩国政府认为：人工智能运营商需要通过对著作权人采取适当补偿等方法，来合法地获取用于人工智能训练的数据；如果著作权人不希望自己的作品被用于人工智能数据训练，应以适当方式明示反对意见，或采取技术措施防止作品被采集。在该指南的最后，韩国政府提出应当根据美国等其他国家的立法动向，对人工智能数据训练及数据输入输出等领域进行深化讨论。[③] 同时，《韩国著作权法》第 35 条第 2 款规定了临时复制许可规定："当用户在计算机上使用受著作权保护的作品时，用户可以暂时将受著作权保护的作品复制到计算机上，以便稳定有效地处理信息。但是，本规定不适用于以侵犯受著作权保护的作品的方式使用作品。"该条款明确规定计算机临时复制属于侵权例外情况，存在与第 35 条第 3 款规定相结合从而适用合理使用的可能性。《韩国著作权法》第 35 条

---

①　「文部科学省．永岡桂子文部科学大臣記者会見録（2023 年 5 月 23 日）」による．

②　韩国科学与信息通信技术部．韩国"数字新政"数据大坝项目启动 7 个关键子项目．网络安全和信息化动态，2020（11）．

③　「문화체육관광위원회.저작권강국실현대전략（2023.12）」。

第 3 款基本借鉴了《美国版权法》第 107 条规定的合理使用四要素，即通过被诉侵权内容使用的受著作权保护作品的类型和内容，使用部分与所使用著作权作品相比的数量和内容，是否存在商业目的以及使用对受著作权保护作品市场的影响来判断是否构成合理使用。因此，韩国未来的司法政策存在两种可能的路径：一是结合《韩国著作权法》第 35 条第 2 款规定的对临时复制的著作权限制与第 35 条第 3 款规定的合理使用四要素，在未来学习美国适用合理使用；二是通过对著作权人进行合理的补偿，来建立 GAI 数据训练的法律监管框架。

二、日韩 GAI 著作权监管政策的成因分析

日韩与大部分西方国家在 GAI 生成内容的著作权观点上态度一致，普遍认为 GAI 生成内容不构成著作权意义上的作品；而关于 GAI 数据训练中使用作品的合法性问题，韩国尚未推出明确法律或判例，而日本则明确表态支持 GAI 数据训练。以上监管政策的成因在于日韩的法律传统和产业实际。

根据《日本著作权法》，"受著作权保护的作品"被定义为"属于文学、科学、艺术或音乐范围，以创造性方式表达思想或情感"①。这一定义通常被理解为《日本著作权法》的立法意图是对人类思想和感情的创造性表达的保护。著作权法律制度的逻辑起点是保护人类智力劳动的成果，而 GAI 生成内容不符合人类智力劳动成果的特性。这一认识在所有采用著作权制度的国家都是成立的，其正当性在于著作权法保护的是人类智力劳动成果。日本政府认为根据现行法律，人工智能自主创造的东西，就算看上去的外观与平常作品无不同，也不满足"以创造性方式表达思想或情感"，因此不应当授予著作权。因此，日本政府将 GAI 生成内容定义为"人工智能自主创作"，不属于现行知识产权制度下的任何权利范围。但日本同样认为"使用 GAI 生成"这一行为可能

---

① 《日本著作权法》第 2 条.

产生一种新的文化，这种文化可以激发新的创新，为人类社会带来好处，因此应该建立一个框架以促进这种新活动来创造高附加值和提供投资激励。日本试图通过借鉴商标法或者反不正当竞争法的规定来保护这种产物，但暂未进行正式立法。韩国同样认为著作权仅限于保护表达人类思想或情感的创作物，因此立法规定不得对没有人类创作介入的 GAI 生成内容进行著作权登记。可以看出日韩对著作权法的根本理解是一致的，即应当保护人类创作而非机器创作。

　　就 GAI 数据训练阶段使用作品的合法性问题，包括韩国在内的大部分西方国家还没有立法定论，但日本立法明确支持 GAI 数据训练的合法性，究其原因在于日本对人工智能产业的极度重视。早在 2016 年，日本就因为数字网络、物联网和人工智能的发展发布了《推进利用公共和私营部门数据的基本法》，并修订了《个人信息保护法》，从而建立了技术和法律的基本框架。日本政府认为，大量积累的数据信息和人工智能的进步将导致第四次工业革命的到来，不同部门和国家边界之外积累的大量信息，将导致"数据驱动的新型创新"运动的出现，因此，有必要在全球开放、全球创新的基础上建立新的商业模式，战略性地吸收或组合来自世界各地的有用信息，来产生创新的产品或服务。人工智能产业是日本推出的新商业模式中极其重要的一环，也是日本"超智能社会"国家战略中的重要部分。[①] 人工智能开发的核心技术是机器学习，机器学习中需要进行数据训练，对大量数据进行输入输出。首先，机器学习需要通过使用大量数据来创建新的"学习模型"；其次，将"学习模型"输入到人工智能程序后，人工智能将根据"学习模型"进一步输入新的数据，通过奖励模型和强化学习来完善已有的模型；最后产生一个完整可用的模型，此时可以用该模型进行实践。例如：通过识别并标签大量的肿瘤图像，来提高识别结果的准确性，最后将可以准确识别

---

　　① 朱启超，王姝．日本"超智能社会"建设构想：内涵、挑战与影响．日本学刊，2018（2）．

肿瘤图像的人工智能投入实践，使用 CT 图像进行癌症检查①；或通过收集互联网中绘画作品来构成庞大的数据集，数据集中包含图像和对应描述文本，通过对数据集的学习，GAI 生成一系列由程序与参数形成的模型，稳定的模型可以投入实践，将使用者提供的文本描述转化为向量表示，再与随机噪声拼接后，与符合描述文本的数据集结合生成绘画。② 人工智能的能力取决于训练数据的数量和内容，因此人工智能的模型创建需要收集并共享大量数据，来获得"人工智能程序和参数的组合"③。

　　在此背景下，日本政府认为有必要讨论知识产权制度的未来框架来促进人工智能的机器学习，进一步促进人工智能的创造、开发和使用，最后提高产业竞争力。机器学习收集的训练数据中包含大量受著作权保护的作品，几乎不可能获得所有著作权所有者的同意，因此有必要创立权利限制以准确回应新时代的需要，来促进良好的循环，最大限度地提高盈利能力，加强前沿研发和新业务的竞争力，利用数据和人工智能产生新的有价值的信息。日本政府认为"灵活的权利限制"最可取的选择是一个"多层次"的框架，因此将使用著作权作品分为三类：（1）超出著作权作品正常使用范围的活动类别，但通常被认为不会损害权利人的利益；（2）超出著作权作品正常使用范围的活动类别，仅对权利人造成轻微不利；（3）将著作权作品用于公共利益目的政策的活动类别。人工智能获取训练数据（作品）的目的并不是享受作品中表达的想法或感受，并不会对权利人造成利益损害，可以落入第一类著作权作品使用的情况，符合著作权权利限制的范围，因此日本政府在2018 年进行了相关立法并一直延续至今。同时日本政府还要求公共机

---

　　①　「知的財産戦略本部. 知的財産推進計画 2017」による。

　　②　Christopher T. Zirpoli，Generative Artificial Intelligence and Copyright Law，CRS Legal Sidebar（2023）.

　　③　「知的財産戦略本部. 知的財産推進計画 2017」による。

构本着开放科学和开放数据的精神，在合理范围内尽力发布并共享数据。综上所述，日本建立人工智能利用数据的知识产权制度框架是为了加强日本产业竞争力，如果要求人工智能的深度学习从所有构成学习对象之内容的著作权人处取得许可，将会对人工智能发展造成严重的障碍，且向每一个著作权人获得许可难度过大。同时，就算不取得著作权人的许可，人工智能的数据学习实际上也不会损害权利人的利益，因此在利益平衡后，日本选择全面放开著作权以保持人工智能产业的竞争力。

三、日韩 GAI 著作权监管政策对我国的启示

我国政府高度重视人工智能产业发展，2023 年我国人工智能核心产业规模达 5 784 亿元；2024 年，我国《政府工作报告》提出开展"人工智能 +"行动；中央经济工作会议提出加快推动人工智能发展；国家互联网信息办公室等七部门联合发布了《生成式人工智能服务管理暂行办法》。因此，出于对人工智能产业的重视，以及引领新一轮科技革命、产业变革和国际竞争的考量，有必要在我国著作权法中对 GAI 著作权监管问题作出回应，包括对 GAI 生成内容的定性问题以及 GAI 模型训练、输入与输出的合法性问题。

GAI 生成内容的定性在我国存在不同案件结果，在"北京菲林律师事务所诉百度案"[①] 中，法院认为："自然人创作完成仍应是著作权法上作品的必要条件……由于分析报告不是自然人创作的……不是著作权法意义上的作品。"但在"李某与刘某侵害作品署名权和信息网络传播权纠纷案"[②] 中，法院认为人工智能生成图片具有"作品"属性，把输入指令的使用者看作"创作者"。笔者赞同前一法院的观点，与国际大部分主流观点一样，著作权是人类智力劳动的结果，应当从人类创造性

---

① 北京互联网法院（2019）京 73 民终 2030 号民事判决书.
② 北京互联网法院（2023）京 0491 民初 11279 号民事判决书.

出发进行独创性的判断。就算是日本此类极度重视人工智能产业的国家，都认为不应当背离著作权法逻辑将 GAI 生成内容看作作品，而是考虑通过其他法律框架来保护 GAI 生成内容。应当牢记著作权法的初心和使命是通过赋予作者以专有权利与法律保护来鼓励作者从事文学艺术作品的创作，只有人类才能理解著作权法的激励机制，才能因著作权法保护创作成果形成的利益而受到激励。同时，后一种观点有别于世界其他国家的做法，忽视了国内著作权司法政策的国际影响，忽略了著作权保护的国际规则。根据著作权国际条约中的国民待遇规则，如果我国法院将人工智能生成内容认定为作品，随之人工智能在外国生成内容也必须作为作品在我国受到保护。但西方国家显然不会将人工智能生成内容认定为作品，这导致我国的人工智能生成内容无法在西方国家获得作品保护。这种"内外保护"的不平等，不能归咎于国际条约，而是我国个别法院不遵循著作权法基本法理导致的。建议我国尽快出台司法政策，明确 GAI 生成内容的非作品属性。

就 GAI 数据训练、输入与输出的合法性问题而言，建议我国立法明确人工智能企业为训练目的使用他人作品的行为不侵权，通过法律制度为我国人工智能技术的发展赋能。首先，该立法有助于我国人工智能企业获得更加广泛的人工智能训练数据，有利于我国人工智能企业顺势实现弯道超车。人工智能正在成为新一轮产业变革的引擎，必将深刻影响国际产业竞争格局和一个国家的国际竞争力，各国都将发展人工智能作为提升国际竞争力、维护国家安全的重大战略，加紧谋划政策，围绕核心技术、顶尖人才、标准规范等强化部署，力图在新一轮国际科技竞争中掌握主导权。无论是德国的"工业 4.0"、美国的"工业互联网"、日本的"超智能社会"、韩国的"Data Dam"，还是我国的"中国制造2025"等重大国家战略，人工智能都是其中的核心关键技术。我国人工智能在基础研究、原创成果、顶尖人才、技术生态、基础平台、标准规范等方面距离世界领先水平还存在较大差距，在人工智能前沿理论创新方面尚处于"跟跑"地位，大部分创新偏重于技术应用，存在"头重脚轻"的不均衡现象。其原因在于我国参与制定人工智能国际标准的积极性和力度不够，制定完善人工智能相关法律法规的进程需要加快。[①]目前国际主流人工智能的核心技术仍依赖于深度学习、强化学习、对抗学习等机器学习，因此对于数据存在大量需求。在这样的背景下，对数据的训练输入存在较大社会效应与公共价值，对人工智能技术的发展赋能和鼓励创新具有关键意义。我国有必要建立有利于人工智能发展的法律制度，利用制度优势实现弯道超车。

其次，明确人工智能企业为训练目的使用他人作品的行为不侵权的立法，符合著作权限制制度的法律原理。通常，复制某作品的直接或间接目的与人类对该作品表现力的欣赏有关。例如，人们会下载一部电影来观看，或者复印一篇杂志文章来阅读，但是不会为了将手稿扔进壁炉而复制手稿。人工智能在机器学习中对数据的复制与存储并不是为了观看、阅读或欣赏这些作品，而类似于将作品扔进壁炉。数据语料库在进入模型学习过程之前会对收集的信息进行编码，通过对信息的总结、分类、标记和阐述将收集的数据组织成数据集，作者对思想和情感的表达被压缩变换，图片的像素的数值和位置通过一系列方式映射形成目标分布空间的离散概率质量分布[②]，因此原始数据在输入时就会被转换成更易于处理的简单表示，不会将原始表达传达给公众，即使对数据的使用涉及复制行为，也不会损害著作权人的利益，符合著作权法的利益平衡原则。正如美国第二巡回法院的"HathiTrust 案"和"谷歌图书馆案"所言，谷歌图书馆为公众提供服务时，复制原作品的目的只是展示缩略

---

① 谭铁牛．人工智能的创新发展与社会影响，第十三届全国人大常委会专题讲座第七讲. (2018 - 10 - 29）. http：//www. npc. gov. cn/zgrdw/npc/xinwen/2018 - 10/29/content_ 20654 19. htm.

② Jonathan Ho，Ajay Jain & Pieter Abbeel，Denoising Diffusion Probabilistic Models，33 Advances Neural Info. Processing Sys. 6840（2020）.

图或统计特定单词的频率，谷歌图书馆与 HathiTrust 只是为了获取有关作品的元信息，而不是从作品的表达中受益。① 著作权法关注的是作者的原创表达向公众的传播，GAI 对作品的利用不会将原始表达传达给公众，因此，即使这些使用涉及复制行为，也不会与版权所有者的专有权利相冲突。

综上所述，人工智能训练时使用的权利人作品和训练完成后生成的内容大概率不相同，人工智能生成内容与其训练时使用的权利人作品通常不存在直接竞争，为 GAI 数据训练行为设立著作权例外符合著作权的利益平衡要求，可以落入著作权法的限制例外规定范围。要求人工智能企业为使用作品训练人工智能而取得许可并付费，看似对作品权利人更为有利，但我国的著作权集体管理机制尚不发达，同时也缺乏美国式的集体谈判传统，即使人工智能企业愿意获得许可并付费，也无法就海量的作品获取许可，这将导致我国人工智能技术发展的落后。《生成式人工智能服务管理暂行办法》要求人工智能企业训练人工智能时"不得侵害他人依法享有的知识产权"，根据这一规定，企业除非取得许可，否则不能使用他人作品训练人工智能。这一要求超越了我国国情，其合理性和可行性值得探讨。建议我国结合自身国情和人工智能技术的国际竞争态势，探索建立为训练人工智能而使用作品的著作权限制机制。这将有助于我国人工智能企业获得更加广泛的人工智能训练数据，有助于我国人工智能企业顺势实现弯道超车，同时也符合著作权限制制度的法律原理。

---

① 　Authors Guild, Inc. v. HathiTrust, 755 F. 3d 87 (2d Cir. 2014); Authors Guild, Inc. v. Google, Inc., 804 F. 3d 202 (2d Cir. 2015).

欧盟《人工智能法》对我国著作权制度创新的启示[*]

李 陶[**]

一、欧盟《人工智能法》概述

人工智能作为一项快速发展的通用集成技术，有助于为整个市场和社会带来广泛的经济和社会效益。通过改进预测、优化运营、提高效率，人工智能系统可以为不同使用者提供个性化的服务和务实的解决方案。总体上看，人工智能系统的运用不但可以为经营者提供关键性竞争优势，而且可以为社会和环境创造有益的总体福利。但在不同场景下，人工智能系统的应用也可能产生诸多风险，并损害受欧盟法律保护的公共利益和基本权利。这种损害既可能是物质的，也可能是非物质的，包括身体、心理、社会或经济上的损害。[①] 为了让人工智能系统的应用在满足《欧盟宪章》权利保障需求和价值评价标准下发展，欧盟立法者在 2021 年公布了《人工智能法案》。2024 年 3 月 13 日，欧洲议会议员以 523 票赞成、46 票反对、49 票弃权批准了具有里程碑意义的《人工智能法》。[②]

从立法背景上看，为了规范人工智能系统的开发与运用，某些成员国已经开始探索通过国家立法，确保人工智能在可信和安全的前提下进

---

* 本文系国家社科基金一般项目"新发展格局下我国著作权集体管理领域的反垄断规制研究"（21BFX202）的阶段性研究成果。

** 李陶，中央财经大学法学院副教授、德国慕尼黑大学法学博士。

① 《人工智能法》说明部分第 4 段.

② 通过后的欧盟《人工智能法》英文文本参见：European Parliament legislative resolution of 13 March 2024 on the proposal for a regulation of the European Parliament and of the Council on laying down harmonised rules on Artificial Intelligence（Artificial Intelligence Act）and amending certain Union Legislative Acts（COM（2021）0206 - C9 - 0146/2021 - 2021/0106（COD）），Texts adopted-Artificial Intelligence Act-Wednesday，13 March 2024（europa. eu）。

行开发和利用。但不同的国家规则将导致内部市场的割裂，并降低内部市场主体在开发、进口与使用人工智能系统方面适用法律的确定性，因此，为了确保在整个欧盟范围内提供一致和高水平的保护，实现可信赖人工智能系统的建立与应用，欧盟立法者希望通过统一的制度安排为欧盟市场创造统一、安定、高效的法治框架。同时，欧盟立法者希望为人工智能产业链的主体提供明确统一的义务与指引，防止阻碍人工智能系统及相关产品和服务在内部市场内自由流通、创新、部署的行为出现。①

从立法目的上看，欧盟《人工智能法》的立法目的是改善欧盟内部市场的运作，特别是为欧盟符合《欧盟宪章》基本价值观的人工智能系统在开发、投放市场和使用过程中，制定统一的法律框架，促进以人为本和值得信赖的人工智能之应用，同时确保人工智能技术对健康、安全和《欧盟宪章》所规定的各项基本权利的保护，包括民主的实现、法治的运行以及环境的保护，防止人工智能系统在欧盟成员国产生有害的影响，并且支持创新。②

从立法模式上看，欧盟《人工智能法》采用的是分级分类建立规制机制的方法，具体可从横向和纵向两个维度理解：从横向维度上看，欧盟《人工智能法》明确了可运用人工智能系统的多个行业和场景，包括医疗保健、农业、食品安全、教育和培训、媒体、体育、文化、基础设施管理、能源、运输和物流、公共服务、安全、司法、资源和能源效率、环境监测等；从纵向维度上看，欧盟《人工智能法》以禁止的人工智能应用、高风险的人工智能应用、低风险的人工智能应用、最小风险的人工智能应用为标准，明确了具体应用场景下，人工智能系统的开发者、训练者、提供者、部署者、销售者、使用者等全链条主体所需

①　欧盟《人工智能法》说明部分第 3 段。
②　欧盟《人工智能法》说明部分第 1 段和第 8 段。

要承担的信息公开、申报、合规等义务。政府和自治组织则承担着建立监督执法评估机构，建立自治性评估、测试、优化机制的责任。通过上述横向的应用行业和场景，以及纵向的在分级分类基础上的自治、监管、执法措施，欧盟立法者以《欧盟宪章》基本权利为指导，编制了一张保障人工智能系统开发与应用的安全网。

二、欧盟《人工智能法》有关著作权制度运行的规定

由于欧盟《人工智能法》采用的是分级分类建立规制机制的立法模式，所以在横轴（应用场景）和纵轴（规制机制）的交织下，就是具体到各个部门法所调整的范围。欧盟《人工智能法》对于著作权问题规定的切入点是人工智能产业链中的主体责任。该法在有关的立法说明和条款中明确，在人工智能系统开发、训练、检索、分析、提供等领域出现著作权问题应当在欧盟著作权制度的框架下解决，著作权责任主体是"通用人工智能模型的提供者"（Providers of general-purpose AI models，Providers of GPAI）。具体在欧盟《人工智能法》第 53 条第 1 款（c）项规定："通用人工智能模型的提供者应制定遵守欧盟版权法的方案，特别是通过运用最先进的技术，识别出根据《数据单一市场中的版权指令》（EU）2019/790 第 4 条第 3 款明确的权利保留的内容。"通过系统分析欧盟《人工智能法》的立法说明和正文，可以从责任主体、许可与例外、域外适用、证据规则、行政监管五个方面理解欧盟《人工智能法》对著作权制度适用的有关规定。

第一，责任主体方面，通用人工智能模型的提供者是著作权责任承担的主要主体。从通用人工智能模型概念的角度看，"通用人工智能模型"与"人工智能系统"是两个不同概念。[1] 欧盟《人工智能法》第 3

---

① 根据欧盟《人工智能法》第 3 条第（3）项，"人工智能系统"是指基于机器的系统，旨在以不同程度的自主性运行，在部署后可能表现出适应性，并且出于明确或隐含的目标，从其收到的输入中推断出如何生成可能影响物理或虚拟环境的预测、内容、建议或决策等输出。

条第（63）项规定："通用人工智能模型（general-purpose AI model）是指人工智能模型，包括使用大规模自我监督、使用大量数据训练的人工智能模型，该模型具有显著的通用性，并且能够胜任执行各种不同的任务，无论该模型以何种方式投放市场，并且可以集成到各种下游系统或应用程序中，在投放市场之前用于研究、开发或原型设计活动的人工智能模型除外。"欧盟立法者认为，尽管人工智能模型是人工智能系统的重要组成部分，但其本身并不构成人工智能系统。人工智能模型需要添加其他组件（如用户界面），才能成为人工智能系统。人工智能模型也因此通常需要集成到人工智能系统并构成人工智能系统的一部分。① 从定义方式上看，欧盟《人工智能法》有关通用人工智能模型的定义是基于其关键功能特征而作出的，特别是将通用性和胜任执行各种不同任务的能力作为重要的判断标准。这些模型通常通过各种方法对大量数据进行训练。大型生成式人工智能模型是通用人工智能模型的典型例子，因为它们允许灵活地生成内容，例如文本、音频、图像或视频等形式，这些内容可以很容易地适应各种独特的任务。②

通用人工智能模型可以通过各种方式投放市场，包括通过应用程序编程接口（API）、直接下载或复制副本。一旦通用人工智能模型投放市场，通用人工智能模型提供者的义务就应该适用（欧盟《人工智能法》第51~56条）。③ 对此，鉴于通用人工智能模型的提供者在人工智能价值链中所具有的特殊作用，他们承担的责任与义务是全面和基础的，因为他们提供的模型可能构成一系列下游系统的基础，下游系统的使用者需要对模型及其功能有很好的了解，才能够将此类模型集成到其产品中并履行欧盟《人工智能法》或其他欧盟法律框架规定的义务。因此，欧盟《人工智能法》要求通用人工智能模型提供者应制定相应

---

① 欧盟《人工智能法》说明部分第97段和第100段。
② 欧盟《人工智能法》说明部分第99段。
③ 欧盟《人工智能法》说明部分第97段。

的透明度报告，包括起草和更新说明文件，提供有关通用人工智能模型的信息（包括合规信息）供下游提供商使用，以及向人工智能办公室和其他国家主管部门提供。① 此类文件所应包括最低限度的内容载于欧盟《人工智能法》的附件中。②

　　第二，许可与例外方面，通用人工智能模型的提供者在开发、训练模型的过程中，对著作权法保护客体的任何使用，都需要取得授权，除非这些使用属于欧盟著作权制度权利限制规则中的内容。欧盟《人工智能法》认为，通用人工智能模型，特别是能够生成文本、图像和其他内容的大型生成模型，为艺术家、作者和其他创作者及其创意内容的创作、分发、使用和消费方式带来了独特的创新机会，但也带来了挑战。此类模型的开发和训练需要访问大量文本、图像、视频和其他数据。在这种情况下，文本和数据挖掘技术可广泛地用于检索和分析这些受著作权和相关权保护的内容。如果不存在适用相关著作权例外和限制的情形，其对受著作权制度保护内容的使用都需要取得相关权利人的授权。③ 对此，欧盟《数字单一市场中的版权指令》（EU）2019/790 第 3 条与第 4 条引入了有关文本和数据挖掘应用的例外与限制，允许在某些条件下使用者出于文本和数据挖掘的目的复制和摘录作品或其他客体，权利人可以选择保留对其作品或其他客体的权利，以防止使用者进行文本和数据挖掘（《数字单一市场中的版权指令》第 4 条），除非这是出于科学研究的目的（《数字单一市场中的版权指令》第 3 条）。易言之，除了那些以适当方式（机器可读）明确保留选择退出权的情况，通用人工智能模型的提供者如果（出于非科学研究目的）想对此类作品进行文本和数据挖掘，都需要获得权利人的单独的授权（欧盟《人工智

---

① 欧盟《人工智能法》说明部分第 101 段。

② 有关人工智能模型提供者应当及提交的相关说明信息参见欧盟《人工智能法》附件 11 - 13。

③ 欧盟《人工智能法》说明部分第 105 段。

能法》第 53 条第 1 款 c 项)。

第三，域外适用方面，应确保将通用人工智能模型投放到欧盟市场的提供商都遵守欧盟《人工智能法》的相关著作权合规义务。具体而言，无论支持这些通用人工智能模型训练的著作权相关行为发生在哪个司法管辖区，通用人工智能模型的提供者都必须制定明确的著作权合规审查规则，并遵守欧盟著作权规则的相关要求。对此，欧盟《人工智能法》认为，相关规则的域外适用对于确保通用人工智能模型提供商之间公平的竞争环境是必要的，因为在这种竞争环境中，任何提供商都不允许通过借助低于欧盟著作权相关标准来在欧盟市场上获得竞争优势。①这种在效果原则基础上形成的域外适用规则将对计划进入欧盟市场的经营者提出极大的著作权合规挑战，因为欧盟《著作权法》和版权制度将从研发和训练阶段就对欧盟境外的人工智能模型训练者产生影响。而欧盟的著作权制度的保护水平在全球范围内都相对较高。例如，在与著作权有关的多边国际条约制定中，常常存在制度的保留规则，即缔约国可以根据本国的立法需求自由地选择是否不将这些规则在国内法中进行规定。而欧盟和成员国在签订相关国际公约中多没有对条约中的这些条款进行保留。此外，出于统一欧盟内部市场，创造高水平的法治环境的考量，欧盟在很多著作权的立法问题上都多有创新举措，如临时复制、文本和数据挖掘、具有延伸效果的集体管理、报刊出版者邻接权等。②

第四，证据规则方面，通用人工智能模型的提供者需要起草并公开提供用于训练通用模型的内容的足够详细的摘要，摘要包括受版权法保护的文本和数据的来源。具体而言，在适当考虑保护商业秘密和机密商业信息需要的同时，摘要的范围应总体上全面，而不是技术上详细，以

---

① 欧盟《人工智能法》说明部分第 106 段。
② 有关临时复制的规则参见 2001 年欧盟《信息社会中的著作权指令》，有关文本和数据挖掘、具有延伸效果的集体管理、报刊出版者邻接权等参见 2019 年欧盟《数字单一市场中的版权指令》。

方便具有合法利益的各方（包括著作权人）行使和执行其根据欧盟法律享有的权利。例如，义务主体应当列出用于训练模型的主要数据集合，或者大型私人或公共数据库或数据档案，并提供有关所使用其他数据源的叙述性解释。人工智能办公室应该为摘要提供一个模板，该模板应该简单、有效，并允许提供者以叙述形式提供所需的摘要。① 这种有关著作权合规的陈述和著作权保护客体溯源的摘要，有助于权利人了解自己受著作权制度保护的客体是否被人工智能模型的开发者使用，进而为他们维护自己的权利创造便利。

第五，行政监管方面，人工智能办公室应监督通用人工智能模型的提供者是否履行了其应当履行的有关摘要与信息公开义务（欧盟《人工智能法》附件 11－13），而无须核实和对培训数据进行逐项著作权合规的实质性评估。具体而言，虽然欧盟《人工智能法》明确了人工智能模型的提供者需要承担著作权合规义务，但是人工智能办公室对合规义务的审查，仅限于对摘要内容的形式审查，即人工智能办公室仅审查通用人工智能模型的提供者是否按照人工智能办公室所提供的模板，陈述了有关训练数据的来源和版权是否合规，而不用从实质上逐一确认通用人工智能模型的提供者是否真的履行了其所陈述的所有内容。与此同时，人工智能办公室的形式审查，也并不影响欧盟版权规则在具体实质审查中的适用。② 此外，欧盟《人工智能法》要求遵守适用于通用人工智能模型提供者的义务应与模型提供者的类型相称，具体而言，在不损害欧盟著作权制度的情况下，遵守这些义务应适当考虑到提供者的规模，并允许包括初创企业在内的中小企业简化合规方式。③

三、欧盟《人工智能法》对我国著作权制度创新的启示

欧盟《人工智能法》虽然属区域性法律，但是其包含了严格的域

---

① 欧盟《人工智能法》说明部分第 107 段。
② 欧盟《人工智能法》说明部分第 108 段。
③ 欧盟《人工智能法》说明部分第 109 段。

外适用原则。① 为了确保欧盟内部市场公平的竞争环境，即使人工智能模型的训练与开发在欧盟以外的第三国进行，其若是想要进入欧盟市场，就需要不但满足欧盟《人工智能法》中的各项规则，而且需要满足有关欧盟著作权的合规和信息公开要求。此外，在人工智能产业发展需要尊重在先知识产权的这一基本共识下②，我国人工智能产业中的相关主体如何将保护知识产权这一抽象义务落到实处，也需要通过知识产权部门法的制度创新完成。对此，可以从著作权的权利保护规则、限制例外规则、授权许可规则与权利救济规则方面，对我国《著作权法》未来制度创新进行讨论。

第一，从著作权的保护规则看，我国的著作权制度有必要细化复制权的调整范围，明确被允许使用的"临时复制"的构成要件。如前所述，通用人工智能模型的提供者依据欧盟《人工智能法》需承担著作权合规的义务。以 ChatGPT 和 Gemini 为代表的生成式人工智能模型属于承担著作权合规义务的主体。具体而言，在模型的训练开发过程中，其需要确保相关行为在著作权制度的框架下合法地展开。对著作权法保护客体在机器人学习和系统训练中的使用，涉及权利人的复制权。对此，全球范围内已经出现了多个权利人依据复制权侵权维权的案件③，并已经有国家对相关的使用行为作出了生效判决。④ 例如，《纽约时报》

---

① 欧盟《人工智能法》说明部分第 21 段和第 106 段。

② 我国相关规定可参见《生成式人工智能服务管理暂行办法》第 4 条第 3 项和第 7 条第 2 项。

③ 2023 年 12 月 22 日中央广播电视总台央视新闻. 美国多名美作家起诉人工智能公司 OpenAI.（2023 - 12 - 22）. https：//tv. cctv. com/2023/12/22/VIDE4Ma9BNoZyqX1uC0K51PO23 1222. shtml；新京报. 纽约时报状告 OpenAI，大模型训练版权边界在哪.［2023 - 12 - 29］. https：//m. bjnews. com. cn/detail/1703831718169368. html.

④ 中央广播电视总台央视新闻. 谷歌再吃罚单法国指其聊天机器人侵犯版权.（2024 - 03 - 21）. https：//news. cctv. com/2024/03/21/ARTIrfUj1GDIaYE2Bi5ovc OQ240321. shtml. 法国竞争管理局的相关说明参见：Droits voisins：l'Autorité prononce une sanction de 250 millions d'euros à l'encontre de Google，Publié le 20 mars 2024（Mar. 20，2024），https：//www. autoritedelacon-currence. fr/fr/article/droits-voisins-lautorite-prononce-une-sanction-de-250-millions-deuros-lencontre-de-google。

在针对 OpenAI 的起诉书中认为，聊天机器人向用户提供了《纽约时报》文章的近乎逐字摘录，否则这些文章需要付费订阅才能查看；之所以 OpenAI 和 Microsoft 特别强调使用《纽约时报》新闻来训练他们的人工智能程序，是因为这些材料被认为是可靠和准确的。[①]

为了转化欧盟《信息社会中的著作权法指令》2001/29/EG 第 5 条的规定，德国于 2003 年修订《著作权法》增加第 44a 条，对临时复制行为进行了定义。[②] 德国通说认为，临时复制行为的成立需要同时具备：（1）复制行为的暂时性；（2）复制行为的短暂或偶然性；（3）复制行为必须构成技术过程的一个组成部分；（4）该过程的唯一目的必须是使受保护的作品或其他客体被合法使用或通过中介在网络领域与第三方进行传输；（5）复制行为不得具有独立的经济意义。[③] 根据欧盟法院 2012 年在"Infopaq II 案"中的裁决，新闻监测提供者扫描新闻文章以从中生成不受著作权法保护的摘要的行为被认为是允许的，因为其对受著作权保护客体的复制是暂时的，并且服务于合法目的。[④] 如果这一裁决标准适用于人工智能领域，它可能将使在人工智能应用程序的帮助下于互联网上抓取或上传文本，对源文本进行了充分修改后以创建摘要或其他输出的行为具有合法性。如果这一思路被沿用，在权利人看来将会形成法律保护上的漏洞。[⑤] 笔者建议我国在《著作权法实施条例》中

---

① Michael M. Grynbaum and Ryan Mac: The Times Sues OpenAI and Microsoft Over A. I. Use of Copyrighted Work（Apr. 22, 2024），https://www.nytimes.com/2023/12/27/business/media/new-york-times-open-ai-microsoft-lawsuit.html.

② 根据德国《著作权法》第 44a 条，临时复制行为是指，暂时或偶然复制行为，构成技术过程的组成部分和基本组成部分，其唯一目的是：1. 中介机构在第三方之间的网络上传输，或 2. 合法使用，作品或其他客体，不具有独立的经济意义。上述临时复制行为不属于对复制权的侵犯。

③ 有关德国对于临时复制各个构成要件的解读参见 Loewenheim, in Schricker/ Loewenheim, Urheberrecht, 6. Auflage 2020, § 44a, Rn. 6 – 13。

④ EuGH, Beschluss vom 17. 01. 2012 – C-302/10, BeckRS 2012, 80152, Infopaq International A/S/Danske Dagblades Forening – Infopaq II.

⑤ Robert Heine, Generative KI: Nutzungsrechte und Nutzungsvorbehalt, GRUR-Prax 2024: 87, 89.

对临时复制行为进行必要的界定，以完成技术发展和立法目的之间的适配。具体在立法中需要严格界定临时复制各个构成要件的内涵，为权利人和作为使用者的人工智能模型提供者创造可预期的法律依据。

第二，从著作权的限制规则看，我国《著作权法》有必要增添有关保障通用人工智能模型提供者开展人工智能训练的合理使用和法定许可规则。欧盟《人工智能法》明确了通用人工智能模型的提供者可以使用开源的著作权保护客体以及在欧盟文本和数据挖掘例外制度的适用下进行系统的开发和训练。但是欧盟现有的这一不需要取得授权和支付报酬的机制存在一定的缺陷：其一，开源内容的有限性难以满足通用人工智能模型提供者开发高质量、可信赖人工系统的需求；其二，文本和数据挖掘的制度内涵存在不确定性，难以为通用人工智能模型提供者创造安全可靠的适用著作权保护客体的制度依据；其三，对于非科学研究目的的文本和数据挖掘，权利人可以作出适用保留的声明，作出权利保留声明的权利人可以向非科学研究目的实施文本与数据挖掘的主体要求支付报酬，而这种支付报酬的请求权因集体管理机制的缺失存在大规模维权诉讼之风险。就文本和数据挖掘而言，欧盟立法者在 2019 年《数字单一市场版权指令》第 3 条和第 4 条规定了文本和数据挖掘的著作权限制规则。该规则出现的原因在于，欧盟此前的著作权限制规则，难以为文本和数据挖掘的应用找到明确的著作权限制的解释依据，即这一行为属于对复制权的侵犯。[1] 为了给科学研究目的的主体在基于复制和保存副本基础上的文本和数据挖掘行为提供明确的法律依据，欧盟立法者于 2019 年设立了这项制度。[2] 同时，欧盟立法者也考虑到了其他市场主体对运用文本和数据挖掘技术的使用需求，对于在权利人没有实施适用保留的情况下，其他非科学研究目的主体实施文本和数据挖掘行为，也

---

① 欧盟《数字单一市场中的版权指令》说明部分第 8 段和第 11 段。
② 欧盟《数字单一市场中的版权指令》说明部分第 18 段。

允许。① 而对于此类以非科学研究为目的实施文本和数据挖掘的主体而言，其需要向保留了文本和数据挖掘的主体取得授权并支付报酬。②

根据 2019 年欧盟《数字单一市场中的版权指令》第 2 条第 1 款第 2 项，"文本和数据挖掘"是指一种以数字形式自动分析文本和数据的技术，可用于获取有关但不限于模式、趋势和相关性的信息。有学者认为，从目的上理解文本和数据挖掘制度的内涵，并不能得出"获得模式、趋势和相关信息"的行为目的与通用人工智能模型目前所实施的训练目的相匹配，因为通用人工智能模型的目的是输出和形成具有对传统创作行为进行替代的内容并以此获得收益。③ 鉴于此，为了平衡权利人和使用者之间的利益，可以考虑创设一种基于法定许可的新获酬权，以便让创作者向通用人工智能模型的提供者主张适当合理的报酬。④ 对此，我国首先应当尽快通过修订《著作权法》增添有关文本和数据挖掘的合理使用制度，以便让相关主体（特别是以科学研究为目的的主体）能够享受到技术带来的开发利用著作权法保护客体的便利。但通过概念扩张完全免除以营利为目的的相关主体的付费义务，会背离文本和数据挖掘原本产生的立法意图，因此，也可以在引入有关文本和数据挖掘合理使用规则的同时，考虑引入新的法定许可机制，以求保障创作者能够针对人工智能系统对其著作权法保护客体的开发与利用获得适当合理的报酬。

第三，从著作权的授权许可规则看，我国应尽快完善已有的著作权集体管理制度，特别是完善集体管理组织的内部治理、外部监管规则，确立并建立对非会员权利的集体管理制度。高质量、可信赖的人工智能

---

① 欧盟《数字单一市场中的版权指令》说明部分第 18 段。

② 欧盟《数字单一市场中的版权指令》说明部分第 18 段。

③ Siehe Haimo Schack, Auslesen von Webseiten zu KI-Trainingszwecken als Urheberrechtsverletzung de lege lata et ferenda, NJW 2024, 113, 114, 115.

④ Siehe Haimo Schack, Auslesen von Webseiten zu KI-Trainingszwecken als Urheberrechtsverletzung de lege lata et ferenda, NJW 2024, 113, 117.

系统需要通过高质量的数据集完成训练，这些数据集中包含了著作权法所保护的客体。从域外经验来看，为了在合法的框架下利用高质量数据集进行训练，OpenAI 已经和包括美联社（The Associated Press）、阿克塞尔·斯普林格（Axel Springer）在内的多家新闻出版集团达成了使用其著作权法保护客体的协议。例如，根据双方的协议，阿克塞尔·斯普林格将允许 OpenAI 访问其旗下出版集团的新闻档案，并允许其在 Chat-GPT 等应用程序中使用新发表的文章。① 2023 年 12 月，由于谷歌未能履行其此前与新闻机构和出版商之间就使用著作权法保护客体进行谈判所承诺履行的义务，而被法国市场监管部门进行了处罚。②

事实上，如果人工智能模型的提供者需要承担著作权合规的义务，必将出现从以出版商为代表的个体授权机制向以著作权集体管理组织为代表的集体授权机制进行过渡的现象。在欧盟《人工智能法》通过之后，国际和欧洲范围内的创意和文化领域的集体组织，包括音乐、视觉、视听和文学作者，报纸、杂志和专业出版物、书籍、音乐、学术、新闻的出版商，录制的音乐、电影和视听制作人，在线和离线电影与视听内容的出版商等 18 家集体组织，发表了联合声明，希望相关使用者将欧盟《人工智能法》中所规定的著作权合规义务落到实处，并呼吁欧盟立法者完善现有的著作权制度，以便创作者和权利人的权益得到实现。③ 从保障人工智能相关产业发展的角度看，全面取得每一个个体的授权具有现实上的不可操作性，因此有学者提出，可在这一使用场景下

---

① Benjamin Mullin, *Inside the News Industry's Uneasy Negotiations With OpenAI*, The New York Times website （Apr. 28, 2024）, https：//www. nytimes. com/2023/12/29/business/media/media-openai-chatgpt. html.

② Droits voisins：l'Autorité prononce une sanction de 250 millions d'euros à l'encontre de Google, Publié le 20 mars 2024, Autorité de la Concurrence official website （Mars. 20, 2024）, https：//www. autoritedelaconcurrence. fr/fr/article/droits-voisins-lautorite-prononce-une-sanction-de-250-millions-deuros-lencontre-de-google.

③ *Joint statement from European creators and rightsholders* （March 13, 2024）, https：//www. ifpi. org/eu-ai-act/.

赋予权利人以一项新型获酬权的法定许可，从而为使用者开发利用著作权保护客体创造便利，而这项获酬权也将通过著作权集体管理组织行使。[1] 对此，为了让权利人获得适当的报酬，瑞士和德国的著作权集体管理组织已经发表了针对人工智能模型训练的文本和数据发掘的适用保留，并启动了相应的授权谈判。[2] 德国文字著作权集体管理协会（VG Wort）已经在 2023 年建立了与人工智能利用著作权保护客体有关的工作部门。[3] 以获酬权的方式明确权利人可以从通用人工智能模型的提供者处获得合理的报酬，不但能够实现权利人的权利，而且能够为作为下游商业使用者的通用人工智能模型的提供者提供足够的交易安全与海量的训练集合。为了应对未来将要出现的通过著作权集体管理组织进行授权的权利取得模式，我国需要以《著作权集体管理条例》的修订为契机，加快著作权集体管理组织有关的制度建设，优化内部治理，强化外部监管，建立对非会员权利的管理和对相关费率的转付机制。

第四，从著作权的救济规则看，为了充分保障权利人的权利，我国在制定人工智能相关的法律时，应当在明确责任主体的同时，要求其承担训练数据的来源说明义务（标识义务）。欧盟《人工智能法》要求特定主体为所承担的信息提供义务，有利于权利人展开维权。权利人只有知悉其权利被用于数据训练后，才能据此要求责任主体承担具体的侵权责任。从义务主体来看，欧盟《人工智能法》将著作权合规义务的主

---

① Siehe Haimo Schack，Auslesen von Webseiten zu KI-Trainingszwecken als Urheberrechtsverletzung de lege lata et ferenda，NJW 2024，113，117.

② SUISA is committed to securing fair remuneration for its members，SUISA（Mar. 11，2024），https：//www. suisa. ch/de/News-und-Agenda/2024 - 03 - 11_ News_ Medienmitteilung_ Kuenstliche-Intelligenz-Opt-Out. html；Text and data mining：Reservation of use for works of the GEMA repertoire，e. g. by artificial intelligence（AI），GEMA（Apr. 17，2024），https：//www. gema. de/de/w/text-and-data-mining-vorbehalt-ki？p _ l _ back _ url = % 2Fde% 2Fsuchergebnis% 3Fq% 3DKI% 2BVerg% 25C3% 25BCtung.

③ Siehe VG wort，Geschäftsbericht 2023，S. 10，https：//www. vgwort. de/fileadmin/vg-wort/pdf/Veroeffentlichungen/Geschaeftsberichte/Geschaeftsbericht-2023. pdf，https：//www. vgwort. de/fileadmin/vg-wort/pdf/Veroeffentlichungen/Geschaeftsberichte/Geschaeftsbericht-2023. pdf.

体设定为"通用人工智能模型的提供者"，并要求其制定著作权合规规则以及公开训练数据合法来源。对于我国而言，责任主体的确定可以通过人工智能一般性法规完成，也可以通过《著作权法》或者与著作权有关的实施条例完成。但需要注意在不同法律规范的规定中，应当尽可能地保持责任主体概念表述的统一，并对其进行概念上的界定。如我国《人工智能法（学者建议稿）》第 24 条将数据合理使用的主体明确为"人工智能开发者"，并区分了其与"人工智能提供者"的责任。[①] 在《人工智能示范法 2.0（专家建议稿）》中，责任义务章节的主体为"人工智能研发者"与"人工智能提供者"[②]。

　　从义务的内容来看，欧盟《人工智能法》要求义务主体在著作权合规和信息公开层面应当列出用于训练模型的主要数据集合与大型私人或公共数据库、数据档案，并提供有关所使用的其他数据源的叙述性解释。我国《人工智能法（学者建议稿）》明确了人工智能开发者和人工智能提供者需要承担标识和信息溯源义务，其可以理解为与著作权有关的信息提供义务。这种举证责任的分配能够提高权利人维权的效率，并降低权利人维权的难度。从比例性的角度看，我国在制定相应规则时，也应当明确信息提供和信息公开的义务并不用具体到每一个具体的作品，只需要说明数据集的权利来源即可。不提供有关数据来源信息的责任主体，需要承担相应的责任。

---

① 《人工智能法（学者建议稿）》第 24 条．［2024 - 03 - 18］．http：//www. fxcxw. org. cn/dyna/content. php？ id = 26910．

② 《人工智能示范法 2.0（专家建议稿）》第四章：人工智能研发者、人工智能提供者义务．［2024 - 04 - 22］．https：//aisg. tongji. edu. cn/info/1005/1211. htm．

附 录

2023 新技术（生成式人工智能）在版权领域的应用报告

中国版权协会[*]

前 言

2022 年 11 月 30 日，美国人工智能研究公司 Open AI 发布了 ChatG-PT，在短短两个月的时间，月度活跃用户已达 1 亿人次，成为全球互联网历史上增长最快的应用。新一轮生成式人工智能技术变革由此正式拉开序幕。受此驱动，国内生成式人工智能产业发展也迈向新阶段，呈现出蓬勃发展的态势。生成式人工智能"顾名思义"便是用来生成内容的，所以核心应用领域便是内容创作领域。因此，在生成式人工智能技术涉及的众多法律问题中，版权问题尤为受到各界所关注。

在此背景下，本研究报告立足于"生成式人工智能领域国内外产业发展现状""生成式人工智能赋能版权行业创作与发展""生成式人工智能版权领域的五大关注议题""生成式人工智能版权问题的各界思考与建议"四个核心方面的探讨，从技术、产业、制度等层面分析生成式人工智能对版权领域的影响和挑战，并在借鉴国内外先进实践经验和既有研究成果的基础上，从行业实际出发提出合理化、可行性的建议。

一、AIGC 领域国内外产业发展现状

2022 年以来，以 ChatGPT 为代表的通用人工智能实现了技术涌现，

---

[*] 本报告的编写，是由中国版权协会组织版权行业相关专家，在国家版权局的支持下完成的。在报告编写前，向国内部分运用人工智能比较领先和成熟的企业发放了调查问卷，百度、腾讯、阿里、华为、阅文等积极响应，认真回复了翔实丰富的反馈材料，为报告的成文提供了很大的帮助，在此一并表示感谢。

报告执笔人：连熠、孙泓洋、文丽媛。

其影响已远超技术本身，引发全球政府、产业界的热烈反响。生成式人工智能在方向上的突破，标志着人工智能从垂直小模型向通用大模型的范式转换，让人类有史以来第一次有机会用自然语言跟机器对话，而机器也借由大模型拥有了极强的理解人类语言的能力，由此带来一场人机交互方式变革。

（一）生成式人工智能国外产业发展状况

在国外，各科技公司已经掀起生成式人工智能大模型"军备竞赛"。自 2022 年 11 月 ChatGPT 发布以来，2023 年 2 月 25 日，开源模型的典型代表、Meta（原脸书公司）的 LLaMA 发布，参数规模提高近 10 倍，性能已超过 GPT-3；2023 年 3 月 15 日，GPT-4 带来了多模态功能，比 GPT-3.5 提升 40% 的准确性；2023 年 3 月 16 日，人工智能图片生成软件 Midjourney V5 发布，展示了更细腻和高清的效果；2023 年 4 月 5 日，Meta 又推出 Segment，能对图像或视频中的任何物体进行识别、图像分割和一键抠图，被称作计算机视觉领域的"GPT3"时刻；2023 年 5 月底，英特尔推出大模型 Aurora genAI，参数量达到 GPT3 的近 6 倍。根据国内研究机构统计，截至 2023 年 7 月底，国外大模型发布数量累计达 138 个。[①]

（二）生成式人工智能国内产业发展状况

2023 年，受 ChatGPT 驱动，国内生成式人工智能领域的发展也迈向了新阶段，国产大模型一时间呈现出爆发式增长态势。自 2023 年 3 月 16 日百度发布"文心一言"之后，腾讯、阿里、华为、科大讯飞、商汤等国内企业也宣布推出对标 ChatGPT、Midjourney 等的生成式人工智能产品。根据国内研究机构统计，仅 2023 年 1 月～7 月，国内就有共计 64 个大模型发布，截至 2023 年 7 月，我国累计已经有 130 个大模型

---

① 赛迪顾问．拥抱认知智能，打开全新空间：2023 大模型现状调查报告．https：//mp.weixin.qq.com/s/d1MchQm-B5pjUtRt6u8URg.

问世。[①]

（三）生成式人工智能产业生态体系介绍

从产业体系来看，生成式人工智能技术已经形成涵盖基础设施层、模型研发层、产品应用层的完整生态。

基础设施层：包括 GPU 芯片、AI 芯片、超级计算机等算力基础设施，以及机器学习框架、云操作系统等软件。

模型研发层：人工智能预训练大模型是基础，即使用了超大规模参数进行训练，类似 GPT3.5 的大模型。同时，在预训练的人工智能大模型基础上，可以快速抽取生成场景化、定制化、个性化的小模型，实现在不同行业、垂直领域、功能场景的工业流水线式部署，同时兼具按需使用、高效经济的优势。Open AI 创始人山姆·奥特曼（Sam Altman），认为这些优化后的小模型，即"中间层"，是人工智能领域未来创业的热点。例如，Stable Diffusion 开源之后，有很多基于开源模型的二次开发，训练特定风格的垂直领域模型开始流行，比如著名的二次元画风生成的 Novel-AI，还有各种风格的角色生成器等。

产品应用层：开发者利用各类模型搭建，近期雨后春笋般出现的各类新产品和服务，包括面向 C 端用户提供的文字、图片、音视频等内容生成服务（如 Midjourney），以及面向 B 端商业用户开展的智能客服、远程会议、医疗助手、营销创意、电子商务、代码编写、机器翻译等各类对话式智能服务（如 Jasper AI），进一步丰富了整个互联网应用的生态，并助力各行业的降本增效。

（四）生成式人工智能主要商业模式介绍

目前，生成式人工智能行业主要业务模式大致可分为两类。第一类模式：人工智能模型开发者（人工智能服务提供者身份）直接向用户

---

① 赛迪顾问.拥抱认知智能，打开全新空间：2023 大模型现状调查报告. https：//mp. weixin. qq. com/s/d1MchQm-B5pjUtRt6u8URg.

提供服务，例如，ChatGPT 直接向普通用户提供的服务。第二类模式：由人工智能服务提供者（集成方）集成人工智能模型开发者技术向用户提供服务。（1）MaaS（Model as a Service，"模型即服务"）模式，即集成方通过接入人工智能模型开发者 API 向公众提供服务，包括"API－标准化服务"和可进行模型微调与数据训练的"API－定制化服务"。（2）私有化部署，即人工智能模型开发者将其技术能力私有化部署至集成方。

目前，生成式人工智能尚未建立成熟的变现方式，除少量前期热门产品外，大部分后期涌现的产品仍处于免费试用"流量吸引＋平台改良"阶段。从全球情况来看，生成式人工智能的主流营收模式有如下几类：作为底层平台收费、按产出内容收费、软件订阅服务收费、模型训练收费、具体属性收费。

二、生成式人工智能赋能版权行业创作与发展

（一）生成式人工智能内容生成基本原理解析

虽然生成式人工智能类产品最终生成的内容形式各异，涵盖文字、图像、语音、视频等，但利用版权作品进行模型训练、输出生成内容的方式基本相同。

首先，自监督学习。机器自己学习大数据，包括购买的数据库，公开的网站文章、电子书，电子版的报纸、杂志，以及开源社区的计算机代码等。

其次，监督学习。把人类写的问题和答案交给机器学习，让机器学会人类说话的方式和风格等。

最后，人类反馈强化学习。在这个阶段会先训练一个奖励模型，它包括了对多个答案优劣的评价，然后再用这个模型去训练和评价机器生成的结果，让机器的回答越来越接近人类认可的方式。

以 ChatGPT 为例，其内容生成机制被形象地称为"文字接龙"，实

际上是统计学"自回归"原理的具体展示：先通过模型预测下一个字，然后把预测出来的字带入模型，再去预测下一个字，不断迭代输出。

（二）生成式人工智能深刻改变内容创作模式

生成式人工智能技术，未来或将成为通用的内容生产力工具，改变内容行业的传统生产形态。工业时代，知识工作仍是手工生产方式，依赖技能与工具。而生成式人工智能类产品的应用正在使知识与人快速解耦，生产方式从依赖大脑思考转为"机器生成＋大脑筛选"。在基于大规模语料和深度学习的基础上，模拟人类的创作过程，AIGC 可以根据大模型和算法，自动生成文章、图片、音乐、影视作品、建筑设计、游戏、3D 动画等内容，不仅大幅提升生产效率，且成本更低。目前国内外在文本、代码、图像、视频、3D 等领域都涌现出相应的生成模型。"人＋机器"正在成为知识/内容领域的重要创作形态。如一些小说创作者只需要提供故事概要、角色设定等框架性内容，即可依靠 AIGC 工具补充相关描述与细节，加快内容生产速度。

同时，生成式人工智能进一步降低了技能依赖。在各类服务领域，ChatGPT 有望成为人类生活和工作的通用助手，不仅可以生成内容，还可以调用各种专业能力，甚至替代部分初级的专业工作。例如，ChatGPT 可应用于自动生成代码、测试和文档编写等任务，这将极大提升软件开发的效率和质量。近期特斯拉前任 AI 总监安德烈·卡帕西（Andrej Karpathy），对外透露，其工作中 80% 的代码都是由人工智能生成的（GitHub Copilot），而且可达到 80% 的准确率。

（三）生成式人工智能极大赋能版权产业发展

在传统内容创作过程中，一些图片、视频等创作往往需要专业的工具和技能。而借助生成式人工智能工具，可以让各种形态的内容更为便捷地输出，进一步丰富内容生态。自 2022 年起人工智能生成内容技术逐步成熟，在版权各领域的应用快速普及，形成产业化，部分应用从人工智能辅助人工生产跨越至纯人工智能自主生产，2023 年中国生成式人工智能应用市场规模有望突破千亿元。

在网络文学领域，人工智能生成技术搭配海外译者团队形成的"人机共舞"模式日臻成熟，有效助力网文出海、作品外译；在新闻创作领域，人工智能将采编录音快速转写为文字，继而实现初步结构化的人工智能新闻写作，辅以人工校准，缩减新闻内容生产周期；在网络直播领域，人工智能生成技术为打造纯人工智能全能虚拟偶像提供了技术支撑；在网络视频领域，人工智能生成技术更能够助力从 0 到 1 的开拓性创作，如《流浪地球 2》运用的人脸跨龄、演员复活、预摄制等新生产方式。

三、生成式人工智能版权领域的五大关注议题

（一）生成式人工智能模型训练与合理使用议题

第一，这是探讨大模型版权相关问题的起点。

一方面，大模型训练问题存在于生成式人工智能生命周期的伊始，如不能妥善解决，生成式人工智能大模型的研发便始终处于侵权不确定状态。从行业实践和技术原理来看，目前各类生成式人工智能利用海量内容数据进行模型训练的方法大致可抽象为如下两步：第一步，通过购买数据库、公开爬取等方式获得海量内容数据，进行一定形式的转换之后，存储在相关服务器之中；第二步，对内容数据进行分析处理，以发现一定的模式、趋势以及相关性并转变为大模型参数，供后续内容生成时调取使用。

另一方面，当下生成式人工智能领域的版权纠纷大都聚焦于，模型训练阶段未经授权的版权利用行为。据不完全统计，自 2022 年 11 月至 2023 年 10 月，仅美国加州北区法院便已经受理了 10 起版权人起诉 Stability AI、Open AI、Meta、Alphabet 等 AIGC 研发企业未经授权利用版权作品进行模型训练的案件。2023 年 6 月，国内在网络教培行业也曾发

生过，未经授权利用第三方平台作品数据进行大模型训练导致的纷争。

第二，需要关注传统"授权许可模式"在人工智能时代的困境。

首先，授权的基础不明确，授予的是版权法上的何种权利有待论证。从表面上看生成式人工智能模型训练行为类似于自然人阅读文字作品、欣赏美术作品后的"思考、吸收、再创作的行为"，这和既有的版权专有权利无法具体对应。需要注意的是，模型对作品艺术风格的学习模仿并不是版权法上规制的问题，艺术风格应当允许公众自由使用，这关系到表达自由与创意经济的发展。即便将这一行为纳入版权规制范畴，也存在版权人行权的现实困难，原因在于，生成式人工智能模型训练行为本质上是一种机器内部的非外显性作品利用行为，版权人存在发现模型侵权、举证模型侵权以及侵权内容比对等方面的判定困境。

其次，授权的可行性存疑，存在规模过大、主体不明、机制困难等一系列问题。生成式人工智能模型训练涉及的作品数量众多、来源各异、权属不同，若采用事先授权许可的方式：一方面，需要精准地将受保护的作品从海量数据中进行分离、提取；另一方面，再找到每一部版权作品对应的权利人与之协商授权，并支付价格不一的授权费用。这一过程漫长复杂且极难落地操作。

最后，授权的意义待评估，可能产生"过度拟合""寒蝉效应""模型偏见"等负面效应。实践中，具有讽刺意味的是，任何限制模型训练内容规模与可用性的举措都可能产生意想不到的问题，即增加模型简单输出被训练作品复制内容的概率。此外，高昂的授权许可费用和侵权风险的不确定性，将可能直接导致人工智能技术和产业发展的"寒蝉效应"，并产生因数据规模不足和数据质量不高引发的"模型偏见"等不良后果。

第三，一些国家已经尝试通过改革合理使用制度，对人工智能模型训练中的作品利用行为进行责任豁免。

2019 年的欧盟《单一数字市场版权指令》，创设"文本与数据挖掘的例外"，该指令对于科学研究等公益目的文本数据利用享有完全的侵权责任豁免，而对于商业目的的文本数据利用则允许版权人采取措施，以适当方式保留这一权利。

根据《单一数字市场版权指令》"立法背景"的说明，对"以适当方式保留权利"可以作如下理解：对于已经在网上公开提供的内容，应该只考虑通过使用机器可读手段保留这些权利，包括相关的反爬等技术保护措施；在线下对于实体出版物的扫描利用等情况下，可以通过合同约定或声明等其他方式保留。

2018 年日本对《著作权法》进行了修改，在第 30 条第 4 款设置了新的合理使用条款——"不以欣赏作品原有价值为目的的利用"。根据日本文化厅的解读，此次修改整体上扩大了对著作权的限制，其目的是鼓励创新，迎接以人工智能、物联网和大数据为代表的第四次产业革命。

2023 年 5 月，日本政府公开了自身对版权法领域模型训练行为的态度——不会对生成式人工智能模型训练中使用的内容加以版权保护。日本文部科学大臣长冈惠子（Keiko Nagaoka）表示，日本法律不会保护生成式人工智能模型训练集中使用的版权材料，也即允许生成式人工智能模型训练对版权人作品的利用，无论是出于非营利或商业目的，无论是复制还是复制以外的行为。这在一定程度验证了，《日本著作权法》第 30 条第 4 款"不以欣赏作品原有价值为目的利用"的责任豁免，能够适用于当下的生成式人工智能模型训练行为。

2023 年 1 月，以色列司法部发布专门意见，支持将版权作品用于机器学习。《以色列版权法》第 19 条关于合理使用的规定，是以《美国版权法》第 107 条为蓝本，这一定程度上说明"四要素分析法"的制度框架可以囊括人工智能模型训练。

但以色列司法部同时表示，相关责任豁免不适用于"完全以某个特定作者的作品进行机器训练"，因为这会产生明显的市场替代效应。同时，该意见指出责任豁免仅适用于模型训练阶段而不涵盖内容输出阶段，因为可能存在模型直接输出侵权内容的情形。

2023 年 2 月 20 日，韩国经济部长会议发布了《新增长 4.0 推进计划》，在第三部分"关键举措"和第四部分"未来规划"，两次指出需要"为促进 ChatGPT 等人工智能服务创新的发展，需要推动版权法的修订，允许在数据分析中使用版权作品，以发展超大规模的人工智能"。

第四，行业则从实操层面的"权利人退出机制"以及技术层面的"作品防利用措施"等角度探索新模式。

一方面，行业提出了"权利人作品退出机制"来平衡模型训练与版权保护之间的诉求，即要求人工智能模型研发者在将版权作品纳入模型训练数据库前，给予版权人一定的期限，自由选择是否从训练数据库中将相关版权作品删除。若版权人在规定期限内提出反对意见，则应当尊重其意愿，删除相关作品；若版权人未提出反对意见，则默认允许将作品用于数据训练。

据报道，Stability AI 公司表示将修改"用户协议"中"数据库不得加入或退出"的规定，允许权利人从后续发布的 Stable Diffusion 3.0 的训练数据集中删除自己的作品。目前，版权人可在"Have I Been Trained"网站上找到自己的作品，并通过上述网站集体与模型训练商接洽，选择退出数据训练集。

另一方面，行业从"作品防利用技术"保护角度防止未经授权的模型训练行为。相较于版权人从互联网环境下删除、撤下作品或者上传低像素、低质量的图像作品，"作品防利用技术"可以避免对内容传播的不利影响。此前，行业有观点表示可以通过给图像加水印、防干扰的改动以及数据投毒等方式，避免人工智能模型对数据作品的爬取利用。

国外研究机构纷纷也推出防止作品风格被人工智能学习模仿的技术工具。据报道，2023 年 3 月 16 日，芝加哥大学计算机科学学院的 SAND Lab 推出了保护艺术家免受 Midjourney 等人工智能产品艺术模仿的工具 Glaze。Glaze 可以分析权利人的艺术作品，并生成修改后的版本（几乎看不到变化）。这种"修改"图像会扰乱人工智能的后续模仿。Glaze 通过"误导"人工智能的方式，使人工智能难以真正学习权利人作品中的风格，进而避免抄袭。

（二）生成式人工智能生成内容的可版权性议题

近期，国内外人工智能版权领域的司法实践发展迅速。2023 年 8 月 18 日，美国哥伦比亚特区法院就"泰勒诉美国版权局 AI 绘画版权登记案"作出判决。2023 年 8 月 24 日，北京互联网法院在线公开审理了首例"AI 文生图著作权案"。聚焦于上述案件，不难发现"何种程度的人类创作干预，可以让 AI 生成内容获得版权保护"，已然成为当下人工智能版权领域的核心问题。

第一，基于人类作者身份的要求，美国版权局率先表示不会将生成式人工智能直接生成的内容注册为作品。

美国版权局于 2023 年 3 月 16 日发布了"关于 AIGC 版权注册的最新指南"，指出："当人工智能只接收来自人类的提示文本，并输出复杂的文字、图像或音乐时，创作性的表达是由人工智能技术而非人类确定和执行。上述内容不受版权保护，不得注册为作品。"这意味着，目前在美国生成式人工智能类产品生成的内容将不会被注册为作品。在此之前，美国版权局在"天堂入口""黎明的扎利亚"等多个版权登记案中也明确拒绝对人工智能美术作品进行权利登记。

美国版权局拒绝对生成式人工智能类产品生成内容进行版权保护的直接原因是，难以证明"用户（自然人）对人工智能模型生成的内容存在创造性的贡献"；但深层次的原因是，美国立法、司法以及行政机关一直坚守一个基本理念，即只对自然人创作的作品进行保护。"作者"一词意味着，一件作品要想获得版权，它必须归功于人的创作。长期以来，完全由自然界、动物产生的内容素材都不会被认定为版权法上的作品，比如黑猩猩拍照，又如风力侵蚀形成的石像。

　　美国版权局同时指出，包含人工智能生成素材的内容也可能因为包含人类作者的独创性贡献而获得版权法上的作品保护。例如：人类可以选择或安排人工智能生成的素材，其创造性足以使"所产生的作品作为一个整体构成原创作品"（汇编作品）；或者一个艺术家可以修改最初的、由人工智能技术生成的素材，修改到能获得版权保护的标准（改编作品）。

　　值得关注的是，美国版权局也表示新技术工具仍可以构成人类创造过程的一部分。作家长期以来一直使用这些工具来创作他们的作品，或者重新塑造、转换或改编他们富有表现力的作者身份。例如，使用 **Adobe Photoshop** 编辑图像的视觉艺术家仍然是修改图像的作者，而音乐艺术家在创建录音时可以使用吉他踏板等效果。在每一种情况下，重要的是人类在多大程度上对作品的表达有创造性的控制，并"实际形成"了传统的作者资格要素。

　　第二，国内对于生成式人工智能类产品生成内容是否构成作品及在《著作权法》上的属性认定尚无明确结论。

　　从司法实践来看，我国法院系统认为只有证明存在自然人的创作贡献，人工智能生成内容才会被认定为作品。目前，我国在人工智能版权领域有两个代表性判决案例——2018 年的"菲林诉百度案"和 2019 年的"腾讯诉盈讯案"。虽然两个案件对于人工智能生成内容是否构成作品作出了不同的判决认定，但并非像误解的那样——我国司法实践中对于人工智能生成内容是否构成作品，存在法律认定上的分歧甚至冲突。不同的判决结果归因于两个案件涉及的人工智能模型（或者说机器模型）在运行机制方面存在本质区别，前者为自动生成，后者为辅助创作。而法律层面两个判决的落脚点存在高度共识——只有证明存在自然人的创作贡献，人工智能生成内容才会被认定为作品。

　　在"腾讯诉网贷之家案"中，法院明确表示"Dreamwriter 软件"是一种"写作助手和辅助创作工具"，而在"菲林诉百度案"中法院对威科先行数据库"可视化报告"功能强调的是"自动生成工具"。是否存在"人类作者"或者"自然人创作贡献"的"关键问题"是，计算机是"仅仅作为一种辅助工具"，还是实际自动"构思并执行了作品中的创作要素"。人工智能模型软件"辅助创作"与"自动生成"的差别，实际决定了用户对于生成内容是否存在创作贡献，也即决定了人工智能生成内容能否构成作品。

从立法层面看，需要证明存在自然人的创作贡献，生成式人工智能内容才能够受到我国《著作权法》中作品制度的保护。现行《著作权法》对于作品和作者规定，作品是指文学、艺术和科学领域内具有独创性并能以一定形式表现的智力成果，"创作作品的自然人是作者"。而"智力成果"是指人脑产生的成果，即创作是一种智力活动，自然人以外的动物及人工智能均不能成为创作主体。因此，对于特定内容如果不能证明存在自然人的创作贡献则无法认定其为作品。

第三，英国版权法中存在"计算机生成作品"的相关规定，目前看可以适用于生成式人工智能类产品生成内容的保护。

值得关注的是，英国早在《1988 年版权、设计和专利法案》修订中，便已经对"计算机生成作品"（Computer-Generated Works）作出了规定，且目前看可以适用于人工智能自动生成内容的保护。该法案第9、12、79、178 条作出了相应规定："计算机生成作品是指没有人类作者的情形下，由计算机生成的作品"；"计算机生成作品的作者是操作必要程序，使作品得以产生的自然人"；"计算机生成作品的保护期限为 50 年"；"作者的精神权利不适用于计算机生成作品"。

但值得注意的是，自英国"计算机生成作品"产生以来，这一规定几乎成了"僵尸条款"。仅英国衡平法院在 2006 年 1 月 20 日作出一例判决——"Nova Production v. Mazooma Games 案"，即将街头游戏机呈现的画面认定为"计算机生成作品"。但时至今日，该判决的现实价值愈发降低，因为将游戏画面纳入"视听作品"保护几乎已成为各国共识。

导致"计算机生成作品"在英国难以落地的内在原因，很可能是制度本身产生的负面激励问题。为了防止自身作品被认定为"计算机生成作品"，受到版权法权利范围和保护期限的"歧视"，创作者大概率会隐瞒这一事实。这在当下生成式人工智能领域同样可能发生。此外，如何对人工智能生成内容和非人工智能生成内容加以区分，也是一个现实难题，除非经过专业技术手段的鉴别（但目前来看，也难以保证鉴别准确率），二者在形式外观上没有本质差异。

第四，国际组织层面对于生成式人工智能类产品生成内容的版权属性认定目前尚未形成统一结论。

目前，世界知识产权组织（WIPO）对于人工智能生成内容作品属性的认定尚无明确结论，但在 2020 年 5 月 29 日发布的《经修订的关于知识产权政策和人工智能问题的议题文件》提到，人工智能自动生成和人工智能辅助创作的划分是解决这个问题的重要前提。国际保护知识产权协会（AIPPI）在 2019 年 9 月 18 日发布的《关于人工智能生成作品版权问题的决议》表明了自身的基本态度："只有在作品的创作过程中存在自然人的干预贡献，人工智能生成的内容才有资格受到版权保护。"

第五，从产业技术发展实际出发，需要理性看待生成式人工智能技术对版权作品制度的挑战。

就新技术对版权制度的影响而言，在本轮生成式人工智能出现之前，国内版权理论和实务界更多聚焦于对算法推荐的探讨。"算法推荐"和"AI 生成"两个议题，本质上具有高度的相似性，都是关注机器在版权领域对人类行为的"替代"。"算法推荐"作为传播领域的一项新技术，其并未带来新的版权权利类型，而是赋能作品各类传播权利更加精准和高效地行使。虽然在直观感觉上，算法推荐一定程度上代替人类决定对哪些内容进行推送，但本质上仅是自动化程度更高的人类传播工具而已。真正的内容传播主体，依旧是算法推荐背后的使用者而非机器算法本身，否则便无法解决后续侵权责任承担等一系列问题。

版权对自然人主体的坚守，不论是此前算法推荐涉及的传播主体，还是当下人工智能生成涉及的创作主体，都不会简单地在版权法体系内被颠覆改变，原因在于版权仅仅是民事权利的一种，除非在整个民法体系对主体制度进行变革，否则过多的探讨并无实质意义。就当下人工智能的发展阶段而言，虽然人们已经开始广泛探讨大语言模型对图灵测试（Turing Test）的突破和令人兴奋的涌现能力（Emergent Ability），但我们不得不承认目前还远未达到突破"人—物和主体—客体"二分理论的技术临界点。

从版权的制度目的和产业实践来看，对生成式人工智能生成内容加以保护具有现实必要性。一方面，给予生成式人工智能生成内容版权保护，能够实现版权法"激励作品创作"的内在目标。但激励和保护的主体是利用人工智能生成作品的人而非人工智能本身，因为在当下阶段，大模型生成内容仍需经由使用者输入 prompts 来触发。需要注意的是，对人工智能生成内容的版权保护，绝不等于对人工智能版权法上主体地位的认可。

另一方面，不对人工智能生成内容加以版权保护会带来负面影响。首先，缺乏版权保护会影响人工智能模型使用方的内在动力，进一步，有可能经由下游人工智能大模型采买、使用的减少，反向影响上游人工智能大模型的研发、训练。其次，缺乏版权保护，会影响甚至破坏人工智能生成内容后续 IP 授权和维权的权利稳定性，不利于全社会文化的传播、内容的丰富。最后，缺乏版权保护，会导致对人工智能内容不经授权的任意利用，这将引发创作、交易市场秩序的混乱，并产生额外的治理成本。至于反不正当竞争法等其他保护模式，则仅能通过规制侵权行为，解决被动的维权问题，但无法解决作品内容的主动授权传播问题。

目前来看，结合产业现实情况、域外探索经验以及版权基础理论，可以尝试从以下方面着眼，以最小的制度成本将人工智能生成内容纳入我国现行《著作权法》的规制调整范畴。

其一，只要人工智能生成内容满足客观上的独创性要求，便可以落入版权法作品保护范畴。当然，需要人工智能模型使用者能够证明自身的创作贡献以及与生成作品间的必要联系。但这更多是在发生相关作品权属、侵权等争议之后。从版权法角度来看，虽然不强调人工智能生成创作的"独创性高低"，但仍需满足"独创性有无"的要求。

其二，至于认定人工智能生成内容具体构成何类作品，需要看人工智能生成内容的外观表现形式，符合版权法对哪些特定作品的要求。从根本来看，人工智能生成内容不会构成一类全新的版权客体类型，最终还是会落入文字、美术、音乐、视听等既有作品范畴之中。

其三，无须过度纠结人工智能生成内容质量的高低，即使有些提示词和模型参数可能设计的较为简单，生成内容的独创性没那么高，因为非人工智能生成内容的独创性也会存在程度差异。低质量的人工智能生成作品，也包括相对简单的提示词可能产生的同质化作品，最终都会被市场所筛除和抛弃，相应的权利人也不会有过高的传播和商业利用预期。归根结底，法律只需解决特定内容是否受到版权保护的问题，诸如艺术价值、市场价值此类问题则应当交由市场来加以评判。

（三）生成式人工智能生成内容的权属分配议题

第一，从生成式人工智能类产品域外平台实践做法来看，大都在"用户协议"中规定生成内容的权利最终归于使用者用户。

对于人工智能生成内容的归属问题，如果是人工智能辅助创作，使用人享有相关的权利应属无疑。对于人工智能自动生成内容，从国外生成式人工智能类产品的用户协议来看，大多数平台会通过合同约定方式将生成内容的权利配置给用户。例如，OpenAI 公司的用户协议便规定，"ChatGPT 输出内容的相关权利归属于用户，用户在遵守服务条款后，可以出于任何目的使用输出内容"。Midjourney 在用户协议中也约定：

"用户对于使用服务生成的内容享有所有权，只要不违反现行法律的要求。"

但也有例外规定，比如 Stable Diffusion Online 表示生成的内容将适用"CC0 1.0 通用协议"，即将生成内容投入"公有领域"，任何人都可以通过复制、修改、发行等方式利用，包括商业目的，无须获得事前授权。

第二，从国内司法实践来看，法院也倾向于将人工智能生成内容的权利配置给最终使用者用户。

在"菲林诉百度案"中，北京互联网法院倾向于将人工智能（机器）自动生成内容的相关权利分配给最终使用者。判决表示对于软件研发者来说，其利益可通过收取软件使用费用等方式获得，已经得到回报；且分析报告系软件使用者根据不同的使用需求、检索设置而产生的，软件研发者对其缺乏传播动力。软件使用者则通过付费使用进行了投入，基于自身需求设置关键词并生成了分析报告，并具有进一步使用软件以及传播分析报告的动力和预期。因此，从激励软件使用和内容传播角度，应当将分析报告的权益赋予用户。

著作权作为私有权利，在不违背法律规定的情况下，当事人可以自由约定内容的权利归属。上述判决，从"最密切原则"——相关主体和生成内容的直接关联程度，"额头流汗原则"——相关主体对于生成内容的付出回报机制，"著作权制度初衷"——如何最大限度促进内容传播、公众内容的获取等角度考量，实质上更倾向于将人工智能生成内容的原始权利配置给最终使用者。

（四）生成式人工智能生成内容的侵权责任议题

第一，根据"权利之所在，责任之所在"的基本原则，谁最终享有生成式人工智能类产品生成内容的权利，谁便需要承担生成内容可能引发的版权侵权责任。

目前生成式人工智能类产品生成内容主要涉及三方主体：人工智能

模型的研发者、人工智能模型的商业化应用者，以及最终使用人工智能模型生成内容的用户。这里首先需要明确的是，从技术角度看，当用户输入一段提示词时，人工智能模型随机输出相应的文字或者图片，存在一定的侵权概率。但对于输出内容是否实际侵权，上述三方主体都不存在明确的预期，因为这一过程具有很大的随机性和不确定性。此前有国外研究团队层指出：利用 Stable Diffusion 模型生成的图像与数据集中原作品相似度超过 50% 的可能性为 1.88%。

如果约定由人工智能商业化应用平台享有生成内容的相关权利，平台需要承担直接的版权侵权责任；如果由用户享有生成内容的相关权利，用户则需要承担直接的版权侵权责任。从目前域外生成式人工智能产品平台用户协议可以看出，其在将内容权益配置给用户的同时，均会明确表示用户对输出的内容承担全部的法律责任。

第二，需要思考的是，在用户承担直接侵权责任的情况下，人工智能模型的研发平台和商业化应用平台需要承担何种程度的版权保护义务。

一方面，人工智能模型的商业化应用者对于生成内容涉及的侵权问题，应当承担何种程度的责任？应当说，从生成式人工智能类产品的实际运营来看，人工智能模型的商业化应用平台类似于一个新的网络服务类型，因此，是否应当从版权保护注意义务的角度，为人工智能模型的商业化应用平台匹配一个新的"避风港机制"，如同当年美国《数字千年版权法》设立的四种服务类型责任豁免制度一般，值得思考。例如，如果生成式人工智能类产品的商业化应用者尽到"侵权避免提示""通知处理"等义务后，是否便可以豁免相应的间接侵权责任。

另一方面，人工智能模型研发者对于生成内容涉及的侵权问题，是否需要承担责任？从侵权行为可预见性、侵权行为控制力以及侵权直接获益等角度评估，模型研发者相较于模型商业化应用者和用户而言，与输出侵权内容的关联度更低、控制力更弱、经济利益更少。实际上，上游的人工智能模型本身或者相应的 API 接口作为一种通用技术或者服务，符合知识产权法中的"技术中立原则"或者说"实质性非侵权用途"；输出的内容具有不确定性，既可能侵权（小概率事件），更可能不侵权（大概率事件）；并且对于下游模型商业化应用者和最终用户的具体使用行为不具有实际的控制能力。因此，人工智能模型研发主体原则上无须对生成内容涉及的侵权问题担责。

（五）生成式人工智能生成内容的版权登记问题

第一，美国版权局目前已经发布针对 AIGC 类产品生成内容的版权注册指南。

基于美国《版权法》只对自然人创作进行保护的基本立场，美国版权局拒绝对完全由生成式人工智能类产品生成的内容进行作品登记，但允许注册"包含生成式人工智能类产品生成内容的作品"。此外，美国版权局也表示并非利用技术工具生成的内容一概不受版权保护，例如，对于作者运用 Photoshop 等软件进行创作的美术作品便可以注册为作品，关键是判断人类在相关成果的产生过程中是否作出创造性贡献。

目前，人工智能正越来越多地使用为数字内容领域的创意性生成工作，在人机协作新范式之下，也需要不断思考所面临的版权新问题。对于生成式人工智能产品生成的内容，创作者一方面可能会对其进行"改编"，增加包含自身独创性贡献的内容，进而形成新的"改编作品"；另一方面也可能会对其进行"汇编"，在内容的选择或者编排上体现独创性，进而形成新的"汇编作品"。

美国版权局强调：首先，包含生成式人工智能类产品生成材料的内容，若能够体现人类独创性的贡献，那么整体上便可以构成版权法上的作品。其次，版权法将只保护上述作品中人类创作的部分，并且这些部分"独立于"且"不影响"人工智能生成材料本身的法律属性判断。再次，若希望注册包含生成式人工智能类产品生成内容的作品，申请人不仅需要说明自身在整体作品中的创作性贡献，还需要标明作品中哪些内容（部分）是由人工智能自动生成的，以备进一步的审核。最后，对于此前已经注册的作品，若涉及生成式人工智能类产品生成的内容，权利人需要向版权局提交说明，否则版权局将采取措施予以撤销。

第二，我国目前也已经对人工智能生成内容的版权注册登记进行探索。

2023 年 1 月，河北省版权局为数字艺术家王喜文颁发了六张人工智能美术作品版权登记证书。据了解，中国版权保护中心目前也已经在登记流程中要求申请人注明是否借助生成式人工智能类工具进行了创作。

四、生成式人工智能版权问题的各界思考与建议

（一）生成式人工智能对版权制度挑战的思考

生成式人工智能技术给版权制度和治理带来的问题与挑战主要表现在两个方面：一方面是生成式人工智能类产品数据获取和版权授予的问题，另一方面是生成式人工智能类产品生成内容是否构成作品的问题。

生成式人工智能类产品模型训练必须以体量庞大的数据供给为前提，而被提供的数据中不可避免地存在受版权保护的作品。授权许可模式在实操层面存在难以落地的问题且可能造成人工智能产业研发的"寒蝉效应"，即在面临版权作品高昂的授权许可费用时，企业可能选择放弃人工智能生成领域，或者使用免费、小规模的数据进行训练，不利于人工智能的创新与发展。

关于生成式人工智能类产品生成内容是否构成作品被纳入《著作权法》保护的客体范畴，国内学者尚未统一认识：一部分学者认为其可以构成作品；一部分学者则认为其本质上是算法和模板的结果，无法满足独创性的要求，不能被认定为作品。从司法实践的个案来看，我国在人工智能版权领域有两个代表性案例——2018 年的"菲林诉百度案"和2019 年的"腾讯诉盈讯案"。两个案件对于人工智能生成内容是否构成

作品作出了不同的判决认定。

（二）生成式人工智能版权问题各界观点梳理

1. 生成式人工智能技术发展对版权制度会带来哪些挑战

问题一：对于生成式人工智能内容是否需要通过版权制度或类似的激励制度加以保护，以及如果可以获授版权，那么谁应该享有版权？

有观点认为：人工智能生成内容本质上是算法的产物，无法满足《著作权法》关于独创性的要求，不构成作品。人工智能所带来的经济效益，不一定需要通过法律来保障，往往可以通过其他市场方式实现。

也有观点认为：在《著作权法》体系下寻求对人工智能生成物的法律保护，能最大程度弱化法律修正可能带来的冲击和不适，符合时代和法律发展的双重规律。人们不应否认人类在人工智能生成内容过程中的设计和选择，而让人工智能更加接近人类的创作，本身就需要制度设计来予以激励。如果对人工智能生成内容没有明确的客体定性和权利归属设置，将极大挫伤产业发展的积极性。如果可以获得版权或者其他民事权益的保护，则对人工智能生成物独创性部分提供实质性贡献的开发者或者使用者应当享有权利或者权益。

另有观点同样认为需要激励制度，如果可以获得授权，则版权应由使用人享有。

问题二：生成式人工智能内容如果构成作品是否要求版权人必须是人类创作者？

有观点认为《著作权法》的立法目的表明，作品必须是人类创作的智力成果，动物、机器等不可能受到《著作权法》的激励，只有人才能理解《著作权法》并受到激励，因此只有人的创作成果才能作为作品受《著作权法》的保护。

有观点同样认为人工智能生成内容中体现了人类的劳动，人工智能本质上仍然是"人类智力"的外化，人类在人工智能生成内容的输出过程中仍然存在一定程度的选择和安排。只不过在人工智能生成内容的完成中，人类的参与同作品的独创性过程之间存在一定的间隔，但该生成物的权利主体仍是人类。人工智能生成物如果构成《著作权法》上规定的"作品"进而受到著作权的保护，现行《著作权法》体系下的权利主体只能是人类主体。

但还有观点认为对人工智能生成内容是否构成作品的判定，应更多从生成内容的独创性上考虑，不必苛求必须是人类作者。

2. 生成式人工智能技术发展对版权管理会带来哪些挑战

问题一：生成式人工智能会对版权登记、版权行政执法等带来哪些挑战？

有观点认为暂时尚未看到其可能带来的挑战；有观点认为在人工智能产品的权利人认定上存在挑战；还有观点认为会出现直接将人工智能生成物登记为作品的情形，但是就如同将他人作品假冒自己作品进行登记一样，如果有相反证据证明该作品不属于申请人，则通过程序推翻即可，毕竟版权登记不具有实质审查的要求。同理，行政执法过程中肯定要对作品及其权利人进行初步审查，根据相关证据予以确认，如果当事人虚假陈述，则发现后追究其法律责任即可。

问题二：若不授予 AIGC 生成内容版权保护，是否会造成人们隐瞒人工智能参与创作这一事实？

有观点认为可以从技术、行业规范、法律三个角度防止此类行为；还有观点认为可以参考美国对计算机软件和集成电路布图设计著作权法保护的方式，以"准著作权法"、"类著作权法"或者"广义著作权法"的模式，对人工智能生成内容给予适当的法律保护，并将其权利归属为人类主体，能够在当前为人工智能生成内容提供现成的、有效的、比较适当的法律保护。

3. 生成式人工智能技术发展对版权保护带来哪些挑战

问题一：生成式人工智能模型研发和数据训练过程存在哪些版权风险？

有观点指出使用数据存在侵权风险，例如未经许可利用他人作品或数据。但这种风险与非人工智能即自然人研发时未经许可利用他人作品或数据的情况在法律上是相同的。

问题二：生成式人工智能生成内容可能存在哪些版权侵权风险？

有观点认为对生成式人工智能进行未经许可的复制或使用即为风险之一，但由于生成式人工智能不构成作品，因此并未涉及版权侵权问题。有观点认为使用数据存在侵犯复制权、改编权、信息网络传播权、广播权的风险。还有观点认为，在目前技术水平下，人工智能产品的知识来源主要是维基百科、知识类问答网站等网络上的文本数据。如果有关问题所对应的网络上的数据过少，则可能导致生成式人工智能产生较高同质性。

问题三：对于生成式人工智能生成内容侵权责任承担与治理有什么建议？

有观点认为如果人工智能生成物的权利主体能够在法律框架下得到确定，则其作为权利主体也同样是责任主体；还有观点认为交由市场、技术、行业规则等非法律手段或许更好。

（三）版权视角下的《生成式人工智能服务管理暂行办法》

《生成式人工智能服务管理暂行办法》（以下简称《AIGC 暂行办法》）于 2023 年 8 月 15 日起施行。《AIGC 暂行办法》作为我国生成式人工智能领域唯一的现行专门立法，对于包括版权在内的私法领域相关责任认定，具有重要影响，因此，本研究报告聚焦于版权视角，专门就《AIGC 暂行办法》涉及的"模型训练阶段，训练内容合法性、侵权判定依据；内容生成阶段，提供者角色认定、权利责任分配"等版权强相关条款进行了解读。

第一，《AIGC 暂行办法》对于模型训练涉及的作品数据，仅强调"合法来源"而未明确要求"合法授权"，实际给模型训练实操层面预留出了较大制度空间。

从版权角度看，是否强调模型训练对作品的利用需要获得版权人授权，一直是行业高度关注和敏感的问题。《AIGC 暂行办法》采用"合法来源"而非"合法授权"的表述，一定程度为版权视角下的模型训练预留出了可解释的合规空间。

"合法授权"要求较为严苛，强调模型训练方需要获得版权人明确的对作品进行训练的授权；"合法来源"要求相对低，通常仅强调对于作品数据接触、获取的合法性。根据《AIGC 暂行办法》的上位法依据和立法逻辑，"合法来源"可以引致到《数据安全法》第 32 条的相关规定，即"任何组织、个人收集数据，应当采取合法、正当的方式，不得窃取或者以其他非法方式获取数据"。

对于"AIGC 模型训练涉及的作品数据利用要求"可以初步解读为：对网络内容数据的获取，需要遵守"版权保护技术措施""行业数据爬取规则"等，不存在破坏网站、数据库等技术保护措施的违法行为；为获得模型训练数据，对实体出版物的扫描、数字化，需要建立在合法采买书籍、杂志等基础上；但并未明确强调模型训练对作品数据的利用，必须获得相关版权人的授权。

第二，《AIGC 暂行办法》仅原则性规定"不得侵害他人依法享有的知识产权"，实际将侵权判定交由具体部门法解决，为模型训练适用"合理使用"预留出空间。

从版权法角度看，目前模型训练阶段的版权利用行为，存在进一步论证"不构成版权侵权"以及"构成合理使用"的空间可能。《AIGC 暂行办法》原则性的规定表述，实际上赋予了私法层面模型训练版权侵权判定更灵活的探讨空间。

一方面，模型训练阶段前期的作品数据存储行为，虽然可能落入"复制权"范畴，但只要不存在后续发行、信网等作品传播利用，司法实践（北京市高级人民法院"谷歌图书馆案"二审）中存在认定单纯复制不构成侵权的可能。模型训练阶段核心的作品数据处理行为（例如 ChatGPT 对作品文字组合概率的学习，Stable Diffusion 对风格、模式等作品思想的学习），国内外理论、实务界对其是否构成版权法规制的行为尚未有一致结论，有观点指出其是对作品的"非表达性利用行为"，超出了版权法规制范畴。

另一方面，将模型训练阶段的作品利用行为纳入"合理使用"的制度框架，是目前各国的一个立法趋势，也备受国内各界关注。《AIGC 暂行办法》为未来《著作权实施条例》等修订时增加模型训练"合理使用"的具体情形预留了制度空间。

对于"生成式人工智能模型训练涉及的版权侵权判定"可以初步解读为：《AIGC 暂行办法》采用转致条款的立法模式，将模型训练知识产权侵权判定标准交由具体部门法解决。因此，后续可以通过强化论证"不构成版权侵权"以及"构成合理使用"，来为模型训练争取更宽松的版权责任认定标准。

第三，《AIGC 暂行办法》将规制的生成式人工智能服务责任限定于公法领域，给予认定提供者在版权等私法领域避免作为内容提供者承担直接侵权责任的空间。

从版权法角度看，"内容生产者"和"服务提供者"的划分，和版权直接侵权责任、间接侵权责任具体对应。若将生成式人工智能服务提供者直接认定为版权法上的"内容生成者"，鉴于目前阶段生成式人工智能生成内容的不可控性，平台将会面临极大的责任承担压力。《AIGC 暂行办法》将"征求意见稿"不区分公、私法领域"承担该产品生成内容生产者的责任"的宽泛表述修改为"依法承担网络信息内容生产者责任，履行网络信息安全义务"。

"网络信息内容生产者"的明确表述和定义存在于《网络信息内容生态治理规定》之中，所以《AIGC 暂行办法》关于提供者责任表述中的"依法承担"，依据的法律便是《网络信息内容生态治理规定》，加之"履行网络信息安全义务"的进一步限制，便将《AIGC 暂行办法》关于生成式人工智能提供者角色定位和责任认定限缩于公法领域。

对于"生成式人工智能服务提供者的角色定位"可以初步解读为：《AIGC 暂行办法》对于生成式人工智能服务提供者角色定位和责任认定，限缩于网络信息安全和内容生态治理等公法领域。在版权等私法领域，生成式人工智能服务提供者依然可以适用"避风港制度"等保护规则，避免作为内容提供者承担直接侵权责任的现实可能。

第四，《AIGC 暂行办法》认可通过约定方式明确生成式人工智能服务提供者、使用者间的权利义务，体现了对产业实践的尊重，也给予行业更灵活宽松的责任环境。

从版权角度看，生成式人工智能生成内容不论是构成作品还是其他知识产权或民事权益客体，在私法领域都需要遵从意思自治的基本原则。生成式人工智能服务提供者和使用者之间有权通过用户协议等方式，约定相互之间的权利义务关系。这得到了《AIGC 暂行办法》新增内容的明确。

基于行业实践，OpenAI、Midjourney、Stability AI 等，都明确通过合同方式，原则上约定生成内容的相关权利和后续责任归属于使用者。从国内司法实践看，在"菲林诉百度案"中，法院也基于"投资收益""最密切联系""促进内容传播"等原则，将机器生成报告的权利赋予使用者。

落脚到生成机制，因为生成式人工智能内容由使用者编辑和输入

prompts 生成，使用者与生成内容的直接关联度更高。同时，使用者对生成内容的传播控制力和侵权预见能力也更强，从权责一致角度看，这有利于抑制侵权内容的后续公开传播。从内容利用角度看，使用者也有获得生成内容相关权利的现实诉求，否则会直接影响后续"内容 IP"的对外授权和维权。

对于"生成式人工智能生成内容的权利义务分配"可以初步解读为：《AIGC 暂行办法》认同生成式人工智能服务提供者和使用者之间通过签署服务协议，约定生成内容的版权归属和私法领域的责任承担。这是对于目前行业普遍做法的尊重，生成式人工智能服务提供者一般倾向在"权责一致"角度，将生成内容的权利和责任均赋予使用者，同时根据具体的场景约定双方对于生成式人工智能内容的具体使用规则。

（四）关于生成式人工智能版权问题的初步建议

第一，建议对生成式人工智能等新技术带来的版权问题，采取审慎态度。

从版权发展的历史上看，技术进步不断催生作品的客体。从纸介质到声光电磁多种有介质的作品，再到网络无介质的作品。人工智能技术蓬勃发展，应用场景不断涌现，相关领域的法律滞后。需要对新技术进步产生的版权问题，审慎对待，冷静分析，不宜过早简单下结论。

第二，生成式人工智能生成的内容是否构成版权作品的问题。

关于这个问题，建议应按照第三次《著作权法》修正后关于作品的新的界定来把握。2020 年 11 月 16 日，最高人民法院印发《关于加强著作权和与著作权有关的权利保护的意见》，其中已经把大数据、人工智能、区块链、体育赛事等等纳入其中，要求"高度重视互联网、人工智能、大数据等技术发展新要求，依据著作权法准确界定作品类型，把握好作品的认定标准"。

建议全国人大、最高人民法院、中宣部、司法部等有关部门共同在立法层面对生成式人工智能生成内容的作品属性加以明确。

第三，模型训练阶段的数据获取和版权限制问题。

生成式人工智能类产品模型训练阶段的海量数据获取是难以避免的，从有益于人类和社会整体利益与权利平衡原则出发，建议在目前已经启动修订工作的《著作权法实施条例》中，在"合理使用制度"部分增加"文本与数据挖掘的例外"条款。

第四，生成式人工智能类产品的作品登记问题。

美国作品登记制度与我国不同。在美国，作品使用出现纠纷与诉讼，权利人必须出具作品登记证书，否则法院不予立案。我国采取作品自愿登记制度，无论是否进行了作品登记，出现版权纠纷与诉讼，只要属于民事范畴，法院都会受理。

美国版权局对人工智能生成的内容不予登记，这对我国并无实际意义。是否予以登记，关键在于人工智能生成的内容是否能够被认定为我国《著作权法》意义上的作品。

后 记

本书以人工智能呈现爆发式发展为背景，以对生成式人工智能给版权领域带来的新挑战、新问题、新机遇的阶段性梳理与思考为主题，所收文章主要来自国家版权局主管、中国版权协会主办的版权专业期刊《版权理论与实务》，同时也荟萃了版权界专家学者在其他刊物发表的有关文章，并均已获得作者授权。本书系 2022 年 11 月 30 日 ChatGPT－3 发布以来，学术界、实务界对生成式人工智能这一颠覆性技术给版权领域带来的风险与机遇开展研究、进行探索的重要总结和集中呈现。

阎晓宏理事长提议编纂本书，并亲自撰写了"编者的话"。孙悦副理事长兼秘书长负责本书总体协调，与作者、出版社等各方多次沟通，一一推动落实各项工作。曾晋、连熠、郑一蕾等协会工作人员承担了一部分与作者沟通、文字整理等方面的任务。

本书的出版得到了中国人民大学出版社的重视与大力支持，李永强社长、郭晓明副社长、政法分社郭虹社长亲自把关，在出版各环节提出了高质量的专业建议；编辑以高度的敬业精神和专业素养，一丝不苟地完成了编辑加工等工作，确保了本书能在短时间内高质量出版、发行，与广大读者见面。

中国版权协会

2024 年 8 月

图书在版编目（CIP）数据

解码 AI 版权：人工智能时代版权的挑战与应对／中
国版权协会编 . -- 北京：中国人民大学出版社，2024.
9. -- ISBN 978-7-300-33279-6

Ⅰ . D923.414

中国国家版本馆 CIP 数据核字第 2024AG1134 号

解码 AI 版权：人工智能时代版权的挑战与应对
中国版权协会　编
Jiema AI Banquan：Rengong Zhineng Shidai Banquan de Tiaozhan yu Yingdui

出版发行	中国人民大学出版社			
社　　址	北京中关村大街 31 号		**邮政编码**	100080
电　　话	010－62511242（总编室）		010－62511770（质管部）	
	010－82501766（邮购部）		010－62514148（门市部）	
	010－62515195（发行公司）		010－62515275（盗版举报）	
网　　址	http://www.crup.com.cn			
经　　销	新华书店			
印　　刷	北京昌联印刷有限公司			
开　　本	720 mm×1000 mm　1/16		**版　次**	2024 年 9 月第 1 版
印　　张	25.25 插页 1		**印　次**	2024 年 11 月第 1 次印刷
字　　数	335 000		**定　价**	99.00 元